# BRAHMIN CAPITALISM

Frontiers of Wealth and Populism in
America's First Gilded Age

# 伟大的转型

## 美国市场一体化和金融的力量

[美] 诺姆·马格尔（Noam Maggor）◎著
刘润基◎译

中信出版集团 | 北京

图书在版编目（CIP）数据

伟大的转型：美国市场一体化和金融的力量 /（美）诺姆·马格尔著；刘润基译. -- 北京：中信出版社，2019.4

书名原文：Brahmin Capitalism: Frontiers of Wealth and Populism in America's First Gilded Age

ISBN 978-7-5086-9871-7

Ⅰ. ①伟… Ⅱ. ①诺… ②刘… Ⅲ. ①金融市场－研究－美国 Ⅳ. ① F837.125

中国版本图书馆 CIP 数据核字（2018）第 290195 号



伟大的转型：美国市场一体化和金融的力量

著　　者：[美] 诺姆·马格尔
译　　者：刘润基
出版发行：中信出版集团股份有限公司
（北京市朝阳区惠新东街甲 4 号富盛大厦 2 座　邮编　100029）
承 印 者：北京楠萍印刷有限公司

开　　本：880mm×1230mm　1/32　　印　　张：14.5　　字　　数：311 千字
版　　次：2019 年 4 月第 1 版　　印　　次：2019 年 4 月第 1 次印刷
京权图字：01-2018-2601　　广告经营许可证：京朝工商广字第 8087 号
书　　号：ISBN 978-7-5086-9871-7
定　　价：79.00 元

# 序　言

当1861年南北战争爆发之际，美国仅仅是那个时代最重要的经济作物——棉花的主要原料供应国，然而在20世纪刚刚到来之时，美国却摇身一变，崛起成为世界上最大的工业国，其工业产值超过了当时德国、法国以及英国的总和。对于那个时代，美国在工业生产能力上的巨大跃进无疑是前无古人的。在这一进程中，诸如冶铁、炼钢、矿业、化工、肉类加工以及最为重要的铁路运输等一系列新型工业，快速地成为美国资本主义社会运作的核心主题，而美国国内的社会关系、劳工制度、政治体制以及意识形态亦受此影响而被彻底地重塑。

美国如此重大的转变是如何发生的？一个以棉花出口而闻名的奴隶制共和国又是如何在短短不到40年间就成长为一个具有支配性地位的工

业强国的？就美国在整个19世纪的历史进程而言，这个问题无疑是人们兴趣点的核心所在。难以否认的是，重新回顾那个见证了大型商业公司的兴起、美国国家制度的加速形成、城市中心的爆发性增长以及对美国西部地区的快速拓殖的时代，对我们深切了解美国现代资本主义制度的起源至关重要，但不幸的是，这一工作在大多数时候都被人们忽略掉了。提到这个时代，一般的文献资料往往会循规蹈矩地提及诸如铁路与电报等科技发明所发挥的革命性力量，商业编年史中充斥着那些凭借自我驱动而实现不断发展的层级复杂的大企业，而在教科书中则罗列着诸如钢铁产量、工厂产出以及新增移民数量等一系列令人眼花缭乱的数据。这些叙述使得有关这一进程的定量性描述完全压倒了文本性历史学分析，它们将其描述为势不可挡，并企图仅用寥寥数笔便在读者心中塑造出有关这一时代的刻板形象。毫无疑问，这样的叙述方式并没有完成提出问题、剖析问题、解释问题这一完整的流程。

本书将挑战这些影响深远但过于武断的论述，回顾在这一关键的转型期对重塑美国经济体系起到过关键作用的历史进程。在这一过程中，我们在关注以往那些典型著作所着重讨论的美国是如何过渡到工业资本主义这一话题的同时，还将重点关注商业资本主义最开始是如何在美国萌芽的这一主题。“所有的历史学都是（站在）当代的（视角上发展出来的）历史学”，这一点在本书中亦无法避免，因此当今的全球化经济思维亦将被引入其中。今日的地缘政治学者总结出的一条关键法则——在分析问题时，国家往往并非一个合适的单位，尽管在20世纪一个国家可以当作在其上发生的所有经济行为的承载体，但在当今的全球化体制下，这样的观念显然难以适用。同样，对于19世纪后期那样一个充满生机，并以大范围资本流动、充满活力的大都市以及美洲大陆的内陆地区不断吸收融入世界经济为特色的时代而言,这样的观念也是不合时宜的。不断更新的、关于政治边界的渗透性及延展性的认识已经改变了我们对于美国19世纪历史的认知：美国建国初期的历史学家便将这个年轻的国家的历史置于更加久远的、通过大西洋与外界互动的整个历史背景之中，奴隶史学家追踪着“棉花王国”在美洲大陆上极具侵略性的领土扩张，北美原住民史学家则将印第安部落的历史轨迹深深地嵌入到其内部纷繁复杂的贸易、外交及力量网络之中。同样的，在研究“一个在19世纪横跨整个大陆的国家经济体系是如何形成的”这一充满争议的问题时，我们亦不能在政治边界的界定这一问题上进行任何想当然的假设，而必须把它当作一个独立的主题进行探讨。

在本书中，我们关注的重点不在于追踪美国的国家经济的增长轨迹，而在于探索美国资本主义制度版图在19世纪后半叶的转型之路。可以肯定的是，这是一段崎岖坎坷且矛盾重重的历程，它绝非可以被任何宏观经济学指标或是简简单单的“工业化”一词所详尽描述的。在本书中，我们将对许多发生在那个时代的地方层级上的重要事件进行追踪和分析，包括城镇、都市、领地以及地区，这些地方性的实体往往由于传统的国家视角而未被关注。更为关键的是，本书将追踪那些随着南北战争的结束而从美国东岸的城市中心流向美国广阔的西部地区的资本投资，这将告诉我们那些被称为“波士顿豪门”的富有波士顿精英是如何调集他们从美国新英格兰地区的棉纺织工业中积累的资本，并把这些资本投资到诸如密歇根州、堪萨斯州、伊利诺伊州、科罗拉多州、达科他州、怀俄明州以及俄勒冈州那样遥远的目的地。财富从美国东部包括波士顿在内的古老城镇向地处西部地区的那些处于前沿的投资领域不断转移，以资本助长了包括铁路运输业、矿业、农业以及畜牧业在内的一系列商业冒险行为。这一资本的再分配运动极大地拓展了美国农业的覆盖范围，并将美国西部地区那些刚刚显露头角的企业转变为业界巨擘。这次运动使美国资本主义的形态脱离了原先那条以大西洋棉花贸易为中心的老路，而走上了一条崭新的、以美国国内市场为中心的工业型政治经济之路。

财富和投资的新边界同时也勾画出了社会争论的新边界，将那些遥远的地域与边疆并入一个统一的经济实体之中，这样的蓝图远非天衣无缝，在各种各样的基于区域范围内的讨论中，本书将上下而求索，着重关注那些伴随着美国国内市场在不同阶段的发展而激发出的政治争论。在这一过程中，我们将揭示那些发生在美国东部城市地区以及西部乡村地区的草根政治运动是如何采取各种各样的手段去抵制资本集中化这一趋势的。当城市中的居民围绕着市政预算、城市司法管辖权以及公共空间的使用等话题展开讨论时，他们的基本出发点是要在一个内部联系愈发紧密的城市系统中为自己的家乡争取到最为有利的地位，而当美国西部地区的定居者围绕着铁路管理、劳工保护以及资源开发这样的问题争论不休时，他们实际是在就自身加入整个国家商业体系的过程中，所应遵从的条款、规则以及所应获得的报酬进行议价。这些民粹主义运动的议事日程绝非整齐划一，它们也并不局限于任何一个政党、组织或地域，但尽管如此，在反对愈发集中化的金融力量面前，它们仍然共享了一种以生产主义为特征的意识形态。自由主义政治经济教条指出，经济形式的转变是由那些不可改变的自然规律所导致的，然而这些民粹运动的拥护者却并不这样认为。在他们眼中，经济形式的转变是由政治驱使的，因此借由政治的力量便可以重塑经济的形态，他们希望借助民主的力量去创建一个“建立在充分享有包括自由在内的各种权利的劳动阶层之上”的都市型工业化社会。这些运动支持并且在很多情况下成功地激发了那些气势恢宏同时又受到民主制度控制的国家行为，而正是这些国家行为最终使得美国在各个地方层级上走出了一条更加平均化而非两极分化的发展道路。

那些围绕着19世纪末期美国国家工业经济的涌现这一现象而爆发出的争论，向我们展示了即便是大规模的经济转型过程，也并不一定会导致科学技术的突破或自由市场的建立。事实上，按照革命的逻辑，这些现象的发生既非无缝衔接般地接踵而至，也不似时尚潮流那样不可逆转，而真正导致这些转变最终发生的原因，往往是战略行动者的精心策划，以及他们对在既有政治框架下被默认的规章准则与特权所发起的激烈斗争。那些创造了市场的政治及法律基础架构可以以多种不同的方式组合在一起，对发展的结果、资源的配置以及财富的分配产生巨大且深远的影响。只有异常敏捷的手法才能够掩饰那些塑造了基础架构的努力，而要解释这些基础架构的形成则需要从其结果入手。尽管互相竞争的社会团体及社会观点之间的力量并不平衡，其最终产生的结果却无论是在过去还是在现在都不会是命中注定的，几乎没有任何生活在19世纪50年代的人能够预料到未来会发生什么，而镀金时代的美国人将如何谱写他们的历史，便是本书的主题。

# 导论：伟大的转型

# 步履蹒跚的镀金时代

当金融记者的先驱亨利·瓦纳姆·普尔（Henry Varnum Poor）* 在创作《1868 年美国铁路指南》时他曾这样总结道：在大量的图表、数据以及地图的旁边放置着的，是一部令人愉悦、关于西方文明及其所修建的道路在相互交织之中彼此不断发展前进的编年史。这段历史的脉络始于罗马帝国修建的高速道路而终结于美国建立的铁路系统，刻画出了人类历史上这两种伟大的交通网络间那令人回味无穷的相似性。罗马人所修建的道路永远代表着其帝国最伟大的成就，这些道路以永恒之城罗马为中心向外辐射开来，如同大动脉一般将帝国那强大心脏的脉动传递到包括最边远行省在内的帝国的每一个角落，除了帝国意志的宣扬以外，它们给罗马带来的还包括那更为重要的、能够随时随地将意志转化为行动的执行能力。这些道路的修建，不仅仅意味着在这个不断扩张的帝国行政统治有了保障，还

* 亨利·瓦纳姆·普尔于 1860 年创立了“标准普尔”这一世界权威的金融分析机构。——译者注

意味着贸易有了流通的渠道，文明有了传播的媒介。“如果没有这些完美且坚实的道路，”普尔说，“帝国不仅无法开展商业贸易，无法获得财富，也无法获得资讯和维护正常的社会秩序。”

普尔将美国的铁路系统当作为整个北美洲实现类似于当年罗马那样雄心壮志的工具，它将促进整个北美大陆的团结统一，并最终将其凝聚为一个伟大的帝国。在那场将美国地方割据的现状暴露无遗的血腥南北战争结束三年之后，普尔提出铁路建设可以使原先那种内部分裂的状态变得不复存在，它们将使美国这个巨大且幅员辽阔的国度的不同部分紧密地凝聚在一起，即使在美国国土向广阔的西部地区迅速扩张的时代，铁路也将在地理及商业这两方面让美国东部和西部的各州连为一体，就算是以最为保守的态度进行评估，这样的帝国系统也将实现资源及财富在整个大陆范围内的充分利用，而这一蓝图的规模之巨大，已远远超过了当年罗马帝国的成就。[1]

尽管为了使该篇报道符合自己与其他同行所惯用的、振奋人心的文体，普尔先生将他的这一有关“不断扩张的资本帝国”的愿景宣传成了一种昭昭天命，但事实上，他心里明白，他的宣言只不过是对这个仍处在萌芽阶段的宏伟蓝图的盲目乐观罢了。在那个承上启下的关键年代，普尔提出的那个贯穿整个大陆、从东海岸绵延到西海岸而将整个北美洲凝聚为一个统一的、相互连接的政治经济实体的构想，不仅在可能性上被认为是极其微茫的，就连其存在的意义也备受争议，或许只有那些身处华尔街或是大西洋沿岸金融中心、最为狂妄的野心家，才会发自内心地赞同这一想法。面对那些来自四面八方看似无法克服的阻碍，就连普尔所提出的那条铁路线路本身都显得虚无缥缈，更不要说沿着这条铁路前行而抵达最终的目标了。

在最开始的阶段，有关铁路可以帮助美国构建一个统一的内部网络的说法，仅仅是存在于少数铁路建设支持者脑海中牵强附会的想法罢了。[2] 在那个时代，太平洋联合铁路这一被广泛宣传并被认为是美国南北战争结束后美国内部统一象征的、第一条横跨大陆的铁路干线尚未竣工，因此无论是从技术角度来看还是从经济角度来看，上述设想都未经证实。而在1869年，当“金色道钉”在犹他州举办的“海角峰会”上被象征性地钉入枕木以纪念铁路竣工时，这仅仅标志着那个“将美国那横跨在整个大陆上的疆域团结统一在一起”的事业的起点，而这一事业的高潮尚未来到。与此同时，几乎所有在这一时期兴修的铁路，都分布在密西西比河以东、梅森—迪克森线（美国宾夕法尼亚州与马里兰州之间的分界线）以北的区域之内，凸显出美国铁路基建框架那极度不均与破碎的特征。在那个时代，铁路网络最显著的特点便是这些将诸如纽约、费城、巴尔的摩等大西洋沿岸城市与阿巴拉契亚山脉以西的穷乡僻壤连接在一起的区际干线。虽然这是依靠雄厚的国家补贴才得以修建的，但修建这些铁路的初衷并非基于国家层面的考量或规划，相反，修建这些铁路的目的往往是使某些特定的城市获得超越其竞争对手的优势。[3] 在许多得到支持并最终得以落实的铁路干线上都可以发现极其清晰且深刻的地方主义的印记。就如同在此前修建的那些运河工程一样，大多数铁路都是按照“将中等规模的城市与其临近的乡村地区相互连接在一起”的目标来设计的，而这样的做法无疑既不能促成远距离货物运输的兴盛发达，亦无助于超大型都会的发展形成。在这些互不连接的铁路以及各自为政且数量众多的线路经营者的共同作用下，长途货运的过程显得既缓慢又艰难，在那些连接不同规格轨道的转运站内进行转运的过程中、在那些地处同一个城市的不同站台之间进行装卸的过程中，以及在那些尚未铺设桥梁的河流渡口进行装船浮渡的过程中，货物因意外而遭到损毁已近乎成为常态。[4]要想把这一团乱麻般的诸多线路加总起来而将其想象为一套严丝合缝般的国家运输系统，无疑是需要极为强大的乐观主义精神或是高人一等的指鹿为马的能力。

碎片化且不均的发展现状绝非仅限于铁路建设领域，站在金融的角度来看，美国东部地区与西部地区之间无疑同样存在巨大鸿沟。一方面是美国的东北部地区挤满了那些手握巨额资金却急于寻找投资目标的金融机构、投资公司、保险公司与储蓄银行，而另一方面则是美国的其余地区大部分处于资金匮乏却无法从国家的工商业活动中获得新鲜血液的窘境。为了帮助美国政府筹集战争经费而于 1863 年通过的《美国国家银行法》，从联邦的层级上为美国的银行系统提供了准绳，但这一法案不仅未能消除美国金融版图那本已失衡的态势，甚至还在一定程度上使之加剧。[5]位于西部地区的那些中心城市尽管发展迅速，但仍然难以奢望去匹敌那些坐落在大西洋沿岸、拥有巨大资源优势的老城镇。1868 年，在纽约和波士顿这两个全美最大的金融中心内，数十家国民银行（national bank）开张营业，分别共有超过 1.57 亿美元和 0.6 亿美元的资金在这两个城市里的国民银行系统内中转流通。相比之下，芝加哥和辛辛那提则被远远地抛在了后面。它们各自仅拥有 13 家和 8 家国民银行，且这些国民银行在每座城市内发行的钞票数量都不超过 900 万美元。而在遥远的西部地区，差距则显得更加难以弥合。事实上，在那片幅员辽阔、一望无际的土地上几乎没有任何金融资源可供利用。开设在科罗拉多州与蒙大拿州的国民银行加在一起仅有 4 家，且只有约 36.8 万美元的货币在其间流通，这些货币仅能勉强满足该地区的流通需求。[6] 对于生活在这些地区的居民来说，仅仅依靠手头现有的金融工具，且面对由于只有少量资金在这些区域间流通造成的金融不便，要获取足够资金用于支持建设开发本地区所需的基础设施——哪怕最基本的，也是不可能实现的。[7]

更重要的是，美国似乎无法为美国市场一体化的形成提供一种稳定且连贯的制度框架。一般而言，市场的形成并不被视作政治规划的结果——“市场是人类共同倾向的自发性表达而非特定历史条件下被政治所构建出来的制度化安排”。这样的观点，无疑是我们今日所处的时代中广为人知的谬论。但尽管如此，正如历史学家理查德·怀特（Richard White）最近指出的那样，所有资本主义运动的循环往复都是国家和市场共同作用之下的产物。[8] 一个统一的北美经济实体如果脱离了法律基础、公共资源以及只有政府才能够调动的诸如军队、警察等强制性力量的支撑，必将分崩离析。事实上，它的团结统一有赖于不可或缺的政治权威，因为正是这样的政治权威裁定了产权的归属、许可了公司的成立、汇整了大量的信息、兴修维护了基础设施并为资本和劳动力的结合提供了媒介，而凡此种种的措施正是市场交易得以建立的基础。

在分析19世纪末期美国各州与市场之间的关系时，几乎所有的传统学者都无一例外地将关注的重点聚焦于联邦政府，然而这在很大程度上是将华盛顿特区在20世纪里享有的至高无上的地位投影到了久远的过去。[9]这些目的论所着重的观点误解了在19世纪的整个进程中美国国家权力的核心所在，没有意识到在这一进程中各地方政府及州政府一直在力量上相对于联邦政府占据着优势。同样，这些观点过分地高估了国家—地方各州这一概念，将国家当作了经济活动理所当然的框架，并认定国界提供了既定的空间，而市场参与者必将逐步但稳定地充斥在此空间。事实上，在19世纪，为数众多的美国各州政府及各地方政府，在公共开支、立法活动以及推动和管理经济转变等方面的创新力度，都远远地超过了联邦政府，由于很少受到美国宪法中限制性条款的阻碍，它们在塑造市场形态方面有着广泛的权威。如果有人不去仔细记述那许许多多发生在地方层级上的关键的立法及司法努力，便想要去参透那些分散在包括政府财政、基础建设、劳资关系、自然资源、工商管理、公共空间在内的广阔政策领域之中的、光怪陆离的国家行为对美国经济活动的干预进程，那他无疑是在痴人说梦。[10]

在那个年代，对于一个为州政府和其地方政府所主导的政体而言，爆发于19世纪的南北战争无疑是彰显联邦政府及其领导权威的重要时刻。这场战争把包括废除南方奴隶制度（彻底消除了美国内部最为明显的地区差异）、资助建设横贯大陆的铁路干线、将国家货币与国际金价绑定以及制定高关税政策以保护美国国内的制造商免受国际竞争冲击在内的诸多权力赋予了联邦政府。[11] 而联邦政府又将它新近获得的权力运用于遥远的西部地区，动用军事力量摧垮了当地的原住民部落，并因此而开拓了一片新的领土以供移居。[12] 尽管如此，联邦政府的权威在很大程度上仍然较为有限，且在这一点上，美国与那个时代西半球的诸多国家相比绝非特例。[13] 南北战争后南方地区重建进程的失败，并非是由特定的区域因素造成的，它实质上是当年美国联邦政府在大多数时间里都在美国的国家框架内部四面临敌、四处碰壁的结果。在消除“州和地方层级上的那令人眼花缭乱的种种机构”这一目标上，美国联邦政府距离成功无疑相去甚远。市场层面上的一体化，并未导致政治版图向国家层面上的一体化靠拢，反而促进了政治版图向更加碎片化的方向演变。当大都市区分裂为城市和市郊城镇，当西部地区的诸多领地转变为有建制的州，那些处于半自治状态的政治实体的数量正在激增。[14] 各州政府与地方政府的所作所为，距离解决经济政策问题的症结所在相去甚远，而这无疑让那些试图以国家视角看待问题且对臃肿笨拙的行政机构愈发不满的商业精英感到十分气馁。这些都被民主意义上的多数派控制着的、各自为政的州政府，一门心思地维护并争取着自身的特权，同时却又忽视着其他社会群体的权益。

基于上述的这诸多原因，现有基建设施那令人难以置信的碎片化、金融系统在区域之间的严重失衡以及地方政府权力的过度强大，那种企图将一体化市场的统治力扩展到整个大陆的努力仍是极不现实的，那种为亨利·普尔以及金融领域中的其他“先知”津津乐道的美好愿景是极其脆弱的。在19世纪末期，这样的愿景不断地面对着来自企业、政治以及意识形态方面的挑战，每一次面对挑战，它都奋起反击，尽管未遭完败却也未获全胜。

大多数有关这一时期的历史记述，都没能深入地探寻出那股最终将这一宏大蓝图构建完成的内在动力。与将这一问题视作“一项需要经过严谨推敲和解释的历史课题”的做法截然相反，在标准的叙述中，于19世纪后期出现的那种全新形式的、内部互联互通的政治经济实体被当作现代化进程演化之下的必然结果。[15]那些认定了美国坐拥诸如“极其稳定的政治机构”“沉浸在洛克式自由主义信条以及新教工作伦理观中的人民”等独特天赋的观点，往往让观察家将美国那条最终通向了工业现代化的、近乎革命性的发展之路想象成一条简而易行的坦荡大道。[16]可事实上，在我们讨论有关美国的案例时，墨西哥、阿根廷、俄罗斯以及印度等国家曾走过的那些看上去危机频发、令人疑惑同时又充满争议的发展道路亦是有理由且有必要仔细审视的。[17]

在那些传统的前提假设下，许多权威著作往往站在一种异常武断的角度将美国在这一时期的工业化进程描述成是由科技创新所驱动的现代化模板。这些著作将美国的工业化运动塑造为一种在诸如铁路及电报等交通通信技术的带动下，一路高歌猛进、横扫一切的滚滚洪流。它们将市场的国家性轮廓以及其最终的团结统一当作理所当然，并漫不经心地将发生在这个时代的资产阶级转型看作现代公司那不可阻挡的崛起之势的自然产物。[18] 而爆发于那个时代的诸多劳资冲突与社会动荡，则更是让这条道路看起来气势汹汹、不可抵挡。在许多权威著作的论述中，那些起到主导作用的历史参与者要么被形容为“贪婪的强盗式贵族”—— 作为裙带型资本家、妄图凭借自身的阴谋诡计将必要的历史变革扼杀于摇篮之中，[19] 要么被描述成身为技术专家或专业人士的工薪阶层，在为市场的一体化解决了后勤及技术问题的同时，却从未认真思考过这一变革在政治和社会层面造成的深远影响，[20] 而无论是哪一种描述方式，都没能将最终的结果讨论清楚。这些传统的论述，将那些企图阻碍资产阶级转型的政治挑战，视为由那些危险的反动派或法西斯分子所掀起的波涛，或是由那些不可救药的、乌托邦式的空想家所提出的天马行空般的替代方案，[21] 他们无一例外地都严重低估了这些挑战最终在“现代化政治经济实体的形成过程中”留下的印记。[22]

本书将采用一种与众不同的模式去探索现代资本主义在美国的发展过程，致力于从两个与这一不朽转型过程紧密相关且彼此之间亦相互交联的角度进行深入探讨。首先，本书将审视南北战争后的数十年间美国的商业精英是如何被调动起来去重塑美国的经济形态，并将其发展方向从棉花贸易转换为在整个北美大陆上实现工业现代化的。其次，本书将审视这些商业精英在改造美国行政机构方面所做出的纷繁复杂的努力，是如何促进了一个一体化的国家市场的形成的。[23] 本书关注的重点，是那些身处美国东北部地区尤其是波士顿的、绅士派头十足的银行家，在蓄奴制度土崩瓦解之后，这些有权有势的人逐渐从棉花产业中抽身离去，而在早些年中，正是棉花产业为这些银行家所身处的、作为纺织品供应商的社会阶层，提供了赖以生根发芽的土壤。这些银行家将他们的注意力以及他们手中的巨额资金投入到了美国西部地区包括采矿业、畜牧业、铁路建造业以及房地产开发业在内的一系列商业冒险之中，也正是因为如此，西部地区的经济发展从原先那种破碎的、脆弱的、徘徊不前且进展缓慢的旧状态，一跃而转变成了一种集中的、系统的、步伐坚定且发展迅猛的新面貌。那个坐拥着丰富的矿产、肥沃的土地、茂密的森林以及其他各种自然资源的辽阔西部，被坚定而有力地拉入了美国经济体系的整体循环之中。整个北美市场的一体化进程造就了一系列大型城市中心的兴盛以及诸多大型工业产业的崛起。在这一进程中，美国在世界经济领域扮演的角色，由原先的农产品出口国蜕变成了居于领先地位的工业国。[24]

毫无疑问，由这些富有的波士顿市民（以及那些与他们相似的纽约及费城市民）“通过努力拼搏才构建出的全新资本主义版图”的维系，有赖于与之相适应的国家机构的存在，但当这些刚刚萌芽的新财富一脱离市场私域（在这一领域他们的权威较少受到质疑）而进入民主公域时，便遭到了远至美国西部地区，近至自家大门口的全方位的当头棒喝——那些处于工人、农民、矿工、技工以及小商贩控制之下的政府，绝不会轻易地屈服于这一新兴的内部互连系统的独断专行。这些近乎自治的、对公众压力异常敏感的政府，极力地抵抗着金融力量的霸权，由于民粹主义的盛行，在实现经济现代化这一目标上，它们选择了一条更加民主化、更加分散化且以各自所在的州为导向的发展路径。也正是因为如此，在那些数不胜数的政治系统角落中，针对市场一体化运动而打响的激战便以一种层出不穷的方式接二连三地爆发。在讨论经济的集中化与分散化、国家机构与市场机构、资本与劳动力、城市与乡村以及中心区域与边缘地带间那不断演化的关系时，人们更多地将这类话题看作应交由选举权意义上的多数派来决定的政治议题，而非应交由专家来解决的技术性难题。这一系列的对抗是绝无办法被单独拆分出来进行研究的，因为它们事实上是作为一个整体而向世人揭示出“有关美国经济发展的路线之争”的真实面貌的，而这一切的一切，最终使那个年代成了美国历史上最富争议的时期之一。[25]

## 充满矛盾与对立的坎坷转型

对于由普尔先生所提出的“美国西部地区将出现一个政治商业帝国”的愿景，本书的主人翁——那些声名显赫的波士顿商业精英，似乎并不买账。在整个19世纪，他们将自己定位为异常谨慎、稳扎稳打的商业人士，也正因为如此，他们是绝不会被这个“横跨整个大陆的高风险试验”轻易吸引并俘获。正如一位为这些来自波士顿的商业精英著书立说的编年体史学家所言，他们更加倾向于保守的金融行为，而不是那种在美国更加常见的激进行为。[26] 换句话说，在那个时代，他们应当被看作美国那些过度激进、四面出击的资本家群体的对立面（现今仍普遍被如此认为）。然而，那些揭示了他们如同精力充沛的冒险家一般，永远怀揣着商业冲动和创业热情的历史记录，在很大程度上模糊了他们本应享有的声誉。在 19 世纪前半叶，包括弗朗西斯·卡博特·洛厄尔（Francis Cabot Lowell）、帕特里克·特雷西·杰克逊（Patrick Tracy Jackson)、内森·阿普尔顿（Nathan Appleton）、阿伯特·劳伦斯（Abbott Lawrence）以及阿摩司·劳伦斯（Amos Lawrence）在内的一批新英格兰地区商人中的佼佼者，在美国国内开创了工业革命的新局面。依靠着商业贷款，凭借着美国南方地区那些可以轻易获取的棉花资源以及分布在乡间田野之中大量可供雇佣的妇女劳力，他们将沃尔瑟姆、洛厄尔以及新英格兰地区一些其他的乡村地带转变成了繁荣的纺织业、制造业中心。尽管他们理应享有保守谨慎的名声，但通过将新英格兰地区发展为与兰开夏（英格兰西北部的一个郡）、诺曼底（法国北部大西洋沿岸）、佛兰德（今比利时、法国、荷兰交界地带）、萨克森（今德国东部）以及加泰罗尼亚（今西班牙东北部地中海沿岸）相并列的、在当时的世界上工业化程度最高的地区之一，他们也同样有理由跻身于全球资本主义事业的先驱之列。[27]

19 世纪中期，在经历了数十年的高速增长之后，棉纺织工业进入了一段利润衰退的时期，并最终经历了一场危机。这场危机在1857年时伴随着一系列倒闭风潮而达到了顶峰。对于那些“商业豪门”（居于统治地位的商业精英）而言，这无疑是一段极其迷惘消沉的日子，他们原本将自己所有的赌注都押在了棉纺织工业上，梦想着这一产业可以永恒地带动着他们向前迈进。可就当原先的主营产业无法再像之前那样吸收巨额的投资并产出稳定的红利时，这些精英家族的成员却再一次向世人展示出了他们那令人惊叹的适应能力。在这个有如分水岭一样的重大时刻，他们雷厉风行将自己积累的财富重新投入到了新的豪赌之中，并彻底改头换面地当起了金融家。至于那些老一辈的纺织巨头，由于他们在安抚美国南方的棉花供应方、试图挽救联邦体制的绝望努力中，彻底地丧失掉了自己原先树立起的公信力，只得逐渐黯然逝去或淡出公众视野。而随后爆发的南北战争，则更是给予了这一被参议员查尔斯·萨姆纳（Charles Sumner）* 称为“织机之主与皮鞭之主”（代指美国北方纺织工厂的工厂主与美国南方种植园中的奴隶主）的联盟以致命一击。然而就在同一时期，从旧式精英中脱颖而出的先驱群体，包括亨利·李－希金森（Henry Lee Higginson）、亚历山大·阿加西斯（Alexander Agassiz）、小查尔斯·亚当斯（Charles F. Adams Jr.）以及托马斯·杰弗逊·库利奇（Thomas Jefferson Coolidge）等人物在内的雄心壮志的新一代，却也努力地为自己开辟出了一片崭新天地。在南北战争结束后，那

---

* 美国参议员（1852—1874年），外交委员会主席，南北战争时期致力于人类平等和废奴运动的政治家。——译者注

些曾在战争中为国效力并发自内心地反对奴隶制度的年青一代，正式地开启了他们那漫长的、作为商业人士的职业生涯，他们成功地调动起那些城市中的富有家庭所拥有的金融资产，并将其投入到了“美丽的新世界”当中。

这些有权有势的东北部商业精英，绝不会放任那些野心勃勃的西部人士逐渐做大而自己却在一旁袖手旁观，同样，他们也绝不认为可以仅仅通过自己在东部舒适居室中的运筹帷幄来达成自身理念的实现。他们与伊迪斯·沃顿（Edith Wharton）或威廉·迪安·豪威尔斯（William Dean Howells）的文学作品中所描述的那些超然、柔弱且衰微的精英迥然相异，背负着为数以亿计的波士顿富有家庭管理财富的重任。他们走出了建立在经济制高点上的象牙塔，将自己的足迹遍布于充满尔虞我诈的广阔大陆之上，努力地寻找着那些有利可图且可以吸收大量资本的投资机会。他们屡屡穿越整个大陆，观察着世界的发展，收集着有用的信息，并逐步建立起自己的商业网络。他们并没有龟缩在自己的私人寓所、乡间田庄或是社交场所之中，而是乘坐着火车、蒸汽船、长途车，甚至是仅仅依靠着自己的双腿穿行在广阔的原野之上。他们将整个大陆的一体化视作一项伟大事业，并将一种令人振奋的豪迈之情灌注其中，几乎完全是依靠着他们那永不停息的努力，原先那些被视作高度投机化的西部资产，才逐渐地演变成了东部富有家庭投资组合中的支柱性力量。

那些传承于古老且富有的家族的后裔，一次又一次地展现了他们在重塑经济、改造自我等方面的非凡能力，显示出他们是作为商业资产阶级中坚力量的存在。但是对于那些被本杰明·富兰克林（Benjamin Franklin）以及托克维尔（Alexis de Tocqueville）的著作所影响的美国观察家而言，上述事实经常遭到忽视。这些观察家往往将美国资本主义的发展归功于草根阶层那被压抑已久的创业热情的释放，[28] 这些权威文本使评论家可以忽略掉美国经济中最有力量的参与者，并过早地宣称那些传承悠久的财富世家早已在美国销声匿迹。[29] 而作为由这一根深蒂固的偏见所导致的结果，学者极少去仔细地检验那些提及了波士顿精英（他们是南北战争后传承悠久的资本世家的典型）是如何参与到商业活动中去的档案。不同于那些经常处于舆论风暴中心的南方同行，这些北方资本家群体的沉浮轨迹，往往难以引人注目，以致存在于他们商业实践、政治观点以及意识形态之间的那种纷繁复杂的联系，亦很少被人们仔细推敲。[30] 关于这一时期的股市叙述经常忽视了这些资本家在美国经济活动中所起到的作用，没能看清他们作为社会改革家、交际纵横家、慈善家以及复杂的文学人物那样的高大形象。这些叙述通常强调这些波士顿精英与现代工业社会的隔绝与疏远，然而讽刺的是，现代化的工业社会正是在这些波士顿精英的推动和领导下才得以形成并发展的。[31]

事实上，在波士顿商业精英的身上，那种不屈不挠的商业热情以及作为“波士顿豪门”的内在本能，一直被完整地保留着，这使他们在 19 世纪后半叶那波澜壮阔的资本主义大舞台上，持续地扮演着关键角色。他们那历经沧桑才赚取的财富，并没有随着时间的流逝而遭到侵蚀，相反，这些财富被投入到了最为前沿的领域当中，并不断地产出着丰厚的回报。正如经济学家托马斯·皮凯蒂最近所观察到的那样，在整个19世纪的进程中，发达国家里的那些顶级财富拥有者，在经济体系中所占据的份额绝非不断萎缩，而是在持续扩张。[32] 直到20世纪，那些从他们多种多样的资产中产出的回报都充分地维持了这一富有阶层的延续，而他们的社会与文化制度也因此得到了保留。这种让财富不断累积的能力所产生的深远影响，远非波士顿那些时髦住宅区的建立或是金融核心区的落成可以完整展示的。这些商业领袖控制着巨额资本的流动方向，获得了重塑核心产业、兴建城市中心、翻新老城镇、改良区域生态以及驱策人口流动的巨大权力。在将自己的触手伸向北美洲的内陆地区这一点上，就如世界上其他地区那些“为了在大陆的腹地增强自身统治力量，而将分布在印度、埃及、亚洲、非洲以及拉丁美洲的大片土地囊括进环球商贸系统”的资本家一样，这些波士顿精英所采取的手段也可谓是亦步亦趋，而这也使得现代资本主义在美国的形成之路事实上并没有人们之前想象的那样独特。[33] 有鉴于此，我们有充分的理由将传统意义上用于研究美国“镀金时代”的分析框架拓宽，并将其最终定位于一条更加久远的资本主义历史脉络以及一个更加广阔的视野之中，这是一条有关不断创新及再创新的历史脉络，一个将美国置于全球变革的大背景下的比较视野。[34]

美国国家本身在同一时期的历史轨迹，则在极大的程度上使问题更加复杂化了，这也是为什么资本主义的历史绝不仅仅只与资本和资本家有关。除了将视野狭隘地聚焦于那些发生在双方一拍即合之下的交易，我们更应该重点关注“不同群体的内在动机”、“互相竞争的意识形态”以及“围绕着市场规则的制定而展开的政治争论”在资本主义的发展过程中所扮演的角色，而这无疑将牵扯到更加广泛的人群，并涉及种类繁多的历史资料。为了使这些富有波士顿精英群体的形象更加完善，我们将参考那些记录了发生在公共政策领域的激烈争斗的政府文献。这些文献则向我们揭示出，无论是那一系列普遍通用的规律，还是那一系列新技术的诞生，抑或是那些权势阶层精心策划出的蓝图，都并非现代资本主义萌发并兴旺发达的原因。事实上，现代资本主义的形成，正是在那些抱有对立政治经济观点的社会群体间那混乱且无休止的对抗的因势利导之下，才得以最终完成的。这些对抗激烈争夺的领域，绝非仅限于物质利益应如何分配（尽管这绝对是关注焦点之一），它还涉及了一系列有关资本市场本身的基础性问题，包括私有财产所享有的权利、在奴隶制被废除后有关“自由劳动力”的完整含义、公有与私有应如何界定以及极其关键的“民主政府应如何动用自己的力量制定政策并最终塑造出经济的新形态”在内的诸多足以动摇资本市场根基的话题，都被拿上台面作为开放性议题以供讨论。

美国政体所采用的联邦制结构，注定了这一系列的政治斗争将发生在整个政治系统之中的诸多节点之上，而不是仅仅发生在诸如国会这样的单一场所之中。考虑到那个足以取代错综复杂的地方架构的、强大联邦政府的身影在那个时代已若隐若现，国家市场一体化进程的成败与否无疑已系于资本家能否成功地重塑地方层级上的政治机构，并让这些机构在建立一套新型的、内部互通的经济秩序这一问题上达成一致。事实上，大多数有关美国发展的分裂化倾向都与美国那套分散化的政治架构直接相关，这套架构允许各个州与下辖各城市的政府独立地制定经济政策而不受统一安排的约束。而作为那个时代最为引人入胜的案例之一，那些波士顿的“豪门”精英阶层，开始自发地调动起来，积极地引导市政府与州政府，帮助他们认识到自身在宏大的资本版图中所处的位置，并努力地将这些地方层级的政府作为相互兼容的节点编织在一个巨大的统一整体之中。他们的这种做法是极富争议的，并随即遭到了来自美国民主政治的强烈抵制，身处美国各地的人民虽然过着千差万别的生活，但发出了相同的声音，并展现出惊人的力量。那些充斥着种族嫉恨、赤裸裸的机会主义以及党同伐异的、被历史学家评价为无关紧要或是腐败透顶的广大美国政治领域，事实上在铺设美国经济发展道路的过程中起到了至关重要的作用，它们成了那些以反对工业现代化为目标、深受意识形态影响并坚守原则的抵抗运动的爆发之所。

本书将通过两个截然不同的重要场景审视这一宿命般的对决，其中之一是发生在美国东部城市之中的都市政治，而另一个则是发生在美国西部的地方政治。在全部的这两个场景之中，那些拼尽全力，想要通过草根运动将市场一体化进程政治化，并塑造其最终形态的民粹主义政治，都将被视为发生在这一国家转型过程时期中的重要特征。美国东部城市史与西部地方史之间那巨大的差异，往往导致人们在传统意义上认为这两个区域是风马牛不相及的，然而对美国国家精英而言，他们更乐于接受的说法则是，尽管美国东部的城镇与西部地区差异巨大，但在事关美国国家政治经济体的形成斗争中，他们同样身处在不同的疆域，在更多的领域里是针锋相对的。[35] 在美国东部地区和西部地区，金融家同政治势力之间的关系迥然相异，美国西部地区的居民与东部地区的银行家的交集主要集中在金融领域，他们所栖身的社区往往需要借助东部地区的金融资源来实现自身的发展。而美国东部地区的市民与银行家的联系则聚焦于政治领域，他们生活在政治社群之中，而这些政治社群也同样包括了美国国内那些最为重要的金融家群体。同时，美国东部地区的城市往往也是一些有着重要影响力的金融机构的总部所在之地。尽管存在着上述的诸多差异，在那些流行于美国城市及西部地区的各种民粹主义运动的背后，却存在着相似的道义诉求。在生产主义这一共同意识形态的驱使下，他们奋力地反抗着由那集中化的金融霸权所释放出的不受制约的力量。他们认为政治上的民主与经济上的民主是密不可分的，并坚称任何经济政策都天然具有政治属性。在美国这个民主化的国家中，民粹主义者开创了一系列创新性的举措，以此来塑造产业的发展形态、促进财富的公平分配并确保人们可以依靠自己的劳动赚取合理的报酬。其实，无论是美国东部地区的民粹主义者还是西部地区的民粹主义者都既不反对商业本身，也不沉迷于前工业化时代的过往。对于实现现代化，他们有着十足的热情，与此同时，他们对于将民主原则融入工业化进程中这一事业相当乐观。民粹主义运动的目标并非消除市场交易，而是想要将市场整合到民主政治这一大框架中。[36]

在那些与波士顿相类似的城市，从自身所属地区的工业轴心向触角遍布整个北美大陆的金融中心转型的过程中，一系列的政治冲突被相继触发。在19世纪70年代和80年代，“生产性劳动”这一共和党人用语，曾经导致城市平民阶层与南方奴隶主以及这些奴隶主在北方的同盟者相互对立，再一次使金融家陷入了文化上和政治上的猜忌之中，而波士顿市政府中的政策制定者也借此从公众那里获得了将民主理念融入到城市工业化进程之中的授权。这些市政领袖大多是在城镇中比邻而居的商人、店主以及小商贩，他们优先关注的事项是城市内产业的发展与住房的供给，而并非那些横跨于不同区际之间的金融网络或金融机构。他们激进地拓展着所在城市的地方行政管辖权，并将充沛的公共资金投入到诸如道路、水利、下水道、公园、学校、图书馆等基础设施的建设之中，他们想要通过这种方式让波士顿变得活力四射并实现全方位的发展，而这些努力也让各个阶层的民众从中获益。这些市政领袖不断地扩大着城市中种类繁多的工业基地，使波士顿主城在历史上第一次超过了那些分布在波士顿周边乡村地区的工业化卫星城镇，而一跃成了整个美国规模最大的制造业中心。他们同样让波士顿中的住宅用地大幅增加，并由此创造出了大量身为工人阶级的房屋持有者。

这些政策在带来财产税收的急剧增加、坚若磐石的城市景观的同时，也造就了一种令波士顿精英阶层极度反感的民粹主义治理模式。对于那些以自己的储蓄支撑了整个金融部门运转的富有居民而言，城市正在逐渐丧失原先的吸引力。那些原本想要将波士顿打造成为全新金融中心的精英人士，开始拼尽全力阻止城市管辖权的进一步扩大，并着手在城市与市郊之间砌出一道“政治围墙”。他们尝试着对公共开支设置严格的限制，并强调应将金融类的资产从城市的应税财产清单中移除出去。这些精英的目标是要将资源从快速增长着的城市边缘地域撤出，而转投到城市中心那些金碧辉煌的金融区中去，他们认为这些区域才是令城市声名远扬、兴旺繁荣的源泉所在。这一计划的施行无疑将使城市文化一分为二。在那个时代，城市中的工人及技工正在为将体力劳动与脑力劳动整合统一的事业而努力奋斗，他们坚信自由的劳动者理应既拥有灵巧的双手又具备发达的心智。然而，同时代的精英阶层却对这些深入人心的理念不屑一顾，在他们的思想观念中，在有用与精致、实际与审美、生产与消费以及高贵与低俗之间必然存在着不可逾越的鸿沟。这样的思想观念不断地与现代工业主义思潮中那些提倡拥抱喧嚣的都市生活，唾弃形式主义、附庸风雅与社会分化的原教旨成分唱着反调。在进行鉴赏和品味时，波士顿精英更加强调将事物划分为三六九等。他们创办或重建了包括波士顿交响乐团、波士顿美术馆、麻省理工学院以及波士顿公园在内的一系列城市机构及会所，在将这些新事物变为城市不可分割的一部分的同时，也将这些新事物背后所蕴含的崭新价值观念深深地印入了公众的脑海之中。

类似的政治与意识形态冲突同样也在美国西部地区——波士顿

那日益增长的财富的投资目的地，掀起了波澜。随着来自美国东部地区的资金有如潮水一般涌入到诸如科罗拉多州、蒙大拿州、爱达荷州、怀俄明州、华盛顿州以及达科他州等地区，美国西部的领土疆域逐渐变成了政治冲突集中爆发的新领域。面对着以美国东部金融集团为后盾、强大程度史无前例的公司势力，美国西部地区的居民选择打造出一套严苛的行政治理框架加以应对，他们认为一个强而有力的民主政府可以帮助他们在对抗外部势力时获得优势，他们支持由政府来制定铁路的运输费率，并对那些旨在保护原住民对土地和水资源使用权的法律规定表示赞同。他们希望由国家出面来保护劳工安全、取缔雇用童工并保障人民集会结社的权利。同时，美国西部地区的居民也致力于防止自己的家乡向单一的方向发展演化，以至于最终沦落为纯粹的原料出产之地。他们在那些相距遥远的资本家之间纵横捭阖，努力地驯服着这些来自东部地区的资本，并使它们最终服务于推动相关区域均衡且可持续的发展。对于这诸多发生在西部地区的运动，身处波士顿及其他东部城镇之中的投资者亦深感忧虑，他们认为这些运动实属误人子弟，并终将不利于生产力的发展。于是，这些投资者和他们在西部当地的代理人开始联合起来一致行动，他们一边尝试着去挫败由西部居民所提出的立法议案，一边着手将西部行政机构的治理模式置于一系列更加普遍、清晰且合乎人们预期的、有利于保护投资者财产权益的原则的约束之下。通过这些努力，他们想要将金融资本的权威置于民主政府的权威之上，并使一体化国家市场的实现优先于区域政治自治的现状。

因此可以说，本书既是一部在宏观大陆视角下写作出的城市历史，也是一部以城市为焦点的大陆历史。只有将美国东部地区与西部地区放在一起进行思考，我们才能够理解这些举债经营的精英阶层，在以将自身孤立为少数派为代价的基础上所换取的政治成就。这些精英的影响力是建立在他们能够在新兴资本主义版图的两端（美国东部城市与西部地区）之间自由游走这一能力之上的。通过对那些敌视美国东部投资者的西部社群施以残酷的惩罚，他们以一种极富争议的姿态击垮了西部地区的选民，但尽管如此，通过让美国东部地区从西部地区的快速发展中分得一杯羹，他们也成功地安抚了东部地区的选民。精英阶层之所以能够立于不败之地，并非因为民主型道路与现代化逻辑之间的水火不容，而是因为精英能够充分地利用起自身阶层内部的结构优势，跨越距离的阻隔在彼此之间构建出弹性十足的社会网络，并在诸多关键性的问题上统一立场、协调一致。

发生于 19 世纪 90 年代末期的、以“大合并运动”这一企业兼并浪潮为美国全国性市场高峰的崛起进程，如同火箭一般将美国经济推入了 20 世纪。尽管在南北战争结束后的数十年中，美国国内的商业精英曾遭受过来自经济方面的诸多挑战，但 21 世纪的曙光似乎正昭示着一个更加友好的时代的到来。尽管美国经济的整体面貌已经按照精英的意愿改变了许多，但这种新式的美国全国性公司型经济的根基，似乎仍显脆弱——在美国巨大的身躯之上，那带来了数十年无休无止且悬而未决的冲突，但自身却近乎完好无损的地方行政权威，尚留存着难以磨灭的印记，而以联邦权威替代地域权威的事业却仍然未竟。表面上看来，美国全国性公司凭借其影响力似乎将自己的触手伸展得既远又广，但实质上其能够涉及的深度略显肤浅，且其触碰到的范围亦主要限定于一些核心的经济部门，以至于相当一部分的经济发展仍需要依靠产权清晰地方导向型的工业企业的迅猛发展来实现。同时，在政治系统中，即便是失去了一部分的权威性与连贯性，民粹主义者的话语权以及由他们所构建出的意识形态愿景，却也从未消灭殆尽，那些有关金融精英不事劳作、大肆挥霍并利用手中那未经许可之特权胡作非为的批评之声，将民粹主义者对经济政策的惯性思维表现得淋漓尽致。总而言之，19 世纪这一重要的转型时期在公司走向现代化、自由化的前行之路上埋下了诸多重大的隐患，而这些隐患直到 20 世纪仍未彻底铲除，依然影响着美国政治经济的发展。

# 第一章

# 对危机的剖析

## “卡顿山”种植园破产

1865 年 9 月，亨利 · 李－希金森一边徒步穿行在佐治亚州的茫茫原野之上，一边焦急地探寻着美国资本主义的未来所在。一年前，在亨利从联邦军队中光荣退役后，这位出身高贵的波士顿市民便加入了由另外两名老兵所组成的团队之中。他们三人结伴同行，并将论证“以自由劳力重建美国棉花种植业”是否具备可行性这一问题，当作了他们为之奋斗的事业。这无疑是一场发生在社会变革领域与政治经济领域的伟大尝试，而一旦这一尝试取得突破，物质财富也必将随之滚滚而来。在这一事业的开始阶段，希金森便相当明智地接受了有关建议，将“自由劳力是否能够支撑起棉花种植业”这一复杂问题，简化为“自由劳力是否能够胜任原先由奴隶完成的工作”这一简单问题。[1] 毫无疑问，希金森从事的事业事关重大，如果自由农业方法论相比于奴隶制度的确是更加高级的存在，如果物质激励可以代替肉体压迫成功地激发出那些被解放了的前奴隶的生产积极性，那么美国的资本主义事业就真的可以在一条与先前截然不同的道路上发展前行了。与此同时，这也意味着无论是这位新英格兰年轻人的道德情操，还是那些他所坚信的有关市场主义的信仰教条，都将一并得到历史的正名，当由此而产出的巨量棉花供给有如潮水一般涌入市场，战后的美国经济终将因此被带上一条繁荣兴盛的发展轨道。

事实证明，为了使自己的道路能够通向最终的成功，这三位合伙人是有备而来的。来自这三人组合之一的钱宁·克拉普（Channing Clapp）先生被派遣到了波士顿，以期从他们的熟人及家族那里获得坚实的金融支持。希金森曾这样向他的父亲提醒道："钱宁会去拜访您，并向您索要 9 500 美元。"而与此同时，另一位合伙人查尔斯·莫尔斯（Charles F. Morse）则前去拜访了位于南卡罗来纳州的海岸群岛（the Sea Islands），在那里由新英格兰人所领导的以自由劳力替代奴隶的更大规模的试验，在南北战争尚未结束之时便早已展开。查尔斯向爱德华·阿特金森（Edward Atkinson）这位畅所欲言且在利用自由劳力生产棉花方面拔得头筹的专家进行了咨询，而后者不仅向他传授了丰富的经验，甚至还将手中那充满活力的埃及棉花种子赠予了他。[2] 希金森起草了一份商业计划，按照他的预估，只要毫不吝啬地施用肥料（希金森认为相较于奴隶，人们过度忽视了肥料的价值），那么他们在第一个季度便至少能够收获 14 500 千克棉花。若真是如此，每个合伙人将能够从中分得 6 000 美元 * 的

* 根据在 DouarTimes 网站上的查询，1914 年 1 美元的购买力等同于 2018 年 24.65 美元的购买力。——译者注

回报，这一数字本身便已极其诱人，更不要说其在来年还具备上涨的空间。在制订出这份计划后，他们三人便向着萨凡纳地区南下而去，他们最终在位于布赖恩县的森林深处购置了一处名为“卡顿山”（Cottonham）的种植园。这座种植园不仅包括约 3 万亩的土地，还带有一间被美丽的橡树所环绕的宽敞大屋、一台轧棉机、一座磨坊以及几处谷仓。种植园还有专为工人们准备的生活区域，在那里居住着大约 60 名被解放的奴隶。

尽管这三位年轻人对于他们所从事的事业充满信心，但他们的创业之路似乎从一开始便历经坎坷。各种各样的棉花病虫灾害、令人郁闷的天气状况、异常毒辣的夏季高温以及不合时宜的降雨，这些问题的相继爆发无疑都令这几位来自城市的波士顿人始料未及。而在他们面临的诸多困难与挑战中，如何处理好与工人之间的关系才是重中之重。希金森为此精心设计了一套契约方案，按照这一方案，在工人按照他们所管理的土地面积的大小获得一份基础薪资的同时，他们还可以依照由他们所采摘、分类以及加工的棉花重量的多少来获取一份额外的报酬；工人家属可以通过承担种植园中多种多样的工作来取得收入，同时他们还可以在分配给他们的家庭自留地上为自己种植作物，或是饲养鸡或猪等家禽家畜。为了帮助这群新近获得自由的人更快地适应这种以物质激励为核心的新生活，这三位波士顿人开始使用一种身体力行的方式，向他们的雇工展示劳动背后所蕴藏着的高贵品质。在翻修种植园中的大屋时，希金森与他的工人一道擦洗地板、粉刷围墙、敲凿铆钉。与此同时，希金森的两位助手也加入到了田间劳动者的队伍当中，与工人一起放牧、洗马、耕犁土地、劈砍干柴并清除杂草。他们寄希望于通过上述种种方式在自己的雇员心中树立起一种有关体力劳动的新观念，并以此来激励工人。希金森希望他们的计划不仅可以为这些工人带来足以维持生计的可观收入，还能够帮助这些工人中最勤奋刻苦的那一批人在几年之内积攒到足以购置私有土地的钱。[3]

然而在那些被解放的奴隶的眼中，这种新型领导机制所能够带来的前景远非那样美好。在原先主人的役使下，他们几乎完全拒绝工作，而至于这些来自波士顿的新老板，尽管他们展示出了一定的善意，但对这些前奴隶来说也好不到哪儿去。在这三个人到来之前，这些新近获得自由的人曾坚定地认为，只有将这片由他们世代耕作的土地均分给他们才算得上公平。希金森曾这样记述："他们沉迷于一种将土地平分的执念之中。"事实上，在这些被解放了的前奴隶的心目中，从美国分得"四十英亩地（约240亩）、一匹马"那样的美国梦从未被彻底地放弃过，但这种理想在希金森等人的眼中却无异于痴人说梦。更加要命的是，工人认为这些波士顿人所支付的薪资严重不足，这直接导致罢工与停工的浪潮充塞了那紧随圣诞节而来的种植季。为了赢得工人们的支持与配合，这三位雇主采取了双重手段，一方面，他们向工人伸出了"胡萝卜"，他们开始在种植园中售卖诸如印花棉布、法兰绒织物、鞋靴等这些贫穷的劳工所喜闻乐见的商品。"这些工人开始逐渐地明白工作可以带来薪水，而薪水可以换取食品与衣物"，希金森一边满怀欣喜地观察着上述现象，一边暗自祈祷能够尽快地获得一批得力的帮手。[4]尽管如此，在绝大多数情况下希金森也从未放弃过挥动“市场机制”这一大棒的权利，希金森赤裸裸地威胁道：如果工人不去挣取薪资，他们不仅将无法从种植园的仓储中获得补给，还将面临遭到驱逐的风险。希金森曾明确地警告说：“作为在土地上工作的自由劳工，这些获得了解放的前奴隶必须在工作与挨饿之间做出选择。我们将从别的地方引入劳工，并用他们挤占那些拒绝工作者的居所，而这些新引进的劳工既可以是白人也可以是黑人。”[5]这种为希金森所抱持的伦理观念，对于那些刚刚获得自由的劳工而言无疑是奇异而陌生的，能够长久地居住于自己的小屋当中是他们期望的底线，而为了捍卫这一底线不受侵犯，他们甘愿接受任何风雨的洗礼。当劳工发现就连他们最基本的愿望都遭到了否定时，他们便开始互帮互助、同仇敌忾，而这又极大地惹恼了他们的雇主。[6]

收成极差又正巧赶上世界棉价的萎靡不振，第一个种植季的产出与希金森先前的预期相去甚远。而到了第二个种植季，又一轮令人崩溃的劳资谈判却又重新拉开帷幕，随之而来的一切都与第一个种植季发生的事情丝毫无差。当初那澎湃的激情与家长式的职责理念早已消磨殆尽，取而代之的是一种消沉抑郁的挫败感与歇斯底里的愤怒感。希金森的妻子艾达是哈佛大学著名博物学家与地质学家路易斯·阿加西斯的女儿，为了给自己的丈夫提供一种资本主义范式的家庭氛围，她也加入到了这一佐治亚创业三人组中，她曾这样表达自己的所见所闻，“这些黑人领取了丰厚的薪水，受到了良好的对待，并获得了悉心的教导，他们从我们这里得到帮助却丝毫不知感激！”事情闹到了这种地步，原先那种认为市场激励能够激发劳动热情的理想早已荡然无存。这些波士顿精英逐渐对一种新的论断深信不疑，若是脱离了持续不断的监视、鞭策、驱驰以及系统性的督导，这些获得自由的前奴隶将永远无法可靠地完成工作。希金森夫人如此坦白道：“这是多么令人失望啊！”[7]第二个种植季最终带来了比第一个种植季还要严重的亏损，这也让这几个波士顿人更加清醒地认识到在当前的情况下从事棉花生产绝非什么有利可图的事业。在 1867 年 5 月底，希金森在收拾了自己的行囊之后打道回府，并在自己的家乡波士顿，加入了由他的父亲和叔叔开办的、实力雄厚的李－希金森家族银行，正式地开启了一段即将持续数十年之久的崭新的职业生涯。

## 棉纺织经济的终结与新时代的开端

对希金森和他的伙伴而言，发生在卡顿山种植园中的一切似乎正昭示着美国棉花种植业黄金时代的落幕和一套新型的即将到来的产业秩序的开端。毫无疑问，繁重的美国南方重建工作正在渐次展开，但在这一过程中，来自美国新英格兰地区的北方人逐步退出了（这一撤退从经济领域开始逐步扩展到政治领域），而美国资本主义的剧目也随之发生了决定性的转折。对于发生在美国南北战争结束后的那段在人们的意识中极度破碎，且被不同的地域和时间片段划分为无数碎片的漫长历史而言，那种尝试在废除奴隶制度后重建棉花种植业的努力，无疑是其中的一个重要节点，而类似希金森那样的波士顿人的职业生涯以及美国资本主义的前行轨迹，也穿插点缀于这段历史之中。这些事迹深深地扎根于美国的旧城镇中，它们与商业之间有着历久弥新的纠葛羁绊，并凸显出历史上那充满活力的区际联系。它们在南北战争前后，在美国北部、南部与西部，整个美国各地区以及都市层级上的发展之间那看似根深蒂固且不可逾越的鸿沟之上架构起了连通的桥梁，并向我们揭示了那个平常不为人们所注意，但最终“促使棉花经济孕育出包括新兴产业、新型劳资关系以及新式资本主义版图在内的一整套美国南北战争之后资本积累新制度”的动因之所在。[8]

贯穿于整个 19 世纪的工业资本主义发展史绝不是简单而线性的，同样，它也并非一帆风顺或承袭天命的。在南北战争爆发前的半个世纪中，波士顿的商业领袖们曾将他们的全部财富都押注于“利用新英格兰地区修建在溪流旁的水力磨坊进行纺纱纺织”这一事业上，而由棉纺织工业所产出的丰厚利润则往往又被重新投资于这一行业本身。数以百万计的美元被投入到了围绕着水力磨坊的工厂建设、环绕着新兴工业城镇的土地改良以及与之相关的对工厂建筑、机修工厂以及工人宿舍的修建之中。巨量的金融资源被用于资助修建分布在全美国及全世界范围内的铁路、仓储以及那些“连接了生产端、供应端和消费端的港口码头”的修建。随着时间的推移，无论是新英格兰地区乡间田野上的溪流瀑布、区域之间的交通动脉、波士顿港口内的商业码头、数以千计的棉纺厂职工，还是那些至关重要的手握城市中富有家族资金储蓄的金融机构，其荣辱兴衰都已被绑定在了棉纺织工业这条大船上而随之跌宕起伏。棉纺织工业逐渐在马萨诸塞及其周边的各州中占据了经济上的主导地位，它带来了一种使工业化成为可能的区际联系，而那个在“逐渐走向工业化的新英格兰地区”与“依靠奴隶从事棉花种植、采摘、轧制的美国农业化南方地区”之间形成的强大联盟，无疑是这种区际联系的突出代表。[9]

图 1.1　这是陆军少校亨利 · 李－希金森身着联邦军制服拍摄的照片，他很快便会成为波士顿最为重要的投资银行家

图片来源：Bliss Perry, *The Life and Letters of Henry Lee Higginson*（Boston: Atlantic Monthly Press, 1921）

在那个年代，就以棉花为根基的工业化进程而言，其影响范围绝非仅限于经济领域。事实上，这一进程已然深深地扎根于新英格兰地区的行政机构、社会组织以及民间机构之中。政府的行为、阶级的分化（从社会的最顶层到最底层）以及整个区域的精神和文化生活都与棉花产业的发展息息相关。另一方面，为这一进程所倚仗的、延伸范围早已超越了商业范畴的广泛根基，也将高度的自我修复和自我调节能力赋予了整个棉纺织生态。然而，随着时代的变迁，纺织工厂的盈利能力逐渐流失，而整个棉纺织工业也随之经历了一场严峻的危机。尽管人们普遍质疑将棉纺织工业继续当作经济增长引擎这一做法的可行性，但棉花产业在之前的时代中展现出的那种不断自我激励、自我强化的活力，诱惑着波士顿的商业精英义无反顾地不断做出复兴甚至进一步扩张这一产业的尝试。正如在前文中提到过的“希金森在佐治亚州进行的大胆冒险”那样，众多的波士顿商业精英仍然幻想着重新点燃棉花经济的火种，哪怕南北战争的结局已经从事实上摧毁掉了那个曾经让大规模棉花种植由不可能转变为可能的奴隶制度。

在美国南方那个曾经的棉花王国的废墟之上，重建工作正在艰难展开，但包括希金森在内的一群波士顿商业精英，迅速地将“开创棉花种植业新篇章”那样的幻想抛到了九霄云外，那热烈企盼美国南北战争之前的棉花经济能够重获新生的激情与冲动，亦随之迅速冷却。当原先的旗舰产业深陷危机，无法在吸收巨量投资的同时产出足够的利润，那种急于打造出资本积累新循环的紧迫感，便催促着人们走上了一条商业发展的新途径。就好似冥冥之中自有天意，波士顿的市民背离了他们原先栖身的产业，并以此为出发点走出了一条全新的发展轨迹。他们开始重新构思美国资本主义的未来，这一行为不是为了对那种在早些年间形成的经济框架进行小修小补，而是瞄向了“在整个大陆范围内推进工业化”这一充满雄心壮志的宏图大业。把一系列被当时的人们视作胆大妄为（尤其是对于那些以刻板和保守而闻名且小有建树的经营者而言）的举动当作支撑点，这些波士顿精英开始急剧地拓展自身的商业视野。他们从与棉花相关的领域抽身离去，转而投身于发生在美国西部地区的那一系列包括矿石开采、畜牧养殖以及铁路建设在内的开天辟地般的创业冒险之中。

这次事关重大的“转向西部”运动影响深远。通过这次转型，波士顿从原先的区域制造业中心被重塑成了整个美国最为重要的金融中心之一。在经历了将近十年的停滞之后，这一新兴运动无疑为那些急于寻找能够产出足够回报的投资标的的资金指明了一条出路，并为那些早已准备好迎接挑战的波士顿富裕阶层中的年青一代，展示出了一幅宏伟蓝图。这一运动还极大地增强了波士顿精英对于金融行业的信心，并将一种全新的使命感赋予那些历史悠久的古老社群。坐落在波士顿州街（State Street）上的城市商业区，很快便呈现出了一幅熙熙攘攘的繁忙景象，而在波士顿当地的政治圈中，那种试图探讨“该城应在这一新兴国家经济实体中扮演何等角色”的争论，也日益甚嚣尘上。而与波士顿经历的这种种变化同等重要的是，美国那辽阔的西部也开始在来自美国东部地区的巨额投资的带动下逐渐改头换面。一波又一波闻所未闻、规模空前的美国东部资本浪潮，以势不可挡之势争先恐后涌入大陆腹地，极大地充实了西部地区的商贸网络。金融家由此获得了对美国原先那种临时性质的、碎片化的且往往是十分脆弱的产业布局进行重新整合的机会，而作为这一整合的最终结果，一种在东部城镇中的商业区的统一领导下，集系统化、稳健化、高度资本聚集化等特征于一身的新型产业布局应运而生。一系列回报丰厚的新兴产业部门逐渐发展为美国资本主义的内在核心。最终，依靠一种在政治领域备受争议且在社会领域亦极具变革性的手段，美国的西部地区及其看似取之不尽用之不竭的自然资源、价值不菲的矿产及农作物一道，被成功地纳入了美国经济的整体大循环之中。

## 由棉纺织工业的繁荣带来的一荣俱荣与<br>由其衰败带来的一损俱损

对那些来自波士顿的商人而言，仅仅在数十年前，彻底放弃棉纺织工业而转投于“美国西部大开发”这一事业，还有如天方夜谭一般令人匪夷所思。那时，他们正一股脑地扎进棉花纺织这一产业当中。

1821 年商人实业家内森·阿普尔顿*曾这样向他那满腹狐疑的友人做出了保证：“的的确确，大量的资本正被投入这项买卖当中，但面对如此广阔的发展前景，我们离过度投资还相去甚远。”[10] 这种自信满满的说辞，无疑是对那些棉纺织工业开创者的极佳写照，但由棉纺织工业所展现出的极其出彩的开局，往往使人们在对其未来进行预测时产生错觉，事实上，这一产业在其漫长的生命跨度中往往黯淡无光。1813 年，来自新英格兰地区的商人组成了一个紧密的团体，在弗朗西斯·卡博特·洛厄尔**和帕特里克·特雷西·杰克逊***的带领下，率先在地处马萨诸塞州的沃尔瑟姆市的查尔斯河河畔建立起了波士顿制造公司。他们一同制定了公司章程，而后将十倍于公司的前身——一座位于罗德岛上的小型棉纺厂——的资本投入的资金，作为股本注入到了这一新成立的公司之中。他们创立了美国历史上第一个将上下游完全整合到一起的一体化工厂，从纺纱到织布的整个棉纺织工业流程都能够在其中完成。在这座工厂中，原棉被直接加工为成品布料，而这样的创举为人们带来了丰厚的利润。

1822 年，受到在沃尔瑟姆市所发生的奇迹般的成功的鼓舞，那些原先的创业者在一种更大的野心的驱使下，决定在洛厄尔市梅

---

* 内森·阿普尔顿，马萨诸塞州纺织业的主要组织者之一。——译者注

** 弗朗西斯·卡博特·洛厄尔，美国棉纺织工业先驱，完善了现代工厂制度。——译者注

*** 帕特里克·特雷西·杰克逊，美国棉纺织工业先驱。——译者注

里马克河中一处落差高达9米的瀑布旁打造一座全新的产业基地。仅仅在不久之后，发生在这一地区的规模宏大的基础设施建设便带动了多达19处的大型棉纺织工厂的落成。在这一过程中，原先的乡村田野成长为马萨诸塞州规模第二大的集市城镇，而到1840年，该市更是得以跻身于美国最大的20座城市之列。在这座城市中，劳工群体主要是由那些处事干练、勤劳刻苦的年轻女性构成，她们从新英格兰地区的乡村中被招募至此，专司操作工厂中的机器，在此期间的若干年中（在她们结婚之前）她们将居住于受到严密监控的宿舍中。“不会永为工薪阶层，且生活在令人心旷神怡的乡村环境之中”，这种工厂运营方式被誉为美国独特的工业化模式，向世人不断强调这一模式与美国国家的共和制度相匹配。[11]

在随后的20年中，洛厄尔模式的支持者将他们的盈利所得重新投回了棉纺织工业当中，充足的投资造就了棉纺厂在包括曼彻斯特、索科、多佛以及奇科皮等地在内的整个地区中四处开花的繁荣景象。[12]依靠着广泛存在于企业主阶层之中的凝聚力，他们在包括银行、运输、分销以及机器制造在内的各行各业之间（这些行业中的企业普遍与棉纺织工业有着紧密的联系）打造出了一套连锁系统。在那个年代，诸多类似于“波士顿—洛厄尔”“波士顿—伍斯特”那样的区域铁路干线，将数以百万磅计的原棉运入工厂之中，而后又将出产自这些工厂的成品布料运送到位于波士顿的港口；机器制造商组装出各式设备，将大规模纺纱织布变为可能；商业银行和金融机构为固定资产占比极大的棉纺织工业提供着流动资本；而数不胜数的销售代理，则将那产量日益增长的棉纱布匹分销到了包括美国在内的世界各地。[13]

这样的产业体系在19世纪40年代达到顶峰。仅仅在一代人的时间里，一个由约80位波士顿市民组成的核心群体便脱颖而出，他们共同掌握着多达30家以上的超大型纺织公司，而每一家这样的公司都坐拥着数十家的棉纺厂并雇佣着数以百计的工人。依靠着这样的家底，这一核心群体巩固了自身的地位并牢牢地站稳了脚跟，而这种现象无论是在经济层面、社会层面还是政治层面皆是如此。[14]如同杰克逊和洛厄尔那样的传承悠久的商贸世家，重新树立起了自己的金融及社会形象，而像阿伯特·劳伦斯和内森·阿普尔顿那样的成长于乡村而发达于波士顿的后起之秀，则跃升为了当地社群乃至整个国家中最为炙手可热的人物。与此同时，那些手中握有回报丰厚的股票份额的波士顿人，则结成了一个新的阶层，这一阶层通常聚居在位于比肯山住宅区的典雅寓所之中。毫无疑问，该阶层是整个社会的金主，而这一阶层中的成员亦在包括马萨诸塞州总医院、波士顿图书馆、洛厄尔学院以及至关重要的哈佛大学等声名显赫的民间机构中身居要职。他们资助了一系列杰出的作家、法理学家、神学家以及高级知识分子的工作，而把这批人加总在一起，便构成了足以为那个时代定调的喉舌。包括约瑟夫·斯托里（Joseph Story）、亨利·沃兹沃斯·朗费罗（Henry Wadsworth Longfellow）、奥利弗·温德尔·霍尔姆斯（Oliver Wendell Holmes Jr.）* 在内的一批杰出人士，为波士顿这座将自己化身为美国工业革命轴心的伟大城市赢得了“美国的雅典城”这一梦幻般的标签。最终，这一身为“棉花领主”的核心阶层将辉格党当作自身政治理念的载体，并凭借着该党踔厉风发的领袖集体——由爱德华·埃弗里特（Edward Everett）和丹尼尔·韦伯斯特（Daniel Webster）** 所结成的联盟，成功地将他们的影响力深刻地施加于政务议程之中，无论是在州层面还是在联邦层面，他们都有着广泛的介入。[15] 在那个时刻，这一紧密编织起来的巨网在世人看来无疑是百无一漏、万无一失的。年轻的阿摩司·劳伦斯（Amos A. Lawrence）从小便被作为这一宏伟事业的接班人而进行培养，当他于 1835 年从哈佛大学毕业时，他对自己的前途胸有成竹。阿摩司曾这样向人们解释其信心的由来：“对于我来说，只要我的商业智慧足以保障那些由我的叔父所搭建起来的安全的机器正常运行，我便可以以我所能想象得到的最快的速度赚取钱财。”[16] 毫无疑问，他将自己的期望完全寄托于这一复杂的系统（即围绕着棉纺织工业构建起来的商业、社会和政治关系网）可以顺利运转并持久性地产出稳定红利之上。

---

* 约瑟夫·斯托里，1811—1845 年任美国最高法院大法官；朗费罗，翻译家，被全世界视为美国最伟大的诗人；霍尔姆斯，美国诗人老奥利弗·温德尔·霍尔姆斯之子，他是美国著名法学家，美国最高法院大法官。——译者注。

** 爱德华·埃弗里特，美国政治家，曾任马萨诸塞州州长、哈佛大学校长和美国国务卿；韦伯斯特，美国著名的政治家、法学家和律师，曾三次担任美国国务卿，并长期担任美国参议员。——译者注然而事与愿违，这一所谓稳固的资本积累策略很快便被证明是难以为继的。随着已有的资产不断地产出收益，身处波士顿的投资者渐渐发现想要为他们那日益增长的资金池找到合适的投资标的，正变得愈发困难。在洛厄尔以及与之相类似的其他地区，人们对水力资源的利用已接近极限，随即棉花产业进入了一种缓慢而线性的扩张阶段。有鉴于此，在那个普遍繁荣的 19 世纪 40 年代，企图开启棉花产业发展新阶段的计划，正在两个看似前途光明的地点稳步地推进着，其中一个地点被命名为“劳伦斯”，而另一个被命名为“霍利奥克”。发生在这两个地点的项目，不但得到了规模空前的庞大资本支持，更代表了人们想要在更大的范围尺度上复制原有成就的努力。早在项目的开始阶段，项目的支持者便将大量的资源投入其中，他们为此修建了一座巨大的堤坝并开凿了一条宽广的运河，他们同样为该项目建造了最为先进的机器制造工厂，并拓展了城镇的范围，以容纳更多的教堂、学校、公园以及工人宿舍。在付出了上述的诸多努力之后，这两个地点获得了足以带动 150 万个纺纱装置的水力资源，而当这些纺纱装置最终全部建成时，新英格兰地区的织机数量将提升大约 50%。项目的推行者预计，这两座新兴的城镇将最终拥有足以匹敌洛厄尔的庞大人口，并在 5 年之内入住大约 3.3 万名居民。而为了充分地利用这两个新近落成的产业基地，人们还将在工厂建方面域追加投入 3 000 万美元到 4 000 万美元资金。[17]

发生在劳伦斯和霍利奥克的一切绝非什么未经深思熟虑的即兴之作，正如这两个项目的投资者之一威廉·阿普尔顿（William

Appleton）评价的那样，“这是由富有而精明的人们所制定的一项规模宏大的计划”。[18] 这两座新兴城镇的创立者并不是那些贪得无厌的暴发户，而是波士顿最为优秀且明智的精英，他们善于预测，极富科学素养，并精通与重工业及工程施工领域有关的实用知识。这些精英坚信，他们自身的行动是基于最为可靠的商业预测，也正是因为如此，在他们心中没有任何对失败的恐惧。[19] 然而人算不如天算，最终无论是那些经过了深谋远虑后的举动，还是波士顿最富有经验的商人们的督导，都未能让该项目免于灾难性的结局。19 世纪 50 年代的早些时候，就连阿普尔顿也看出了那个一直存在于棉纺织工业之中的产能过剩问题，而劳伦斯和霍利奥克这两座城镇的兴建更是对这一问题火上浇油。当那些坐落在这两座城镇中的、不可胜数的棉纺工厂全部投入运转时，又有大量的过剩产能被倾泻到了早已饱和的市场当中。阿普尔顿敏锐地察觉到，纵使劳伦斯的地理位置对于一座工业城镇而言可谓得天独厚，但由产能过剩带来的微薄利润足以让投资者在未来数年之中一无所获。阿普尔顿也同样质疑，那些为了促进这两座城镇的繁荣兴盛而被建造出来的用于生产纺纱机与织布机的机械制造工厂，是否真的能够创造价值。[20] 曾经有那么一段时间，尽管负责建设这一项目的母公司埃塞克斯公司经历着经营上的亏损，但那种弥漫于投资者之间的、对于该项目的坚定信心，坚实地支撑着该公司的股价。[21] 可惜好景不长，这家公司在金融方面所面临的困境很快便发展到了无法被忽视的地步，而其股价也应声下跌。至于霍利奥克计划背后的哈德利福尔斯公司，其糟糕的表现更是有过之而无不及，在该城镇之中，水力资源的供给远远超过了需求，而那些造价昂贵的机器所能提供的产能仅得到低效的运用。该项目的业主无法吸引到足够的纺织工厂来此安家落户，便只得以更为低下的费率将土地租赁给诸如面粉厂、线材厂以及造纸厂一类的规模较小的企业使用。[22]

于 1857 年接踵而至的金融恐慌，将早已困顿潦倒的劳伦斯和霍利奥克推入了破产清算的深渊，而在这一过程中大约有 1000 万美元的投资化为过眼云烟。[23] 这两座规模宏大、经过了精心策划并由波士顿核心团体掌控着的工业重镇，由此成了历史中的绝响。当倒闭狂潮由最新创办的企业迅速蔓延到整个棉纺织工业时，一直埋藏在这场危机背后的隐患也愈发凸显。那些与棉纺织工业相关的股票的市值，大都跌到了其票面价值的 40%~60%，共有五家大型公司宣布破产，而其中的两家正是原先整个棉纺织工业中的最大的经销商。就连那些侥幸逃过一劫而免于倒闭的企业，其投资价值也早已大不如前。总的概括起来，整个棉纺织工业的总市值与原先相比至少蒸发掉了三分之一。[24] 就如阿摩司·劳伦斯所观察到的那样，“现阶段，我们能够从棉纺织工业中赚取的利润已消失殆尽，而人们的信心则更是如此。”阿摩司尤其注意到，这种恐慌对那个联系紧密的，通常将自己视为谨慎而谦和的投资者群体所造成的困扰和打击，“绝大多数资产都已被视为毫无价值，而对那些尚有财力物力在彼此之间订立合同的人而言，信任感也已经不复存在。许多严重倚赖这一产业的人们都已沦为乞丐，而不幸的是，许多我最要好的朋友便身陷其中。”[25] 威廉·阿普尔顿也私下承认，在那段他漫长的职业生涯中最为艰难的日子里，他每天都在绝望之中为自己那逐渐走向没落的产业寻找资金。[26] 阿普尔顿也同样观察到，他的许多曾经自认为十分富有的邻居或熟人都已经沦落到了一无所有的境地。[27]

棉纺织工业的衰退迫使波士顿的商业精英痛苦地抛弃了原先的幻想。波士顿贸易委员会针对整场危机进行了详尽的报道，并严厉谴责了这次衰退对马萨诸塞州的资本所造成的毁灭性影响，毕竟，许多遭受重创的资产都是由从属于该州的资本所持有的。“对棉纺厂和机械制造工厂的过度投资”，便是该委员会对这次危机成因的明确论断。[28] 波士顿贸易委员会也同样哀叹，纵使在现有工业城镇的棉纺厂产能快速激增的背景下，那种激进的大规模扩产计划居然还能吸引着人们前去冒险。一方面，由于棉纱布匹产能过剩、供大于求，相关产品在下游市场中的价格下跌到了所谓的难以赢利的“饥饿点”；而另一方面，由于位于产业链上游的原棉生产相对不具弹性，中游纺纱纺织产能迅速扩张而导致的市场对原材料的需求增加，极大地推动了原棉价格的上涨。[29]“如果我们仔细地审视一下这一时期新英格兰地区相关公司的股票价格，并就过去数十年中这些公司所摊派的股息红利列出一张清单，就会发现自己究竟是做了怎样一件天大的蠢事。”[30] 事实上，那些身处棉纺织行业当中的公司的股息率，一直处在衰退之中。这一比率先是从 1836 年时的 11.4% 下降到了 1846 年的 9.7%，而后更是跌至了 1859 年的5.8%，而在这期间亦有个别公司没能按时分红派息。[31]雪上加霜的是，同一时期发生在诸如德国、奥地利、法国以及瑞典等欧陆国家之中的棉纺织工业产能扩张现象，进一步加剧了整个世界市场的饱和态势，并为那些对棉纺织工业持乐观态度的人带去了一记重击。在头脑冷静地做出了上述评估之后，人们清醒地认识到棉纺织工业的衰退与其说是短暂的偶然现象，倒不如说是一种持久性的结构化趋势。该委员会很快便将自己的结论公之于众，并对任何企图进一步扩张棉纺织工业的行为表达出明确反对。委员们建议这一时期的棉纺织工业制造商应将自身的首要任务放在维持企业运营、巩固现有份额之上，而上马新项目这样的扩张手段则应暂时搁置。[32]上述建议正式宣告了原先那种推动了地区经济发展的财富积累模式已丧失了可行的基础，而走到了自己生命的尽头。

这一无解的僵局对于整个区域而言无疑是一个噩耗。在过去的半个多世纪中，波士顿的商业精英一直坚信，对棉纺厂进行再投资既可以消化掉他们先前赚取的商业利润，又可以从中获取稳定的回报（而这一系列行为事实上又间接地促进了棉纺织工业的产能扩张）。[33]久而久之，整个地区的政治经济生态都已牢固地构筑在了上述假设之上。尽管那个在更加久远的年代中曾被新英格兰地区的富有阶层当作主营产业的远洋运输业务从未停息，但即便是对于那些发家、崛起于长途运输行业之中的波士顿市民而言，那种逐步将自己的资产转移到棉纺织工业当中或是投资于区域性铁路公司的行为，也早已成了一种风尚。诸如亨利·李（Henry Lee）和哈里森·格雷·奥蒂斯（Harrison Gray Otis）那样的资深贸易商，虽然也曾批判为了扶持本地产业而致使进口商品变得更加昂贵的关税保护机制，但最终也张开双臂拥抱起了棉纺织工业这一新兴的投资领域。到 1847 年，亨利·李共在多达 22 家从属于棉纺织工业的公司中持股，此外他还购入了 2 家区域性铁路公司的股票，1 家纺织机械制造厂的股票以及 3 家水利公司的股票，而上述的诸多公司则广泛地分布于洛厄尔、劳伦斯以及索科等地。[34] 威廉·斯特吉斯（William Sturgis）——这个从东印度地区的商贸活动中赚取了自己人生中第一桶金的商人，也跟众人一般对棉纺织工业进行了广泛的投资，他至少在 6 家纺织公司和 4 家区域性铁路公司中同时身兼股东和董事。[35] 而斯特吉斯的好友，凭借着 30 余年在中国广州口岸经营商贸而挣得了巨额财富的约翰·帕金斯·库欣（John Perkins Cushing），也将自己的资本积累从贸易领域中撤出，而转投资到了新英格兰地区的棉纺织经济之中。截止到 1851 年，库欣在 19 家棉纺织公司以及 1 家铁路公司中分别持有约合 42.8 万美元以及 12.9 万美元的资产，且这些资产在由他所构建出的投资组合中占据了 35% 的份额。[36] 当商人逐渐放弃自己原先从事的事业，而投资于与棉纺织工业相关的产业时，那种曾经在新英格兰地区居于主导地位的多姿多彩、百花齐放的经济生态也随之日渐凋敝，而一种以单一和乏味为特色的新型经济生态则逐步取而代之。[37]

与此同时，新英格兰地区的金融机构也遵循了一条相似的战略路线。对于那些最初从波士顿地区海事活动中赚取并积累下来的资金来说，其最主要的存放之地便是“马萨诸塞州医院人寿保险公司”，该公司成立于1823年，最初将其资金投入到地产抵押贷款之中，而当这一在波士顿地区并不能够算得上是十分广阔的市场走向饱和之时，该公司的精算师便开始为公司寻找替代性的投资出路。他们先是将公司的盈余资金投入新英格兰地区的乡村田野，并为生活在美国西部的农民发放贷款。然而，这些贷款很快便饱受监管困难以政治争议的困扰，以至于1838年后，该公司主动缩减了这类贷款的规模，而与之相对应的，则是允许多余的资金流入更加宽广的、以“为棉纺织工业公司与区域性铁路公司的融资活动进行服务”为宗旨的借贷市场之中。在一种被视为互利互惠的协商安排下，该公司得以将自身从那种负担繁重且需要对各贷款需求方进行极为细致的例行甄别的枯燥日常工作之中解脱出来，并在波士顿商圈的核心群体当中开拓出一条十分广阔且还在不断拓宽之中的资金出路。依靠着上述的经营策略，这家保险公司成功地跃升为了本地区棉纺织工业一家独大的借款来源。与那些只以适当的资金规模提供短期贷款（往往期限只有几个月）的商业银行不同，马萨诸塞州医院人寿保险公司倾向于提供巨额贷款，且其偿还期限通常保持在数年以上。[38]从1845年到1855年这十年间，以棉纺织工业公司股票为抵押物的，由棉纺织工业相关公司或该行业中的突出人物出面而进行的直接借贷总额，从30万美元激增到了接近400万美元，而这些资金在马萨诸塞州医院人寿保险公司的总资金池中亦占到了将近一半的份额。同时，还有大约 60 万美元的资金被投放到了那些在马萨诸塞州内部从事经营活动的铁路干线当中。[39]

到了 19 世纪 50 年代末，由于来自波士顿的资本常年稳定地流入到棉纺织工业中，该产业的资本聚集程度已达到了前所未有的水平。在那个时间节点上，棉纺织工业已经成长为整个美国规模最大的产业，而来自四面八方的资本仍在向该产业汇集，且该产业也年复一年地创造出最大的产值。位于新英格兰地区的六个州主导了棉花纺织这一工业部门，这六个州总共拥有 380 万台纺纱机以及 9.3 万台织布机，而同一时期美国总共拥有 520 万台纺纱机以及 12.6 万台织布机。到了 1860 年，即便蔓延于整个产业的危机已经导致该产业的整体市值下降到原先的三分之二，但新英格兰地区的棉纺织工业相关资产仍然保有接近 7 000 万美元的估值。在新英格兰地区，棉纺织工业成了当地最大的雇主，总共雇佣着多达 8 万名工人，且大部分工人都是女性。[40] 而对于波士顿商业社群中的上流阶层而言，“多样化投资”这一概念往往只意味着将自己的资金投入到分布在不同区域的各式棉纺厂之中，尽管这些棉纺厂所大规模生产的织物种类往往在彼此之间有所不同，但它们无疑同属于一个行业。除了区域性铁路运输业这一本身便与棉纺织工业水乳交融的行业，棉纺织工业的迅猛崛起导致了其余的工业部门无一例外地失去了大规模资金的青睐，这一点，从诸如亨利·李、斯特吉斯以及库欣等波士顿商业领袖的资产配置情况中便可窥得一斑。当内森·阿普尔顿于

1861 年与世长辞时，他总共持有 25 家棉纺厂及水利公司的股票（内森先生从 1813 年起开始系统性地购入这些股票），而这些股票的总估值约 83 万美元，占据了内森投资性资产总份额的 54%，而在上述的这些资产面前，内森在铁路公司（20%）、金融机构（10%）、房地产（13%）以及公用事业（3%）领域的投资都显得相形见绌。[41] 至于阿摩司·劳伦斯先生，他的资产组合就更加偏重于棉纺织工业了。在 1857 年时，阿摩司总共投资了 17 家棉纺厂，这些资产加总起来占到了他投资组合总份额的 67%，其余的部分则被投资于个人借贷（21%）以及房地产持有（11%）等领域。[42] 在这些富有的波士顿市民将自己最大的筹码押注在了棉纺织工业上的同时，他们对其他的产业部门却近乎置若罔闻。

随着时间的推移，持有棉纺厂股票份额这一举动已不再只是那些大人物的专利。众所周知，公司制的一个十分显著的特点便是，公司可以在其所有权交割易手的同时保持正常的经营运转，且股权交易这种现象在那个时代已相当普遍。当然，发生在这一时期的权益交割行为尚未扩散至广阔市场之中的匿名投资者之间，同时其所吸取的资本也几乎全部来源于当地（波士顿地区）。那些富有的股权持有者很少在公开市场进行股票交易，同时这些股票高昂的票面价值往往也令普通阶层难以企及。在位于洛厄尔的梅里马克公司成立两年之后，这家由 12 位初始发起人共同开创的企业已拥有了多达 400 余名股东。当一家公司的股票持有者不再仅限于其初始发起人，其股东团体便扩散到了一个由商人、实业家、律师、医生以及上述这些人士的女性继承人所组成的规模庞大但终究还是有所限定的群体之中。[43] 直到 1859 年，最大的 11 家棉纺厂超过四分之三以上的权益份额大致可以归于约 750 位股东的名下，而这些股东近乎清一色来自新英格兰地区。[44] 事实上，大多数股权转让发生在家族成员之间。在这些公司兼并重组的数十年后，这些公司的股东份额清单清楚地向人们展示出，大量的股票是被一群亲族所持有着的。在梅里马克公司于 1846 年公布的账簿中提及的 100 个人名中，共有 43 人从属于与该公司的初始创办者紧密相连的九大显赫家族，其中共有阿普尔顿家族（Appleton）10 人，李家族（Lee）7 人，洛厄尔家族（Lowell）7 人以及阿伯特家族（Abbott）6 人。[45] 这些家族利用代理投票的方式持续地主导着年度股东大会，同时他们也往往将公司中的重要职位留给自己的亲朋好友。[46] 如果不去考虑这些人各自的专职工作以及他们个性化的投资组合，那么这些从属于不断扩大着的名门望族的成员，便早已命中注定将在棉纺织工业这条大船上风雨同舟。

类似的集中化倾向同样渗透到了美国新英格兰地区的主要慈善及教育机构之中，这些机构的运转往往有赖于来自波士顿富有市民的捐赠，[47] 而通过私人领域的资金捐赠，波士顿精英阶层也逐渐为自己构建出了象征权势的堡垒。波士顿图书馆的会员组成与新英格兰地区规模最大的纺织工厂的董事会成员名单相互重叠，这些工厂的主要股东几乎全部是波士顿图书馆这一高级俱乐部的会员或捐赠者，而这也最终造就了该图书馆当时为全美资金最为充裕的非公众图书馆的名声。*[48] 至于哈佛大学，其原本是作为一所州立大学而被建立，理应受到马萨诸塞州议会的资助与管控，然而随着 19 世纪上半叶私人捐赠之风的愈演愈烈，其与州政府之间的关系亦渐行渐远。大量涌入的来自波士顿富有市民的捐赠，导致商业利益能够对学校的管理方产生决定性的影响。私人捐款除了被用来资助学校内法学及神学领域的教职员工，还被用来在校内建造图书馆及教堂。这些资金改变了学校施教的原有路线，并使该大学转变为建设精英化社会的关键媒介。[49] 这些规模庞大的永久性捐赠——赠予波士顿图书馆的 15.2 万美元、赠予马萨诸塞州总医院的 20 万美元、赠予哈佛大学的 64 万美元（以上捐赠金额仅为 1840 年记载的数字，其后仍在快速增加）——被受赠者当成了自有资产一样妥善管理以稳定且十分安全地产生收入。[50] 在这些受赠机构依靠着捐款渐渐成长为整个地区的教育、慈善以及社会改良中心的同时，它们对新英格兰地区的棉花纺织经济的依赖程度也变得愈发严重。

这一切的一切都意味着，当 1857 年波士顿贸易委员会宣布棉纺织工业已经达到了自身的饱和点时，波士顿早已诞生了一个自身生计与地位皆捆绑于该产业盈利产出的社会阶层。在久远的过去，财富的积累与留存就如同在风高浪急的海面上行船一般，是一种充满风险和不确定性的过程，而如今来自棉纺织工业那高度稳定性的涓涓之流坚实地支撑起了波士顿的商业精英以及那些将他们联系在一

---

* 1852 年波士顿市政议会通过立法使其成为公众图书馆。——译者注

起的民间组织的生存与发展，[51]这样的现实赋予了精英阶层相同的价值理念，并让他们获得了将新来者同化到原有群体当中的能力。这样的金融及组织基础，极大地助长了波士顿资本家社群的成长壮大，并且其内部强大的凝聚力也是其他社群无法媲美的。[52]

在整个运转机制当中，一个贯穿始终却又悬而未决的问题便是，那个以“凭借资本高度聚集的工业企业赚取稳定的收益”为核心主题的“沃尔瑟姆—洛厄尔模式”，尚无法在其他制造业领域中被人们成功复制。[53]这也许是因为棉纺织工业在数十年中过度迅猛的发展挤占了城市商业精英太多的财力与精力，抑或是因为在其他工业部门中投入技术并取得与棉纺织工业同等规模的经济成果本就十分困难。总之一个显而易见的现实便是人们无法找到能够代替棉纺织工业的新型投资标的。在这样的背景下，一旦发生在棉纺织工业中的利润萎缩成为现实，经济状况必将急转直下，而这亦将对城市精英、由这些精英所创立的机构以及整个地区的广大民众产生深远的影响。

为这场灾难火上浇油的是，这场爆发于19世纪50年代的、足足酝酿了十余年之久的经济萎靡，迅速地发展成了一场影响更加广泛的社会危机和政治危机。此时，棉纺织工业早已脱离了其原先的起飞阶段。微薄的利润率促使工厂管理者加大了生产环节的强度，导致工人只得在不断恶化的生产环境中大负荷地工作——每个工人需要负责的纺纱机数量增加了至少1倍，而织工也被迫在数倍于原先的织机间往来穿梭。可与此同时，工资却停滞不前。工人经历了一波汹涌的失业浪潮。[54] 正如一些批评家所指出的那样，“劳动力成本被不断挤压，以至于到了一种仅够维持工人生计的地步”。随着为了遏制产能过剩现象而展开的停工成为常态，工人也不再坚守自己的岗位，甚至就连股息的分配与企业管理者的薪水也变得时有时无。[55] 工人的构成也发生了翻天覆地的变化。早些年间作为临时劳动力的、出生于本土的女工逐渐在工厂中消失，取而代之的是一个更加脆弱的移民人群，其中有男人、女人甚至是儿童。在一座典型的棉纺厂中，外来工人所占到的比例先是从 1836 年时的 3.7% 激增到 1850 年时的 38.6%，而后更是上涨到了 1860 年时的 61.8%。[56] 由于工厂的管理者对他们先前曾做出的“为劳工提供良好生活环境”的承诺出尔反尔，就连工人的居住标准也在持续恶化。居住于公司自有的员工宿舍中的劳工比例不断下降，越来越多的人只得蜗居在狭小的出租屋之中。[57] 棉纺厂早已褪去了曾经萦绕着其自身的田园气息，堕落为拥挤而肮脏的市镇——“一群固化的薪资阶层的窝棚”。那种曾经独树一帜的商业模式如今再也无法令人们欢欣鼓舞，同时，它还必将无可避免地患上欧洲那种使人们逐渐无产阶级化的工业化弊病。

波士顿这种江河日下的消极情势，无情地揭穿了那些道貌岸然而又秉持家长作风的辉格党人昔日里的旦旦誓言，选民也日益对辉格党这一作为“工业资本家阶层政治观念载体”的政治势力失去信心。多年以来，辉格党人一直在极力鼓吹要建立一种由德才兼备的精英所领导的、以实现社会中所有族群团体的和谐互助为目的、被有效地组织并管理着的现代化社会。而在这场危机的大背景下，包括查尔斯·萨姆纳、亨利·威尔逊（Henry Wilson）* 以及这些人中文笔最为犀利的西奥多·帕克（Theodore Parker）** 在内的批评家，则旗帜鲜明地站在了辉格党人的对立面上，他们毫不留情地向人们揭示出了在这场社会斗争与阶级冲突背后深深埋藏着的阴暗现实。除了提醒人们特别留意那条横亘在那一小撮特权阶层与数量庞大的劳苦大众（这些人往往出身低微、教育程度有限，甚至身心残缺）之间的、愈发难以逾越的鸿沟，他们还尽情地嘲弄着那种弥漫于哈佛校园之中的贵族做派，这所大学虽然受到精英的由衷喜爱，却逐渐地沦为了阶级统治与反动政治的象征。[58] 针对那些“家财万贯的商业精英”伙同他们“在政治领域内的爪牙”将自身的金融利益置于一切之上的行事方式，以及他们意图为所欲为地操纵摆弄公共机构这一事实，这些批评家不畏权势，以一种舍我其谁的姿态发出了自己的质问。[59] 在对统治阶级以及富人联盟进行口诛笔伐的同时，他们也不忘警告道：不断聚集的财富将会给一个工业化的马萨诸塞州原本享有的自由带来危害。[60]

此时，围绕着种植园蓄奴制的争论，已悄然发展成了这场危机之中挥之不去的漫漫阴霾。蓄奴制度俨然成了工业资本家最大的政治软肋，尽管他们也曾努力抵制这一制度，但从未成功。随着废奴

---

* 亨利·威尔逊，反对奴隶制度，脱离辉格党后筹建共和党，南北战争后积极帮助为黑人建立完整的政治、民权措施。曾任联邦参议员，1872 年在尤里西斯·辛普森·格兰特政府任副总统。——译者注

** 美国废奴主义者，曾为逃跑奴隶提供帮助。——译者注

主义逐渐在马萨诸塞州的民众当中深入人心，那个存在于这些北方工业资本家与他们在美国南方的原棉供应者之间的庞大同盟，正逐渐让商业精英名誉扫地。这些北方工业资本家很快便被人们冠以“棉花辉格党”的蔑称，并被视作蓄奴制度的帮凶。而当规定了“应当强制将那些逃亡的奴隶送回到他们原先主人那里”的《逃奴追缉法案》获得通过时，民众与资本家之间的裂痕更是发展到了无以复加的地步，在波士顿街头，一系列暴动因此而此起彼伏。为了向自己在南方“棉花王国”中的盟友表明忠心，北方的棉纺织工业资本家坚定地站在了自己的伙伴身边，他们不断对马萨诸塞州的行政官员施加压力，要求他们挺身而出，以维护“法律与秩序”。这场论战将废奴主义从原先的那种小众议题升级为阶级对立。[61] 萨姆纳更是将奴隶问题与精英特权问题放在一起进行思考，并由此而发表了著名的谴责性论断：“路易斯安那州与密西西比州的棉花种植园园主兼人贩子，与新英格兰地区的纺织厂厂主兼无良奸商之间的关系，其实就是一个由‘皮鞭之主’与‘织机之主’所结成的邪恶联盟。”[62] 这些口诛笔伐最终激发出了包括“自由土地（Free Soil）”* 在内的一系列政治反抗运动，并最终导致了辉格党在与共和党进行的选战中，接二连三地一败涂地。尽管爆发这些运动的政治诉求与选区千差万别，但在对蓄奴制度毫不妥协，以及将那些棉纺织工业巨头视为社会秩序的公敌，并对其采取敌视态度这两点上，这些运动的参与者

* 即自由土地党，一个曾经于 1848—1852 年美国大选中存在过的政党，反对将蓄奴制度引入美国的西部地区。——译者注

却堪称志同道合。[63] 最终，这些运动成功地将妥协这一选项从政治议程中完全移除，并进而促成了南北战争的全面爆发。

## 困境之中的抉择

遭受着来自经济、社会、政治以及意识形态等诸多方面的全方位打击，19 世纪 50 年代时波士顿曾风光无限的资产阶级，事实上已经陷入了一种四面楚歌般的悲惨境地。那个由他们煞费苦心地惨淡经营才最终建立起来的棉纺织工业体系，现已步履维艰，连产出利润都做不到，就更别提恢复到原先那种自我扩张的态势了。美国的工业化进程曾一度被视作欧洲工业化进程的对立面，人们曾经认为这一进程温和而有益，但现在看来其也不能例外，而对大量贫困的工薪家庭而言，这个进程是极具破坏性的。每一场竞选过后，这些大资产阶级所倚赖的政治载体便愈显破碎，他们原先对于在自己治下所实现的“跨阶级和谐”与“英明治理”的赞美和传播，此时此刻亦显得空洞无比，新英格兰地区的选民再也不会投票给他们了。而最终，这些精英作为公众利益代言人以及社区中最受尊敬的个体的形象，也不可避免地一溃千里。更加糟糕的是，作为美国南方蓄奴制度的既得利益者与卫道士，在道德领域他们更是百口莫辩、万劫不复。

当新英格兰地区早年间工业化进程的总设计师，伴随着危机的加剧而逐渐逝去或淡出，构建新型经济政治策略的重担便猛然落在了年青新一代的肩上。然而，这些含着金汤匙出生的年青一代，却几乎从没有唤起过同时代观察家的信心。身兼执业医师和哈佛大学医学院教授的奥利弗·温德尔·霍尔姆斯博士，在谈到他对年青一代毫无英雄气概这一特点的观察体会时，形容这些年轻人是既缺乏阳刚之气又不具备高贵的勇敢品质的无能之辈。在由奥利弗博士所著的那部脍炙人口的、以诙谐幽默的行文基调掩盖住了作者内心焦虑的小说之中，这些年轻的贵族被恶搞成了腐化的绅士，“他们整日忙于驾驶自己的豪华马车四处游荡、享用在银制火锅中煮熟的鹿肉并畅饮从精心雕琢的器皿中取出的冰镇马德拉葡萄酒，他们总是佩戴着洁白的假发并穿着饰有丝质流苏的长靴”。奥利弗博士明确地断言，任何像他们那种靠着商业利润而非贵族特权来维护自身地位的阶层，都终将无法免于衰败的结局，而这种命运正是事物发展的自然规律，“除非采取某些非常手段以抑制这一进程，否则富不过三代将成必然……但这样的手段极为少见，更鲜有成功”。[64]

在那个年代，潜藏在这群新一代的年轻人背后的那种“挽狂澜于即倒”般的巨大潜力，尚不为人们所知。事实上，在整个19世纪50年代危机爆发期间的大多数时段中，这些年轻人都显得意志消沉，他们基本都在忧郁地寻找着自身的出路。可尽管如此，当他们面对着那些有关他们自身前景的悲观预言以及他们所处的阶级那近在眼前的坍塌崩落之时，他们也只能张开双臂拥抱挑战了。事实上，在这场危机之中大致只有两条出路可供他们选择：一条是背水一战，将自己的全部身家都投入到为了坚守现状而进行的斗争当中；另一条则是主动加入废奴主义者的阵营，挽救自身的名誉，并努力打造出一套全新的经济运行秩序。毫无疑问，这两条背道而驰的路线将令波士顿乃至整个美国的资本主义向着截然不同的方向发展下去。

对于那些深深根植于棉纺织工业、近乎绝望地想要维持现状并避免冲突爆发的保守人士而言，那种因循旧例式的应对之策显然更受青睐。他们希望通过与南方种植园主达成新的妥协来扩大棉花种植业在整个国家当中的生产规模，并由此推动新一轮的关税保护，这样一来棉纺织工业兴许就能触底反弹、东山再起。[65]小阿摩司·劳伦斯，作为大阿摩司的儿子、阿伯特的侄子以及威廉·阿普尔顿的女婿，是棉纺织工业当仁不让的继任者，也自然而然地成了这一尝试的领军人物。在开启自身的独立事业而正式成为一名代销商之前，劳伦斯曾在由他叔父所承办的公司中经历过一段学徒生涯。[66]1843年，他创办了作为专卖商的“梅森-劳伦斯公司”，并与“萨蒙福尔斯镇柯钦科公司”签订了排他性的代销协议，而劳伦斯家族本身又是柯钦科公司的大股东之一。按照约定俗成的惯例，在由劳伦斯自己开办的公司当中，他既是财务总管又是公司总裁，与此同时，他还是一家商业银行、一家保险公司以及前文中所提到的马萨诸塞州医院人寿保险公司董事会中的董事，而这些机构又往往是劳伦斯筹措经营资金时的借贷来源。这些复杂的业务关系奠定了小阿摩司·劳伦斯在棉纺织工业中身居要津。[67]

劳伦斯和美国南方的紧密联系早在其职业生涯的初期便已然建立。作为一个初出茅庐的年轻商人，他的第一站就是棉纺织重镇洛厄尔，通过在城镇中几座棉纺厂内的学习实践，他了解并掌握了纺织工厂的运作方式。而在不久之后，劳伦斯便携带着由他的叔叔——一位在南方地区家喻户晓的著名人物——亲笔书写的推荐信件，踏上了前往美国南部的征程。他此行的主要任务有两个：一来是要招徕当地的批发商贩，为新英格兰地区出产的纺织产品打开销路；二来便是要与当地的精英阶层建立联系——这一点同样重要，因为在阿摩司接下来数十年的职业生涯中，他将与这些南方精英唇齿相依、同舟共济。[68] 借着这次旅行以及随后的几次与之相似的远征，劳伦斯得以观察到快速拓展着的南部边疆。穿行在 1836 年时的路易斯维尔、纳什维尔以及蒙哥马利的茫茫原野之上，劳伦斯亲身体会到了发生在那一时期的土地投机热潮，观察到了由印第安人袭击所留下的痕迹。他看到在不久前才刚刚被殖民的土地上，成捆的棉花被堆放得到处都是，而满载着身为黑奴的妇女与儿童的囚车，亦在内华达州与加利福尼亚州的州界上往来穿梭。[69] 奴隶制的现实存在以及奴隶遭到肆意贩卖的客观事实并没有引起劳伦斯的过度注意，相反，他最关心的是脚下这片广阔而欠缺开发的南部疆土。对于弥漫在新奥尔良市中的那种倡导应以四海为家的法式浪漫主义情怀，劳伦斯深表赞赏，同时他也注意到了城市中富丽堂皇的圣查尔斯酒店，这座宏伟壮丽的建筑似乎无时无刻不在昭示着在这座不断崛起的城市中正在发生着的伟大进程。劳伦斯很快便发现，当地的东道主——棉花种植园中的管理者以及市镇中的商人，是与其意气相投的正人君子。对于新英格兰地区的来客，他们礼尚往来、充满善意，[70]而这样的交往对象正是劳伦斯长久以来一直憧憬着的生意伙伴。

劳伦斯作为棉纺织制造商，以及他与南方种植园园主建立的那种亲密无间的伙伴关系，导致他对任何可能威胁到区际合作（指南方棉花种植业和北方棉纺织工业之间的合作关系）的隐患都异常敏感。他清醒地认识到，棉纺织工业的繁荣与长久必须以廉价而可靠的原棉供应为前提。劳伦斯将自己定位为头脑精明、行事冷静的务实主义者，因此他并不偏向身陷于奴隶制争端之中的任意一方，他寻求的仅仅是提前预知到潜在风险，并将任何可能会导致严重对立的政策扼杀于襁褓之中。一开始，凭借着这种中立而温和的身份定位，劳伦斯在行为处事的过程中尚能游刃有余。对争议双方在1850年达成的妥协，他表示赞同，同时他还在幕后支持、资助了“新英格兰移民援助协会”的活动——该组织致力于使用和平的法律途径将奴隶制从堪萨斯州彻底根除。然而，当在波士顿街头与堪萨斯州中为了抵制《逃奴追缉法案》而爆发的暴动和抗议逐渐升级时，以劳伦斯为代表的骑墙派被推入了窘境。而在1851年，一个名叫沙德拉·敏金斯（Shadrach Minkins）的被抓获的逃亡奴隶，被一群获得自由的黑人从法院中营救劫走后，劳伦斯在极度震惊之中更是要求派遣美国司法警察对废奴主义者采取强制行动。[71]当支持奴隶制的殖民者，在发生于堪萨斯州的冲突中逐渐占据上风时，为了维护联邦政府的权威并安抚那些南部人士，劳伦斯提出以准许在新成立的州中施行蓄奴制度为条件换取在堪萨斯州中实现废奴。[72] 一种将北方棉纺织工厂厂主与南方棉花种植园园主之间的联盟置于其他一切之上的使命感，让劳伦斯最终走上了一条同情南部价值观并将废奴主义者视为死敌的道路。他将约翰·布朗（John Brown）* 诋毁为“毫无爱国之心的大骗子”，将萨姆纳评价为“反对蓄奴制度的偏执狂”，而至于约翰·安德鲁（John Andrew）这位马萨诸塞州的州长先生，劳伦斯则认为“此人喜欢在废奴运动上走极端，并将个人观点凌驾于宪法之上”。[73] 在自己的日记中，劳伦斯坦白道：“我实在无法理解将 600 万黑奴解放，并让他们在政治上与白人实现平等，究竟能够带来什么样的好处。除了会导致美国南方各州的崩坏衰落以及这些州中优秀儿女的流离失所之外，这究竟还能够带来什么呢？”[74]

在南北战争全面爆发之前，劳伦斯曾花费了两年时间不屈不挠地力图重掌舆情。他曾先后于 1858 年和 1859 年作为美国党和立宪联邦党的候选人参加竞选，后者是一个极富代表性的美国政党，以坚守美国宪法、凭借“冷静的头脑”对抗“狂热的冲动”为宗旨。劳伦斯收回了他早些年间对开拓西部的忌讳，同时他也拥抱起了该党在对待奴隶制方面的绥靖主义策略。按照这一策略，蓄奴区将一直延伸到密苏里线以南的太平洋沿岸。劳伦斯对自己所在的党派施

* 约翰·布朗，1859 年曾领导美国人民在哈珀斯费里举行武装起义，要求废除奴隶制，并逮捕了一些种植园主，解放了许多奴隶。起义最终遭到镇压，约翰本人则被逮捕杀害。——译者注

压，要求其尽力推进与棉纺织工业（美国规模最大且产生了最多收益的产业）相关的保护政策，他希望由此能够让原先那种支撑了美国棉花经济的联盟模式重获新生。[75]可令人感到错愕的是，劳伦斯的种种努力不仅在北方毫无进展，就连在南方也应者寥寥。北方民众将其视为陈腐过时的荒谬提案，而在美国南部，由于世界范围内原棉需求的持续扩张而导致的价格提升，致使当地人民更加热衷于追随“自由贸易”的风潮，而并不理会保护美国国内市场的提议。[76]甚至在亚伯拉罕·林肯（Abraham Lincoln）* 当选了美国总统之后，劳伦斯还与一些前辉格党人一道组建起了“波士顿联邦储蓄委员会”这一组织，而无论是被他们视作大逆不道的“废奴主义会议”，还是被他们看成有违宪法的“个人自由法案”，都遭到了这一组织的残酷打压。最终，带着与南方达成新一轮妥协方案的诉求，他们还曾向华盛顿发起进军。[77]事实上，直至南北战争的第一枪打响，该组织的成员之间还保持着密切的联系并进行共同的努力。

与劳伦斯的所作所为背道而驰的是，那些与棉纺织工业牵扯较少的年青一代波士顿精英，则采取了一套截然不同的应对之策。长久以来，波士顿的上流社会一直对诸如废奴主义那类可能使人头脑发热并对现行制度产生冲击的新生思想心怀芥蒂，然而在 19 世纪 50 年代行将结束之际，该群体中的年青一代改变了自己的立场。在

* 亚伯拉罕·林肯，美国政治家、思想家、演说家，共和党人，美国第 16 任总统，黑人奴隶制的废除者。——译者注

这一令人震惊的心理转变过程中，这些年轻人清楚地感受到了原先曾经和睦的南北方关系逐渐走向崩塌，而他们自身也愈发倾向于接受那些可能会带来激烈冲突的激进思想。这种转变在哈佛大学这一备受棉花大王喜爱的民间机构中表现得最为突出。早些年间，该校堪称孕育保守主义思想的温床，那时，在该校的校园中，包括查尔斯·萨姆纳、贺瑞斯·曼（Horace Mann）以及拉尔夫·沃尔多·爱默生（Ralph Waldo Emerson）* 在内的一批废奴主义代言人，只能从学生那里获得无尽的唏嘘嘲讽乃至质疑怒斥。[78] 而对那些在高校学术圈中占据统治地位的权威人士而言，他们若想要将自己的思想观念公之于众，便会对萨姆纳这位杰出而高产的法律学者进行攻讦与污蔑。他们将教授职位授予爱德华·洛林（Edward G. Loring）这样一位知名的保守人士，而后者正是美国巡回法庭中的执行专员，专司将逃亡奴隶引渡原籍。至少在 1852 年时，学生对追缉逃奴这样的做法仍是鼎力支持。[79]

然而随着时间的推移，气氛骤然生变。1854 年春天，当洛林因为一个名叫安东尼·伯恩斯（Anthony Burns）的逃亡奴隶的命运而卷入到了一场公众冲突中时，在哈佛大学的校园内，人们的态度正变得愈加分化，而这一次，总算轮到由洛林来经受人们的唏嘘和非

---

* 拉尔夫·沃尔多·爱默生，美国思想家、文学家，诗人。爱默生是确立美国文化精神的代表人物。美国前总统林肯称他为“美国的孔子”“美国文明之父”。1836 年出版处女作《论自然》。——译者注

难了。[80] 到 1860 年，虽然此时哈佛大学的校方仍对废奴主义持反对意见，但作为主体的学生已然改换了阵营。[81] 尽管这些学生早年生活中的一丝一缕乃至一针一线都与棉纺织工业息息相关，但事情的发展最终表明，学生对待棉纺织工业的态度绝非一成不变。身处一场漫长无边的经济衰退之中，又持续地遭受着来自政治方面的非议，棉纺织工业苟延残喘的颓势已是众所周知，而其生命也只能用风烛残年来形容。来自波士顿的年轻精英对上述的一切心知肚明，他们既不想将自身的命运与棉纺织工业捆绑在一起以至于一同沉沦，亦不愿对南方地区的种植园园主俯首称臣而任人摆布，当局部性质的紧张与危机不断累积，他们终于将自己全身心地投入到了战争行为之中，并以一种令人瞠目的踊跃程度成群结队地加入了联邦军队。[82]

那些在南北战争结束后开始显露头角的、决定了美国新型政治及经济秩序发展方向的杰出领袖，大多来自那些与棉纺织工业少有直接关联的精英家族。在前文中所提到的发生在卡顿山的故事中的主人公亨利·李－希金森，似乎生来便注定将成为南北战争后波士顿工商业秩序中成就斐然的投资银行家。1834 年，希金森出生在一个传承悠久且人脉广泛的新英格兰商人家庭中，而后在比肯山的居民区里，他与自己的远房亲族一同长大。尽管由他父亲所经营的经纪人事务所在波士顿州街上占据着中心地位，并经常从事与棉纺织公司相关的股票交易活动，但希金森家族在一定程度上远离棉纺织工业的核心。在保持着自己作为商人的主要身份的同时，他们并非任何棉花产业相关公司的财务主管或是董事会成员，也正是因为如此，相比于他们的亲朋好友，该家族能够更加容易地接受废奴主义这一意识形态。“在波士顿，许多能够为我们所观察并结识的人，无论他们是老是少，都对棉纺织工业有着极大的兴趣，并在南方地区结交了许多朋友。”多年之后，希金森曾如此解释道。总的来说，希金森家族并不认为自己的延续需要倚仗于奴隶制度的存在。[83]

在那个商业前景还不甚明朗的时代，按照曾为希金森撰写传记的作者的说法，年轻的希金森对自己的人生尚不明确，他还没有意识到自己内心最深处的动机，同样，他也并不清楚自己的奋斗目标究竟为何。[84]在希金森因病从哈佛大学辍学之后，他在印度码头商团中作为萨缪尔（Samuel）和爱德华·奥斯汀（Edward Austin）的手下，开始了一段为期两年的学徒生涯。此时，这一商团的贸易网络最远延伸到了加尔各答、马尼拉、爪哇乃至澳大利亚等地。[85]其间，希金森逐渐掌握了对其日后的职业生涯大有裨益的会计技巧，并初步磨炼出了自己的商业本能，但总的来说，希金森并不过分热衷于这一古老的商业模式，毕竟伴随着蒸汽动力的粉墨登场，风帆时代正在悄然谢幕，这一古老的商业模式已然行将就木。在随之而来的整个19世纪50年代，希金森将自己的青春花费在了环游欧洲的旅行上，而在这一时期的大多数光景中，他都停留驻足在奥地利的首府维也纳。他曾试图学习音乐，却总沉迷于在各大剧院交际，频繁招待那些从自己的家乡波士顿远道而来的访客。他与自己的父亲一直保持着联络，父亲曾多次恳求他放弃声色犬马般的闲适生活，选择一份正经的事业，并将自己的热情和毅力投入其中。但是此时此刻，似乎任何受人尊敬的职业都无法进入希金森的法眼。[86] 在这一短暂的当下，希金森主要依靠自己从叔叔及祖父那里继承得来的遗产过活，且他的花费绝对超出了这些遗产所能够产出的利息。他基本上远离政治，即便当原先那种局部化的政治冲突逐渐扩大升级时，他也未曾涉足其中。最终，直到南北战争正式爆发，他才被激励着采取了行动。在希金森 26 岁那年，他与许多哈佛大学前校友一起，满怀激情地投入了时代的洪流。希金森先是在马萨诸塞州第二步兵团中服役了 4 年，而后又被调配到了马萨诸塞州第一骑兵团中服役。在布尔朗和奥尔迪两地，他亲身经历了战斗，并因此而多次负伤。

与此同时，另一位最终崛起为“主导了波士顿新型工商业秩序的杰出商业领袖”的小查尔斯・亚当斯，则是希金森的校友兼一同长大的伙伴。亚当斯家族作为声名显赫且与废奴主义运动羁绊颇深的政治世家的后裔，一向洁身自好，他们平素里和那些与棉纺织工业有关的投资保持着距离。该家族的财富，主要是通过老查尔斯・亚当斯（Charles F. Adams Sr.）与阿比盖尔・布朗・布鲁克斯（Abigail Brown Brooks）小姐的婚姻而袭得。布鲁克斯小姐是彼得・查尔顿・布鲁克斯（Peter Chardon Brooks）先生的第四个也是最小的一个女儿，后者既是商人也是最早涉足海洋运输保险领域的先驱。尽管从某种程度上来说，由布鲁克斯家族所积累的财富必然与奴隶贸易、由奴隶所生产出的商品货物脱不开干系，[87] 但亚当斯家族从这份婚姻中得到的财产主要是一些位于波士顿市中心或是昆西地区（他们的家乡）的房产，而那些与棉纺织工业相关的股票，在这些财产中所占到的比例微不足道。[88]这种以保守性见长的投资组合不但充分地支撑了老一辈亚当斯家族（他们承袭了家族作为国会议员和外交官的传统）的日常开销，还每年为该家族的新一代成员提供了多达数千美元的额外补贴。可是即便如此，小亚当斯仍然急切地寻找着新的财富来源，以期据此改善自己的经济状况。

尽管继承了显赫的血统，但那种对于家族衰败的忧虑在小亚当斯年轻时便有如幽灵一般萦绕在他心头，且久久不能消逝。更糟糕的是，与希金森一样，小亚当斯对自己也没有一套明确的职业规划。在毕业之后，小亚当斯曾将自己训练成一名律师，他在位于波士顿市中心的一家著名律师事务所中实习工作，并顺利取得了执业资格。与此同时，他也开始涉足亚当斯家族的财富管理事务，他为了从租户那里收取租金而来回奔波，并时常与对方发生争执。可以见得，这种碌碌无为的日常琐碎事务，与小亚当斯那巨大的野心相比极不相称。[89]在那个时间点上，小亚当斯主要通过在报刊上撰写文稿来让自身与世界时事接轨。每一天，他都在《大西洋月刊》的字里行间权衡着天下大事的轻重缓急，在由亚当斯所撰写的报刊文章中，他敏锐地做出了如下判断，“棉花王国”的统治地位已是摇摇欲坠。小亚当斯如此推论道：“那些来自利物浦的商人和身处曼彻斯特的实业家，将很快采取决定性的举措，以颠覆美国南方地区在原棉种植领域的统治性地位。这些商业引领者绝不会坐视美国南方农业产区长久地执棉纺织工业之牛耳，因此他们必将放眼全球，并寻找出替代性的原棉产地。无论是印度次大陆的茂密丛林、非洲那看似无法逾越的广袤荒野、遍布南美的高山台地还是点缀在太平洋上的零星岛屿，都有可能会成为他们的聚焦之地。尤其需要注意的是，印度那已经完工的、长达数百公里的铁路干线，已将广大的领域变成了棉花种植的理想场所，而这无疑将对美国南方垄断原棉供应的现状给予致命一击。”[90]小亚当斯极富先见之明地察觉到，原棉价格的飞涨除了会导致美国国内的南北对立以外，更会对整个世界范围内的经济组织方式产生深远的影响。与劳伦斯那样的因深陷棉花经济体系无法自拔，而反对一切变化的人士相比，亚当斯无疑更能适应那种深藏在政治经济表象背后的动态本质，他将自己视为波士顿那些“坚信工业资本主义将在奴隶制终结后得以幸存的乐观主义分子”中的一员。

在小亚当斯的文章发表后不久，南北战争便轰然打响，而小亚当斯也随即抱着极大的热情加入到了军事行动当中。在这场战争中，他是积极践行的参与者，而非置身事外的旁观者。这场战争不仅让小亚当斯逃离了毕业后沉闷的职业生涯，还让他得以从原先社会环境的桎梏中解脱出来。他脚穿皮靴，花费数月的时间置身于旷野之中，过起了充满豪情与同志情谊的军旅生涯。这场战争赋予了小亚当斯和他的伙伴一个亲身参与到革命性历史事件中的机会，他们也由此在公众领域为波士顿的精英阶层挽回了不少颜面。[91]

与“以保守主义为特点的劳伦斯”和“以前瞻性而见长的希金

森与小亚当斯”等人相比，托马斯·杰弗逊·库利奇其人则更像是脚踩两只船的机会主义骑墙派。与自身所处阶级的大多数成员一样，库利奇也是在位于比肯山的住宅区中出生长大，他是一个古老的新英格兰家族的后裔，而从其母亲的角度来看，他甚至还是美国第三任总统托马斯·杰弗逊（Thomas Jefferson）的曾外孙。在19世纪30年代，库利奇的父亲曾移居中国广州，并当上了罗素商行的合伙人，而包括托马斯·库利奇在内的四个儿子，则被他先后送往位于日内瓦和德累斯顿的寄宿学校中长大成人。当托马斯·库利奇最终结束了自己为期10年的欧洲之旅，并于1847年返回波士顿进入哈佛大学就读时，他只能说出一口十分蹩脚的英语，并时常感到自己已被波士顿的主流社会排除在外。在作为学徒跟随一名商人学习了一段时间之后，他便开始做起了自营贸易。在随后于1857年到来的经济恐慌中，库利奇险些失去自己的一切，正如他自己记述的那样，他与他的合作伙伴之所以能够免遭灭亡，完全是因为他们与富有的大人物之间建立起的扎实关系，帮助他们获取了急需的商业信贷。幸运的是，当托马斯几近破产之时，他的岳父威廉·阿普尔顿为他提供了在“布特棉纺厂”担任财务主管的职位，而这份工作给他带来了稳定的月收入。一时间，在政治立场方面，库利奇只得与其他那些棉纺织工业的支持者一道，被归入反废奴主义者的阵营。库利奇在当时被看作由波士顿精英所组成的激进组织“绒布帮”中的一员，在美国逐渐走向南北战争的过程中，绒布帮曾凭借暴力手段干扰并冲击废奴主义集会。然而从本质上说，库利奇与棉花产业之间的关系并不像表面上看起来那样牢固，这是因为一来他并非为该产业而生，二来他也没能赶上该产业最好的年景。这种实用主义性质的关系，让库利奇能够轻易从棉纺织工业中脱身，并将自己重新定位为南北战争结束后波士顿金融领袖中的一员。[92] 包括希金森、亚当斯以及库利奇在内的诸多从波士顿原有精英阶层中脱颖而出的年青一代，在南北战争结束后出人意料地逆转了波士顿财富不断萎缩、衰落的颓势，他们开拓出了革命性的新路径，并依循此道利用波士顿积攒的巨额储蓄产出了稳定且高额的回报。[93] 事实上，位于广袤的美国西部地区的那些新兴的且有利可图的投资标的，并没有主动闪现在这群波士顿专业投资人士的面前，它们也绝非由原有发展模式带来的必然产物。由于“西部大开发”这一进程，必将导致劳动力从本地流出，提高工人对工资待遇的索求，并稀释掉新英格兰地区的政治权力，那些原本身为纺织工业制造商的波士顿精英，一直以来都对这一运动充满矛盾。[94] 但最终，为了获得真正意义上的成功（尽管如此也无法免于失败），这些波士顿市民聚集在一起，深刻地反思了自己在整个国家经济体系中的地位。他们长途跋涉、历尽艰险，努力地将财富积累的新载体整合到一起。由于受到了棉花经济体系崩溃的驱驰，以及其自身作为支配性阶级的衰败的鞭策，他们的行动往往体现出一种高度的紧迫感。他们不断地挖掘着自身的商业本能，将自己的组织与管理技巧发挥到了极致；他们求助于最新取得的科学技术突破，同时也时常采取激进甚至暴虐的手段来驱策劳工。由于能够获得来自美国东部地区的巨量金融资源的支持，他们有信心更有能力在未来数十年间的美国政治经济转型过程中扮演关键角色。

## 一炮而红的卡柳梅特-赫克拉铜矿

在经历了战争和连续两个棉花种植季后，希金森终于在距比肯山千里之遥的、位于密歇根州的基威诺半岛取得了令人惊叹的商业成就。在那里，他和同伴使铜矿挖掘作为一项资本高度密集的工业产业而得到重生。到19世纪60年代中期时，沿着苏必利尔湖而展开的铜矿开采活动，已经持续了接近20年的时间。在1842年于该地区发现铜矿之后，联邦政府便随即采取行动，从当地的齐佩瓦族（Chippewa）印第安人手中夺取了这片土地。此后，政府将这片土地开放给数以百计的勘探者，而这些勘探者的足迹亦很快便遍布森林湖沼，他们沿着地表和山脊将一切能够被轻易开采出来的铜矿采集一空。这种原始的投机热潮很快便走向了终结，而一种成产业化规模的经营模式则取而代之。各种股份公司拼命地寻找着那些能够产出大量铜矿石的矿脉，来自科尼什地区的精通英式采矿法的移民，不畏艰险地利用钻头、铁锹乃至炸药将铜矿石从地里一点一点地开采出来。铜矿石被装进独轮手推车中推入矿道，在那里，它们会被装入铁桶中，而后依靠人力或是畜力拉升到地表。为了将铜从矿石中分离出来，矿工会先用水力粉碎装置将矿石砸碎，再从矿石被砸碎后形成的泥沙中分离出他们想要的金属。[95]

上述的这种方法令半岛上的居民每年都可以产出大约 6.35 万吨的铜，可就算这样，当地的铜矿开采产业距离完美仍然相去甚远，在半岛上的 94 家采矿企业中，只有 6 家能够做到盈利。从 1845 年到 1865 年，投资者总共向当地的采矿企业投入了 1 310 万美元的资本，却仅仅收回了 560 万美元的股息。[96] 由于铜矿开采和运输的成本极高，只有开采那些矿石品位极高的矿藏才会有利可图。但这种出人意料的、发生的概率相当渺茫的“飞来横财”让人浮想联翩，在很大程度上促进了投机活动。到了 19 世纪 50 年代末，在整个半岛上规模最大也是产出最多的三处采矿点相继显示出了即将耗竭的迹象，[97] 而新发现的铜矿则隐匿在低含量的基岩之中。依照传统的经验智慧，一座被开采的矿脉至少要富含 40% 以上的金属铜才有产出利润的可能，这些砾岩带中的铜含量却仅有 2%~4%。在这些深入地下的矿脉里，铜矿石的品位低，且杂乱无章地分布在其中。在那个时代，尚没有任何以往的经验能够表明，开采这样的矿藏是有利可图的。[98]

来自波士顿的投资者，肩负着为巨额资金寻找能够产出足够利润的投资标的的重任，付出了极大的努力去破解这一困局。他们从1866年夏季开始涉足铜矿开采这一产业，并为此而购置下了一座名叫卡柳梅特的低品位铜矿，这是一处位于波蒂奇湖区的未经开发的矿体。在将自己从佐治亚州的一团乱麻中解脱出来之后不久，希金森便成功地将“由李–希金森公司所掌握的资源”和“由波士顿的富有居民所编织成的社会网络”整合为这一新兴事业的坚实后盾。他的两个姻亲昆西·肖（Quincy A. Shaw）和亚历山大·阿加西斯不仅掌控着这次商业冒险的全局，还事必躬亲，以期亲自重塑整个产业的运营模式。亚历山大·阿加西斯是整个项目的现场负责人，他是路易斯·阿加西斯的儿子，艾达·希金森（Ida Higginson）的哥哥，同时还是一个名声在外的博物学家。由于曾取得土木工程学学位，亚历山大于1867年3月被派遣到密歇根州，负责这项产业的运行。他在荒凉的旷野中度过了20个艰难的月份，在此期间，他成功地让这一产业迈上了崭新的阶梯。[99]

“以一种超大的规模连续不断地经营运行”，是从低品位的矿石中提取铜，并使之有利可图的唯一方法。尽管这种做法可以在理论上降低每单位金属铜的开采、提取成本，但此时，此等壮举还从未被人们实现过。在来自波士顿的规模空前的资金的支持下，阿加西斯对开采流程中的诸多瓶颈发起了攻坚作战。其中，冲压捣碎站的水力供给是一个令人头疼的问题，阿加西斯认为铜矿附近的溪流所能提供的水力，无法满足相应需求，于是他指挥着工人修建了一条长达约 8 千米、从茂密的树林中穿行而过的铁道线路（这一工作是在阿加西斯的领导下由希金森掌管进行的，花费了数百万美元）。通过这条铁路，矿山与坐落在湖边的水力冲压捣碎站被连接在了一起。另一家附属公司则疏浚了一条长约 2 千米的运河，依靠着这条运河，无论是波蒂奇湖畔的矿山码头、储物仓库还是冶炼工厂，都将能够利用从苏必利尔湖中开入的大吨位蒸汽船进行运输作业。[100] 由于矿山中出产的矿石往往在密度和硬度上迥然相异，阿加西斯与他的员工不得不花费了数月时间试验摸索，才最终让水力冲压捣碎站能够粉碎出规格一致的矿块，以供给自动洗矿机使用。直到当年的 9 月份，阿加西斯才正式宣布捣碎机实现了不间断的工作，"它们不分昼夜地敲砸着矿石，砰砰砰的巨响永不停息"。两台笨重的冲压锤，每分钟可以敲打矿石 90 次，依照这种方式，它们每天都可以处理重达 800 吨的矿石。[101]

由于利用地面设备处理矿石的能力获得了极大提高，这些新来的管理者开始将注意力转移到矿山本身。阿加西斯坚持认为矿井应被重新设计以满足更大规模挖掘作业的需求。在地下作业的矿工队开始使用高爆炸药和气钻来分离矿石，接着他们会将矿石运送到矿山的主要竖井中，在那里矿石会被倒入既大又重的矿桶内，而每一个矿桶都能够装载数吨重的矿石，而后在一台功率达到 1 000 马力的引擎（在那个时代，这些引擎的动力就算不是全世界最强大的也是美国国内最强大的了）的驱动下，这些满载的矿桶被拉升到地面上。最终，人们会利用高架轨道将这些矿桶运送到数百米之外的矿石加工厂中，在那里工人将使用一台 6 吨重的蒸汽锤和一部波纹铁颚式碎石机把这些坚硬的矿石轧成碎渣。然后，在捣碎站中，人们会采用震动的方式把粗铜从沙砾中分离出来，最后这些粗铜会被运送到冶炼厂中提纯，并被最终制成铜锭、铜条、铜钉以及铜饼等成品。[102]

在深入地下接近2千米，潮湿且充满硫黄气味的矿道中，多达1 000名公司员工一年到头都以一种异常规律的方式遵循着10小时轮班制而拼命工作着，同时，还有超过500名员工负责地面上的工作。到1875年，围绕着矿山而发展起来的社区已达到了约5 000人的规模，而构成这一社区的主体则是那些外来的移民：康沃尔裔、爱尔兰裔、意大利裔、奥地利裔等。在对待工人方面，希金森和他的伙伴采取了一种家长式的权责制度。一方面，他们设立了一家员工补助基金，在社区中建立了一家医院和一所学校，并为由不同宗派的信徒所建立的诸多教堂提供支持。而另一方面，他们既不允许工人挑战自己在社区管理方面的权威，也不允许工人联合在一起而采取一致行动。[103]第一次主要的罢工活动发生在1872年，这次罢工主要是由工资的减少和对更短的工作时间的要求引起的。先是当地的警长带着18名警官与600余名装备着棍棒、石头以及其他简易武器的劳工对峙，而后当警长与他的人马惨遭失败而劳工群体初战告捷时，管理者紧急从底特律调集了所属美国第一步兵团的4个连队前往镇压，军队随即将罢工的带头人拘禁，并帮助矿山的所有者重掌局势。[104]阿加西斯指示监工在工资的问题上面对劳工一步不退让："我们绝不能被任何人牵着鼻子走，工资只有在我们认为合适的时候才会上涨，而在其他的时间则一律休想。"在对待"劳工骑士团"的蠢蠢欲动和工会组织的图谋不轨这件事情上，公司方面保持了持久的警惕心理，阿加西斯将劳工的暴动归因为他们在处理员工不满问题时的过度软弱。[105]

总的来说，由这些波士顿人设想并最终付诸实践的新型经营模式取得了巨大的商业成功。仅仅凭借着从世界上最深的矿井中开采出在美国国境内品位最低的铜矿石，这一新型运营模式带来的铜产量便从1871年时的7 257吨飞升到了1885年时的约23万吨，而这将近占到了同一时期美国铜总开采量的90%。[106]随着这一事业的发展，被重新命名的“卡柳梅特-赫克拉矿业公司”再也不是原先那家只靠单一矿井盈利的小型企业了，该公司旗下有超过12座大规模的深井并坐拥着美国最为丰饶的铜矿储备，他们无疑正经营着一笔巨大的买卖。沿着由波士顿所拥有的被称为“铜之路”的马凯特、霍顿以及昂托纳贡等铁路干线，这些原铜被源源不断地运出深山老林，而美国也由此一改以往那种需要倚赖英国和智利供给的原铜净进口国身份变为了世界上最大的原铜产出国，同时大部分由美国生产的铜都被美国那不断扩张的国内市场消费掉了。在1869年到1884年，该公司一共向其股东回馈了2 500万美元的红利，这几乎占到了同一时期美国整个铜矿开采行业所付股息的80%，[107]而该公司的估值也从1870年时的490万美元一路涨到了1874年时的1 060万美元和1880年时的2 300万美元，直到19世纪即将结束时，该公司的市值已经达到了5 700万美元，并仍在以极快的速度持续上涨。[108]至于希金森家族，由于他们曾极尽所能地投资于这一采矿事业，他们也自然而然地成了本次成功商业冒险的最大受益者之一。希金森在事后如此感慨：“我们的办公室简直就成了铜矿开采产业

图 1.2　矿工正在缓慢地降入由波士顿人所拥有的赫克拉－卡柳梅特矿业公司的 2 号矿井中（Calumet, Michigan,1906）

图片来源：Library of Congress Prints and Photographs Division, Washington, DC

的总部，而我们的朋友则大把地买入公司的股票。”依靠着丰富且稳定的股息收入，希金森确保了自身在金融行业中的前途，而李-希金森公司也得以跻身于整个波士顿乃至在美国处于领导地位的两家投资银行之一。

## 再接再厉的堪萨斯奇迹

小查尔斯·亚当斯部分参与并分享了由卡柳梅特-赫克拉矿业公司带来的“飞来横财”，而后在19世纪70年代他开始不知疲倦地企图将这一金融成就在其他行业中进行复制。可利用巨额金融资金重塑整个产业，并让其产出稳定的利润，这样一幕大戏将发生在哪个舞台上呢？在刚刚崭露头角的堪萨斯城和该城的临近地带，小亚当斯的努力最终开花结果。起初，在那个时代为了争夺地区霸权而展开的残酷竞争中，堪萨斯并不为人们所看好——该城的规模实在不大，但其似乎也是因祸得福，较小的规模让当地贸易委员会的成员得以免于内讧，并在游说和吸引美国东部金融资源方面采取一致行动。很快，波士顿的投资者便确定了当地的贸易委员会确实能牢牢地掌握该城态势，于是在1869年，这些投资者出资买下了汉尼拔和约瑟夫铁路公司。而后，他们开始采取措施缓和他们与华盛顿特区之间的政治关系，这一系列努力最终促使堪萨斯成了第一条横跨密苏里河的铁路桥的兴建之地。这座铁路桥使堪萨斯这个新兴的区域轴心直接与芝加哥连通，并由此获得了超越其他一切竞争者的决定性优势。[109] 尽管如此，在那个时间点上从金融领域的视角来看，人们仍无法百分之百地确信在这一偏远地带进行着的发展进程可以持续下去。

从 19 世纪 70 年代初起，小亚当斯便开始频繁光顾堪萨斯这座城市，他仔细地审视着当地的资产，努力学习了解当地的风土人情，并尝试着与当地的杰出商人建立联系。在那个时代，堪萨斯还只是投资者众多目的地之一，与之相似的城市还有约瑟夫、康瑟尔布拉夫斯、史葛堡以及巴克斯特斯普林斯等地，它们都在为了争夺地区主导权而相互竞争。[110] 到 1876 年，小亚当斯主导策划了“堪萨斯家畜拍卖场”的重组计划，并在随后当上了该公司的董事长*。他从当地的商人和金融家手中收购了这家资金不足的家畜拍卖场。以行业术语来讲，这一基于便利性原则的联合，让堪萨斯变成了在与美国西南部地区进行牲畜交易时“收容、照料、买卖以及运输牲畜”的理想之地与不二之选，而来自波士顿的金融支持则更是令该家畜拍卖场实现了指数般的发展。堪萨斯家畜拍卖场毫不费力地买下了约 250 亩额外土地，并在这些土地上修建畜栏和装卸码头，安装了磅秤和修建了棚屋，他们还建造了一栋三层高的交易大厅并为之配套建设了数间公司办公室、两家银行、为数十名代销商所准备的出租空间、一家酒店、一家台球厅以及一家理发店。[111] 通过上述的诸

* 堪萨斯家畜拍卖场成立于 1871 年，关闭于 1991 年。——译者注

多举措，原先那种分散的、高度不确定性的、充满着即兴特征且通过分布在不同中等规模的城市中的铁路干线而进行的牲畜交易，变成了在最为先进的设施中所进行的稳定业务，而这种商业模式也为堪萨斯日后的腾飞打下了坚实基础，这座城市逐渐成长为规模在美国仅次于芝加哥（波士顿精英同样对该城的联合牲畜交易所进行了大规模投资）的牲畜交易核心区。

为了实现对日常经营的有效监控，小亚当斯将亨利·李－希金森原先的合作伙伴查尔斯·莫尔斯（Charles Morse）招入麾下，虽然查尔斯出身平民，但自从卡顿山事件之后，他的命运便与这群波士顿精英紧密交织在了一起。在此之前，小亚当斯曾拜访莫尔斯并要求后者前去监管他们在密歇根地区的矿业资产，“尽管那些工头和挖掘队队长很可能既出色又有能力，但我们（指希金森、肖、阿加西斯以及小亚当斯本人）仍然希望能够由与我们更加亲近且相似的人士前往主持事宜”。在小亚当斯于 1872 年写给莫尔斯的信中，他着重强调的是莫尔斯与劳工阶级的不同而不是莫尔斯高超的管理技巧（这在当时而言恐怕是对莫尔斯最大的奉承了）。不过莫尔斯似乎应付不了矿区的情形，随后便转向了铁路行业来拓展事业。他花费了数年的时间先后在位于艾奥瓦州的伯灵顿铁路公司、位于内布拉斯加州的密苏里河铁路公司以及艾奇逊－托皮卡－圣菲铁路公司中任职，这三家铁路公司都是由波士顿的资本所持有并控股的。[112] 在最后一家铁路公司中，莫尔斯因为果断与工会划清界限而使自己脱颖而出。当被莫尔斯称为“罢工狂与暴徒”的机车乘务员兄弟会

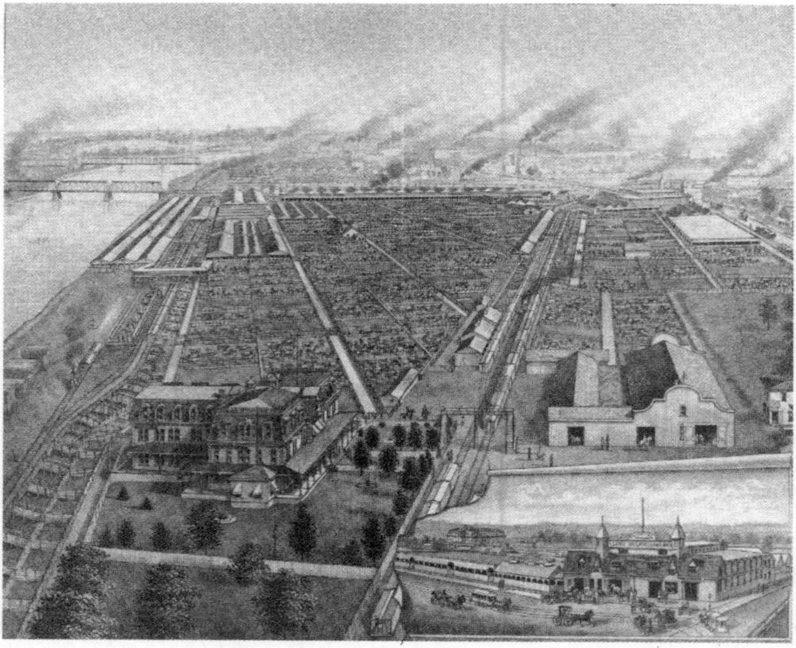

图 1.3 来自波士顿的巨额金融资助，使得工业企业发展到了全新规模（Kansas City Stock Yards, Kansas City, 1887）

图片来源：David Rumsey Map Collection,www.davidrumsey.com

成员于 1878 年占领了铁路调车场时，莫尔斯立刻从州民兵中调集了两个连队的士兵用以恢复秩序，而后他草率地解雇了自己手下将近 2/3 的劳工，仅仅是因为他们是工会的成员。[113]

为了回报莫尔斯的耿耿忠心，波士顿的精英阶层为他提供了堪萨斯城牲畜拍卖场的总经理一职，而为了勤勤恳恳地巩固住堪萨斯在该地区的支配地位，莫尔斯的行动几乎牵涉到了与牲畜交易业相关的方方面面。首先，他设立了牲畜交易所并出任该组织的总裁，此交易所专司规范并监管牲畜交易；其次，他领导了牲畜拍卖场银行，而该银行主要负责为牲畜交易提供资金支持；最后，他还建立了“堪萨斯食用牲畜展览协会”，该协会将传播养殖和肥育技术作为己任，令堪萨斯最终崛起为牲畜养殖业的技术中心。[114] 在小亚当斯和莫尔斯的共同执掌之下，堪萨斯牲畜拍卖场取得了巨大成功，通过这一机构而买卖流通的牛、猪和羊的数量逐年激增，在短短数年间便达到了百万计的量级。[115] 由该拍卖场所经手的牲畜买卖交易额很快便从 1875 年的 650 万美元增长到了 1885 年的 4 000 万美元，而到了 1890 年，这一数字更是超越了 7 500 万美元。[116] 除了从租赁业务、饲料售卖业务以及向分销商收取佣金的业务中赚取的营业利润之外，堪萨斯牲畜拍卖场还为当地的铁路系统带来了稳定物流收入。截至 1880 年，由波士顿的资本所持有的艾奇逊—托皮卡—圣菲铁路公司已成长为该城牲畜运输行业中毋庸置疑的绝对旗舰企业，而在 1890 年，单是这一家公司便为堪萨斯运去了超过 66 万头牛和 46 万头猪，这些牲口基本都源于美国的西部和西南部地区。一位产业编年体学家曾精准地总结道：“牲畜贸易使这条铁路成了财富的源泉。”在牲畜贸易商业的带动下，艾奇逊—托皮卡—圣菲铁路公司崛起为那个时代美国最伟大的铁路公司之一。[117]

来自美国东部地区银行家的支持令堪萨斯可以将自己的信用网络遍及堪萨斯州、艾奥瓦州、内布拉斯加州、科罗拉多州、得克萨斯州乃至加利福尼亚州等地，而牲畜物流也在金融资金的带动下稳定攀升。[118] 由于吃着当地玉米长大的牛羊离屠宰点更近，繁忙的牲畜运输促进了堪萨斯和邻近州中的农业发展。到 1875 年，玉米第一次超过小麦而成了堪萨斯州最为主要的农作物品种，其产量从 1870 年时的 40.6 万吨涨到了 1880 年时的 279.4 万吨，而此时该州之中已有超过 40% 的农业用地被用来种植玉米。[119] 分布于整个堪萨斯州的农场数量上涨到了之前的三倍多，从 6 000 家发展到了 21 500，而这样的扩张所需要的资金支持，则主要是通过大量从美国东部地区进行抵押贷款来实现的。[120] 随之而来的还有肉类加工业的迅猛发展，由于受益于流经该城市的大量牲畜供给，并能够获得诸如土地、设施、铁路网以及从股票交易所中募集的现金等金融要素的支持，该行业在 19 世纪 80 年代经历了空前繁荣。由堪萨斯的肉类加工行业所宰杀处理的牲畜数量迅速增长，并在 1890 年达到了惊人的 58.1 万头牛、19.9 万头羊和 234.8 万头猪。[121] 与芝加哥那样发展出多样化都市经济生态的城市不同，堪萨斯的经济几乎完全依赖于牲畜运输与肉类加工行业，在该城中，肉类加工业一共雇佣了超过 4 600 名员工，占到了该城工业劳动人口的 70% 以上，城中的六大肉类加工厂共计获得了多达 900 万美元的资本投入。肉类加工业的产值在 1890 年时将近有 4 000 万美元，而到了 19 世纪末则达到了 7 300 万美元，这几乎占到了整个堪萨斯工业总产值的九成以上。[122] 该城龙头产业的兴旺繁荣带动了城市规模的大幅扩张，随着城市总人口从南北战争刚刚结束时的不到 1 万人迅速发展到了 19 世纪末的 16 万人，这一持续的趋势无疑在城市发展领域中为波士顿的投资者带来了一系列全新商机。作为小亚当斯在密苏里河流域的主要代理人，莫尔斯兢兢业业地协调着有轨电车相关资产的收购与运营，并最终将这些资产发展成了后来的大都市有轨电车公司（莫尔斯很有可能也在该公司中担任总裁一职），且莫尔斯也同样披露过，他曾监督了数不胜数的土地交易。[123] 多年之后，当莫尔斯因年迈而退居波士顿时，他曾这样自夸道："那些波士顿人似乎非常需要我的帮助，而我所处的位置也刚好能够满足他们的需求。"[124]

## 库利奇领导下的投资性资本大转移

与卡柳梅特－赫克拉矿业公司、堪萨斯牲畜拍卖场相类似的一系列商业冒险，向美国东部地区的投资者展示了"西部大开发"不但是可行的，而且还是有利可图的。于是，围绕着那些资本高度聚集，以"从西部的自然资源中提取并加工货物"为宗旨的核心产业，来自东部地区的投资者组织在了一起，与此同时，他们也将自身的影响力辐射到了围绕着核心产业的一系列其他产业部门之中，他们为铁路提供了物流，创造出了人们对牲畜和农作物的需求，并推动了西部地区新型城镇中心房地产价格的繁荣。这些产业的发展无一不在向人们昭示着波士顿的资本所依赖的支点已从棉纺织工业转移到了金融领域。

托马斯·杰弗逊·库利奇在这一转型过程中所做出的贡献大致上可以分为两部分。如同许多波士顿人一样，在南北战争结束后的几年中库利奇继续与棉纺织工业保持着紧密联系，他依然是棉纺织工厂的财务总管兼董事会成员。然而库利奇在棉纺织工业中的成就，更多地体现在他为资金从该行业中的流出拉开序幕这一点上。在1857年，作为布特棉纺厂的财务总管，库利奇将一种“对购买和修缮设备极其警惕”的行为规范引入棉纺织工业之中。在那时，布特棉纺厂的机械设备已经连续工作了超过20年，这些设备既残缺又过时，许多织布机都无法生产出幅面符合市场要求的棉布，而水力车轮也无法产出足够的动力以带动工厂中的设备全力运转。库利奇刚一上任便明确地指出：“这座工厂太老了，运转起来很吃力，生产商品的成本太高，浪费太大，产出的棉纱很不均匀，棉布也不符合标准。”按照库利奇的总结，如果不向其中投入巨资以改变现状，那么上述的诸多难题将绝无法完美解决。[125] 在与公司的董事长进行探讨磋商时，库利奇提出作为财务总管所推崇的政策——反对在维护和修缮方面投入任何大额的花费。由棉纺织工厂所赚取的利润，不应再重新投入到与工厂相关的基础设施建设当中（相反对基础设施的投入应维持在最小限度），而是应当归入“流动资本”的会计条目之下，以便在随后作为股息发放给股东。[126] 作为财务主管，库利奇的行事方针是尽最大限度地压缩劳工数量，以最小规模运转机器，并向股东支付稳定红利，这样投资者便可以将这些股息投入到其他领域。发生在布特棉纺厂中的事情绝非特例，当1860年1月份五层楼高的劳伦斯镇彭伯顿工厂发生坍塌时，类似的行业规则显露无遗，这场灾难将数以百计的男人、女人和儿童困在了废墟瓦砾之中，造成了88人遇难、116人重伤。这场在马萨诸塞州历史上最为严重的事故之所以会发生，是因为工厂的管理者明知工厂中的铁柱存在隐患，却为了节省资金而不去更换。

如果我们仔细观察由库利奇所构建的投资组合的长期轨迹，便会从中找到其作为投资者的全新偏好之所在，并对“波士顿所拥有的金融资源是如何以一种剧烈的方式转投向全新的商业领域之中”这一问题有所认识。在1868年，库利奇所持有的资产（其中的相当一部分是继承自其岳父威廉·阿普尔顿）还密集地汇聚在棉纺织工业和新英格兰地区的铁路事业中，占其投资组合份额将近一半的、约合16万美元的资产都可以归入相关领域。而同一时期，尽管库利奇向美国西部地区的商业冒险中投入的资金也相当可观，但与前者相比就显得相去甚远，这部分资金占投资组合总份额的26%，约合8.4万美元，主要投资到了以堪萨斯为根据地的汉尼拔铁路公司和约瑟夫铁路公司中。库利奇投资组合中的剩余部分（约合8.4万美元）被用来购买政府债券，而这些债券所募集的资金主要是被用来支持美国政府的战争行为（见图1.4）。可在接下来的15年中，库利奇构建投资组合的分配方式发生了巨大转变，而这一转变也堪称是同一时期波士顿资本投资路线转变的典型了。尽管在这些投资组合中棉纺织工业和新英格兰地区的铁路事业仍然保持着重要地位，但与那些发生在美国广阔西部地区的新型投资标的相比，它们愈发相形见绌。到1883年，即便库利奇仍与棉纺织工业保持着紧密的联系，他在新英格兰地区所进行的投资却逐渐缩水，下降到了占其投资组合总份额的22%，而他在北美大陆的其他地方所进行的投资则迅猛扩张，并占到了超过60%的份额（见图1.5）。此时库利奇所拥有的总资产已达到了190万美元，这其中包括他在堪萨斯城、芝加哥牲畜拍卖场、4家矿业公司（包括卡柳梅特-赫克拉矿业公司）以及16家分布在西部地区的铁路公司（包括艾奇逊—托皮卡—圣菲铁路公司，库利奇曾在此公司中担任过一年的董事长）中所持有的巨量份额。可以说，库利奇在西部地区所持有的资产总额在这些年间不断增长并最终主导了他的投资组合，而棉纺织工业的股票所占据的份额则持续减少并最终退出了历史舞台。[127]

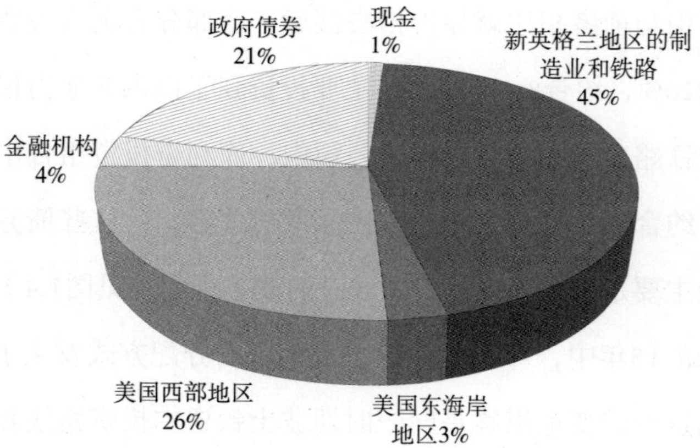


图 1.4　托马斯·杰弗逊·库利奇在 1868 年 1 月时的投资组合分布情况

资料来源：The Coolidge Family Business Records, Baker Library Historical Collection, Harvard University

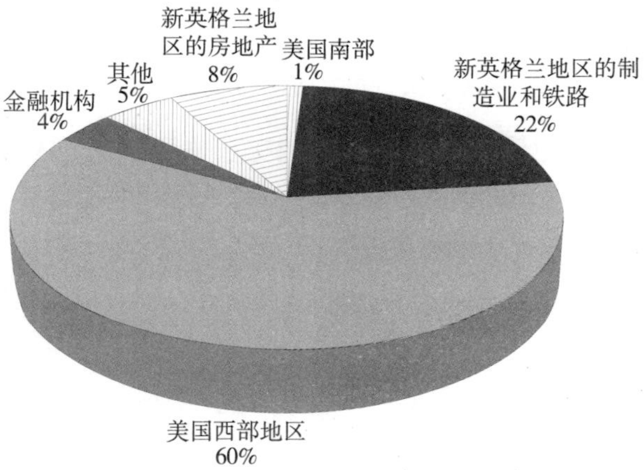


图 1.5　托马斯·杰弗逊·库利奇在 1883 年 1 月时的投资组合分布情况

资料来源：The Coolidge Family Business Records, Baker Library Historical Collection, Harvard University

## 走出阴霾

从库利奇的商业记账簿和他在波士顿州街上的办公室中展现出来的影响深远的投资策略大转变，在整个北美大陆引发出无数回响，并激起了阵阵涟漪，而其意义绝非仅仅在于向人们展现了库利奇个人投资偏好的转变，或是教会了人们一种财富积累的新方式。事实上，隐藏在库利奇投资策略大转型背后的，是一种崭新的思维理念，这种理念昭示着美国资本主义体系作为一个整体，已脱离了原先那种依靠棉花经济的老路径，而走上了一条在整个北美大陆推进工业化的新大道。随着时间的推移，这条全新的发展道路重新定义了波士顿富有阶层的地位，而依靠着这一群体手中的资金才发展起来的美国经济，也得以改头换面。这些转变同样也彻底改造了波士顿商业精英与波士顿这座城市之间的交互关系，波士顿借此迅速崛起为整个北美大陆上最为重要的金融中心之一。当库利奇反复地清点着他那不断扩张的资产清单以及由这些资产为他带来的滚滚财源之时，他记录下的也绝不仅仅只是财富的聚集与累积那样简单，不断变化着的投资组合，给人们带来了一种急剧膨胀的胜利喜悦，这一现象无疑是在向人们宣告，新一代的波士顿精英阶层焕发着难以磨灭的勃勃生机。在先后经历了旗舰产业的分崩离析以及一场猛烈的政治风暴之后，他们仍然容光焕发地生活在一个崭新的时代。许多其他地方的精英都曾将自己与某些特定的产业部门或地域捆绑在一起，但波士顿的精英并未如此行事，而也正是因为如此，他们才能够长久地保持自己的统治地位，并巩固自身内部的凝聚力。他们将“自己从先人那里承袭而来的优势因素”发挥到了极致，并以此推动着世界的发展、塑造着未来的形态，他们完全恢复了自信，并向财富与权力的新高峰发起了攀登。

# 第二章

## 建设自由放任的都市

# 都市转型与都市政治

在南北战争结束之后，发生在遥远西部地区的一系列成功的商业冒险，激发出了波士顿上层社会对于潜在的无限可能的振奋之情。从 19 世纪 50 年代起便始终笼罩在人们心头的阴霾，终于烟消云散，而波士顿也由此被引入了一条令人备受鼓舞的新轨道。在以往的岁月中，城市中的商业精英们主要将自己的资金投资于由新英格兰地区的棉纺厂和铁路公司所发行的证券中，而现如今，他们则更加倾向于对发生在整个大陆各个角落中的、规模宏大的新兴产业进行投资。无论是上述行进方向的转变，还是由这种转变带来的任务量之巨大，都令人深感震撼。就如同一位波士顿市民曾经回忆的那样，“就在不久之前，三两成群的经纪人还在波士顿的州街上来回奔波，试图向他人售卖或购买少许与棉纺织工厂或新英格兰地区的铁路公司有关的股票，此情此景仍历历在目。在那个时候，经纪人乐意于接手任何他们能够得到的经纪业务”。然而在战后，这样的情形很快消失不见，在短短的数年之中，由于债券和股票交易数量的急剧膨胀，一座足以令旧时代的所有经纪人都相形见绌、自愧不如的证券交易所诞生了。[1]位于波士顿州街上的商业区，变成了一系列数量不断增长着的金融机构的聚集地，到1868年，总共有约200家金融机构在此营业，这其中包括18家私人银行、77家经纪人事务所以及43家国民银行。[2]无论是在波士顿股票交易所中，还是在那些由富有的波士顿市民所构建的投资组合中，由梅里马克制造公司、康涅狄格铁路公司、佛蒙特州中央铁路公司等当地公司所发行的证券，都在不断让位于由艾奇逊—托皮卡—圣菲铁路公司、圣路易斯—旧金山铁路公司、芝加哥—伯灵顿—昆西铁路公司以及卡柳梅特—赫克拉矿业公司等遥远的域外公司发行的证券。[3]南北战争前波士顿那建立在棉花贸易之上的经济形态，正逐渐转型为以金融集团为根基的新形态。

随着人们不再像以前那样将自己注意力的重点聚焦在新英格兰当地，波士顿的州街逐渐成长为整个北美洲最为突出的银行与金融中心之一。举例而言，到1880年时，九条从波士顿辐射开来的新英格兰地区的铁路干线（大多是在南北战争爆发之前修建的），总长约2 700千米，共吸收了约合1.2亿美元的投资，而同一时期，位于遥远西部地区的、同样为波士顿市民所拥有并管理着的三条规模巨大的铁路系统，则获得了超过3.4亿美元的投资，它们的总长度已超过16 000千米，并仍在迅速增长。[4]由波士顿精英阶层所发起的商业冒险，无论是从资金总量上看还是从地理分布上看，都发展到了一种全新的规模。对于波士顿精英阶层中的成员而言，该城原先那种作为制造业和交通物流中心的重要地位正在渐渐淡去，取而代之的则是该城变成他们的战略谋划中心。在波士顿这座城市中，商业精英积累并调动着金融资源，收集并分享着情报信息，此外，他们还积极地塑造着自身身份的认同感，并努力地巩固着所处阶级的凝聚力，在这里，任何涉及商业领域的战略决策，都将对遥远而广阔的域外地区产生深远的影响。

在轰轰烈烈的“转向西部”运动中，富有的波士顿市民绝非形单影只。事实上，那些身处美国其他城镇中的商业精英也同样将自己的积蓄从南北战争前曾经红红火火的棉花经济中抽出，并将其投入到了发生在全新地理范围内的新兴产业部门之中。曾经代表了棉花贸易的纽约商人家族的后裔，也同样转向了为全美国范围内的工业发展提供资金的金融领域，正如历史学家詹姆斯·利文斯顿（James Livingston）所言：“在南北战争结束且奴隶制被废除之后，这些原先国际贸易的仆从，转而将自己塑造成了国内产业的坚实盟友。”[5]在新来者面前，这些从老财富的躯干中衍生出的新枝条，绝不甘于落后，相反，它们往往亲自在美国工业经济实体形成的征程中冲锋陷阵。就如一项评估所显示的那样，在1890年，纽约城中约有60%的处于领导地位的美国企业、投资银行以及铁路公司都是由旧时代的商业精英流传下来的。[6]同样，在费城地区，曾经高度依赖美国南北方区际贸易并倾向支持邦联的商业精英，也很快作为新兴金融版图中的一极而强势崛起，他们也学会了对大规模的工业产业进行投资，且在这一过程中，亦涌现出了诸如杰伊·库克

（Jay Cooke）*、克拉克（W. Clark）以及德雷克塞尔（A. J. Drexel）那样的极具代表性的杰出人物。股票交易所令费城与美国南部地区的商业联系日渐疏远，而费城富有居民的财富储蓄，则被直接投入到了地处美国西部地区的宾夕法尼亚州与地处美国中西部的诸州中。在那里，这些资金被用来开展针对原油、煤炭、钢铁等资源进行开采、提炼与加工的产业之中。[7]上述所有的这些资本流动（这些资本从美国东北部地区的古老城镇中流出）加总在一起，促成了一个横跨整个大陆的工业化经济实体的诞生。[8]

事实上，对于类似纽约、费城以及波士顿这样的城市而言，它们在南北战争后逐渐转型为重要的金融中心的征程，并不主要发生在私人商业领域（诸如股票交易所以及在大陆腹地所进行的各种商业冒险等），而是更多地上演在它们各自的市政府之中——在那里，"整座城市的经济命运"与"一触即发、厝火积薪般的政治争议"不可避免地深度交织在了一起。对波士顿那些急于为自己的巨额资金寻找能够产出足够利润的投资标的的商业领袖而言，从当地的棉纺织工业经济体系中抽身离去，似乎是最为直截了当的办法。由于本地区的棉纺织工业深陷危机，他们更希望能够在美国的其他地区开拓有利可图的事业以供投资，他们坚信让波士顿成长为重要的金融轴心是使经济前景变得更加明朗化的关键。然而对大多数波士顿市民而言，与这类转型相关的提议充满了争议。对于宣称

---

* 杰伊·库克，1821 年出生于俄亥俄州，被评为美国 19 世纪银行业与"爱国主义"的最佳榜样，在南北战争的经费筹措过程中扮演了重要角色。——译者注

“波士顿不断扩张的金融资源，能够在投资域外地区的过程中一帆风顺，并惠及本地区人口中的绝大多数”的论调，他们一直秉持着高度怀疑的态度。波士顿市政府中由民主选举而产生的市政领袖（商业精英往往不在其中，且只能对其施加极小的直接影响），大多数来自工薪阶级中的上层或是中产阶级中的下层，他们主要是临近地区的商人、身怀技艺的工匠、机修工以及小商贩。凭借着由南北战争以及“生产主义”这一共和党人术语带来的政治权威，这些中层人士结成了强大的政治联盟，并不断地挑战着波士顿精英阶层为政策领域所做出的设计与规划。从棉纺织工业中转型转向，并不为这些市政领袖所关心，事实上，他们真正热衷的事业，是在工业化的美国中推广民主。这些奉行民粹主义的市民，渴望将波士顿建设成生机勃勃且拥有多样化产业部门的大都市，并使之能够为城市中的广大人民提供充足的住房供给。很快，这两大政治集团便围绕着一系列政治争议爆发了冲突，这些冲突不仅体现在立法议程的领域，还体现在对现代化城市发展前景的展望以及波士顿应在美国新兴的政治经济实体中扮演何种角色等诸多方面。

小卡雷斯·弗朗西斯·亚当斯于1868年发表的一篇名为《波士顿——从北美的高雅情怀中诞生》的文章，为新一轮的论战拉开了帷幕。在小亚当斯眼中，之前数十年间棉纺织工业的崛起与兴旺，简直就是波士顿地区在历史路线上的误入歧途。此时，由于棉花经济已日薄西山，小亚当斯毫不含糊地表达出了他对“老一辈波士顿商业领袖取得的成就”的轻蔑之情，而曾几何时，正是这些人士将波士顿从历史上的那个连接了全球贸易的、优良的大西洋沿岸港口重塑为地区棉纺织工业的轴心。小亚当斯非常兴奋地说，“对于对外贸易以及外资企业而言，波士顿曾是一座伟大的城市”，在那个时代，无论是从中国、从加尔各答、从西非海岸、从地中海区域、从俄罗斯、从南美还是从太平洋沿岸驶来的船只，都会把波士顿港当作其必经之地。“在久远的过去，‘气派的远洋帆船’曾充斥着波士顿的港湾，商贸活动为人们带来了产自东方的茶、香料与丝绸，以及产自欧洲的葡萄酒。”尽管在那个时代，大多数观察家都将工业化看作一次伟大的突破，小亚当斯却争辩道，由制造业主导的霸权事实上使波士顿变得更加本地化了。“经销商与实业家再也无法在他们前行的道路上保持一致步调，在那座伟大、商业化且世界性的纽约城面前，波士顿就像是面对着伦敦的曼彻斯特一样，黯然失色。”小亚当斯如此评论道。[9]

在波士顿重返昔日荣光的道路上，其所面临的主要阻碍既非商业创新的匮乏，亦非金融资源的短缺（事实上这些要素长久以来一直都是相当充足的），而是行之有效的政治体制的缺失。小亚当斯认为，为了从美国的诸多城市中脱颖而出，并重获作为世界性大都市的无上荣耀，波士顿必须牢牢抓住西部世界的商机，同时还应该花费更大的精力，去培植能够让新近开发的西部地区的巨量财富涌入自身的商贸渠道。不幸的是，对小亚当斯来说，波士顿城中那个处在广大民意控制之下的政府，似乎在促进必要的经济这一任务中难以胜任。民主型政府所天然具有的那种不稳定性，导致马萨诸塞州无法推行并设计出足够雍容大度的政策，从而将波士顿打造为适合商业发展的理想之所。小亚当斯绝没有将“良好的政策”与政府的“消极怠工”“畏首畏尾”混为一谈，正相反，他认为推行正确的施政方针，意味着政府应当遵从那些科学规律（亚当斯本人认为是科学的那些），并为此不惜在经济转型的过程中施以强力的介入。小亚当斯进一步控诉道：“波士顿这座伟大的城市忘记了自己正身处一个物质时代，一个弥漫着自由放任主义，却同时为政治经济学规律所掌控着的时代。长久以来，对存在于现代化发展进程之中的客观规律与恒久力量的选择性忽视，已经对物质进步、独立自主以及整个波士顿社会的对外影响力，产生了破坏性的影响。只有认清这些客观规律并学会利用那些恒久力量，我们的政府才能够逆转颓势，并为波士顿带来真正意义上的复兴。”小亚当斯认为，任何重塑政治体制的努力都应该围绕着“认识并掌握那些至高无上的规律和力量”这一核心宗旨来进行，而在充斥着“瞎折腾与无意义的抽搐”的民主政治中，应如何实现上述的壮举，则是他们所处的时代所面临的最为紧迫的政治经济挑战。[10]

民主政府与对外开放型的经济发展之间的关系，绝非仅仅存在于政治理论领域、为小亚当斯和他的读者所忧虑的小众问题那样简单。事实上，这是一个体现在诸多具体政治争端之中的紧迫问题。这些政治辩论所导致的最为深远的影响，便是对立双方围绕着“都市政治边界的重新划定”与“政府财政问题”而展开的一系列政治斗争。这两项看上去似乎仅仅涉及当地问题的政治对抗，实质上牵涉到了波士顿与整个北美大陆其他地区的经济交往问题。当波士顿的市民探讨与政治相关的议题时，他们往往需要在两个相互竞争的政治流派之间选边站队，一派认为波士顿应被建设成“存在于范围广泛的投资及资本流动巨网之上的关键节点”，而另一派则着重强调应提升波士顿自身作为一座工业化大都市的内在活力。对立的双方均为波士顿市政府罗列出了截然不同的优先事项清单：为了“扩张城市的领土”“补贴城市内新兴产业的发展”，并“资助在城市外围所展开的为工薪家庭提供居住区域的建设”，市政支出是否应当以让城市背负起沉重的财政负担为代价？抑或城市应满足于现有的狭小边界，并放任城市圈的边缘区域为那些自治的乡村城镇所控制？而这又恰好最符合那些以波士顿为老巢的、有权有势的商业精英的利益（城市外围的自治乡镇往往税率较低）；政府是否应当冒着导致金融资产所有者出逃到其他城市中的风险，对金融类的资产课以税收？抑或政府应为金融资本扫清障碍、保护投资者，而将税赋转移到那些更难在地理范围内进行迁徙的房屋所有者或租户的身上？毫无疑问，波士顿正经历着整个美国政治经济形势的全方位洗礼，而在这一过程中起到最为关键作用的，将是那套极为独特的制度框架，波士顿与正在崛起中的美国全国性市场之间的关系将由之定义，而无论结果如何，这都将产生深远的政治、经济以及社会影响。

## 大兼并运动的兴起与精英阶层的抵制

在传统的针对美国大城市的发展史而进行的学术研究中，美国诸城的政治结构与美国全国性市场的形成过程之间的联系，往往遭到忽视。同时，在相关的学术文献中，城市通常被描述为有着各自独立的社会及政治进程互不相干的容器。在学者讨论分析美国的城市时，他们大多不是将这些城市当成各自为政的微观世界，便是将它们看作整个美国的微缩版，而把这些城市作为分布在政治经济巨网之上的、互相关联的诸多节点的研究者，则为数寥寥。这样的学术研究方法的确为我们带来了质地优良的地方性研究，但也同时导致了诸如“跨区际资本、货物及人口流动”这样超越了地方范畴、在地理上更加宏大的学术课题无人问津。[11]作为这一现象的结果，许多曾于19世纪末期席卷于美国诸多城市中的最富争议性的辩论，都遭到了掩饰与遮蔽，而就连那些逃过一劫的，也仅仅得到了在政治文化方面的狭隘解读。[12]然而，令人吃惊的是，在那个时代的波士顿市民的眼中，市政政策与国家经济体系转变之间的联系是显而易见的，他们热情洋溢地讨论着市政政策对经济发展所能造成的影响，并完全理解都市活力与美国整个国家以及北美大陆的工业化发展之间的作用与反作用关系。

在那个时代，围绕着是否应分散且下放城市的行政管辖权这一议题而展开的论战，往往针锋相对。这种现象一方面将都市政治推向了风口浪尖，另一方面也显示出在美国都市与美国国家形成进程之间有着高度的互动关系。令人感到讽刺的是，在波士顿的商业精英致力于消除美国内部的商业壁垒、打造出节点遍布整个大陆的资本网络的同时，他们却殚精竭虑地想要去固化自己所在城市的边界，并使城市中的分化与裂痕变得愈发难以弥合。对于那种广受大众欢迎的、将整座城市都置于集中化的政府权威的治理之下的提议，这些商业精英极力反对，他们坚称波士顿的城区应由一系列各自为政且在财政方面不具自主权的市镇单位分辖管理。让都市区域变得碎片化，这样富有的人们既可以在城镇中找到让自身免于遭受高额税收盘剥的庇护所，又能够将环绕着都市的乡村田野，当作专为自己建造环境优美且舒适宜人的高档住宅及豪华庄园而存在的保留地，这种以自我利益为出发点的狭隘私心，令波士顿的精英阶层反对任何旨在让城市进一步一体化的提议与尝试。更为重要的是，在这群波士顿商业精英眼中，为了使自身免受那种令人误入歧途、企图重塑城市的社会及经济版图的“市政激进主义”的侵害，分散化的政治结构是必不可少的保障。政治方面的不统一，使市政当局干预经济事务的能力遭到大幅削弱，在这种情况下，正如那些政治权利分散化的支持者所希望的那样，经济的发展便可以一直被一种“由供需关系决定着的自然规律”（按照他们自己的解释）所控制。[13] 在紧随南北战争结束后的数十年中，上述所谓的“经济规律”，基本上就意味着大量不受约束的投资为了寻求高额回报而涌入大陆上的各个角落，而与此同时，波士顿则无法逆转地被转变为了极为重要的金融中心。

不过，波士顿城区的碎片化现状时刻面临着来自草根阶层的挑战，而这一势力集团不仅力量强大，甚至还成就斐然。当波士顿商业精英在距离新英格兰千里之遥的偏远地带，夜以继日地寻找着新的投资渠道时，一个由波士顿中间阶层所组成的广泛联盟，正被动员起来前去促进城市自身的成长。通过将波士顿与一系列相邻的乡村自治当局兼容合并，他们极大地扩展了波士顿的辖区范围。他们鼓励市政府针对大规模土地持有的行为征收高昂税负，并加大对于城市内部诸如供水系统、排水系统、道路、学校、消防站、警察局、基层图书馆以及公园等基础设施的资金投入，而如此一来，这类基础设施的辐射范围便可以拓展到城市现有的边界之外。早于由激进的政治经济学家亨利·乔治（Henry George）* 提出的关于税收与土地分配的观点，这些计划以促进“城区外围的大量土地迅速细分”并“为居住和工业发展开拓出新的空间”为终极目的。[14] 这些草根联盟希望以此来疏解波士顿内城的高密度人口，在保证每一位城市公民都能够获得足够的房屋供给的同时，将城市原先的商业及工业中心扩展到位于中心城区之外的更加宽广的土地上。[15]

在“大兼并运动”背后体现出的市政观念，完全颠覆了政治碎

---

* 美国 19 世纪末期知名的社会活动家和经济学家，他认为土地占有是不平等的主要根源，提倡征收单一地价税，并主张土地国有。——译者注

片化企图之中所包藏着的财政逻辑。如果说碎片化的政治结构削弱了城市行政机构的职权，促成了极为低下的税率，并让公共资源从覆盖整座城市的再分配领域中撤出，那么就“将临近地区兼并到波士顿城内部”这一行为而言，其遵从的逻辑与宗旨就截然相反。该策略极大地提升了市政府在本地区塑造经济形态的能力，促进了各类资源由城市中心向正在兴起中的城市边缘地带的流动。计划的支持者，对于将因这一计划而导致的市政税收和公共开支的大幅增加，表现出了毫不掩饰的期盼。一位该计划的早期支持者曾如此解释道：“随着城市领土的拓展和人口的扩张，自由精神以及更高层次的公共精神将随之到来，而在原先那种受到了狭隘限定的范围内，这一切都将无从谈起。”与一堆各自为政的市镇当局相比，一个集中化的市政府将具有更加恢宏的气度，同时其也将具备更加迅速、更加彻底且规模更大的随机应变之能力。正如该计划的推动者所心知肚明的那样——“资源在地理空间内的分配”与“资源在社会阶层之间的分配”之间，有着千丝万缕的联系，而促进由资本所赚取的利润在整个社会当中的各个部分之间的均匀分配，则正是为他们所刻意追求的。[16]

上述的这种“提倡政府应主导都市发展领域”的方法论，最早出现于 19 世纪 50 年代，并在南北战争结束后的日子中实现了迅猛发展，而其能够在普罗大众之中获得广泛支持的主要原因，便是其与“自由劳力”的政治观念极为契合。[17] 在城市人口快速膨胀而房屋供给相对短缺的大背景下，这种以针对城市基础设施领域的公共投资为驱动方式、以不断增长的财产税收为资金来源、以坚定推进都市的发展为主要目标的愿景，在市政府中获得了人们的一致推崇。更加令波士顿的顶级商业精英感到始料未及甚至惊慌失措的是，波士顿的市政委员会颁布了一条公开动议，号召邻近的城市与乡镇，在符合双方（指波士顿与邻近乡镇）共同意愿的前提下，与波士顿联合一致。[18] 在随后到来的 1868 年和 1870 年中，两个毗邻该城南部的自治区域——罗克斯伯里市和多彻斯特镇，先后被成功地吸收到了波士顿这座大都市之中，而这一壮举令城市的下辖面积成功地提升到了原先的三倍多，从 1 300 公顷增加到了接近 4 000 公顷。到 1873 年时，一家城市委员会更是接到了“着手研究将另外多达 15 座市镇并入波士顿的事宜”这样的任务，如果该计划得以成功实施，那么波士顿的辖区范围将再次翻倍，达到前所未有的 8 000 公顷，且更多的土地还会在随后加入其中。[19] 由此而带来的高额财政开支，并没能吓倒那些由选举而产生的市政代表，相反，他们踌躇满志地展望着一系列能够促使市民定居点在新近并入的土地上发展兴旺的改良计划，这些计划包括拓荒开垦沼泽地带、建设系统化的排水设施、铺设主要干道、修建消防站、警察局和校舍，以及最为重要的——提供稳定且不受限制的供水。[20] 在凡此种种的举措之中，最令富有的纳税人感到紧张、警觉的是，这些市政代表向他们身处城市中的选民做出承诺，新并入的城区将逐渐跟上城市中其他地区的发展脚步。[21]

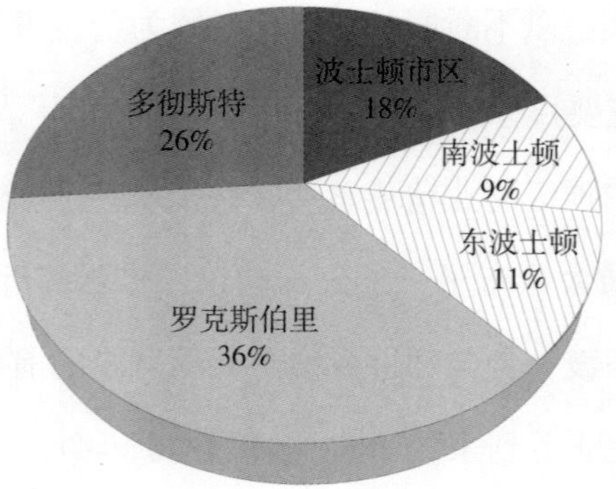


图 2.1　1867 年至 1874 年，波士顿市不同区域之中供水管道建设里程的分布情况

资料来源：The annual reports of the Cochituate Water Board, 1867-1874. Boston City Documents

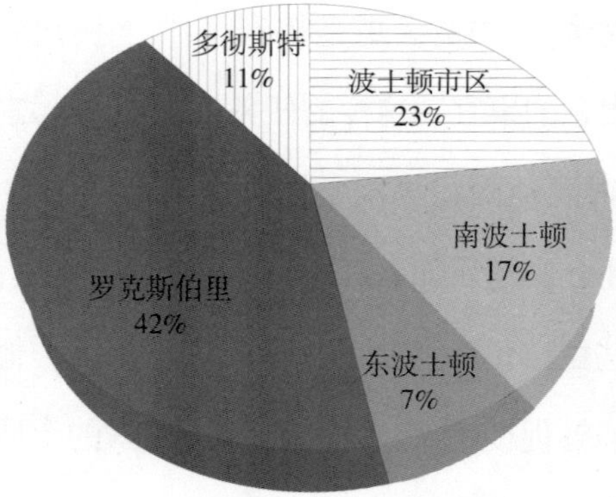


图 2.2　1867 年至 1874 年，波士顿市不同区域之中排污管道建设里程的分布情况

资料来源：The annual reports of the Superintendent of Sewers, 1867-1874. Boston City Documents

事实上，这一时期波士顿市政府投入到基础设施建设领域中的公共开支，的确不成比例地流向了位于罗克斯伯里和多彻斯特的新近并入的区域，而这两个地方也逐渐由原先的那种乡村风貌转变为

波士顿的近郊。总的统计下来，1867 年到 1874 年，在这两个新区中新建立的供水管线和排水设施，分别超过了同一时期波士顿内城同类设施建设总量的 60% 和 50%，而与此同时，就算把这两个地区的居民数量加总在一起，也只占到了波士顿内城总人口的 20%。同样的，这两个新区也变成了大规模道路修建的集中之所，正如波士顿市长所言："为方便出行、郊游和交通运输而修建的主要干道，已十分充足，且仍在扩展；老街道得到了修缮改良，且一切过路费用皆被免除；崭新的街道现已完工，商业设施已然建立。"上述的诸多举措共同促进了波士顿内部老城区与其外围新城区之间的交流沟通。当波士顿精英阶层迷恋于在整个大陆的范围内构建起互联互通的经济系统之时，这场民粹主义运动则将"把都市内部的各个部分更加紧密且均衡地统一一致"作为响应。

在这一时期，城市化改良设施向低人口密度区域的扩展，预示着波士顿的发展将带来更加统一化的都市空间。该进程使得波士顿城区在周围众多乡村城镇的包围之中显得鹤立鸡群、出类拔萃，对于那些乡村城镇而言，推行城市化所必需的高昂费用，令其对都市设施不敢奢望。当 19 世纪 40 年代自来水系统第一次出现在世人面前时，其应用范围被严格地限定在了波士顿的内城之中。如今，流动着的自来水已经变成了整个大波士顿地区的标配，而整个供水系统的规模也因此发展到了一个崭新的高度。[22] 与此同时，下水管道、铺装路面以及燃气街灯，成了城市基础设施的典型标志。到 1873 年，整个波士顿已拥有了约 80 千米长的铺装路面和 190 千米长的排水管线。而与此同时，分布在波士顿外围的、下辖土地要比波士顿城区多的诸多城镇（诸如西罗克斯伯里、萨默维尔、布鲁克林、布赖顿、查尔斯敦、梅德福、温思罗普、埃弗雷特、莫尔登、沃特敦以及里维尔等），加在一起也仅拥有约 10 千米长的铺装道路以及 27 千米长的排水管线。除了供排水系统以及其他各种便利设施之外，由波士顿市政府所兴建的，包括学校、警察局、消防站以及基层图书馆在内的众多公共机构，更是将波士顿新近并入的新城区转变成了城市至关重要的组成部分（这些区域绝非是城市的保留地）。这些设施以即将接纳不断聚集化的人口为前提假设，因此它们都得到了极大规模的修建。[23]

对市政委员会中的委员而言，推行"大兼并政策"不仅仅是出于行政管理方面的实用性考量，更是基于他们自身内在的坚定意识形态承诺。在行动中，他们往往身负强烈的使命感，且与小查尔斯·亚当斯以及围绕在其身边的其他杰出人物相比，这种使命感在原则性与前瞻性方面都毫不逊色。查尔斯·斯莱克（Charles W. Slack），作为市政委员会的主席以及为兼并罗克斯伯里而设立的特别委员会的成员，与波士顿的"激进劳工权益运动"之间，有着历史悠久的羁绊纠葛。[24] 作为早期马萨诸塞州劳工运动领袖之子，斯莱克生于 1825 年，随后，他在波士顿内城的不同地区中长大，这其中包括内城的中心地区、内城的北端以及内城的南端。他曾就读于公立学校，并经历过一段为期 8 年的印刷工人的学徒生涯，在此期间，他先后加入了"技工学徒图书馆联合会"和"马萨诸塞州技工慈善联合会”这两个组织。最终，在19世纪40年代末，斯莱克作为一名坚定的废奴主义者，正式地开启了自己的政治生涯。他成了西奥多·帕克的追随者，而帕克正是那些“棉花大王”最为猛烈的批判者。[25]与在波士顿的公立学校中盛行的种族隔离政策做斗争时，斯莱克与威廉·库伯以及其他废奴主义者通力合作，他在公共服务领域的影响力第一次得到了体现。1855年，作为州众议院的州参议员，斯莱克主持着教育委员会，并以此成功地推翻了州高等法院先前就该事项所做出的决定，让马萨诸塞州的公立学校重新变成了一个整体。[26]基于斯莱克在这些事业中所扮演的角色，以及其作为蓄奴制度反对者的突出立场，在1863年新年到来之际于特里蒙特大殿内举行的大规模集会中，他受邀出席，并获得了在公众面前首次宣读《解放黑人奴隶宣言》的荣耀。1864年后，作为共和党喉舌《联合体》的编辑，他曾积极推崇彻底的重建与普遍的选举权。[27]

一批与斯莱克相似的市政委员，刻意将南北战争的动因与平等主义的关联突显出来，并将反对种族隔离主义者的愿景融入“大兼并运动”之中。按照他们的观点，奴隶制的崩塌为那些“着眼于捍卫工人权益的政策”铺平了道路。在南北战争行将结束之时，斯莱克曾在他任职的《联合体》报中这样写道：“在那段我们恬不知耻而又自鸣得意地舔着他们的靴子，恭敬而礼貌地请求他们注意到我们是何等谦卑恭顺的日子里，我们那些身处南方的兄弟却逐渐习惯于将北方那些勤勤恳恳的劳苦大众当作满身油污的技工。”然而这场内战的最终结果，必将是代表“技能与劳动的一方获得胜利”，工人将作为无名的英雄，从此生活在阳光之下。“一方面，可以毫不夸张地说，正是工人指导了最为伟大的军队的运转，而另一方面，也正是工人修建了一系列用于和平目的的便利设施。”[28]“大兼并运动”的初衷是让这些“勤奋的群众”从中获利。他在报道中写道：“对于向年轻的技工提供饮食起居这一任务而言，我们的城市实在是过于拥挤了，我们需要更大的空间以扩张我们行动的规模，如此一来，由我们的人民所掌握的技术也将更加娴熟。”“大兼并运动”的施行将极大地减轻工薪阶层的负担，他们将免于“高额租金的盘剥，并能够更加容易地获得商铺及住房，工人将有更大的机会邂逅商机，并获得更加舒适的生活条件。”斯莱克使用了修辞学的手法，将“商机”与“舒适的生活条件”相对应，将“商铺”与“住房”相对应，而这无疑与精英将“住房”与“工作”严格区分开来的理念针锋相对。事实上，在斯莱克的华丽辞藻中，两个看似来自不同领域的事物（工作与家居）得到了工整的对仗，这绝不仅仅是一种偶然。对于那些令斯莱克时时挂念于心的人群而言，居住在远离城市喧嚣的、位于乡村地区的独立房屋中实属索然无味，而都市所能提供的生活便利以及交易机会，才真正令人无比向往。斯莱克指出：“这些人绝不会甘于失去居住在波士顿所能带来的优势。”相比波士顿的邻近城镇所具备的各种偶然优势，人们总是更加青睐于紧凑的城市所能提供的，诸如完善的校舍、整洁的街道、充足的供水、可信赖的政府以及社会和信息方面的优势等种种要素。斯莱克曾如此评论道："与上述的这些优势要素相比，由'修建各种便利设施以支撑城市人口的福祉'一事所需花费的高额公共支出，就显得不值一提了。"[29]

对于类似斯莱克那样的"大兼并主义者"而言，社会上不断加剧着的、存在于富人与穷人之间的两极分化现象，与其说是都市生活中不幸却十分必要的组成部分，倒不如说是需要采取政治行动加以应对的反常危险。与"经济状况的改变最好是由处于私人领域的市场力量来主导"的理念相悖，他们公然地将政治手段引入公共政策之中。"将我们社会之中的工业资本家阶级框定在城市的规章限制之中，这一点的重要性是绝不容忽视的。"这一点在他们自己的请愿书中被反复强调。"大兼并主义者"认为，波士顿的工薪阶层绝不是受到了审美情趣的引导而迁居到了城外的郊野，相反，他们是遭到了波士顿过度拥挤的现状与高昂的住房成本的排挤才被赶出了内城，可无论如何，就他们个人的情感意愿而言，他们是全心全意地向往都市的。"如果可以像在其他地区那样低成本且舒适地生活，人们一定会选择留在城市中，这并不仅是因为他们的劳工权益在那里，更因为更加良好的教育设施、娱乐设施以及图书馆，必须有赖于大都市来提供。"[30]在围绕着波士顿外围而兴建的新城区，有着更低的人口密度，且与波士顿内城相比，其卫生状况也更好，按照计划，它们将最终被转化为城市的街区。真正吸引人们的，不是城市外围的环境带来的清新怡人的自然氛围，而是城市内部更加完善的公共设施。"大兼并运动"的提倡者反复赞颂着由"排水系统、来自科奇图维特（位于马萨诸塞州的一处水源地）的供水、公共图书馆以及公立学校”带来的诸多优势，而用以修建上述改良设施的资源，则只能由大型都市来提供。正如这些提倡者所言：“一个乡镇，绝不会修建比其街道和步行道更长的排水沟渠。”人们对于教育资源差异的关注，也是一个相当重要的因素，因为波士顿市外的学校无法与市内的学校相提并论，“在波士顿市中的诸多公立学校面前，我们实在是不知道在整个州之中还有哪个城市或乡镇的学校可以与之匹敌。”[31]

波士顿的商业精英将“大兼并运动”视作冥顽不化、效率低下且挥霍浪费的无用之举，这一计划粗暴地干涉了存在于私人领域的市场力量，并极有可能导致波士顿脱离逐渐转型为金融中心的正轨。于是，这群商业精英被调动起来，靠着各种各样人们能够想象得到的方式，无所不用其极地前去阻碍这一充满雄心壮志的都市化愿景成为现实。他们使用了一种三管齐下的策略，分别在政治领域、法律领域以及历史记忆领域对“大兼并运动”发起了阻击，无论是在“政治经济体的构建”“法律的实践与解释”，还是在“对历史知识的操纵摆布”上，他们都肆意妄为地展示着自己的权威。

首先，以自身在政治经济事务中的最高权威为依托，波士顿商业精英否定了这一运动的可行性与可取性。由哈佛大学培养出来的律师爱德华·艾弗里（Edward Avery），曾在马萨诸塞州议会大厦内举办的一场听证会中，代表反对兼并罗克斯伯里的一方发表讲话。他论述道，一座城市总体上的兴旺繁荣，并不取决于该市的城区范围是否经历过野蛮扩张，而是决定于该市在与其他城市和地区进行交通往来时，是否享有商业及金融方面的优势性地位，“就那些以这一问题作为研究课题的人士的经验而言，我们有足够的理由相信，是那些交易设施而不是人口的聚集，促成了商业市场的形成”。[32] 按照此类“专家观点”，波士顿将不可避免地成为地区性贸易的核心，这是因为在该市的邻近地区，一体化市场早已形成。也正是因为如此，任何发生在这一区域性市场中的商业活动，都无法为本地区的任何一座乡镇或城市带来广泛的商业优势或核心的商业地位。相比之下，那些“从外部输入的、完全是依靠着资本与企业的聚集才得以进行的商贸往来”，以及“与遥远的地域进行交通联络的能力”，才真正难能可贵。然而，对于长距离的商业往来而言，“大兼并运动”无疑帮助不大，其仅仅是将来自政府的恩宠不合时宜地馈赠给了一系列以自我利益为中心且范围狭隘的社区小团体，例如那些房屋建造者、木匠、技工以及店铺主。艾弗里他们在为自身牟利的同时却从未对城市的整体福祉做出过任何贡献。而在艾弗里和他的同事眼中，以积极的眼光看待“大兼并运动”、认为这一运动有助于培植本地产业，并促进工人在诸如制造业、零售业以及建筑业中就业的“大兼并主义者”，则至多是在为了讨好选民而进行分肥式的腐败罢了。艾弗里的同行还以发生在东波士顿邻近地区的事情作为例证，在这一欣欣向荣的波士顿近郊地区，依靠着公共支出的慷慨注入，当地的承包商、建筑师、技工长久以来一直享用着饕餮盛宴。[33]

在一座不断扩张着的大都市中，“大兼并运动”的反对者构建出了一种以“镇小民寡”“官僚作风轻微”为特色的有关自治当局的美好遐想。这样的自治当局不会受到沉重的财政义务的拖累，能够让富人免遭高额税收的困扰，而这无疑将能够令城市中的商业精英更加安心地在整个大陆上施展拳脚。同样身为哈佛大学毕业生的本杰明·哈里斯（Benjamin W. Harris），作为反对“1869 年多彻斯特兼并计划”一方的代表，对上述理论进行了更加详尽的阐释。哈里斯认为，波士顿城区的扩张行为应由存在于政治经济学领域的自然规律来指导，“城区的扩张既没有必要也极不应当受到任何立法活动的刺激”。[34] 按照他的观点，波士顿在经济领域的未来，与城区中的制造业基地或是城市中的劳动人口关系不大，而是系于城市中的商人、银行家以及金融机构的兴衰。但不幸的是，这些关键性因素都受到了“大兼并运动”的负面影响——“为提高、巩固波士顿的商业重要性而做出了突出贡献的，是波士顿州街坐拥着数亿美元的‘估值、资本、银行业以及商业贸易’；是波士顿的‘吸收着存款并发放着贷款的信托与银行’；是将各种货物从北方与西部、从湖泊与矿山中带到本地的四通八达的铁路网。在将新英格兰地区的城市引向繁荣与显赫的道路上，它们无疑要比不断扩张着的城区以及漫长的城市边境线重要得多。那个企图将多余土地纳入城市之中的‘大兼并运动’，在事实上对波士顿未来的繁荣起到了负面作用”。

与艾弗里一样，哈里斯将那种认为都市政策应当帮助人们在本地定居，并促进本地产业发展的理念，当作极其荒谬的奇谈怪论，他宣称“大兼并运动”毫无疑问是一种格局狭小且心胸狭隘的主张。对于哈里斯而言，那种提倡将“用于修建洛厄尔和劳伦斯、用于在宾夕法尼亚州和科罗拉多州开山建矿的财富投资于本地，以便打造华盛顿村和多彻斯特”的言论，实属无稽之谈。[35]他认为：“为了使波士顿和马萨诸塞州更好地获得荣耀与名誉，波士顿应将它所拥有的资本投入到前沿领域，用于教化、启蒙以及开导整个世界，而不是仅仅满足于呆坐在由自己所打造的巅峰之上，守望着自己作为单一港口而偏居着的一亩三分地。”“由于波士顿的商业繁荣有赖于分布在整个大陆范围中的勃勃商机”，他坚持认为“大兼并运动显然对此没有丝毫的助益”。[36]

正如小查尔斯·亚当斯预料的那样，尽管哈里斯的论断有他在学术领域的权威作为背书，但由于波士顿民众对“大兼并运动”的热情支配着整个政治系统，哈里斯的立场很快便遭到了推翻。由于在民主政治领域处于弱势，“大兼并运动”的反对者转而前去寻求法律途径的保护，并最终将事情闹到了联邦最高法院。1873年，由威廉·迈诺特（William Minot）这位工作在城市中心并在西罗克斯伯里镇拥有大笔地产的律师带头，该镇中多达50位纳税大户，一同恳请美国最高法院终止即将到来的波士顿与邻近城镇的合并进程。请愿者引述道，在一系列存在于“大兼并运动”中的技术不规范，对财产权的侵犯亦即“产权纠纷”，导致了整个运动都有违宪之嫌。由于马萨诸塞州诸镇皆有不可侵犯的独有性特点，与“大兼并运动”利害相关的各方势力，与其说是“城市、乡镇、郡县”那样的政治实体，不如说是“市民与居民”那样的私人个体。在这样的大背景下，政治实体仅仅是受托于私人而为其谋取权利的工具，这种私人权利受到本州《权利法案》的保护，在宪法上不容侵犯。更何况，除了城镇中的居民以外，“大兼并运动”也同样令那些遭到了兼并的乡镇的原有债权人利益受损——这些债权人曾将自己的钱财出借给特定的行政当局，并由此而自然地期望借款城镇的所有资产与城镇中居民的所有资产，都能够成为这些借贷条款得以最终履约的坚实保障。可一旦这些城镇与波士顿合为一体，那么原先从属于这些城镇的资产便有可能遭到波士顿自身原有债权人的清收，导致原有的城镇债权人的借贷变得更加危险。[37]

不幸的是，迈诺特和他位于西罗克斯伯里的邻居的那种企图将马萨诸塞州诸镇重塑为“受到宪法保护而免受外来政府干涉的私人实体”的努力，就算放在联邦法律体系之中也难以立足。“提升公共福利”这一不断膨胀的理念，将广泛的权威授予了立法机构。法院于是毫不含糊地加以确认立法机构有权以“公共便利”为名，对郡县、乡镇以及城市的边界进行改变。这一判决强调了乡镇的政治属性，而即便是面对着私人财产拥有者，这一属性的强度也丝毫不减。城镇并非衍生于“由居民个体私下达成的契约”（公司便是如此产生的），而是由立法机构的最高权威所认定的法人实体。乡镇在行使权力的过程中，并不用遵照任何在合同中表达或暗示出来的授权及义务，它们是一种政治组织，是基于政治目的才被创造出来的、作为立法机构的管理者而在特定的限制内执行法律的工具那样的存在。[38]简而言之，创造或移除政治边界，完全是处在立法机构自由裁量范畴之内的事宜。同样，针对“大兼并运动将损害市政债券所有者的财产权”这一说辞，法院也并不苟同，那些市政债券是由借款乡镇的公共资产而非乡镇居民的私人财产作为保障而发行的，而在兼并事项完成后，原有乡镇的公共资产自然将归属于波士顿所有，而波士顿也同样将完全承担起原有乡镇的债务与责任。因此，将市政债券所有者的权益当作阻碍立法机构为大众谋取最高福祉的理由，实属牵强附会之举。

伴随着法院裁决的尘埃落定，遭到了毁灭性打击的，不仅仅是那些私人主义者将乡镇作为一群纳税人的集合的思维理念，还包括他们对于原生社群的神圣化鼓吹。那种经常被“反大兼并主义者”引用的，有关小型城镇在新英格兰地区的历史中享有神圣地位的托克维尔式修辞比喻，掩盖了在这一地区的漫长历史中（以该地区有来自欧洲的移民以来），域内政治边界所一直具备着的高度可塑性特征。事实上，这一地区的城镇并非原发性的城镇，且城镇领土范围的狭小也并非一成不变。作为拥有政治属性的领土单元，这些位于波士顿周边的微型城镇是由“早先的 12 个一同占据了整个殖民地东部的初始城镇”，经过缓慢而蓄意的拆分（以及联合）才诞生的产物。这种拆分进程在 19 世纪中叶伴随着整个地区的工业化而陡然加速，许多乡村地区作为商业农场和富有阶层田庄的扎堆之地，正是在这一时期才开始寻求从它们原先所从属于的那个不断城市化且财政负担不断加剧的邻近区域分离出去。这一趋势最终导致了萨默维尔从查尔斯顿的分离、利威尔从切尔西的分离、西罗克斯伯里从罗克斯伯里的分离以及斯万普斯科特和纳罕特从制鞋业中心林恩的分离，而上述的所有事件，都发生于 1842 年至 1852 年。[39] 然而，这样一段纷繁复杂、波澜起伏的历史，并没能阻止“大兼并运动”的反对者将自己塑造为马萨诸塞州诸镇那表面上看起来不容侵犯的独立性的捍卫者，而这样的行为又得到了来自“当地城镇数量不断增多的历史现实”以及“由新型怀旧精神带来的文化艺术”的支持鼓励。[40] 在哈里斯反对兼并多彻斯特的论述中，他曾如此雄辩道 [41]：“为我们保留下这份权力（指自治权）吧，它与本州古老且完善的制度琴瑟相和！让那份由独立个性和自主身份带给我们的欢愉，永远地留存下去吧！”

而西罗克斯伯里和布鲁克林分别于 1868 年和 1873 年举行的新市政大厅落成典礼，则成了宣扬这两座城镇历史悠久的自治化倾向的理想场合。为了纪念它们在政治上的独立地位，并表达出自己坚决捍卫这种地位的决心，几乎所有自 17 世纪以来发生在这两座城镇与它们邻近的市政当局之间的细微摩擦与不快往事，都在庆典的致辞环节中得到了详尽追述。在布鲁克林，当地的演说家及卸任的政治家罗伯特 · 温斯罗普（Robert C. Winthrop），曾这样对他的观众发出警告：“与波士顿的融合将令我们的城镇重新陷入窘境之中，而这样的窘境正是我们在 1705 年时的祖辈和 30 年前的父辈，曾倾尽全力想要摆脱的。”由于西罗克斯伯里曾是往返奔波于波士顿的上班族的聚居地，其曾于 20 年前态度蛮横地将自己从罗克斯伯里分离出去。而亚瑟·奥斯汀（Arthur W. Austin）也由此将该镇委曲求全的悠久历史与先辈对自治身份的强烈渴望，向台下听众娓娓道来："从相关记录中我们可以发现，长久以来西罗克斯伯里都一直受到来自该镇地势较低地区（指现在的罗克斯伯里）的统治，这些统治者永远都在用不胜枚举的傲慢理由，拒绝西罗克斯伯里的合理请求。他们总是将自己的授予当作恩惠，却忘记了这本就是西罗克斯伯里人民的正当权利。"[42] 按照这些演讲者的说辞，一旦这些城镇遭到了波士顿的兼并，那么不管是布鲁克林还是西罗克斯伯里，都会遭到外来统治者的肆意欺压。

尽管这种暧昧含混的、向历史和传统求神问道的做法，挟带着极大的文化分量（尤其是当这种做法像洗脑一样被重复了千遍万遍时），他们也无法避免地遭受了那些熟悉当地历史的普通观察者的质疑。举例而言，威廉·威尔顿（William W. Wheildon）这位居住在查尔斯顿的印刷工兼历史业余爱好者就曾犀利地指出，在整个殖民地刚刚建立之时，自治市区和镇区的面积都是按照人们的意愿尽可能大地进行划分，他们的辖区基本上都达到了必要面积的十倍有余，且没有人关心如何将其缩小。而对于个别人想要将小型城镇虚构为历史传统的企图，威廉更是明察秋毫，"为了推进那些'宣传小型城镇具有神圣属性'的教条，同时也是为了将'古风'这一概念冠于小型城镇上，这种现象（指将小型城镇虚构为历史传统）在我们所处的时代、在我们这样的一个国度中，以一种极其诡异的态势逐渐兴起。面对着某些人士妄图虚构历史的行径，我们应该对其理论荒诞不经且不合潮流的属性心知肚明，并简简单单地一笑了之”。其他的一些相关人士也指出，对新英格兰地区诸镇独立性传统的欢呼，只会令那些富有的市民逃脱他们理应承担的义务（缴纳税款以支持旨在资助穷人、兴办教育的公共开支），这样一来，小型城镇将转变成专为富有人士打造的天堂，而来自同一阶层的人们也将躲入类似地区寻求避税。[43]

在围绕着“大兼并运动”而展开的论战中，一种反向站队的现象屡见不鲜。就那些波士顿中最为杰出的商业预言家而言，他们是代理了泛大陆工业化进程的重要人物，可他们的都市政治观点牢牢地与传统主义和地方主义结合在了一起，这样的策略路线在发生于布鲁克林的事例中昭然若揭。作为一座紧邻波士顿的市镇，布鲁克林是大波士顿地区诸多富有居民的定居之所，包括鲍迪奇（Bowditch）、温斯罗普（Winthrop）、萨金特（Sargent）、德怀特（Dwight）、李（Lee）、阿莫里（Amory）、加德纳（Gardner）以及劳伦斯在内的一群杰出商业世家的成员，皆居住于此。身为布鲁克林居民的亨利·普尔，作为一系列主流财经出版物（诸如《美国铁路日报》和《普尔的美国铁路指南》）的创立编辑，曾利用这些刊物为金融系统在整个大陆范围内的互联互通摇旗呐喊，他将这一现象定义为文明的表征，同时，他将那些反对美洲经济一体化的人士，讥讽为“与狩猎部落的酋长毫无区别、对任何能够推动社会进步并提升人类福祉的进程抱以敌意的冥顽不灵之辈”。[44] 可在都市政治层面，普尔变成了一个坚定的地方主义者。他不仅强烈反对将布鲁克林并入波士顿之举，甚至更进一步地提出，应反“大兼并运动”之道而行之，把那些已经并入波士顿的地区从该城剥离出去。普尔曾如此阐述道[45]：“全拜‘大兼并运动’所赐，波士顿正步履坚定地走在一条由糟糕通向更加糟糕的道路上，而唯一能够挽回现状的，便是将管辖权拆解分化，使城市的不同部分分为以各自所在地为中心的组织，并令这些组织各自为政。”

在这个问题上，普尔先生绝非特例。另一位布鲁克林的居民——爱德华·阿特金森，作为那个时代最为高产的自由作家，曾在游历整个大陆的过程中积极向人们宣讲自由贸易的好处。他曾贡献出自己的科学知识，为自己的家乡布鲁克林探明了一处水源，他希望此举能够让布鲁克林独立于波士顿的供水系统之外，并因此而保持自治现状。[46]在这群人中最为直言不讳的，则非阿尔弗雷德·钱德勒（Alfred D. Chandler）莫属，作为工作在城市中心的律师，他是私营企业法、信托资产以及土地权益方面的专家，同时还是布鲁克林行政委员会的主席。尽管钱德勒曾担任过私人铁路公司的财务主管兼法律顾问，并因此对规模经济和范围经济的精髓心知肚明，但在都市的成长与扩张一事上，他保持着高度警觉，并将这一现象与效率低下、贪污腐败等概念绑定在了一起。钱德勒曾如此解释道：“在这个国度中，我们必须高度警惕的是那些过度增长的城市，由于它们那巨大的体量而导致的腐败，使它们仅仅得到了质量极差的管理与经营。相反，那些由小型城市所构成的集群或是处在乡镇政府领导之下的社区，得到了更加明智的治理，在这一点上，它们无疑比那些‘坐拥巨量人口却遭到恶劣而愚蠢的统领的都市’要更具优势。”[47] 对普尔、阿特金森以及钱德勒等人而言，他们为了“保住乡镇的自治权”并“维持都市政治版图的碎片化”而进行的一系列奔走呼号，与其说是对经济一体化的背叛，倒不如说是体现着一个内部互联互通的政治经济实体所具有的关键特征。某种意义上，正是政治领域的分散和自律，让经济领域的大一统成了可能。[48]

正是因为如此，致力于反对“大兼并运动”的抗争，事实上是金融精英那以自由放任为特征的都市概念的最终结晶，这一概念完全超出了政府职能的缺失或是不作为这一范畴，它牵涉到的是更加精细且相互交织的二元性配对：住房之于工作、公共之于私人、传统之于进步、神圣之于世俗、地域之于国家，以及在市场中广泛存在着的自然法则之于乡村田野间大自然的质朴之美。从这一视角来看，那个在东部地区商业精英阶层的主导下，横扫了整个北美大陆，并将所有社区与地域逐渐融入一个统一的整体之中的资产阶级转型进程，是以在自己的家乡极力强调传统主义与地方主义为衬托的，而那种将波士顿的市中心彻底地改造为金融区的行为，则是伴以将那些市郊乡镇升华成“为居家生活而服务并免于一切政治及商业侵扰的私人主义者的定居天堂”。哈里斯如此巧妙地评价道：“供需关系这一自然力量的运作方式，就如同芳草的生长、河水的流淌一般，堪称天经地义。”“由波士顿外围被留存下来的乡村田野带来的自然之美，比中央公园（一座人造公园）还要美上千倍万倍。由于建筑密集程度不高和没有城市设施改良工程带来的不便，这些环抱着波士顿的土地（当然它们与城区之间应当有着明确的界线划分），将作为一个人烟稀少的田园王国而得到保存，而遍布在这一王国之中的，必将是无尽的艺术与品位——整洁的道路、高雅的街区、漂亮的住宅、宽敞的花园，多样性与美观将无处不在。”[49] 在这一充满和谐的愿景当中，统一化与碎片化、现代与传统、商业与田园以及大陆与本地，种种看似对立的因素都被和平地协调在了一起。

## 遭吞并地区与未遭吞并地区的对比

然而，这场围绕着都市政治结构而爆发的纷争远未停歇。从 19 世纪 60 年代末到 19 世纪 70 年代初，波士顿的边界不断扩张，而最终，就连邻近乡镇之中的那些地广人稀的土地也被纳入其中。在罗克斯伯里和多彻斯特并入波士顿后，该城又进一步在 1873 年时完成了对西罗克斯伯里、伯灵顿以及查尔斯顿的吞并。相比之下，布鲁克林则独树一帜地拒绝了波士顿在 1873 年对其进行兼并的尝试（在随后的 1875 年、1879 年以及 1880 年布鲁克林又先后拒绝了 3 次），并因此留存下了自身作为独立行政机构的身份地位。继而，在那些被吞并和那些未被吞并的土地上，社会与经济的发展形式，以截然不同的方式呈现出来。

在那些被新近并入波士顿的土地上，发展模式按照“大兼并主义者”的最佳期许稳步前行，并明显背离了波士顿商业精英先前做出的悲观预测。在波士顿的管辖下，在都市边缘地区购置或拥有大片土地的行为将被征取高额税收（从任何角度衡量皆是如此），以至于在这些区域，大规模土地所有者迅速成为过眼云烟。由公共开支资助而修建的城市便利设施使得密集定居成了可能。正如人们期望的那样，上述的这些政策促进了城市边缘地带大型地产的快速拆分，并让工薪家庭所能获得的房屋供给来源迅猛扩张。[50] 被兼并的城市新区变成了波士顿邻近地带发展最为迅速的区域，定居于此的居民在波士顿总人口中所占到的比重不断攀升。在 19 世纪的最后几十年中，这些新区成了都市成长的主要发生之处。从 1860 年到 1890 年，波士顿的总人口温和地上涨了 20%，但在罗克斯伯里、多彻斯特、西罗克斯伯里以及伯灵顿等新近并入的地区，人口数量上升到了原先的三倍多，居民数量从约 4 万人飞升到了超过 14 万人（同一时期波士顿内城大约有 16 万居民）。[51] 而随着外围区域的扩展，那里的人口统计学特征也发生了根本性的改变。人口结构中的主力，由原先那样的精英家族的成员、商业化农民以及受雇于他们的家庭长工和农业劳动者，转变成了主要以小工厂主、店主、商贩、低层白领以及工人为代表的、分布在各行各业之中的城市人口。与波士顿内城中那种贫富分化极其严重的情况不同，生活在这些新区的家庭，从事着范围极为广泛的一系列职业：木匠、印刷工、机械师、铁匠、文书、面包师、经销商、零售商、卡车司机以及各类普通工种和家政工作者。[52]

对于那些新近加入到波士顿的地区而言，它们在风土人情方面有诸多与众不同之处。与波士顿内城中一小撮精英家族几乎垄断并独占了所有土地的局面迥然相异，由于波士顿市政府在这些外围新区内推行了较为高昂的房产税率，将这些新区之中的土地用于长期出租已无利可图，大量的土地便遭到了彻底的交割买卖。而作为这一现象的结果，如果说在波士顿内城中，工薪阶层成年男性的房产拥有率一直在3%到7%的极低水平上徘徊，那么在外围新区中，这一比例则要高出许多，新区中的房产拥有率在19世纪90年代初期便已攀升到了17%至26%，而按照19世纪的标准来看，这一数字无疑是极其高的。[53]数以千计的工薪家庭变成了房屋所有者，而剩下的那些仍然需要租房的大多数，则仅需要向数量增多的房东们缴纳租金，这些房东往往也居住在邻近地区，且其自身也通常不是什么大业主。[54]同样重要的是，波士顿的新区并非仅仅为了居住而存在，许许多多的混用区域穿插于其间。在那里，居民住宅与商业及工业走廊比邻而居，这些工商业走廊在得到都市成长哺育的同时，也反过来滋养着都市的成长。在主要的大街和邻近的交通枢纽旁，居民住宅与诸多零售类机构错落在一起，这些零售类机构包括肉铺、面包坊、杂货店、药店、布匹店、花店、服装店、文具店以及五金店。而刚刚萌芽的制造业走廊也同样扩张迅速，成为众多产业的安家落户之所，这些产业包括铸造厂、机器制造厂、木材厂、砖材厂、酿酒厂、制革厂、印刷店、制鞋厂、家具制造厂、乐器制造厂、风扇及通风设备制造厂以及化工厂。[55]当不同阶级的人们与不同功能的地区在临近的街区中交织在一起，这种城市区域被历史学家山姆·巴斯·华纳（Sam Bass Warner）睿智地定义为如同由色彩斑斓的各种纹饰装扮的美丽织物。[56]

在波士顿的邻近新区中，拜“大兼并运动”所赐，建筑业已然成了一项无所不在的产业，这一产业蓬勃发展、欣欣向荣。在19世纪早期，波士顿居住用地产中的相当一部分都是由大型私人财团进行开发的，而这些大财团也由此承担下了诸如地形改良、卫生建设以及基础设施修建等义务。在“大兼并运动”之后，波士顿市政府则理所当然地背负起了“为这些基础准备工作提供财政支持和监管服务”的责任，扮演起了大型土地开发商的角色。[57]在这样的形势下，城市便利设施的扩展与普及，已不再依靠私人领域的借贷来驱动，真正推进了这一进程的，是市民的请愿与他们所施加的政治杠杆。那些手握巨额金融资源的私人地产公司，在这些区域丧失了竞争优势，由于城市的公共政策经常受到草根阶级的影响而阴晴不定、朝令夕改，对于那些主要的开发商而言，商业环境显得过于变幻莫测且混乱不堪。但令人意外的是，这种由政治因素所驱动的监督环境对那些数以千计的小型建筑商与承包人极其友善，而最终也正是这一群体得以在遭到了吞并的新区中繁荣兴旺。[58]由于这些小型建筑商手头缺乏足够的资源，他们承包的工程任务往往既不规则又不上规模，一般而言，他们在每一次施工任务中仅能建筑数间大小不一的房屋。在接下来的数十年中，这些建造商以一种极其适度的规模独立行动，建造出了一系列不同形式的单家庭式、双家庭式以及三家庭式的木屋，这些木屋往往鳞次栉比、比邻而居。[59]

与那些遭到了吞并的波士顿新区中的发展模式相比，选择保持独立故而体现着市郊城镇理念的布鲁克林的发展模式则迥然相异。在由富有的居民控制的、以乡镇形式存在的政府的治理下，布鲁克林为那些尚未开发的土地给出了极为低廉的估值（这样一来其所有者在同样的税率下缴纳的税款就降低了），并刻意使财产税率保持在较低水平，因此拆分土地的行为几乎没有受到任何激励。[60]而与这样的政策相结合的，则是该镇那臭名昭著的针对都市基础设施扩张的吝啬态度，这种态度最终导致了一种缓慢而稀疏的定居格局。居民区的发展一直保持着一种绝对的大地块特征，互相独立的住房分布在一条弯曲的道路两旁，而这一设计的初衷，便是要使人们能够时时刻刻地领悟感受自然之美。限制性的条款不仅规定了街道系统的最大规模、进行建筑施工的成本下限，还特别指出土地只能用于修建住宅这一单一用途，“庭院、商店以及其他的那些用于制造业和机械工业的便利设施，都将被排除在小镇之外”。[61]而那些并非用于居住目的的设施则与那些贫穷的移民一起，被隔离到了一处叫做“沼泽地”的地方。所谓的“沼泽地”，是一处靠近铁轨的低地，这里被认为不适合任何一位受人尊敬的小镇居民居住。[62]由于利润源源不断地从那些分布在整个大陆遥远角落里的投资项目中涌入，居住在布鲁克林的精英居民对于周边地区产业的欣欣向荣并不关心，相反他们在敬畏这座居住型城镇的田园之美的同时，嘲笑邻近的波士顿新区中以激进鲁莽为特征的发展主义情怀。

这种由围绕着“大兼并运动”的斗争而导致的参差不齐的结果，使波士顿的市区陷入了一种极其严重而又不断加深的财政束缚之中。一方面，波士顿将大量土地置于自身的管辖之下，这些土地急需城市基础设施建设，且此类建设至少要让这些地区达到与它们邻近的城区相同的水准，而在接下来的数十年中，这些新近吞并的土地将为不断增长的都市人口提供住房和工作，但为了保障这些居民人口的蓬勃发展，市政预算仍将继续承压。与此同时，致力于将布鲁克林那样的城镇也一并吞入城市之中的、更加野心勃勃的“大兼并运动”，遭到了有效阻击，使得都市层面上那种碎片化的政府结构得以巩固。波士顿周边的诸多富有城镇在政治方面各行其是，为该城中那些最为富有的资产所有者提供了税收方面的庇护。大幅限制了波士顿税基扩张的移民潮（主要由富有的波士顿居民向周边低税率的城镇中移民）与该市那“呈指数化增长的资金需求”——几乎在同一时间接连发生。总而言之，这种派生于政治领域的财政矛盾，一直潜藏在现代化大型都市拔地而起的根基之中。

## 波士顿的税收制度之争

一直困扰着波士顿这座大都市的财政矛盾，在 19 世纪 70 年代和 80 年代变得日益严峻，导致原先围绕着财产税与公共财政而展开的对话，升级成了一场轰轰烈烈的论战，这场论战以一条与大兼并运动之争几乎是完全相同的社会及政治轴线为中心，不断“旋转”。在这场论战中，一个力量强大的泛民粹主义者联盟再次联合一致，他们推动波士顿市政府不断朝着成为“都市发展与财富再分配的强力引擎”的方向靠拢，并成功地触发了排山倒海般的改革举措。在定义都市中不同社会团体之间关系这一点上，围绕着控制公共财政而展开的竞争，无疑扮演了极为关键的角色。在市政预算领域，由于私人财富无法被高效地转化为政治影响力，波士顿精英只能怀着绝望的心情，眼睁睁地看着那些主导了民意的选民推动着政府变本加厉地扩张支出、借贷以及税赋的规模。正如所有观察家都意识到的那样，公共财政对于工业化发展的进程影响深远、意义非凡。市政税收与开支对都市经济有着巨大的影响，这些举措能够极大地吸引（或是阻碍）商业或投资、促进制造业与工业的壮大、为城市配置住房、塑造强有力的公民与文化机构，且这一过程往往是以牺牲一些工业部门的利益为代价去支持另一些工业部门的发展。随着一座城市成长为更加宏大的经济系统中的关键节点，由公共财政所掀起的涟漪将超越本地范畴，并对城际与区际的经济活动产生重大影响。同样，那些在当下看似仅属于本地的事务，却在暗中对城市与城市之间交联互通网络的形成进程施加着潜移默化的影响，而后者恰巧在整个北美大陆上的政治经济实体中发挥着顶梁柱一般的作用。[63]

在“大兼并运动”实施完成以后，波士顿便一跃而成了全美诸多城市都市化发展进程的突出典范。尽管被当时的人们（在某种程度上歇斯底里地）贴上了“全美国税负最重城市”的标签，但波士顿的市政预算，也因此要比美国国内的其他城市富裕得多。在19世纪60年代，从某种口径上进行统计，波士顿的人均税赋要比芝加哥和费城高出40%，甚至相比于纽约市，也高出了大约17%，按照当时人们的理解，这的确是一种极为沉重的负担。[64] 从1860年到1873年，波士顿市政府的年度预算从350万美元蹿升到了1 780万美元，就算是扣除期间物价上涨的因素，其实际上涨幅度也达到了325%的惊人水平，且大部分的增长都是发生在1865年之后（见图2.3）。即便是城市的管辖范围不断扩张且居住在城市中的人口在同一时间跨度内上涨了一倍多，可平摊在每个人头上的财政支出，却仍然从20美元上涨到了50美元，且在1873年时更是达到了空前高度的64美元。[65] 围绕着城市财政预算问题而展开的论战，正是在财政开支节节攀升的大背景下才轰然爆发，这一论战无论是在形式上还是在内容上都牵涉极广，触及了一些与现代政治经济实体相关的最为根本的问题，比如“在一个自由社会中政府所应受到的限制”，“在塑造政治经济实体的进程中民主政治所应扮演的角色”，“私人财产的性质”，以及“在国家和经济、国家和公民社会之间，究竟什么样的关系才是适当的”。[66]

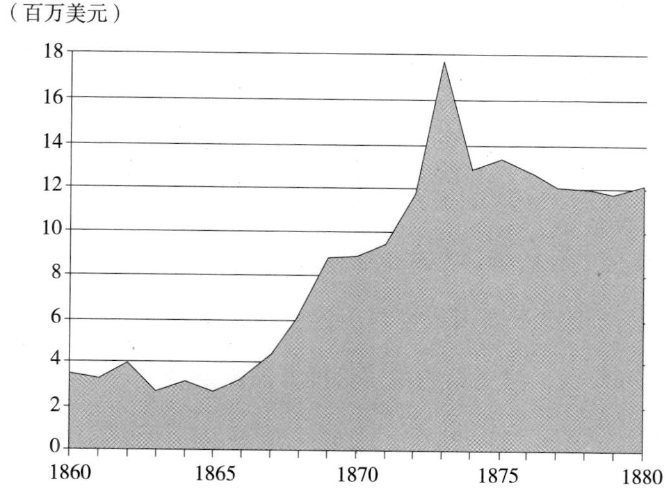


图 2.3　按照 1860 年时的美元价值调整的从 1860 年至 1880 年波士顿市政开支情况

数据来源：Charles Phillips Huse, *The Financial History of Boston*. Cambridge: Harvard University Press, 1916

对于 19 世纪末期的大型美国城市而言，一般性财产税是它们财政收入的主要来源——这是一种针对市民所有形式的财产征收税款的年度性税种，城市与乡镇在向几乎所有种类的财产征税的同时，对这些财产的存在形式或所属类别却不加区分。在波士顿一年一度的（应税财产价值）评估季行将开始时所进行的宣告上，极其清楚地表明了财产税的征收范围——“地产；放贷；持有的银行（无论该行所处何地）、保险公司、制造业企业以及其他的股份有限公司的债权及股权；政府债券、公共债券；商品、货物以及其他形式的现货（无论它们在不在市内）；各种类型的船舶与其上的装载物和附属品（无论他们是在波士顿港还是在国外）；价值超过 1 000 美元的家具；

马匹与马车；通过工作、交易或受雇而赚取的任何超过 1 000 美元的收入；委托保管的或由其妻子及未成年子女拥有的个人财产。”[67]尽管一些一般性财产税早在 17 世纪便存在于美国北方诸州之中，但随着人口的增加、市区的扩大、新型财产的出现以及公共开支规模的递增，相应的税收管理办法也必须从根本上得以加强，且尤其对于城市而言（相比于城镇或乡村）这一点至关重要。[68]在 19 世纪 60 年代和 70 年代，波士顿的税收管理办法需要经由一个包含 57 名成员的大型评估部门加以执行，这 57 名成员包括评税员、第一助理评税员以及助理评税员，而他们的上岗执业，都需要得到市政议会的年度性任命。每年的春天，当城市的法令得以最终明确之后，评税员便要开始履行他们街头执勤的义务了。他们将遍查整个市区以探访各类地产，对每处地产的价值进行评估（包括土地及其上的建筑物）并测算个人财产（所有除地产以外其他种类的财产）的价值。[69]这样的税收方式，在马萨诸塞州中有着深厚的历史根基，其目的在于以每位居民名下的个人地产及其他所有形式的财产为税基，向该位居民征取税收。[70]

对一般性财产税的批评之声主要集中在财产评估过程中的不精确与不完善上。有证据显示，评价流程的目的并不在于为城市中的所有财产做出精确的估值（这在现实中也几乎没有可能），而在于“每一位财产所有者”与他们“为城市的公帑做贡献的能力”之间，寻找到合乎比例的平衡。在一种居民的财务状况总体而言保持不变的假设下，针对许多居民的财产价值评估数据并没有一年一度地例行更新。正如在评税员中流传甚广的一句行话所说的那样，他们会将一位居民前一年的财产评估数值假想为其当年的评估数值。[71] 然而，这一以实用主义为宗旨的管理方式，并没有妨碍整座城市中的资产总值从 1865 年的 371 891 000 美元激增到 1872 年的 682 723 000 美元，而这种现象最终导致在总体税率大致维持稳定的同时，该市的财政收入仍然蒸蒸日上。[72] 简而言之，这一税收系统也许并不精确，但在完成为城市增加资金来源这一任务的过程中，其所取得的成就显而易见。与其说这一制度是毋庸置疑的失败之作，倒不如说它是那个年代公共财政收入最为重要且可靠的来源。

图 2.4　身兼室内装潢商和波士顿首席评税员二职的托马斯·希尔斯

图片来源：William S. Hills, *The Hills Family in America*. New York: Grafton Press, 1906

如同“大兼并运动”一样，这一特殊的税收制度与那群存在于市政府之中的都市民粹主义者之间，有着千丝万缕的联系。作为在这一关键时期负责掌管波士顿财产税征收工作的城市首席评税员，托马斯·希尔斯（Thomas Hills）以其对评估流程近乎狂热的监督而名扬四方，他的诸多努力，使城市为其迅速增长的公共部门筹集必要资金的艰巨任务，获得了完成的可能。[73] 作为一名室内装潢商与城市技工组织（这些组织往往提供书籍、演讲课程以及成立辩论俱乐部）中的活跃分子，希尔斯并没有因此就变成一个与现代化生活的大潮格格不入、行为举止不合时宜的街区工匠，相反，他的人生履历使其成为一名真正意义上的“环球巡游之士”。在从波士顿的公立学校毕业，并于 1849 年在自己 21 岁之时结束了学徒生涯后，希尔斯加入了一场掘金探险活动，并因此乘船驶向了加利福尼亚州。在为期 6 个月的海上旅途结束之后，他先后抵达了旧金山与萨克拉门托市，而在他开始经营起室内装潢、地毯与家具企业之前，他花费了一个季度的时间在位于萨克拉门托的矿山工作。1859 年 11 月，希尔斯作为一名水手随船先后驶抵了桑威奇群岛、广东以及香港。他的旅程最终将他带到了伦敦，在那里他参观了水晶宫，而后，他于 1852 年返回了波士顿，并重新干起了装潢工作。在返回波士顿后，希尔斯便一头扎进了城市的技工文化当中，他发现自己总是与其他的小商贩比邻而居（包括房屋建造工、印刷业从业者、杂货商、木匠、油漆匠以及泥瓦匠）。他也同样加入了由城市中产阶级主导的、从城市中心向城市外围的近邻地区进行移民的缓慢洪流之中。他先是在东波士顿落脚，而最终又在南波士顿定居。在南波士顿地区，希尔斯踊跃地活动于当地的慈善机构以及宗教团体当中，同样，在当地的储蓄银行与行业协会中，他也有积极表现。在 1853 年，希尔斯正式开启了自己的公共生涯。一开始他曾代表民主党参加马萨诸塞州的众议院选举，但结果不甚理想。而后在 1854 年时，伴随着人们对蓄奴制度的争议不断扩大，他脱离了原先的党派。在 19 世纪 60 年代早些时候，他作为共和党的马萨诸塞州参议员先后履职了多达三个任期，随后他便加入了波士顿评税委员会，并在那里任职 28 年之久，且在此后的 25 年里，他都担任该委员会的主席之职。[74]

在与财产税相关的一系列辩论中，希尔斯面对的最为主要的对手便是大卫·威尔斯（David A. Wells），大卫·威尔斯其人以其曾作为特别财政专员在华盛顿特区任职 4 年而声名显赫。作为造纸厂厂主的孙子，威尔斯出生于马萨诸塞州的斯普林菲尔德，并在康涅狄格谷内最为富有的家庭中长大。他曾就读于威廉姆斯学院，并在所处的班级之中成绩名列前茅，而后他从哈佛大学的劳伦斯科学院毕业。在先后从事了记者、出版商以及跟踪科学及政治经济事件的小册子写手之后，他逐渐掌握了一种用深入浅出的方式将深奥复杂的理论概念向广大受众娓娓道来的高超技巧。而当威尔斯完成了他那部名为《我们肩膀上的重担和我们自身的力量》（*Our Burden and Our Strength*）的“小册子”后，他声名鹊起。这本致力于宣扬联邦政府为了统一战争事业而实施的财政努力具有高度弹性的小册子，得到了“忠诚出版社”的连载，该出版社是一家联邦主义者的重要宣传喉舌，由富有的纽约商人运营。该出版社将这本小册子在大西洋两岸发行了20万册，令威尔斯声名远扬。带着由这一成就带来的光环，威尔斯于1864年来到了战时的华盛顿，并成功地获得了联邦税收委员会中的一个职位。[75]

在早些年间，威尔斯曾将自己定位为坚定的关税保护主义者，但是在19世纪70年代末，他转变成了美国国内最为积极的自由贸易倡导者之一。引导了威尔斯，并最终使他出人意料地回心转意的，既包括那些居住在布鲁克林的富有居民，也包括“廉价棉花布道者”爱德华·阿特金森（也是自由主义政治经济意识形态的信奉者），威尔斯一直与他保持着频繁的信函往来。[76]随着自由贸易取代关税保护而上升为普遍流行在新英格兰地区富裕阶层之中的新型政治倾向，该地区作为制造业中心的重要性亦不可避免地不断下降，而与此同时，其作为金融轴心的关键地位却在不断上升。[77]在这样的大背景下，同样显著的是威尔斯不断开拓的国际视野。作为税务专员，他曾多次旅居欧洲以考察当地的工业情况，“手中拿着笔记本，在英格兰和俄罗斯之间不断地参观拜访着每一座典型的矿山、工厂以及车间，”威尔斯曾这样形容道。在1867年针对伦敦的一次例行访问中，他有幸得以与声名卓著的政治经济学学会会员共进晚餐，在晚宴上，他与一群政商名流一同探讨公共话题，其中包括威廉·格莱斯顿（William

E. Gladstone）和约翰・斯图尔特・穆勒（John Stuart Mill）。*[78]

就在希尔斯担任波士顿评税委员会主席，并煞费苦心地监管着为该市评估应税资产价值这一重任时（一条街接着一条街、一个城区接着一个城区地评估），威尔斯则凭借着“自己身处华盛顿特区的优势地位”，“自身与新英格兰地区最高阶层的商业精英的联络往来”，以及“其在海外的旅行经历”，发展出了一套将美国经济置于环球视角之下的广阔视野。希尔斯通过自己作为局内人而进行的观察，学习领悟到了与城市财政系统相关的具体知识，他的工作总是围绕着市政开支与城市税收的年度循环而向外延展，他身临其境般地观察着政府津贴的分配方式，并记录着税务负担在城市中不同地区的分布情况。他既熟悉那个由一小撮大规模资产所有者所组成的圈子（这些人拥有大量的以金融形式存在的资产），也了解那个人数众多的小型资产持有者群体（居住性物业在他们的资产中占据主体）。而在同一时期，威尔斯则发展出了一种极为敏锐的政策嗅觉，对于国内政策能够在国家层面、地区层面、都市层面以及国际经济层面施加的影响,他洞若观火般地了然于心。作为一名作者、出版商、改革家以及胸怀雄心壮志的人民公仆，威尔斯认为自己的神圣使命便是要将美国国内的财政现状加以改良，使之与全球经济不断互联互通的趋势匹配一致。

---

* 威廉・格莱斯顿，英国政治家，曾作为自由党人四次出任英国首相，被一些学者认为是最伟大的英国首相之一；约翰・斯图尔特・穆勒，英国著名哲学家、经济学家，19 世纪影响很大的古典自由主义思想家。——译者注

威尔斯在马萨诸塞州中拥有势力庞大的支持者，且这些支持者也都同样强调“税收政策应更少地受到政治的干预，并更多地遵从经济法则”。小查尔斯·亚当斯便是这些支持者中的一员，他将税收定位为最为关键的政策性问题之一。查尔斯如此评价道：“人们可以按照自己的想法发表言论，立法者可以遵从自己的倾向颁布法律，但最终隐藏在税收这一问题之中的固有逻辑将会明明白白地告诉我们，税收政策的制定也是要符合科学规律的；针对税收制度所进行的任何精细的调整行为，都将关乎贸易的健康发展与否；而那种表面上看似良好的、指导着立法者如何收税的旧规则——‘向所有类型的资产征收1%的税赋，如果不够就将税率上调为1.5%，一旦发现任何外来资本家进入了州境，便从他身上扒下一层皮来’，是无法将蕴含在税收这门学问中的所有科学规律完完整整地表达出来的。”[79]最终，纽约州将威尔斯招入麾下，委托他针对该州的税收法律制定大规模的改革计划。在那个时代，财政专员被人们当作联邦级别上公共财政领域中的权威泰斗，而威尔斯对于地方税收的关注，则反映了相关问题亟待解决的情势。威尔斯曾如此评论道：“在南北战争结束之后规模不断攀升的公共开支（这一点在市政层面上尤甚），已经导致美国变成了在所有处于和平状态的现代化国家中人均税赋最为沉重的那个国家。”总而言之，为了应对深藏在现存税务体制之中的诸如粗糙、无规律以及荒谬等种种弊端，威尔斯饱含激情地贡献出了自己权威的观点，而他的提议也迅速地转化成了精英阶层的改革者的共识。[80]

威尔斯绝非什么格局狭小之人，他的那两篇专为州和当地政府税制改革而编纂的报告，并不提倡对现行体制进行小修小补式的改进，而是呼吁对美国的州及地方税制进行彻头彻尾的改造。在报告中，威尔斯嘲弄现行体制的不完善性，而在现行体制之下当地政府无法搜寻及评估个人财产，则成了威尔斯的重点批评目标。威尔斯如此提出了自己的疑问："我们有能力废止现行的不合理制度吗？在这种情况下，私人财产能够继续履行其对公共开支所承担的合理且比例相称的义务吗？"而他本人对这一问题给出的答案，则毋庸置疑是肯定的。[81] 威尔斯如此解释道："如果我们想要实现上述的两个目标，我们就应当将一般性财产税彻底废除，并把税收对象紧紧地框定在房地产拥有者及房屋租户的身上。"遵循这一基本理念，威尔斯为立法机构拟定了两条替代方案。在第一方案中，每处房地产的评估价值，将是其土地估值的50%与其上建筑估值的100%之和，而在更加激进的第二方案中，土地与建筑物都将按照其100%的估值进行加总，而后政府将以"三倍于这些房地产租赁价值的数值"为税基，向这些房地产的占有者（无论他们是拥有人还是租户）征取税赋。威尔斯进一步解释道，在上述的这两套方案中，有一些形式的个人财产并未被纳入税基之中，尤其是那些极其纷繁复杂且纠缠不清的、以金融工具形式而存在的资产——此类资产将彻底免于任何形式的税收。[82] 在推崇新型税收体系这一点上，这两份报告可谓苦心孤诣，文中除了指出改革方案有健全的理论以外，它们还做出了诸如采纳该报告中的州，可以"简化评税流程""合理分配税赋""促进本市及本州的经济发展”等承诺。

为了使自己的提议看上去更富合理性，威尔斯进一步指出，与其他形式的资产不一样的是，房地产几乎无法被隐藏，且其价值也很容易被评估。在由威尔斯所设计的体系中，评税员只需要将注意力集中在那些确定、可见且有形的资产上面，并在一定程度上忽视那些不确定、不可见以及无形的资产即可，而在富有阶层之中分布越发广泛的金融类资产，则堪称后者的典型代表。[83]除此以外，威尔斯还认为，那些为私人所占有着的房地产的价值，为人们提供了一个评估其个人财产多寡的完美指标。“无论是在英格兰、法兰西、比利时还是荷兰，专家都观察到了这样一条经济规律：在评估私人房地产的价值并衡量这些房地产所有者的收入及纳税能力时，房屋及其他占有类建筑物的租赁价值，是最为明确的指标。”通过对私人住宅租赁价值的评估，州可以更加精确地评估出每一位市民为公帑做贡献的能力，而在这一点上，原先那种评估所有种类资产的做法却是望尘莫及。凭借上述理论，威尔斯大胆地提出，将除去房地产以外的所有其他类型的财产全都免于税收，则应税资产的总价值不降反升，而税率不升反降，“仅仅依靠着比现行更低的税率，同等规模的财政开支便能够被承担下来。”[84]

除了能够“将评税过程的精确性提高到近乎完美的程度”，并“促进税赋更加合理地按比例分配”这两个优势以外，威尔斯同样宣称，他的计划对经济繁荣也大有裨益。为了论证自己的观点，威尔斯将精英阶层碎片化的都市逻辑，（正是这一逻辑保护了都市地区小型城镇的政治自治地位），提升到了“经济规律”那样的崇高地位之上。威尔斯对那些“试图在政治上建立起大一统的都市区域”的努力不屑一顾，他如此解释道：“无论是个人还是商业，都有离弃那些高税收的城市，并将自身财产一并转移（到低税率地区）的权利，而在阻止资产所有者通过变更居住地以完全或者至少是在某种程度上逃避税收这一点上，就连法律也显得苍白无力。”威尔斯上述论点的事实依据，来自富有的波士顿市居民为了逃避高昂的财产税，而纷纷从内城中迁出这一现象，且这种现象在波士顿的事例中尤为凸显。[85] 毫无疑问，在制定税收政策的过程中，上述的迁移现象理应得到充分重视，如果因为税务负担过重而将财富与资源驱离了出去，那必将是城市无法承受之重。

威尔斯提出的解决之道，是将城市的税收对象仅限于那些无法被转移或是搬离的财产。由于土地的价值（至少是按照理论来说）是反映这片土地所能吸引到的资产多寡的指标（房地产的市场价格永远与置于其上的个人财产及生产性资产的价值成适当比例，因此价格的高低也往往取决于这些资产的多寡），一种专门建立在房地产价值之上的税收体系，便可以更好地帮助政府定位自身，若是市政当局想要获得作为财政收入的回报，那么它们就必须不断改进内部环境，以使其对经济活动更加友好。[86] 威尔斯并没有依照这一时期波士顿市政府一贯的观念，将所谓的友好环境与慷慨的财政支出联系在一起，相反，他将友好环境与财政约束相挂钩，“通过对财政进行约束，将使包括农业、矿业、制造业在内的各种生产经营活动，得到最为有利的发展条件，运输业将因此得到扶植，而商业与贸易也将变得畅通无阻”。威尔斯也同样寄希望于通过提高房地产税在城市总税收中所占据的份额（尤其是对租金也征取税收），能够让市民阶层作为一个整体亲身体验到符合比例的公共负担，这将鼓励市民阶层自发行动前去限制政府开支，并更加关注来自税收的政府财政是怎样得到使用的。[87]

总的来说，一旦威尔斯的建言得到了采纳，那么政府与私募市场力量之间的关系将彻底对调。在当时，市政府倚仗着自身的政治主权，肆意地支配着定居于城市之中的个体，城市奉行发展优先的方针，并要求个体在其中循规蹈矩、俯首帖耳。然而，一场针对现行税制的大刀阔斧的改革，势必会彻底颠覆原有的等级制度，在威尔斯提出的计划中，波士顿市政府将被迫把主要的权力拱手相让，而手握巨资的投资者则会从中获利。尽管波士顿市政当局并不会因此而在经济发展的进程中变得不重要，但资本家群体将获得更大的权力以制定符合自身喜好的政策，而在此类政策的驱使下，马萨诸塞州的行动也将变得更为符合他们的需求与利益需要。[88]诞生于政治经济领域之中的新颖思维，在精英阶层那以四海为家的情怀当中，深深地埋下了一粒粒种子。现行体制将波士顿主城（波士顿的内城加上被它吞并的外围新区）作为经济生活的焦点，按照整个社群之中财产拥有者群体的支付能力向他们征收税款，且对这些资产所处何地不加区分，这种做法不仅得到了法律条款的明文保护，还从经年累月的法庭判例之中获得了支持。无论市民的财产是地处马萨诸塞州内还是在马萨诸塞州外，波士顿都将对这些财产征税，一个商人的船舶无论是停泊在国内还是国外，都要缴纳税款，而这艘船是不是正在波士顿港中落锚，则与此毫不相干。[89]由威尔斯所倡导的改革计划，与上述现状针锋相对，在这份计划中，城市不再作为问题的核心而存在，它转变成了一个处在广阔网络之上的节点，而这张网络则是由城市中富有进取之心的市民的整体商业行为构建而成。这一计划的终极目标,是要促使各座城市励精图治、奋发图强，在商业与经济活动领域内积极地展开彼此之间的竞争。

威尔斯的报告很快便在全美乃至欧洲的税务改革倡导者群体中引起了共鸣，而反响最为剧烈的，则尤数那些身处波士顿的精英阶层——毕竟，按照威尔斯的说法，波士顿的税收无论是在范围上还是在分量上，都足以在整个文明世界之中拔得头筹。[90]《波士顿每日启事报》曾提醒它的读者留意这篇报告，虽然这份文件是在纽约州的委托之下编制的，但对于全国上下任何一个应税区而言，其中的绝大部分内容都与其自身的权利、义务以及特权息息相关。在引用《伦敦每日电讯报》对这篇报告的评论时，这份来自波士顿的报刊流露出了特别的喜悦之情，“对于那些喜欢反复历数由君主政体带来的恶果的人士而言，他们应该仔细阅读、标注、学习并在内部消化掉这些数字，因为这些数字代表着由民主政体带来的代价”。[91]毫无疑问，威尔斯展现的那些发生在美国的悲催现状，使越来越多的人开始相信，在充斥着贪得无厌的民众意愿的民主社会面前，那个耗资靡费、犹如梦幻泡影一般的专横君主体制，都显得有些令人心向往之了。

没过多久，威尔斯的报告便成了当地政治领域的主题，那些反对政府过度开支的人，不断地引述着这一报告中的结论，借以反对这样或那样的提议。上述的这种现象相当普遍，举例而言，在围绕着是否应当废除东波士顿渡口通行费而进行的辩论里，威尔斯的鼎鼎大名便贯穿始终，赞成这一提案的人士希望此举能够促进渡口邻近区域与波士顿其余部分之间的交通往来，尽管这将不可避免地以加剧公共负担为代价。而为了响应威尔斯的号召，这一举措的反对者则提出，该计划的成本最终将会强加在城市纳税人的头上，而波士顿的纳税人早已背负上了全世界最为沉重的税务负担，这样的负担从没有被世界上任何其他地方的市政当局施加过。[92]“为了将应税资产以及作为公帑主要贡献者的富有人群挽留在波士顿境内，我们必须确保在市政当局施行政务的同时，这些人及资产不会迫于税收的重压而遭到驱离。这一点，在敬爱的大卫·威尔斯先生为纽约州的立法机构编写的有关税收制度的报告中，已经得到了相当清晰的阐明。”那些反对者如此解释道。威尔斯的报告将资本迁移的逻辑升华为存在于政治领域之中的指导性科学原则，而这样的逻辑无疑也是站在公众对于城市扩张这一愿景的对立面上。一直以来，当地政府中的那些通过选举才产生的市政官员，正是以此愿景为原则而行为处事。

威尔斯的观念在波士顿城内蔚然成风，以至于作为该市首席评税员的希尔斯，觉得有必要为此而发表一份详细的公共答辩。在

19 世纪 70 年代早期的大兼并运动中，由于税收制度促进了大规模土地拥有者将他们位于乡村地带的房地产不断拆分，越来越多的波士顿市民在城市那不断扩张着的边界之内拥有了自己的住宅，然而不幸的是，威尔斯的提议带有一种强烈的倒退主义色彩。那些在背后推动着将某种类型的财产排除于应税资产之外的人士，正是那些所谓“胸怀公益之心”的市民——这些人早已通过某种方式与“那些将从此次税务免除运动中直接获益的社会群体”，“建立了千丝万缕的联系，无论这些方式是直接的还是间接的”。[93] 尽管希尔斯承认现行体制存在缺陷，但在他看来，若仅仅因为这一体制无法被完美施行便要将其彻底废除，便是因噎废食一般的教条之举。“事实上，没有一项法律是绝对万无一失的，尽管走私行为时常成功，但这并不意味着关税政策应被取消，同样，假币的存在也并不能构成法定货币要被取缔的理由，任何一个明智的立法者都不会期望制定出来的法律能够得到绝对彻底的贯彻执行。而尽管现行税收体系存在短板，且尘世之中存在着各种各样的避税手段，但由于税务执行部门尚能在足够的深度与广度上触及私人资产，我们能够确保这类资产可以为公共开支承担数目可观的份额。”希尔斯如此论说道。[94]

更加独到的是，希尔斯认为，将“向某些类型的财产征税，难度颇大”这一理由当作把这部分的税赋转移到其他类型的资产头上的借口，实属牵强附会，因为这只会惩罚那些自身财产类别难以避税的人士。在这里，希尔斯不再将纳税人当作一个整体，而是直接把社会之中的资本家以及让这些资本家全额缴税的难度当作针对的重点。让资本家全额缴税的确是一项艰巨的任务，对此希尔斯本人也深有体会，但若是像威尔斯这位由纽约州委任的专员执意声称的那样执行，“由于不可能迫使资本接受统一评估，因而评估此类资产的行为将对整个社区的总体利益造成损害”，那么也只能说他已经在歧途之上走得太远。希尔斯进一步指出：威尔斯的立场事实上是对政府征税权力的公然挑衅，而这已经危及了行政主权所天然具有的毋庸置疑的属性。[95]

为了揭示出存在于威尔斯提议中的瑕疵，希尔斯主动将由税务评估部门所记录的分类账目中的信息公之于众，而这场论战的焦点也由此从双方各自的理论陈述转向了具体的数字与事实——在这一点上，希尔斯无疑信心十足，他确信现实数据将牢牢地站在自己一边。尽管威尔斯致力于提高市民个体之间的税收公平性，希尔斯更加注重这种所谓的公平性在社会各阶层之间的含义。希尔斯以一项对城市中房地产拥有者的评估作为起始案例，展示了威尔斯所提出的税收体系将对这些房地产拥有者产生怎样的冲击。希尔斯提供的样本，以少数居住在时髦的后湾及比肯山附近的房地产拥有者（此类房地产拥有者大多为精英阶层的成员）为起始，逐渐向那些迁移到城市外围区域的人群扩展，这样一来，希尔斯的那种希望能够普遍代表社区之中不同阶层的理念，便可以得到贯彻。正如人们期望的那样，这些数字清晰地表明，距离市中心越远的地方，土地的价格就越便宜，而建立在其上的建筑物的价值，便会在该处资产的总价值中占据更高的份额。如果当真按照威尔斯所提议的第一方案那样征税，将土地与建筑物区分，对前者按照其估值的一半征税而对后者按照其估值全额征税，那么对于居住在市中心的房地产拥有者而言，其所缴纳的房地产税款仅仅上涨了 50% 左右，而那些居住在城市外围的房地产所有者，则要再多缴纳出接近一倍的税赋。如果一个人持有的住宅位于比肯街上，那么土地价值大致占到其房地产总价值的 62%，这样一来他将面临约合 611 美元的额外税收，亦即其将多缴纳 57% 的房产税，但同时他也将得到免于为其他形式的财产缴税的好处。但对于一位居住在南波士顿 K 街（希尔斯自己就住在那里）的居民而言，由于土地在其房地产总价值中的占比达到了 87%，他们将面临约合 109 美元的税收增缴，而这将使他们的税务负担增加 113%。总而言之，土地在房地产总价值中占据的比例越低，那么税负增加的比例便会越大，直至达到令房地产拥有人难以承受的地步。鉴于在那个时间节点上波士顿 70% 的住宅估值都低于 5 000 美元，最终税赋必将被主要转移到中间阶层及贫困阶层的头上，可正如希尔斯一针见血地指出的那样："正是绝大多数从这些住宅中走出的人为他人创造了财富，而当国家深陷危机之时，也正是这占绝对多数的人被征集起来前去捍卫那由他人享有的财富。"[96]

**表 2.1　托马斯·希尔斯针对大卫·威尔斯的提议（土地按照估价的 50% 应税，房屋按照估价的 100% 应税）而进行的效果分析。居住在时尚的后湾地区的大资产拥有者们将从中受益，而居住在外围新区的小资产拥有者们却将为此而付出代价**

| 地点 | 面积（平方英尺） | 土地估价（$） | 房屋估价（$） | 财产估价总额（$） | 房屋估价在应税额总额中占比（%） | 按土地估价的50%征收（$） | 应税额（含房屋）（$） | 应税额在财产估价总额中的占比（%） | 按15.3%的税率对财产全额征收($) | 按34.6%的税率对财产减额征收($) | 税收增加额（$） | 税收增幅（%） |
|---|---|---|---|---|---|---|---|---|---|---|---|---|
| 联邦大道 | 15 375 | 92 000 | 58 000 | 150 000 | 32 | 46 000 | 104 000 | 69 | 229 500 | 359 840 | 130 340 | 57 |
| 比肯街1号 | 5 185 | 77 800 | 70 200 | 148 000 | 47 | 38 900 | 109 100 | 74 | 226 440 | 3 77 486 | 151 046 | 67 |
| 比肯街2号 | 7 442 | 43 400 | 27 200 | 70 600 | 38 | 21 700 | 48 900 | 69 | 108 018 | 169 194 | 61 176 | 57 |
| 比肯街3号 | 3 900 | 25 500 | 31 500 | 57 000 | 55 | 12 750 | 44 250 | 80 | 87 210 | 153 105 | 65 895 | 76 |
| 维诺山街 | 3 528 | 19 500 | 20 500 | 40 000 | 51 | 9 750 | 30 250 | 76 | 61 200 | 104 665 | 43 465 | 71 |
| 雪松西街 | 950 | 2 800 | 7 200 | 10 000 | 72 | 1 400 | 8 600 | 86 | 15 300 | 29 756 | 14 456 | 94 |
| 佛罗伦萨街 | 1 030 | 2 000 | 5 200 | 7 200 | 72 | 1 000 | 6 200 | 86 | 11 016 | 21 452 | 10 436 | 95 |
| 百老汇 | 2 666 | 2 700 | 6 500 | 9 200 | 70 | 1 350 | 7 850 | 85 | 14 076 | 26 469 | 12 893 | 88 |
| 南波士顿K街 | 1 990 | 800 | 6 600 | 6 400 | 87 | 400 | 6 000 | 91 | 9 792 | 20 760 | 10 968 | 113 |
| 汉考克街西路16号 | 5 596 | 500 | 1 600 | 2 100 | 80 | 250 | 1 850 | 88 | 3 213 | 6 401 | 3 188 | 99 |

资料来源：City of Boston, *Auditor of Accounts' Annual Report*. Boston: Alfred Mudge and Son, 1871

**表 2.2　托马斯·希尔斯针对由大卫·威尔斯所提出的“个人财产应免除财产税赋”这一措施而进行的效果分析。商人、资本家和律师群体身上的税务负担会减少，但出纳、技工和短工却要多缴税费**

| 职业分类 | 总税项（按马萨诸塞州现行税率15.3%征收）（$） | 总税项（按方案一税率34.6%征收）（$） | 总税项（按方案二税率31.5%征收）（$） | 减税 | | | | 增税 | | | |
|---|---|---|---|---|---|---|---|---|---|---|---|
| | | | | 按方案一征收（$） | 按方案二征收（$） | 方案一减幅（%） | 方案二减幅（%） | 按方案一征收（$） | 按方案二征收（$） | 方案一增幅（%） | 方案二增幅（%） |
| 商人甲 | 1 071 200 | 359 840 | 378 000 | 711 360 | 693 200 | 66 | 65 | — | — | — | — |
| 资本家 | 1 756 640 | 377 486 | 372 960 | 1 379 154 | 1 383 680 | 78 | 79 | — | — | — | — |
| 律师 | 720 218 | 169 194 | 177 912 | 551 024 | 542 306 | 76 | 75 | — | — | — | — |
| 商人乙 | 459 910 | 153 105 | 143 640 | 316 805 | 326 270 | 67 | 69 | — | — | — | — |
| 商人丙 | 451 550 | 104 665 | 100 800 | 346 885 | 350 750 | 77 | 78 | — | — | — | — |
| 出纳 | 18 560 | 29 756 | 25 200 | — | — | — | — | 11 196 | 6 640 | 60 | 35 |
| 神职人员 | 12 746 | 21 452 | 18 144 | — | — | — | — | 8 706 | 5 398 | 68 | 43 |
| 律师 | 17 336 | 26 400 | 23 184 | — | — | — | — | 9 133 | 5 848 | 53 | 34 |
| 公职人员 | 12 287 | 20 760 | 16 128 | — | — | — | — | 8 473 | 3 841 | 69 | 31 |
| 技工 | 3 413 | 6 401 | 5 292 | — | — | — | — | 2 988 | 1 879 | 88 | 55 |
| 书记员 | 965 | — | 4 725 | — | — | — | — | — | 3 760 | — | 389 |
| 售货员 | 506 | — | 3 780 | — | — | — | — | — | 3 274 | — | 647 |
| 工长 | 200 | — | 2 835 | — | — | — | — | — | 2 635 | — | 1 317 |
| 熟练工 | 200 | — | 2 362 | — | — | — | — | — | 2 162 | — | 1 068 |

资料来源：City of Boston, *Auditor of Accounts' Annual Report*. Boston: Alfred Mudge and Son, 1871

鉴于税收政策的调整，房地产将代替其他所有形式的资产而成为唯一的征税对象，希尔斯进一步制作出另一张图表，用以阐明威尔斯的计划将带来的总体影响，而这张图表再一次揭示出了资产阶级与其余都市人群在威尔斯的计划中将面临的差别待遇。就威尔斯计划中的第一项提议，“将其他形式的个人财产免于税收”而言，该提议将显著减轻由商人、资本家以及律师（那些能够得到高报酬的律师）所面临的税赋，但会将纳税的重担转嫁给经济能力较弱的资产所有者。而拟实施的第二方案，对租户也征税，则将直接打击那些即将跻身于房产拥有者之列的人士，这一群体在现行的税收体制下仅需缴纳人头税即可（故而有攒下钱购置个人房产的可能）。一旦威尔斯的计划得到实施，那么在一个资本家能够享受到 78%（约 13 791 美元）乃至 79%（约 13 836 美元）的税收减免的同时，一位技工会发现自己的税务负担增加了 55%（约 18 美元）至 88%（约 29 美元）。正如希尔斯指出的那样，这一方案一方面将自己贪婪的手伸向了社会底层，而另一方面只对富有阶层象征性收取了一些税收，以至于可以认为这部分人士被完全免除了纳税的义务。希尔斯如此评论道：“这样仅对富有及发达的人士征收名义上的税收，而将这一人群本应扛起的公共负担转嫁到他人头上，致使广大中间阶层承受巨大压力，并给那些刚刚踏上生活旅程或是缺乏积蓄的人们带去毁灭性打击的计划，居然能够在美国这样的社会环境中冠冕堂皇地提出来，实在是太令人匪夷所思了。”从希尔斯的角度看来，在民主化美国的大背景下，此等计划的提出堪称骇人听闻。[97]

在围绕税收制度展开的论战中，希尔斯做出的最为广泛的贡献，发生在1875年他担任马萨诸塞州“税收及豁免相关法案修订委员会”主席的任期中。该委员会并没有遵从那些博闻强识的政治经济学权威的建议，而是倾向于向遍布在马萨诸塞州中的税务评估团体征询意见。该委员会开诚布公道：“我们期待的并不仅是存在于税务评估书籍之中的数据，还包括有相关执法经验的绅士的意见。”由评税员（约1 000多人）通过实践经验才总结得出的知识，为“普遍性财产税”这一税种提供了坚实的支撑。[98]与纽约州由威尔斯所给出的建议恰巧相反，马萨诸塞的报告不但没有向现行税收体制发出任何控诉以谋求将其彻底改造，反而对其表达了高度的赞赏，并建言应当更加严格地执行当下的税收法规。这份报告认为除了几处微小的改动之外，现行税收体系应在总体上得到完整保存。而正如人们可以预见的那样，这份由希尔斯起草的报告，不但没能像威尔斯那份报告一样获得显贵圈子的一致好评，还迅速地招致了精英评论家的公然诋毁，而在诸多诋毁者中，《北美评论报》这份代表了美国上流社会观点的期刊赫然在列。在这份期刊中，由希尔斯所起草的文件，被形容为令人大失所望，“在这篇报告的字里行间中体现出来的，是那种在执行税收法律的过程中过度狭隘偏激而又鼠目寸光的心态”。[99]不出所料的是，威尔斯本人也针对这份报告进行了极其尖锐的抨击，他声称这份报告中的观点从来没有得到过任何权威人士（法理学家及经济学家）的支持，而能构思出这种观点的人物，也必然是持有着荒谬绝伦的立场。[100]这篇报告之所以会遭到精英观察家群体的口诛笔伐，是因为其内涵已经在事实上超出了其对现状进行维护的表象。这份由马萨诸塞州委员会所编制的报告，堪称一篇清楚明了的意识形态宣言，这一点不仅体现在其对现行政策的建言中，还体现在其对“税收与财产之间的哲学”的宣扬上。在那个时代，威尔斯及其他富于教养的评论家，将税收定义为一种“从私人手中抽取财产而用于公共目的”的行为，而为这一行为提供了正当理由的逻辑则是，政府必须为其公民提供相应的回馈与服务。尽管这群人无一例外地认为适当的税收体系必不可少，可他们也同时将“税收”看作一种掠夺行径。他们的基础假设是，公民从个人角度出发，理应对税收抱有一种发自本能的抗拒心理，在这一点上，人们天生有一种消极的对抗心态。而为了压制这种抵抗，政府则倾向于采用个人调查及个人限制等手段加以应对，但这样的行为无疑与一个秉持自由主义的政府无法兼容，[101] 而“普遍性财产税”的施行，则激化了上述的内在矛盾。从这个角度来讲，财产税的实施已经威胁到了自由制度本身，使马萨诸塞州政府陷入了与声称保障公民个人自由相矛盾的境地。

面对上述理论框架的挑战，希尔斯被迫进一步地使用更加笼统的术语，去解释究竟是什么将“从市民那里抽取越来越多的资源”的权利合法地赋予了市政当局。[102] 而在希尔斯对这些基本原则进行阐述的过程中，他几乎完全偏离了学术界的现有共识。希尔斯如此解释道：“行政当局征取税收的权利，经常被误认为是建立在某种被默认的契约之上，而这份契约的主旨大致如下：公民为当局提供某种类型的支持，用以报偿当局向公民给予的帮助，公民向当局缴纳货币形式的税赋，用以换取当局提供给他们的保护及服务。在这样的观念中，政府与公民之间的关系就如同保险公司与其投保人的关系一般，向我支付一定的金钱，而我向你提供一定的保护。”尽管上述观点得到了诸如詹姆斯·库利那样的居于主导地位的学术权威的拥护，[103] 但希尔斯本人显然反对这种“洛克派哲学”（一个推崇社会契约论的哲学派别）式的构想。希尔斯如此辩解道：“个人与政府之间的关系，与消费者和服务提供者之间的关系，有着本质上的区别，个人之所以会去缴纳税款，并不是为了换取政府的保护或是任何其他形式的服务，而是因为个人作为社会成员的本质，优先于其对财产的所有，而这种个人与社会之间的本源关系，要求他缴纳税赋。” [104]

希尔斯对税收哲学的讨论，牵涉到了“财产本身所具有的属性”这一问题，在他的心目中，财产不但不是一个仅限于私人领域的概念，甚至就连其最为首要的性质，也是其本身所具有的社会属性。“如果将所有社会关系统统剥离，那么一个人的财富对他本人而言将变得毫无意义。事实上，一旦脱离了社会，就连财产这个概念本身都将不复存在。”也许是受到了自身曾在加利福尼亚州的矿井之中挖掘了一个季度金矿的经历启发，希尔斯在论述中插入了自己那极其深刻的政治见解：“再多的金银财宝，在它们被塞入社会成员的手中之前，都算不上是财富。”由此可见，在那样一个奉行金本位的时代，这些矿藏对希尔斯而言已不再造成任何困惑，在他眼中，这些贵金属只是人类社会中的几种可供锻造的工具罢了。希尔斯如此评述道："甚至就连那个覆盖范围更加广泛的社会经济学领域，也不是被自然法则所统治的，从根本上来讲，它也同样是社会的产物。"[105]

希尔斯由此推导出，所有的个人财富都无法与社会繁荣相分离，因为它们的存在意义完全有赖于此。"不仅仅是财富的享有，甚至包括财富这一概念本身都是社会的产物；如果所有个体都彼此隔绝，仅仅作为独立的个人而存于世间，那么财富的内涵将消失不见，但反过来说，任何形式的社会进步都能够将更高的内在价值赋予财富，当一个人学会以更加亲近的态度对待他人，并与他们发展出更为复杂的关系时，他手中的财富也将因此升值。"这种财富观念使得当地政府有权要求个人足额纳税，以便满足社会总体利益之所需，而每个人都有权享有美满与幸福的原则，也号召人们依此行事。[106]这样想来，自然法则不但没有对税收加以限制，反而将"向公民征取'必要'税收的权威"赋予政府。

尽管希尔斯的观点十分危险地背离了为那个时代的专家所推崇的法律原则，并因此导致了人们的骚动，[107]但他本人显然不想止步于此。在与委员会中的另外两位成员（他们都来自马萨诸塞州更偏西部且更加乡村化的地区）分道扬镳之后，希尔斯独自发表了一篇"少数派报告"。在这份报告中，他更加深入地阐明了自己的世界观，而这篇少数派报告，也成了能够让我们对那个时代的都市激进分子的政治观点进行管中窥豹的一个难得的机会。希尔斯不仅认为现行的普遍性财产税应继续施行，他还认为税收体系应把自己的权威一并延伸到公民社会这一领域，把自己的触手深入到诸如慈善机构、教育机构以及宗教机构等社会公益性组织之中，长久以来，此类机构一直享受着税务豁免的待遇。毫无疑问，波士顿的精英阶层对此事极为敏感，因为该阶层的文化权威正是建立在他们对于这些在州之中颇具影响力的公共组织的牢固把控之上。在整个19世纪前半叶，来自波士顿的商人及实业家对这些机构进行了大量捐助，以至于最终的捐赠总额如同天文数字一般令人惊叹不已。在那个久远的时代中，这些捐赠的总规模便已超过了5 000万美元（与此同时一座大型棉纺织工厂的总资本投入却往往不超过100万美元），那些受赠机构无一例外地享受着税务豁免，且在“由理事所组成的无须披露的董事会”的管控之下，它们被有目的地隔绝于公众监督之外。根据一份保守的估计，光是波士顿便拥有着总估值超过700万美元的慈善、文学及科研机构，以及价值高达到1 100万美元之巨的教会财产。被誉为马萨诸塞州内精英机构皇冠之上的瑰宝的哈佛大学，截止到1875年时，已共计收到了总额接近700万美元的捐赠，这其中包含了位于波士顿及剑桥地区的大量资产。[108]表面上看来，希尔斯此举的目的似乎相当明确，由于大规模的城市发展计划早已令市政当局每年收缴的税款捉襟见肘，如果能够将处在公益机构掌控下的巨额资金池也一并纳入波士顿的应税资产名录，那么波士顿市政府的燃眉之急便将迎刃而解。

然而，上述目的并非希尔斯的本意。他独自发表“少数派报告”的初衷，并非是想要从这些民间机构中压榨出税赋收入，隐藏在这一行为背后的真正目的，是要通过此举对“这些民间机构所打出的公共主题”进行重新定义。希尔斯提议道：“由于这些机构存在目的是服务公众，那么它们便理所当然地需要被置于政府的监管之下。对于那些文学及慈善团体而言，能够为其所得到的税收豁免待遇进行正名的唯一方法，便是去证实它们真的在执行那些本应由政府来承担的职能。只有当这些机构能够按照‘作为政府的代理人或是工具’那样的模式经营运作，循规蹈矩地从事着理应由州政府承担的工作，并能够像政府官员那样高质量且低成本地完成自身任务之时，它们才值得继续享有这种特殊的政策待遇。”[109] 由于扩展了政府职责的定义，希尔斯的个人解读显得极其引人入胜。他进一步解释说，没有人会去拒绝为那些身体或是心理遭受疾病、饱受贫穷困扰或是急需得到帮助的人们提供“慈善”的救济，这是一件应由政府前去履行的职责，而同样的，也没有什么人会不愿承认，为自己治下的子民提供教育，使那些渴求知识的人，不至于因为任何除了其个人能力、志向以及机遇以外的其他因素，而在自身的求学之路上遭遇阻碍，这是一个州政府最为崇高的义务之一。因此，从这个角度来看，无论是为那些深陷窘境的人提供社会救助，还是为那些符合大学入学要求的人提供高等教育（文法学校及高中教育在那个时代已经相当普遍了），与其说是一种慈善行为，倒不如说是每个政府的应尽之责。这样的责任与义务，属于且仅属于政府，而不是那些个人或协会。如此一来，政府便有权在这一问题上选择自己的代理人，对它们的财务进行监督，并为自己的税务减免政策设置限定，“政府仅对那些用于执行其服务功能的资产提供税收豁免，而在任何资产被用于那样的目的之前，它们都不应该享有这样的优待”。[110]

从本质上来说，希尔斯认为税收豁免这项优惠政策，赋予了政府限制大学、文学社、救助机构以及其他民间机构的权利。由于相当一部分的此类机构都坐拥价值不菲的土地及资产，对它们进行监督并辅之以潜在的税收威胁，这样的举动无疑包含着极为深广的内涵——由私人金主所赠予的大量资产，因此将被置于政府的监督之下，而对于类似“这些机构到底需要多少资产以实施它们的职能”那样的问题，按照希尔斯的观点，无论是此类机构所需要的用以履行责任的资产总量大小，它们在运作过程中体现出的效率性与经济性，还是这些机构自身投资标的的性质与特征，都必须接受立法机构的问询与裁量。[111]一旦立法机构真的被赋予了如此重大的权威，那么所谓的“监管权力”便已完全超出了执行与法律的层面，这完全就是一个彻头彻尾的政治问题，而希尔斯的提议也因此遭到了更为猛烈的非议。

按照希尔斯的规划，对于这些民间组织的监管甚至不应仅限于其财务运营领域。他声称，行政当局有权对那些慈善机构及文学社团的行为目的进行评估，并以此为基础判断它们的工作是否真正令人满意，“在了解那些声称代表了自己（指政府本身）的机构是否真的能够恪尽职守这一点上，政府有着毋庸置疑的权利，同样，政府也理应具有选择接受服务、拒绝服务或是中止服务的权利”。[112]为了推进这种监管，希尔斯认为必须要求那些寻求税务豁免身份的机构每年向政府的教育委员会及慈善委员会提供例行报告。希尔斯在此类问题上的立场，延续了长久以来民众希望将区域之内的文化机构纳入民主控制范围之内所做的不懈努力，而其中的一次极为著名的先例，便是发生在 19 世纪 50 年代的大论战，在那场论战中，民主势力曾极力寻求将哈佛大学从“剑桥的统治性宗派”手中解放出来，并将其重新置于立法机构的掌控之中。[113] 而在 19 世纪 70 年代和 80 年代政府开支激增的大背景下，以往的特殊税收豁免政策，更是遭到了人们越发严格的审视。

当然，教会财产面临的境况明显有所不同，因为教会无论如何都不应该是听命于州政府的（从西方世界的文化惯例上看也是如此）。希尔斯也并不认为宗教机构应当按照全额被征取赋税，这样的举动势必将背离政府平素里对教会资产的支持态度。因此他提出了一项有限豁免方案，向那些最为富有的教堂征税而放过那些经费相对紧张的教堂。希尔斯认为对宗教机构采取税收豁免的优待，可以被当成美国各州政府对宗教组织所具有的社会公益性质的被动性承认。可即便如此，随着教会资产的迅速激增，向它们施行税务豁免对于纳税人而言正变得越发沉重，因为纳税人必须扛起财政的重担。在某些案例中，税务豁免的力度与社会作为一个整体从宗教机构那里收获的效益完全不成比例，而为了方便社会公众直观地理解上述现象，希尔斯为人们算了一笔明账。在此前的 20 年中，整个马萨诸塞州的教堂数量从 1 475 家增加到了 1 764 家，增幅达到了 20%，而教堂建筑的总估值更是从大约 1 000 万美元飞升到了 2 450 万美元，增幅接近140%，到了1874年，美国各州教会的总资产已经超过了3 000万美元，所有的数字都清晰地向人们展示出马萨诸塞州中宗教组织那不断增长着的巨额财富。[114]

在希尔斯的观念中，一些教会在自己手中的财富不断攀升、旗下设施在极尽奢华的道路上渐行渐远的同时，并没有为社会带来更多的总体效益，相反，由它们所提供的效益在总体上维持着恒定。“要想去证明一些现代化的教堂建筑已经奢侈过度，几乎既不需要使用任何统计数字也不需要引用任何理论证明。”希尔斯如此评论道。就如同希尔斯不去刻意回避将州中的资本家群体划分为特殊的纳税人一样，他对于萦绕在自己心头的教会问题，也是毫不含糊，而在这一问题中成为他批判焦点的，则是数座刚刚在后湾这一高档社区中竣工的奢华教堂。希尔斯如此倾诉道：“上述现象无疑要求我们对税收收入进行特别的重新评估，短短十年之间，在一个直径不超过500米的圆形区域之内，便有数量多达七座的教堂拔地而起，而它们的估值则至少应以百万美元起计。”[115]等到这七座位于后湾社区的教堂竣工之时，它们的估值加总在一起将约合200万美元。这些建筑不但不面向广大信众开门布道，还将自己变成了小型团体的专属领域。希尔斯还指出：“当所有的公共礼拜堂都在安息日人满为患时，当特里蒙特教堂与音乐厅频繁地由于席位不足而将数以百计的民众拒之门外时，这些位于后湾地区的教堂却将自己远远地与人民隔绝开来，而它们在人们心目之中的地位，就如同它们在现实之中所处的地理位置一样遥远偏僻。”[116]如果对这样的教堂施以税收豁免的恩惠，那么真正从政府那里获得了补贴的对象，将不再是为公众提供着服务的群体，而是专门为了特定的某个阶级而设立的机构——这些机构几乎无一例外地远离人民群众。希尔斯建议应对所有价值超过 2.5 万美元的教会财产征税，这样一来，经费相对紧张的教会便可以免于税负的压力继续运营，而更加富有的教会则需要为公共开支出资出力。

由此可见，在托马斯·希尔斯对税收问题进行讨论的过程中，他连带着给出了自己对于“公共领域”和“国家权力”这两个概念的极为大胆的定义，而他的定义也迅即招致了尖锐的抨击。在希尔斯的众多批评者中，哈佛大学的校长查尔斯·埃利奥特（Charles W. Eliot）* 理应享有一席之地，他致力于捍卫现行体制之下慈善机构、教育机构、文学社团以及宗教团体所享受着的税收豁免待遇。依照希尔斯的见解，政府才是首要主体，而那些享受着税务豁免的机构则应被视作其助手，但在埃利奥特看来，政府在这件事情当中更多地只是扮演了反面角色，成了那些乐善好施的捐赠者在实现自身崇高目标的过程中所遭遇到的阻碍。按照埃利奥特的观点，政府不应该挡在乐善好施的捐助者前行的道路上碍手碍脚，“如果政府想要获得更多更好的服务，那么他们就应当确保，任何被这些捐助者依照高贵的公共使命而捐献出的资金，都不会被转而用于其他更加次要的公共目标。”[117]

---

* 他曾任哈佛大学校长 40 年之久，在任期间，埃利奥特意识超前，解放思想、励精图治，将哈佛由一个地方性的学院发展成美国全国性的知名大学。——译者注

埃利奥特并不认为税收豁免是一种来自政府的恩惠，而是认为这本就是一项极为明智的政策，有助于鼓励私人按照自己的意愿为公共目标做出贡献。他坚持认为，相比于按照民意选举而产生的实体，一个依行惯例接受任命的理事会，并没有在任何意义上妨碍相关机构施展自己的公共目标，“管理模式的异同，既没有影响到资产的使用方式，也没有使那些用于公共目的的资产价值缩水”。现行的体系，在向公众提供为他们所急需的服务这一点上享有优势，同时还限制住了当地政府的干涉范围，避免了那个被埃利奥特本人称之为“权力过度集中的趋势”愈演愈烈。总而言之，埃利奥特认为，任何新增的财政来源都终将被挥霍殆尽。埃利奥特如此评论：“如果向马萨诸塞州中的城市及乡镇提供新增的资金来源，那么这些资金将会被即刻投入到新的扩张计划当中，而最终这一计划本身又势必会不再满足于这些资金的总量。上述恶性循环导致了当局对于增加税收来源的苛求日益变本加厉，但事实上，只有节省开支才是唯一能够匡正这一现状的良药。”[118] 按照埃利奥特和他的支持者的观点，社会问题最好是能够交由私人领域而不是政府来加以解决。

概括来说，面对一个拒绝承认自身在税收方面的权利理应受到特定限制的政治体系，身处于波士顿的精英阶层在南北战争后的数十年间，逐渐发展出来的那种不断加剧的警惕心理，以及对自身所面临形式的那种耸人听闻的夸张描述，便显得不足为奇了。以至于威廉·迈诺特，这位居住于西罗克斯伯里，并曾在反对“大兼并运动”的过程中担任请愿者领袖的人士，在一本普通的小册子上如此发问道："到底还需要多久，吾辈便会生活在一个商业活动会受到过度铺张的公共开支以及由此而带来的被沉重税赋严重影响的城市之中呢？在这里劳动阶层几乎不必缴纳任何税款，而所有税赋重担都落在资本上。"按照迈诺特的解释，马萨诸塞州的现行法律，对于那种把私人手中的财产大规模地投入到公共事业之中的行为，几乎没有设置任何障碍。换句话说，如果不把共产主义制度考虑在内的话，那么"这种税收制度"简直堪称人类所设计出的最为彻底的民主体系了。[119] 但若想要保住波士顿未来的兴旺与繁荣，就必须确保"资本身上的重担越少越好，且其得到的鼓励越多越好"，因此呼应着威尔斯的提议，迈诺特建言道，最好还是要将税收体系建立在那些可见的资产之上，而与此相比甚至还要更好的做法则是，仅仅针对房地产进行征税，一旦这样的愿景得以实现，那么当局对于资产公允价值的评估精度，则至少能够确保达到"近似"的程度。[120] 由于通过州中的立法机构来应对当前不利局势的努力已经陷入僵局，而现行体系又必须遭到终结，类似威廉·迈诺特和他的儿子威廉·迈诺特三世那样的商业领袖，便转而开始借助其他途径来达成自己的目的了。

# 第三章

# 豪门的西行

## 亨利·迈诺特的死讯以及其作为金融家的前半生

亨利·戴维斯·迈诺特（Henry Davis Minot）突如其来的死讯很快便发展成了美国全国性的新闻。在 1890 年 11 月一个大雾弥漫的夜晚，这位新英格兰地区最为富有也是其家族最为杰出的成员，正乘坐着宾夕法尼亚中央铁路公司的“西方快车”，并在位于列车尾部极尽奢华的私人卧铺包厢中呼呼大睡。当列车因为即将驶抵新弗洛伦斯镇而进行例行减速时，行驶于其后的另一列火车由于未能在一片漆黑之中看清红色的信号灯，从而与其追尾，巨大的冲击力将这列快车抛离了轨道。“骇人听闻的恐怖景象接踵而至，惊恐万分的乘客发出的尖叫声与哭喊声充斥着每节车厢，少数乘客将窗户打碎并试图从中爬出，而其他的大多数人则被埋在了火车残骸之下。[1] 最终，有 2 位乘客失去了自己的生命，另有 18 人受伤，且在这 18 名伤员中，某些人受到的伤害毫无疑问是足以致命的。迈诺特先生在事发之时当场身亡，他的头被碾压成了一团，血肉模糊。”在事故发生的第二天，多家报纸如此报道。[2]

没过多久，这一消息便就通过遍布于美国的电报网络传遍了四面八方，而与这起事故及这位“铁路大亨”相关的传闻，也很快便呈现在了整个大陆的读者面前，从俄勒冈州与加利福尼亚州一直蔓延到纽约州与缅因州。新奥尔良《每日花絮报》介绍道：“迈诺特先生现年31岁，成长于波士顿，他曾在圣保罗居住了一段日子，但在此期间他曾频繁地造访美国东部。”[3]波特兰的《俄勒冈晨报》附和道：“当迈诺特先生辞去了自己在东明尼苏达铁路公司中的领导职务，并断绝了与圣保罗—明尼苏达—马尼托巴铁路公司的往来之后，关于他到底是在为谁工作这一问题，便生出了众多猜测。”[4]而最终，艾伦·曼维尔（Allan Manvel）这位艾奇逊—托皮卡—圣菲铁路公司的总裁，总算站出来承认自己便是迈诺特的最后一任雇主，且正是代表着这位总裁的利益，迈诺特悄无声息地迁居到了旧金山。面对着《纽约时报》的记者，艾伦说道：“我本来是希望他能够在今晚抵达芝加哥的。这个男孩在我的心目中享有着极高的地位，因为虽然他看上去仅仅是一个胖胖的、面色红润的男孩，但他展现出来的意志力与工作能力实为罕见。迈诺特极其开朗、幽默，而同时他又能奉行生意就是生意这一准则。”[5]与此同时，蕴藏在这一事件背后的那种戏剧般的讽刺性逻辑，也没能逃脱评论家的注意，迈诺特先生曾为铁路事业做出了如此众多的贡献，可他最终竟然命丧铁路，这无疑是命运的极度不公。[6]

图 3.1　波士顿的资本家——亨利・戴维斯・迈诺特

图片来源：Henry D. Minot, *The Land-Birds and Game-Birds of New England*. New York: Houghton, Mifflin, and Company, 1895

令人意外的是，对迈诺特的死讯反应最为强烈的，却不是他自己的家乡，而是散布在美国西北部地区的诸多城镇，也正是在那里，他的所作所为产生了最为广泛的影响。苏必利尔《每日领袖报》如此哀叹道："就是在今天，一个多么悲哀的消息传达到了我们这里啊！这真是残酷的打击——我们的挚友，将永远无法再现身于我们之中了。"而圣保罗《每日先驱报》则将迈诺特歌颂为"富有教养且毫无瑕疵的绅士"，他的死讯令这座城市中他那数不胜数的友人们深感震惊。[7] 而苏必利尔的商会组织也围绕着"应如何最好地表达本市的哀悼”这一问题展开了讨论。商会资深成员乔治·莫尔顿（George D. Moulton）号召大家为葬礼采购鲜花祭品，并将其转交到已经依照其个人意愿自行前往波士顿吊唁的代表手中，以供进献；W.B. 银行坚持认为该商会的所有成员都应在次日于自己的左臂之上系以黑带；而德怀尔（W. D. Dwyer）则提出，市政厅上的旗帜应与其他一切悬挂于公共建筑物之上的旗帜一道，行以半旗之礼，直到迈诺特先生的葬礼结束。所有的这些举动，都是为了确保苏必利尔表现出来的哀痛，在其他西部城市面前不至于相形见绌，而如此一来，这些商会人士历经苦心耕耘才与迈诺特以及他那些腰缠万贯的波士顿同僚建立起来的特殊关系，便不至于随着迈诺特的逝去而烟消云散。[8]

在 19 世纪末期，美国的历史一直伴随着老财富的让位与新兴财富的崛起。针对上述现象，理查德·霍夫施塔特（Richard Hofstadter）[*] 便曾以极为雄辩的论调发表出了他那广为流传的观点：“在那个时代，这些新生的财富阶层，不论他们是庄严神圣的也好，还是腐败堕落的也罢，都在不断地排挤着那群旧有的上层人士、那个古老的商人阶层、那类历史悠久的世家以及那些家世良好且受过大学教育的精英。”[9] 因此，在这样的大背景下，一个有着近乎完美无瑕的社会信用的新英格兰之子，居然会旅行到距离哈佛校园千里之遥的地方，并在偏远的西部城市中广交朋友，着实令人倍感震惊。

---

* 20 世纪 50 年代美国公知、历史学家、哥伦比亚大学教授，曾两次获得普利策奖。——译者注

迈诺特并不是什么脾性粗野的暴发户，且财富与特权对于他本人而言也绝非什么新鲜事物，但他同样在最为繁荣的19世纪80年代，跻身于美国新兴资本主义版图之中的杰出代表之列。他是波士顿州街上的金融家，自诩为铁路资产方面的行家里手，但同时更热衷于股票市场。他将自己的绝大部分职业生涯，都花费在了穿梭于美国那辽阔的西部地区的旅行之中。为了将波士顿的投资扩展到新兴领域，同时也是为了打造出那个“能够促成马萨诸塞州的资本真正地流向整个大陆”的商业网络，他不知疲倦地工作着。他的人生轨迹不仅揭示出了波士顿商业精英一直以来的奋斗实质，凸显出了这一群体在征服美国西部的进程中所扮演的角色长久以来普遍被人们轻描淡写，但事实上他们是极富进取精神、精力充沛甚至可以说是有些激进的角色。同时，他的职业生涯还将“旧有财富是如何被调动起来投资于新兴领域，并推动着北美经济在长达数十年的历史跨度中向前发展”的机制，展现给了众人。

毫无疑问，迈诺特的青春岁月是在波士顿市郊的上层社会中度过的，但他那有如流星一般璀璨的职业生涯，先是将他带到了一个同时作为股票经纪人、股票分析师以及金融家的角色当中，而后又将他推向了作为整个北美规模最大的铁路公司之一的副总裁的高位上。就如同美国其他东部城市中那些有所建树的精英一样，迈诺特与他在波士顿的同行，并没有将那个横贯整个大陆的铁路网络的崛起消极地看成是由科技发展带来的宿命般的结果，同样地，他们也并不乐意将对这一进程进行督导的权力，拱手让予那些领着薪水的管理者。他们将整个大陆范围内的经济一体化运动当作一项丰功伟绩加以拥戴，并认为他们那历经时间考验的商业能力与商业技巧，刚好能够在这项挑战之中找到用武之地。他们将自己看作那个由公司所主导的、不断崛起着的新兴经济体系的总设计师，而他们的巅峰创作，则建立在他们那“无人能敌的对于巨量资本的获取能力”以及他们那“非凡地将资金推向商业领域前沿的天赋”之上。

一群与迈诺特相类似的精通金融的资本家，在大陆新秩序的形成过程当中，扮演了极其关键的代理者角色。[10] 作为那个时代的商业先锋，他们乘坐着火车、蒸汽船、长途马车，或是仅仅凭借着自己的双腿，穿梭在广袤的北美大陆之上，他们研究着地形地貌、检验着古老的铁轨、规划着全新的干线、预测着未来的交通潜力、评测着各地的商会并探索着那里的投资机会。然而，上述的凡此种种辛劳仅是确保美国一体化市场形成的一类重要因素；可以获取远在后方的美国东部资本市场可靠和及时的信息，便捷进入该资本市场及娴熟掌握其运作流程同样也是美国一体化市场形成的、不可或缺的另一类要素，而美国东部市场的金融资源正是铁路扩张的源头！在那个时代，能够控制资本流动的人士，并非那些数不胜数的独立经济个体，而是诸如投资银行家与证券经纪人那样的金融中介。这些中间人有着将新近发行的证券整体买下的能力，而在此之后，他们才会将这些证券以零售的形式贩卖给他们的分销网络及所属社区之中的个人投资者。由于这些中介有权代表投资者群体做出批量购买的决定，他们在与铁路建设相关的金融领域当中发挥着巨大影响。那种将美国东部地区的资本市场高效地嫁接到西部地区的商业冒险之中的能力，使他们能够推动并影响整个大陆范围内的经济发展。这些精通金融的资本家掀起了一波规模空前的资本转移浪潮，大量资金从资本富集的沿美国东海岸流向了资本匮乏的美国西部地区，甚至就连地处美国国境之外的墨西哥与加拿大，也受到了这一浪潮的波及。

从任何角度来看，对于坐落在波士顿州街之上的商业区而言，这都是一个激情澎湃的时刻，而迈诺特家族则正巧处在一个能够尽享由股票交易所带来的饕餮盛宴的优越位置之上。在任何意义上，该家族都无法被看作这一领域之中的新手，他们在马萨诸塞州中的历史根基，能够一直向前延伸到整个殖民地最为早期的岁月。早在18世纪时，史蒂芬·迈诺特（Stephen Minot）* 便在经商活动中积累下了少许财富，凭借着这些资本积累，他成功地打入了新英格兰地区上层人士的小圈子。而他的儿子，乔治·理查兹·迈诺特（George Richards Minot）** 则参与到了该州的重要政治活动当中，他曾在专司批准美国宪法的会议中担任秘书之职，他同样也是国王礼拜堂与麻省历史协会的创始成员之一。鉴于由乔治所表现出来的极度温和的秉性，与人们对公职的严厉不相契合，他很快便将自己的工作重

---

*　哈佛大学 1730 届学生。——译者注

**　哈佛大学 1778 届学生。——译者注

点转向了私人顾问领域，而正如乔治的讣告中评价的那样：“他那极为稳健的判断，能够令旁人受益良多”。[11] 上述评价很快便成了整个家族的座右铭，也正是从乔治开始，延续了五代人时间之久的迈诺特家族企业渐露峥嵘。从 1782 年开始，该家族便一直占据着一间坐落在波士顿市中心区域库特街上的办公室，专门从事按照他人委托管理遗嘱、信托与房地产的业务。

“为波士顿市民留存财富，并使之在代际薪火相传”，就在此等使命逐渐地发展成为迈诺特家族的生意核心的同时，它也将这一家族推向了风口浪尖，信托业务变成了美国早期最富于争议的政治及法律问题之一。在那个年代，大多数美国人都认为一个聚集着财富的家族与该国作为共和制国家的本质水火不容。与旧世界的那种为了确保家族产业的完整性，而将家族资产（通常是土地）传承给单个男性继承人的习俗相悖，一直被迈诺特家族采纳的，是分配继承这一原则，而该原则使得家族财产在后代之中的平均分配成了可能。观察家寄希望于这样的实践能够让家族资产随着时间的流逝得以拆分，并最终导致财富的集中无法延续。[12] 由于“分配继承原则”可以导致财产与权利遭到无情的拆分、分配与分散，托克维尔还曾将此原则视作定义民主社会的关键特征之一。[13]

然而，在 19 世纪早期，新英格兰地区的商人把信托当成了应对这一民主运动的有效途径。在这些成功人士聚积了大量的财富之后，他们便拥抱起信托这一行业，在他们眼中，信托就是一种可以将财产以完整的方式传递给下一代的载体。按照精英阶层的观点，信托不仅可以令遗产保持完整、保护遗产免遭后代滥用，还能够在漫长的岁月中促进更加专业化的投资行为。由信托管理的资产既不会“被锁在保险箱中”处于空闲状态，也不会轻易地消逝在变幻莫测的市场之中。[14] 对于这群波士顿精英而言，无论是过去贵族着重强调留存地产，还是那个财富循环不受任何阻碍的完全竞争市场，他们都不予采纳。能够赢得他们信赖的，则是那些身为职业受托人的明哲之士，无论是对于将家族财富用于投资、让资金产生收益、管控风险还是根据形势调整投资策略等任务，他们都被认为足以胜任。

一开始，马萨诸塞州中的立法者将信托行业与封建主义占有制联系在了一起，并因此拒绝在司法领域中对信托业务的合法性加以承认。[15] 但是后来，依靠着州中居于领导地位的家族积极游说（尤其是曾任联邦法院大法官的贾斯蒂斯·约瑟夫·斯托里的热情推崇），信托行业终于在 19 世纪 20 年代得到了立法机构的正名。[16] 信托业务的合法化，带来了一系列极富争议的问题，以至于法院不得不在接下来的数十年中对其逐一作答，信托的那种“不受（那些铺张浪费的）受益人之债权人追索”的权利，究竟受何限制？在什么样的情况下，受托人有权以资金使用不适当为理由，暂时扣押受益人的收益？在信托计划被解散之前，它们究竟能够存续多久？以及那个对迈诺特家族而言最为关键也是最为紧迫的问题，受托人在处理投资问题时，其自主裁量权的权限究竟多大？单就信托行业支持者的期望而言，在进行资产管理时，受托人相比于家族成员本人应当更加理智且积极。然而，由受托人自作主张而拍板的投资决定应如何得到规范？以及信托的受益人能够在何种程度上质疑这些决定？这些问题的答案时常显得暧昧不清。上述问题的答案，决定了当投资状况变差、越发恶化甚至资产遭到完全抹除时，受托人究竟将要负起何种程度的法律责任。同时，还有一个异常关键的问题便是，在一个高度动态、有着内在的不确定性的市场经济体中，究竟什么样的举动才能够被视作稳健的投资行为？

在随后于 1829 年被呈上马萨诸塞州高等法院的哈佛大学与马萨诸塞州总医院状告阿莫里兄弟一案中，法院被推到了解决这一问题的前台。首席大法官萨缪尔·普特南（Samuel Putnam）决定，在进行司法裁决的过程中，应将“冷静的投资行为”与“鲁莽的投机行为”加以区分，并明确到底什么样的受托者才能够算得上是“行为慎重的人”。在本案例中，乔纳森·阿莫里（Jonathan Amory）和弗朗西斯·阿莫里（Francis Amory）兄弟负责管理已故波士顿商人约翰·麦克莱恩（John McLean）的遗产，他们用这些资金购入了两家棉花纺织公司的股票。而作为麦克莱恩遗嘱中在其遗孀去世之后接受其剩余遗产馈赠的哈佛大学和马萨诸塞州总医院则认为，兄弟二人对于高额股息回报的狂热追求，致使全部受托资产的安全受到了危害，暴露在了完全损失的风险当中。[17]

但最终，普特南的裁决毫不掩饰地表达出了对原告的驳斥。与英美体系中那种习惯上将诸如土地及公债这类特定品种的资产当作安全港湾的做法迥然相异，这位法官认为所有形式的资产都附带着一定程度的风险。例如，一国政府发行的公债的价格，会伴随该国战争与和平前景的变化上下波动，而尽管房地产的价值往往被人们认为就如同其所坐落的土地那样岿然不动，但在某些情况下，其价值波动的幅度就算是与许多商业冒险相比，也要有过之而无不及。普特南总结道："因此，无论你投资什么类型的标的，这些资本都会处于风险之中。"事件发生的不确定性意味着，我们很难去界定一次成功的投资到底是依靠着精明的策略还是市场的繁荣。而受托人的工作，则是要去观察那些慎重、严谨且睿智的投资者是如何管理自身资产的，这种行为与投机无关，却与如何长久地配置自己的资金有关，他们既要关心可能的收益，也要留意投资大致的安全状况。[18] 换句话说，法庭的观点是，在一个市场中，如何评判一个人的行为是否足够谨慎，是一个纯粹的主观性命题，因为存在于高收益与安全性之间的平衡点，永远都处在变动之中。在商业领域，"谨慎"这个词汇恐怕永远都不会拥有自己的明确定义，且也没有任何固定种类的资产能够被视为绝对安全。"谨慎行为"并非建立在任何一成不变的对于投资标的分门别类之上，而是建立在整个投资界的配置风格不断变化的基础之上。以这样的视角来看，阿莫里兄弟对棉花纺织公司进行的投资就显得很有道理了，这种长久以来一直有利可图且还在不断扩张之中的投资标的，仅仅是在近些年间才变得前景不明，也正是因为如此，哪怕是按照那些被视作这座城市中最为保守的投资者的标准来进行评定，阿莫里兄弟的资本管理行为，也应当被认定为是合法合规的。上述逻辑也同样适用于 19

世纪晚些时候，那些机警的受托人正争相向分布在西部荒野之中的铁路公司投入巨资，而只要此类投资标的仍然能够赢得整个投资圈子的青睐，那么对它们进行投资的行为，便是合乎法律的。

该案的判决结果，极大地拓展了波士顿信托业受托人的自主裁量权权限，使他们在随后的数十年中，逐渐成长为至关重要的金融中介。而在此过程当中，迈诺特则与其他少数几个家族一道，将自己发展成了专精于信托领域的世家，他们监督管理着数额巨大的资金池。在19世纪下半叶，曾有人传说，在整个马萨诸塞州中没有任何一个投资人管理的信托规模，能够超过老迈诺特先生管理的规模。按照一项计算显示，老迈诺特在自己的办公室中单独掌控着的资产数量，比波士顿任意一家金融机构旗下的资产规模都要大出许多，这些资产的总价值，达到了整座波士顿资产估值总规模的1%。[19]普特南法官的判决不但保护了受托人，使他们在经历资产减值后得以免遭心怀不满的客户的追诉，还允许，甚至在某种意义上来说是驱使着他们，以一种更加动态的方式管理资产。由此一来，资产的配置模式便永远处在一种不断修正、更新的状态之中，受托人持之以恒地将资金从那些江河日下的商业冒险中撤出，而转投于那些更富前景的事业当中。随着时间的推移，一种根深蒂固的动态管理模式，被深深地植入了资产管理的法则之中，驱动着波士顿的旧有财富不断地涌入投资界的全新前沿。上述原则在迈诺特家族身上显露无遗，该家族很快便以“精于在谨慎与进取之间寻找平衡”而闻名遐迩，他们在小心谨慎的同时，也不忘积极地使用自己的智慧。[20]

当亨利·戴维斯·迈诺特于 1859 年出生时，上述错综复杂的遗产，已经成了迈诺特家族的传世之宝。作为七个兄弟姐妹中的第六个，亨利在伍德伯恩那坐落在牙买加平原上的、占地约 180 亩的家族地产中长大，该地位于波士顿外围的乡村地带。亨利的祖父大威廉（William Sr.）*，在 1845 年购置下了该处地产，并将之传承给了自己的两个儿子乔治和小威廉（George and William Jr.）。** 这兄弟二人中的小威廉便是亨利的父亲，他迎娶了凯瑟琳·玛利亚·塞奇威克（Katharine Maria Sedgwick）这位出身于新英格兰地区一显赫家族的女子，并将伍德伯恩建设成了他们永久的家（尽管他们有长期在市中心居住的习惯，最初是在时尚的比肯街，而后迁移到了马尔伯勒街）。[21] 而有关伍德伯恩这座庄园（该庄园得名于苏格兰著名历史小说家沃尔特·司各特小说中的一座庄园）的描述，则清晰地体现出了其能够让定居者从喧嚣的都市生活中回归浪漫的特点，人们可以在这座庄园中眺望远方的布鲁斯山脉、长满茂盛雪松的树林以及一直延伸到斯托尼布鲁克的草原牧场。“这片土地曾向人们展示出如此众多的园林艺术与景观品位，与布景效果和习俗相关的知识，以及树林、灌木与花丛的完美共生，共同塑造出了一种贯穿于一年四季之中的和谐美感。”[22] 亨利的兄弟曾在多年以后满怀追思地

---

* 哈佛大学 1802 届学生。——译者注

** 两人都是哈佛大学 1836 届学生。——译者注

回忆道（此时该地已在“大兼并运动”中遭到吞并，随之而来的政策推动了大块土地的拆分和售卖，这些土地变成了一小块一小块的住宅用地）。伍德伯恩这座庄园，也由此向人们证实了那种“为迈诺特家族所具有的、历经培养的审美感观”。就如同许许多多于 19 世纪 40 年代到 50 年代建立在波士顿周边的乡村田庄一样，伍德伯恩体现出了波士顿精英阶层长久以来一直怀揣着的贵族情怀，他们试图以此超越粗糙的物质享乐主义价值观，并超脱于自身的商业起源之外。[23]

一开始，亨利表现出了极为适合闲适生活的特点，在那个时期，他与“企业家”这个词似乎毫不相干。在伍德伯恩庄园中，以及在家族位于新英格兰地区周围的夏季避暑胜地中，他都将自己投身于探索自然世界以及音乐与诗歌的爱好之中。他的兄弟曾如此回忆道：“亨利天性之中敏感而富于想象力的一面，体现在他的音乐和诗歌天赋之中，他对于大自然的怜悯之心以及他那丰富而亲切的情感，造成了他极为温和的性格，以至于很多认识亨利的人都曾怀疑他是否能够适应生活之中现实的那一面。”[24] 当亨利的兄长威廉和罗伯特按照家族生意继承人的标准而接受训练时，亨利作为一个青少年，他的精力则大多投入到了对于鸟类学的兴趣之中，这一兴趣最终使他的足迹遍布于整个地区之内的所有的森林、溪流以及草原牧场。在亨利十七岁那年，他编纂了一部《美国新英格兰地区的陆鸟与猎禽》的指南性书籍，全书篇幅达到 450 页，全书由他亲自执笔，并配以他在实地考察过程中绘制的插图和记录文字，这标志着他在鸟类学研究领域的造诣达到了巅峰。在这本书中，亨利请求那些业余博物学家停止在当时极为猖獗的、为了获取标本而进行的猎杀活动。尽管迈诺特家族尤其是大威廉本人都是狂热的猎手，但在对待鸟类方面，亨利恳请他的读者“永远不要开枪”，他还建议这些读者可以通过近距离观察或是使用工具书籍等方式代替此举。[25]

就如同自己的先祖一样，亨利·迈诺特也来到了哈佛大学就读，在那里，他与年轻的西奥多·罗斯福（Theodore Roosevelt）* 结下了深厚友谊。这两人对于鸟类学有着共同的热情，以至于他们最终合作发表了一部以此为主题的短篇读物。[26] 然而仅仅是在剑桥生活的第一年中，迈诺特便患上了极为严重的抑郁症，并因此被迫辍学。迈诺特的苦恼在当年的夏季达到了顶峰，他因此向查尔斯·福尔瑟姆（Dr. Charles F. Folsom）这位波士顿城中心理疾病治疗领域的专家寻求建议，在此过程中，亨利曾如此形容自己的病情：“我似乎开始逐渐丧失专注和享受的能力，我变得越发病态，失去了食欲，睡眠不足，永远醒得很早，而有时则在清醒的状态下长时间地躺在床上。我变得多疑，我时常感受到迷失在无限苍茫之中的无助感。长此以往，我对生活再无任何兴趣。”在亨利心中，一个非常严重的事态便是他自己似乎缺乏男子气概。在亨利写给心理医生的一封信件中，他曾如此坦白道：“由于我不喜欢那些粗野的男子运动，由于我怀有特殊的畏惧心理，以及由于我对阳刚之气极度渴望，我正

* 美国军事家、政治家、外交家，第 26 任美国总统。——译者注

遭受着极大痛苦。”[27]亨利于是被送到了位于康涅狄格州利奇菲尔德的专门康复机构中进行康复。在那里，他把大多数时间用于阅读书籍和像《国家》那样的改革类杂志，与此同时，他还坚持写信、弹钢琴、绘画以及骑马。在一次骑行结束后的枯燥乏味之中，亨利如此记述道：“除了‘恢宏与远方’，这个地方可以为人们提供他们所要求的任何事物，然而不幸的是，前两件事物在任何地方都为人们所必需。”[28]

年轻的迈诺特在疗养院中度过了6个月的时光，却不见丝毫好转。日常生活中那种充满了绅士风度的舒适感以及从尘世烦恼中解脱出来的自由感，似乎仅仅让他在疾病的深渊中越陷越深，而迈诺特病情的最终缓解，是出于意想不到的其他原因。在开办属于自己的预科学校失败之后，迈诺特依靠着自己父亲的帮助，成功地锁定了杰克逊-柯蒂斯经纪人事务所中的一席职位。该事务所虽然才建立不久，却有广泛的人脉关系，且其地理位置与迈诺特家族在波士顿市中心的专属办公室，仅仅隔着几个街区。查尔斯·卡伯特·杰克逊（Charles Cabot Jackson），作为该事务所的资深合伙人，为迈诺特提供了一个在公司中接受股票及债券分析师培训的无薪职务。长久以来，在波士顿的精英圈子中，作为一名商业学徒而开始工作便是一项极为流行的、用以替代哈佛大学教育的活动，同样地，按照一位波士顿市民的回忆，对许多与迈诺特同龄的年轻人来说，银行与经纪人事务所简直就如同某种类别的教育机构一样，吸引着波士顿的绅士争先恐后地把自己的子嗣送往那里。[29]在迈诺特的案例中，他进入这家事务所的时机可谓千载难逢，此时宏观经济刚刚脱离了19世纪70年代中期的萎靡不振，而进入了一种看似几乎永不中止的复苏阶段（直到19世纪90年代再一次暴跌前）。由于迈诺特是在1881年秋季参加工作，他与这段极为难得的历史机遇期因缘际会。迈诺特带着一种全新的使命感投入到了自身的事业当中，而不出几个月的工夫，他便彻底地脱胎换骨了。

在迈诺特于当年夏季提交给他父亲的一份洋溢着喜悦之情的报告中（这在数月之前还是难以想见的），他曾这样叙述道："我的每一天都过得充实而美满，我一般在九点到九点半抵达办公室，并一直工作到自己感到疲劳，而这通常是在下午三点，而后我会在三点十五分前往伍德伯恩、城市广场或是网球场。"很明显，迈诺特喜爱自己所处的新环境，并全身心地投入到了自己的新职务中。按照迈诺特自己的说法，"杰克逊-柯蒂斯经纪人事务所，堪称一家架构完善且备受敬重的年轻公司（两个主合伙人大概都是35岁左右的年龄），而其成员，都是名副其实的绅士，与他们打交道让人倍感轻松愉悦"。他完全沉浸在了自己的新职责之中，并如此形容道："对我而言，市场的那种风驰电掣般的、充满了各种可能性的运动方式，是一项极富吸引力的研究课题。尽管杰克逊先生总是告诫我说这个时节太过于炎热，而我工作得又太辛苦了，但是我真的相当热衷于把整座办公室都变成消息的汇集之所，并急切地想要解决摆在眼前的一切问题。"[30]

仅仅数月之后，迈诺特便开始需要办公室中的一个私人空间来进行办公了，因为这将为他提供一定程度的私密性，同时他也需要一位文案助理进行协助，以方便他能把更多的时间用于分析工作。此时，他已然开始领取薪水，同时他也开始利用他所学到的相关知识，为自己的私人储蓄进行投资。迈诺特与他那急切地寻求投资建议的父亲之间的往来信函，逐渐充满了各种各样的对于个股乃至整个市场的分析。在这些信件的字里行间，清晰地反映出了迈诺特是如何通过股票市场这一棱镜来观察理解整个北美大陆的。迈诺特洋溢着乐观主义的精神，在1882年夏季做出了如下报告："在今年的头六个月里，总共有约7 000千米的铁路被修建完成，有约15 000千米的铁路正在修建当中，同时还有约5 400千米的铁路正在接受勘定、定位和规划。尽管这些数字（庞大得）令人震惊，但截至目前，我认为我们还不需要对其提高警惕。基于某些非常合理的原因，我十分确信该行业即将迎来喜人的丰收（在某种意义上可以说是巨大的），同时，我也对'将该行业拓展到国外'的前景信心十足。"而在另一封信件中，迈诺特则如此表达道："除非是发生了某些特别重大的灾难，否则我看不到受阻的可能。"依靠细致的研究，迈诺特隆重地向他的父亲推荐了北大西洋铁路公司这一投资标的，并炫耀起了自己那不断增长且逐渐包罗万象的与铁路投资领域相关的知识。"这条铁路即将在一年之内竣工，而为了覆盖该公司普通股票6%的股息率，每英里的铁路大概需要产出1万美元左右的毛收入。1881年，艾奇逊铁路公司每英里的铁轨产出6 500美元，而同样的数据在联合大西洋铁路公司中则是1.3万美元。尽管该公司优先股票的股息（票面利率 8%）在今年遭到了拖欠，但其在明年极有可能得到支付，这些优先股现价接近 90 美元，而在未来有可能会增长到 115 美元至 120 美元。根据惯例，普通股票的价格往往会比优先股低出 38 美元到 43 美元，而现在其价格却接近 50 美元。如果你相信我的严密推理，我会在 55 美元的价格上将其普通股票卖出（除非市场真的发生了转变），而后在该公司的股票（如期）再一次下跌时，将其买回。”[31] 迈诺特的父亲对于儿子近期的康复及他所取得的成就深感自豪，他催促迈诺特继续积累知识和经验，因为这将成为他最好的资本。他补充道：“我对于你得出的结论很感兴趣。”[32]

迈诺特的职责包括监控市场上铁路板块证券价格的涨跌，并通过对一系列因素因子的细心评估，预测这些证券的未来走势，这些工作按照他本人的说法即是“探明市场中的可能性与机遇”。[33] 他评估着每一只特定铁路公司股票的表现，并将诸如每英里收益、建造速度、债务水平及债务结构、政府赠予用地的获得情况、公司管理质量以及募集额外资金的能力等各种公司内部要素，纳入了自己的考量范围。而在铁路沿线地带建立新定居点的可能性以及特定区域的发展前景等外部因素，也是迈诺特日常工作中的考察重点。显而易见的是，由于几乎每一个因子都涉及各种各样未知或是并不可靠的因素，它们往往会与无尽的纷繁复杂牵扯在一起。谁能够完全确定某一条铁路干线的完工日期呢？修建一条铁路可能会遇到工程难题，遭到司法干预，而修建它的工人也有可能罢工示威；谁又能够知道一条特定的铁路干线能否持续地享受由低廉的煤价带来的便利呢？同时，即便多雨的季节有利于西部郡县中农作物的生长，但这些庄稼的质量就真的能够与印度或俄罗斯的农产品在国际市场上同台竞争么？这些显而易见的缺陷，存在于所有预测之中，迈诺特也十分忧虑自己会因此而被视为进退失据的投机分子，他拼命地让自己与这一标签背后那个最为糟糕的内涵保持距离。呼应着普特南法官在50多年以前发表的言论，迈诺特解释道："我将自己视为一个同时参与到了投资与投机（我是以一种有所限定且带有尊重的方式使用这一词汇的）活动之中的人，然而，若想要在'投资'和'投机'这两者之间划清一条界线，那实在是难于登天。"同时，迈诺特也坚称，他的工作与任何鲁莽或不光彩的举动无关。[34]

事实上，经纪人事务所花费了大量的时间及精力用以收集、处理及评估信息。尽管与杰克逊-柯蒂斯经纪人事务所相类似的企业，曾做出各种努力想要将自己的投资行为建立在精确的信息之上，但"构建横跨大陆的铁路系统"这一宏图大业，始终伴随着许许多多的飞来横祸与艰难苦恨，实乃步履维艰。这一进程与其说是依照着缜密的逻辑而推进着的严谨计划，倒还不如说是一场正在进行之中的艰难斗争，想要赢取这场斗争的胜利，人们尚需将一系列令人困惑且难以进行笼统概括的因素与力量整合在一起，并使其产生真正意义。几乎在每一天的工作当中，迈诺特都会与摆满办公桌的地图与图表"扭打在一起"，凭借着一种近乎绝望般的努力，他试图了解并消化所有与其研究相关的因素及事件。为了给这一极其复杂而又高度动态的进程赋予意义，迈诺特觉得自己是这项百年不遇的不朽事业之中的一分子。“对于我本人而言，要想真正领略这一目标的伟大之处的难点在于，如何适当地将自己有关分量和力量的经验倍增到足以与此事业的重要性相匹配。有时我甚至觉得，这种必要的、将个人思维极大延展的过程，是今日人类能够取得如此进步的重要原因。”[35]这一项目所具备的重大影响，以及为了将其推进而所需动用的雄才伟略般的分析能力，共同为这一事业平添了一种令人振奋的恢宏之感。

当1883年春季到来之时，迈诺特的职业生涯向前发生了跨越式的进步，杰克逊–柯蒂斯经纪人事务所将一份为期3个月的西部调研工作委派给了他。[36]为了仔细审视那些由波士顿人所投资的产业，同时也是为了调查拓宽投资范围的机会，迈诺特在自己的一生当中曾屡次展开此类旅行，而本次行程则堪称开端。不得不说，正是由于美国东部商人群体经济活动范围的不断扩展，才使得这种往返于整个大陆的商业旅行成为可能，而这一时期的东部商贾，也成了美国历史上第一批能够在整个大陆的范围内自由穿梭的人群。最为早期的以美国为涵盖范围的铁路指南和旅店地址目录，大致出现于19世纪70年代，它们逐渐取代了原先那种专注于单一城市的旅行手册。装备着这种尺寸大小足以塞进衣兜的指南书，迈诺特得以在掌握了较为确切的交通及住宿设施信息的前提下启程离开波士顿，而在幅员辽阔的美国展开近乎永无休止的旅行。他可以凭此计算每次旅途的长短，提前布置铁路中转计划（某些时候还可以通过电报提前预约卧铺），甚至还能够为了夜晚的住宿事宜而预先选定旅店。[37]依靠着电信系统，迈诺特能够与他的雇主和家庭保持定期联络，他每周都向这些人拍去说明自己身在何方的电报。也许是出于某种程度上的自信，他会将自己即将抵达某某城市乃至某某旅店的信息，提前告知自己在美国东部地区的联络人。

尽管这些调研活动相对轻松，但我们也绝不应该过度夸张这一尚处在发展阶段的旅行及通信系统的完美程度。迈诺特开展旅行的这段岁月，正是美国铁路系统发展的高峰期，而这也意味着在他旅行路途上的诸多区域中，相关服务并不完善，这导致他的旅程往往飘忽不定且时间紧张，而迈诺特本人也经常在自己的信件中强调此点。由于他经常被最近完工的铁路干线以及位于铁路网络中更为边缘且更加危险的线路所吸引，他的旅行方式亦堪称千变万化，从乘坐奢华车辆、蒸汽轮船、马车到亲自骑马或步行都有所涵盖。住宿和饮食的条件也同样两极分化，迈诺特既有可能入住于大型城市之中的一流酒店，也有可能要在路途旁边的破败陋室之中过夜，同时，他既有可能享用到精心制作的豪华大餐，也有可能要靠便当乃至野果来充饥果腹。[38]列车的时刻表经常被打乱，各种各样的事故也屡见不鲜。而尽管迈诺特给家里寄去的信件可以规律性地送达，但他在路上能否收到他人的来信，则具有相当的偶然性。

归根结底，使这种商务调研活动得以成功推进的最为重要的单一因素，并非科技的进步，而是美国西部东道主的配合与协助，这些西部居民大多是来自美国东部地区的移民，对于迈诺特这类的手握大权的外来访客，他们不仅张开双臂表示欢迎，还频频为他们充当向导、提供信息。迈诺特的种种旅行经历（在他年仅 24 岁时），向人们揭露出了他作为美国东部地区金融家的代理人所享有的超出了铁路干线总经理以及其他西部地区商业人士的优越地位。在那个铁路干线迅猛开工的年代，扩张性的发展策略无疑是每一家铁路公司进行战略抉择之时的重要关切点，而一家公司能够获得充足的资本支持，便意味着它可以将该政策的施行牢牢地掌控在自己手中。[39] 在迈诺特的西部之旅中，与他打交道的那些总经理与商业人士对上述“等级制度”心知肚明，因此其行为举止自然也会恰如其分。同样，从迈诺特保留下来的大量笔记与报告中也能够看出，他从未将自己设定成什么次要角色，还反而将自己视作铁路系统构建过程中的规划者与领导者。迈诺特一路上留意着那些哪怕是最为微小的细节，他将那些涵盖广泛的、可能会影响到铁路盈利能力及扩张能力的因素记录在案。在他的备忘录中，铁路公司的管理质量便是其中的一个相关因素（但是在数不胜数的诸多因素中，这一点算不上是最为重要的）。

迈诺特于 1883 年早春时节启程离开了波士顿，开启了他的单人西部之旅。他最先在纽约经停，而后通过刚刚建成的纽约—芝加哥—圣路易斯铁路前往了芝加哥，他在该市停留了一些日子，并最终与一个由波士顿经纪人组成的团体会合，一道前去拜访普尔曼镇。他热情洋溢地赞许着该镇改革者在城市规划领域推行的试验，同时，他还对这些试验背后所反映出的“该镇创建者对工作于此的 5 000

余名工人所尽到的家长式职责”赞不绝口，“这个地方比迄今为止我所见到过的任何一个‘凭着某人的一己之力而建成的产物’都要更具意义，整座城镇被打造得极其美丽，我真希望自己能够深入地了解这些‘典雅与艺术’究竟对人们的日常生活产生了何种程度的（积极）影响”。迈诺特继而与这个团体一同向着堪萨斯方向进发，他们在堪萨斯、托皮卡以及艾奇逊附近逗留了一周左右的时间，在上述的这三处地方，来自波士顿的资本家已于美国南北战争结束之后彻底地站稳了脚跟，而这一部分旅行的总体质量也堪称上佳。承蒙各家铁路公司的关照，他们得以乘坐一辆官方私人列车展开旅行，迈诺特在自己写给家人的信件中如此形容道：“这简直奢华到了极点，起居室位于列车尾部，其中配有客厅、舒适的座椅以及宽敞的窗户，通过一块位于起居室后部的玻璃，我们可以尽享车外景色。同时，整个调研团队中的成员都对德尔莫尼科式的大餐深感满意。”[40] 通过堪萨斯太平洋铁路，迈诺特从堪萨斯州来到了科罗拉多州，他拜访了丹佛市，并于其后在里奥格兰德河水务公司的总经理大卫·道奇（David C. Dodge）的陪同下，参观了位于落基山脉的几处矿业城镇。接着他又一路向西先后抵达了盐湖城、奥格登、斯托克顿以及加利福尼亚，他在加利福尼亚稍作停留，并借机游历了约塞米蒂国家公园。当他抵达旧金山时已是5月中旬，从那里开始，他乘坐着蒸汽船溯哥伦比亚河而上，驶向了波特兰。

在迈诺特于5月末写给他父亲的信件中，他这样坦白道：“我在西部地区进行的大范围探险，是如此引人入胜，以至于我几乎无法为顾及我对家庭的感情与思念而错过这次机会，我迄今为止所做出的调查研究已经超出了原本所计划的总量。”他一抵达波特兰，便受到了查尔斯·普雷斯科特（Charles H. Prescott）与保罗·舒尔茨（Paul Schultz）的热情接待，这两人分别是俄勒冈铁路导航公司的管理者与地产经纪人。迈诺特曾解释说，“这两位经理人的热心帮助”与“他自己从波士顿带来的介绍信”一道，将他引入了学习大量有用知识的正轨之中。[41] 他调查了波特兰，并于其后借助俄勒冈—加利福尼亚铁路一路南下，先后驶抵了威拉米特河、安普夸和罗格谷。随后他又一路北行，先后到达塔科马、皮吉特海湾和西雅图，他甚至还越过了美加边境，拜访了位于加拿大不列颠哥伦比亚省的维多利亚市。

在漫长的旅途中，迈诺特并没有把自己限定在一个被动参观者的视角之中，他积极地对每一处相关细节进行详尽记录。正是由于通过自主观察才提炼出的一手资料，当迈诺特返回家乡时，它们将变得极为可靠且弥足珍贵。迈诺特检验着每一条铁路轨道的修建质量，并对其与终端设施对接的情况进行审视。他还尝试着对究竟哪一条线路即将得到扩张或是升级这样的问题做出预测，哪条铁路的设备情况仍然无法胜任载重运输的任务？哪里的木栈桥需要被替换成铁的？哪一条地方线路将会被升级成直通线路乃至主要干线？迈诺特还了解了许多不同区域之间气候和农业发展状况的知识。例如，西北部地区的哪些郡县对于玉米或葡萄种植而言过于寒冷，却极其适合谷物的生长？饲养在堪萨斯的牲畜与饲养在达科他的牲畜有何不同？以及为什么某些种类的畜类，饲养成本极高抑或运输成本较低？沙尘暴与厚重的积雪将会在何种程度上影响引擎与轨道的维护成本？众所周知，地形地貌影响着人群的聚落形态，并决定着铁路的建造与运营成本，那么对于修建在波特兰以北的一条新线路而言，究竟哪些地方需要架设桥梁或是开凿隧道？而这些工程又究竟能够以多快的速度进行施工？哪座城镇有更好的成长前景？是法明顿还是路易斯顿？海拔高度是如何影响一条线路的能耗状况的？而与竞争对手相比，一条路线的海拔状况又究竟如何？

在迈诺特乘坐火车辗转于各地的那些漫长的闲暇时光中，伴随着窗外西部地区的景致飞驰而过，他将大量的原始知识转换成了专业的金融术语，并试图以此来估算铁路的修建、扩张以及维护成本。他将这些数据填入用于预测的分类账目之中，以期评估相关铁路干线是否能够收回成本。迈诺特记录下的那些包括气候条件、土地质量、人口密度、移民就地安置进度以及在耕土地面积在内的种种信息，被当成了用以评估本地运输及区际联运（既包括客运量也包括货运量）前景的因素，而运载量的大小将最终决定收益的多少，因此被纳入了考量范围。地形特征（是否需架设桥梁或是开凿隧道）、就近获取廉价煤炭资源的可能性以及那些“悬而未决的、涉及如何驱逐印第安部落的议会决议案”，则被共同归结为是与一条线路的预期成本相关的因子。迈诺特的个人经历使他能够十分熟练地评定出某一具体铁路公司在美国东部地区发行债券进行融资的能力。特定公司现阶段的财务状况，以及其将现有资产作为抵押物用于发行债券的能力，决定了其贷款利率的高低以及其每个季度要为债券持有者支付利息的数额。而一家铁路公司偿付能力的强弱，将直接决定它是走上发展壮大的道路还是跌入破产清算的深渊。

迈诺特从波特兰开始一路向东，先后抵达了沃拉沃拉和大哥伦比亚平原，而在此处，旅行质量急转直下。当迈诺特被拉到华盛顿的代顿镇时，他如此写道："昨天在乡间道路上我一共只行进了约50千米，纤尘在空气之中近乎饱和，且直接导致了午后的一场小雨以及夜间的一场暴雨，但我仍然期待着这个下午我的旅程能够令人愉快。"[42] 他继续穿越在北部地区的平原之上，并先后在波默罗伊、斯波坎、路易斯顿、法灵顿、米苏拉、迪尔洛奇、海伦娜、比林斯以及穆尔黑德稍作停留。他本打算当年6月回到波士顿，但他本人的勤奋推迟了他的归期。"在我旅途之中的每一天，我都能有机会学习有用知识（这些知识值得我付出牺牲），在这里，与消息灵通的牛贩子会面、观望达科他地区最为优良的农场以及与地方行政官员高谈阔论，都成了我回归故里路途中的阻碍，就更不要说这一路上还散布着许多我希望能够考察的乡村和重要地点了。"[43] 似乎每个地方的人们都渴望款待并取悦于他。迈诺特曾向他的父亲如此提及："昨天我简直就是被一位来自新兴城市法戈的热情居民抓了个正着，当他从其他几位旅行者那里听说我正在遍历北部太平洋沿岸地区时，他坚持要将我载到城中，并于其后把我介绍给了当地的市长、首席银行家以及首席编辑等诸多杰出人物，我在这里被当成了波士顿资本的代表。”而随着他抵达德卢斯和圣保罗，住宿状况则明显好转了起来。在那里，他同样结识了圣保罗—明尼阿波利斯—马尼托巴铁路公司的总裁詹姆斯·希尔（James J. Hill）* 对年轻的迈诺特而言，与此等人物建立私人联系无疑意义重大。迈诺特于其后返回了家乡，并就其发现与经历编纂出了多份见解深远的报告。

迈诺特并没有等待太久，便又一次迎来了离开家乡的机会。他甚至还没能在波士顿再一次站稳脚跟，便受到了来自弗林特—佩雷—马凯特铁路公司总裁的召唤，后者正为了寻求新的资本注入而恳请迈诺特等人前往密歇根一游。“总裁威廉·克拉波（President William W. Crapo）希望他的铁路能够得到波士顿的代言，并引起波士顿人更多的兴趣。尽管杰克逊和柯蒂斯先生以往的关注焦点仅限于普通股票，但如果我的报告能够得出有利的结论，那么无论是我们的客户还是我们自身，都极有可能会去增加对该公司优先股的持仓。”[44] 很快，在当年的 9 月份，迈诺特便已深入到密歇根北部的密林中了，他一边享受着由舒适的总裁专列带来的便利，一边从东萨吉诺、哈里森以及马凯特穿行而过。[45] 当迈诺特返回波士顿时，他在报告中欣喜地指出，这条铁路已经展现出了足够多的即将在近期得到极大改善的迹象：“就这条铁路而言，无论是它的道砟材料、绳结还是铺设质量，都属上乘，大量的栈桥工程仍需推进，几处桥梁

---

* 加拿大裔美国铁路建筑家、金融家，著有《进步之路》。——译者注

需要被重新建造（一些需要用石头或钢材来代替木头），而在某些地方，出于经济方面的考量，道路的档次则被适当下调。”迈诺特估算着由各种各样的必要改良工程带来的成本，“公司的管理是可靠且具备竞争力的，总务委员会一门心思地想要提升维护及运营效率，没有理由去认为他们会做出什么非理智的盲目扩张之举”。密歇根州迄今为止尚没有显现出任何怀有敌意的立法或行政管理迹象，总的来说，亨利认为：“基于保护领地、扩大独立或是增加商机等方面的考量，人们应该对该铁路在五年之内发展壮大的确定性抱以信心。”[46]

上述两次西部之行，显著地提升了迈诺特在波士顿的声望，并滋长了他的自信，这两次旅程教会了迈诺特许多知识，而他也从不惜于将这些知识分享给自己的同僚。“我已经强烈地感受到了，相比于一个把自己锁在衣橱之中的博物学家，一个亲身前往实地进行调研考察的博物学家，到底拥有怎样的优势，以致现在，对于那些我只在办公室中进行过研究的资产，我再也不敢口若悬河。”[47]针对一手资料给自己带来的震撼，迈诺特如此形容道。实地考察原则始终指导着迈诺特的职业生涯，他一直坚持要亲自对铁路和其他投资标的进行审视，而这种现象也标志着他成功地从一个鸟类学家转变成了金融专家。更进一步地说，如果迈诺特曾经真的渴望“恢宏与远方”，那么他的愿望可以说是真正实现了，通过到那些与新英格兰地区（他出生成长的地方）相聚千里之遥的遥远边疆旅行，他成了波士顿的商业特使，扮演起了授权者一般的角色，在整个大陆上的任何一个角落中，迈诺特都能如鱼得水。

## 迈诺特的墨西哥中央铁路之行

随着来自波士顿的资本溢出美国的国境之外，迈诺特的旅行足迹也一并紧随了过去。在1884年春季，迈诺特的又一个重要任务，便是前去考察墨西哥中央铁路公司。从埃尔帕索一直延伸到墨西哥城，墨西哥中央铁路绵延长达约2 000千米，并处在一家于马萨诸塞州注册的公司的运营管理之下，该公司之所以能够成立，是因为新近通过的法律，批准了那种以在国外修建及运营铁路为目的而组建公司的行为。这家铁路公司背后的波士顿投资控股集团，与艾奇逊—托皮卡—圣菲铁路公司的控股股东是同一家，其总部位于波士顿的市中心，且该集团的总裁以及大部分的董事（13名董事之中的9名）也都居住在此。[48]这家铁路公司成了波尔菲里奥·迪亚兹（Porfirio Diaz）统治之下的墨西哥中最大的一家外资公司，同时也是该国最大的一家私人公司。[49]作为拉丁美洲的一项传统，该公司从墨西哥政府那里获得了慷慨的让步，这些让步包括在50年内免除任何地方及国家层面上的税收，在进口建筑用材时得到关税减免以及按照铁路建设的里程数从墨西哥政府那里获取丰厚补贴。[50]

这种波士顿的投资者能够控制墨西哥的经济发展，从墨西哥政府手中攫取大量利润，并在贸易协定中插入有利条款的现状，并没有被波士顿商人视作带有强迫性质的巧取豪夺。墨西哥中央铁路第一期工程的竣工，还被《波士顿每日广告报》形容为一项乐善好施的事业："就发生在今日的这项运动而言，激励着其向前迈进的，既不是我们针对他人领土的予取予求，亦不是我们发自内心的躁动狂热，更不是我们对于打家劫舍的异常渴望。在这项运动的带动下，不仅仅是利剑被重铸成了耕犁、长矛被打造为镰刀，就连大炮也被轧成了铁轨、缠绕成了电线。我们作为外来者，携带着自己的财宝，并将它们铺撒在墨西哥的处处山口或平原之上，而真正为我们所寻求的，仅仅是从由我们在当地所建立的繁荣之中分得一杯羹而已。"[51] 波士顿精英群体认为他们在墨西哥的事业，与早期的侵略行为完全相反，是建立在革命性的前沿科技、利他主义的金融投资以及互利互惠的自由贸易之上，这一切都与双方之间在实力上的不对等毫不相干。

迈诺特本人可以说是来自波士顿的第一批通过该铁路进行旅行的人士。此时他已经脱离了杰克逊-柯蒂斯经纪人事务所，并开始为李-希金森银行工作，此前，正是该公司充当了卡柳梅特-赫克拉矿业公司的金融后盾，而有赖于此，其也成功地跻身于波士顿最大的两家投资银行之列。迈诺特作为一个三人小组的牵头人，乘坐着一列为了保障舒适和私密而专门为他们打造的一等私人列车，向着目的地不断进发。他们为了做好充足的准备而在托皮卡进行为期两天的短暂停留。迈诺特如此报告道："为了保证我们顺利出行而调动起来的人力物力，使我深深地感受到了我此行的重大意义。"

而在从托皮卡前往埃尔帕索并最终进入墨西哥的旅程中，迈诺特则一路上都坐在位于列车尾部的开放式平台中，此时正值春季，美国西南部地区扑面而来的空气沁人心脾，他凝视着近处普韦布洛印第安人灌溉的农田与远处雄伟的雪峰，常常有身穿艳丽服饰的印第安人、空中飞翔的鹤群以及许多其他有趣的风土人情映入他的眼帘。迈诺特本人对于这次猎奇之旅感到兴奋不已，他渴望前去“了解那些他现在还只能依靠猜测来构想的真实情况”。[52]

然而他此次调研活动却远比预想中要困难许多。迈诺特把墨西哥城作为本次调研活动的后勤基地，并以此为出发点，向着墨西哥中央铁路主干线上位于墨西哥东部和西部的偏远区域展开了每周一次的“远征”。在众多的地点中，迈诺特着重探察了埃尔萨尔托、瓜纳华托、萨卡特卡斯、哈尔帕、科尔多瓦、库埃纳瓦卡、莫雷利亚以及弗雷斯尼约。[53]现如今，迈诺特对于收集与地区经济发展前景有关的信息这项任务已是信手拈来，而三人小组的日常职责则包括召集车站负责人，采访并联络当地的商贩、实业家、矿工、农民及旅行者，调查地形地貌以及检验铁路设施等一系列细致的调研工作。[54]这些例行公事与迈诺特之前的旅行相比并无二致，但由于身处美国国境之外，这些工作的实施难度极大增加。当迈诺特一行人一离开他们那舒适的私人专列，便发现当地的住宿条件与美国国内的标准相比简直判若云泥。迈诺特观察到，尽管入住的旅店的伙食不错，但潜伏在床褥之中的大量臭虫，使得人们大为恼火，“在墨西哥的旅店之中，一个人永远不可能独自享有一张床铺，因为那些‘永久性的房客（臭虫）’世代栖居在那里”。

而此时此刻墨西哥国内的政治局势，则为他们的调研之旅带来了更多的困难，最开始，迈诺特并没有将叛乱力量的风险考虑进来，“如果遇到了任何需要自我防卫的场合，我会确保自身的安全，”迈诺特曾这样向他的父亲保证道。然而，在墨西哥的首都之外，对迪亚兹统治的反对是如此激烈，以至于迈诺特也开始采取各种各样的防范措施，并尽量避免与当地人群发生没有必要的冲突。库埃纳瓦卡总督盛情款待了迈诺特一行，并为他们提供了军事护送，这在迈诺特看来绝对是一种好客行为，是西班牙式礼仪的一种表现形式，这些护送者与其说是警卫倒不如说是向导。尽管迈诺特真的十分担心自己的人身安全，但他仍然决定要完成属于自己的任务。幸运的是，由当地民众所发起的、针对迈诺特一行人最为恶劣的暴力行径，最终也被证明只是虚惊一场，反叛分子将一块岩石横在了铁轨之上。火车头正面与石块相撞，并因此脱轨，翻滚到了一边（按照迈诺特的说法，“就像一只受伤的公牛可怜地躺在那里”），但好在旅客车厢逃过一劫。由于列车此时刚刚出站，行进速度较为缓慢，迈诺特一行避开了更加严重的事故。在此事件发生之后，迈诺特便真的有些迫不及待地想要结束他在此地的任务了。“当墨西哥在我的视野中渐行渐远之时，我看着它远去的背影一定会满心欢喜！”[55]

在迈诺特的墨西哥之行中，令他倍感左右为难的，便是“为墨西哥中央铁路修建支线”是否明智这一问题。波士顿的投资者把修建从埃尔帕索直通墨西哥城的墨西哥中央铁路主干线当作了优先事项，这条线路向北穿越了美墨边境，并与艾奇逊—托皮卡—圣菲铁路连接在了一起。随着这第一期工程在公司成立的头四年中竣工，墨西哥中央铁路便成了美国铁路系统的分支，并使美国的铁路系统与墨西哥国内那些人口密集的中心城市成功连通。但那些路程更短、为特定区域提供服务并能够向该铁路的主干部分供给运输流量的分支路线的开工，一直以来进展缓慢。该铁路的第一条支线延伸到了一片银矿区，并带来了迅速而确定的利润。而不以矿区为目的地的支线，仅仅连通了两处位于墨西哥西部及北部的农业区域。如此稀疏的支线网络，意味着列车只能运载那些能够就地取得的货物，而这些货物的来源地，通常限定在铁路周边 16 千米的范围以内。就如同许许多多修建在拉丁美洲的铁路那样，墨西哥中央铁路在区域层级上既缺乏纵深覆盖又缺少运输密度，而这种情况最终极大地限制了其对墨西哥经济的影响能力。[56]

迈诺特的报告反映了投资者的观点，他警告分支线路的修建将只会成为拖累主干线业绩的负担。[57]迈诺特对于运输流量提升的潜力极其悲观，例如“每英里毛利润”那样的传统指标，亦反映出相比于艾奇逊—托皮卡—圣菲铁路公司，墨西哥中央铁路公司处于完全不利地位。在墨西哥，省会一级的城镇往往只具备微乎其微的制造业基础。就拿迈诺特所列举的利昂市来说，该市虽然以人口数量超过 10 万而远近闻名，但其所表现出的工业活跃程度，低于许多人口只有 5 000 规模的美国铁路沿线城镇。“人民的普遍贫穷，意味着他们的消费能力低下，而这也同样是交通发展进程中的重大不利因素。”[58]因此，对于迈诺特来说，对那个十分流行的、认定了“进一步的路线建设将导致墨西哥中央铁路运力过剩并对公司的总体赢利能力造成损害”的观点加以确认，无疑是十分明智的。

迈诺特的论断，与其他许多在墨西哥修建工程的美国铁路公司得出的结论不谋而合。这种结论不仅与经济原因有关，更牵扯到了法律及政治因素。相比于在墨西哥政府的支持下建造主干线，修建区域性支线的难度陡然上升。在墨西哥各地的行省中，地契这类文件的可靠性与合法性对于外来者来说普遍存疑，而外来者也从来没能真正搞清究竟与哪些势力进行合作，才可以确保施工和运营的顺利进行。工程建设往往会轻易地陷入与地方政府的司法纠缠之中，且相比于国家政府，这些地方当局并不总是对美国人张开双臂。乡村地区的大地主和广大城市人口，经常抱怨铁路对他们造成的侵犯，因为铁路的修建不仅会打乱原有的贸易路线，损害他们自身的利益而使某些其他地区获利，还会使墨西哥的国内市场充斥着来自美国的廉价商品。[59]

上述的种种不利状况，意味着通向墨西哥地方各省的铁路将不会得到建造，而该国之中的大部分人口仍需使用原始的土路。[60]说到底，墨西哥中央铁路的构筑方式，有助于美国将国内货物出口到墨西哥的主要城市当中，同时，它也为美国从墨西哥进口初级商品（矿石在其中占据了主导地位）提供了便利。事实上，此类跨境贸易的确在 1880 年到 1890 年实现了快速增长。[61]迈诺特本人对于这一优先事项关切备至，他十分敏锐地指出了这条主干线的重要战略价值，以及由此而带来的该条铁路的强大生存能力。“在任何内战或是革命的当口，墨西哥中央铁路的主干线都会成为该国政府拼死保护的重要目标，以及反叛者最为紧迫攻击的目标。”但也正是因为如此，投资者可以完全确信墨西哥中央政府将尽其所能地前去保护美国人的资产。“迪亚兹对革命很熟悉，他完全明白应该如何对付那些革命者。”[62]

## 迈诺特的铁路公司副总裁生涯

美国圣保罗—明尼阿波利斯—马尼托巴铁路公司，则标志着迈诺特职业生涯的又一个起点，以此为开端，他逐渐走上了人生的巅峰。在迈诺特来到这里之前，人们曾普遍认为这家公司的开局实属命运多舛。这家铁路公司是从其前身圣保罗和太平洋铁路公司的废墟中，通过破产重组才一路走来的。当地政府曾于 1856 年批准了这家公司的成立，并将其作为“建立区域交通运输网络努力”的一部分，慷慨地向其赠予了大量土地。而这些初始资产则赋予了公司在纽约、伦敦乃至阿姆斯特丹募集资本的能力，但十分可惜的是，在该公司成立后的 20 年中，当地的开拓进程一直落后于最初的乐观预期，以至于由铁路的运输流量带来的收益，始终无法覆盖该公司的债务偿付需求。公司的财务状况也因此一直十分脆弱，并最终在 19

世纪 70 年代陷入了破产清算的深渊。但在 1878 年 6 月，公司的前景出现了一丝转机，针对该公司的债务问题，一个新的投资团体与原先的债权人进行了谈判（总的而言是以荷兰债券持有者的利益为代价，让公司从支付债务利息的负担中解脱了出来），并在其后接手了该公司的资产，让其重获新生。19 世纪 70 年代末期，随着美国国内的宏观经济开始从漫长的衰退之中触底反弹，处于该铁路覆盖范围之内的土地已由于居民密度的不断增长而变得日益繁荣。这条铁路坐落在极其重要的交通枢纽之上，将明尼苏达州的诸多城市中心与该州的农业核心地带连接了起来，同时也让地处温尼伯的小麦市场与该州的北部边界连成了一片。[63]

就如同许许多多的铁路网络一样，圣保罗—明尼阿波利斯—马尼托巴铁路的发展壮大，也需要倚赖于那条连接着美国东部与西部的投资之轴。在公司的控股权易手之后，该公司的总裁，来自圣保罗的企业家以及新的持有人团体的成员之一的詹姆斯·希尔，以及该公司的副总裁，作为纽约银行家，在公司被收购的过程中起到了中间人作用，并获得了该公司的股权的约翰·肯尼迪（John S. Kennedy），便成了公司日常经营管理过程中最为重要的两位领头人物。尽管此二人通常相距千里之遥，但他们之间的配合可谓天衣无缝。希尔监督着铁路的日常运营，并推进着该铁路向美国西北部地区的扩张，而与此同时，肯尼迪则作为公司的金融代理人在东部地区往来奔波。希尔一边顺利地修建工程、并购地方性线路，一边使用着由肯尼迪通过在纽约市向投资者发行公司债券而筹集到的资金。[64] 从 1879 年到 1883 年，二人配合默契，使圣保罗—明尼阿波利斯—马尼托巴铁路成长为大平原地区最为主要的铁路线路之一。在此期间，由该公司所运营的铁路里程实现翻倍，从 800 千米延长到了约 1 900 千米，公司的员工数量，增长到了 5 800 余人，且公司资产清单下的机车、车厢以及站台数量，也在不断扩张。圣保罗—明尼阿波利斯—马尼托巴铁路，已经从一条步履维艰的地区性线路蜕变成了一个处在茁壮成长之中的区域性铁路系统。[65]

但是，当那些加拿大投资者把他们的注意力转向加拿大太平洋铁路公司，并因此开始在公开市场上抛售自身所持有的马尼托巴公司的股票时，这两位公司领导人便遭遇到了潜在的危机。这是因为，一方面，该公司从外部筹集资本的能力有赖于其股票价格的长期稳定以及其股东所享有的良好声誉；而另一方面，公司股权较为分散的现状同时对上述两个条件的成立构成了威胁。为了确保公司的成功能够延续，希尔与肯尼迪试图寻找一个享有盛誉的投资者团体，让该团体从加拿大人的手中直接收购公司股票，并因此跻身于公司的大股东之列。他们很快便将芝加哥—伯灵顿—昆西铁路公司的波士顿领导者群体当作了自身潜在的合作对象，一旦他们之间的合作取得进展，那么对方不仅会为公司带来必要的资本、长期地持有该公司的股票，而且只要符合双方的利益，他们还可以让马尼托巴公司旗下的铁路系统与芝加哥城连通起来。双方进行了秘密磋商，代表波士顿的投资人团体是由伯灵顿铁路公司的约翰·默里·福布斯（John Murray Forbes）、查尔斯·埃利奥特·帕金斯（Charles Elliot

Perkins）和亨利·李-希金森组成（福布斯和帕金斯为负责人），相关磋商进程一共持续了两年时间，并于1885年夏季达成了最终协议。在此协议中，波士顿投资者将在第一个阶段里一并收购马尼托巴公司2万股（股票份额占到该公司总股本的10%）。同时他们还希望能够获得该公司董事会中的两个席位，但他们暂且只定下了一个人选，此人将既是公司的董事又是公司的副总裁，而他们最终选择了迈诺特来担此大任。于是，在当年的8月末，迈诺特来到了圣保罗，开始履行这一全新职务。

之所以会选择迈诺特，主要是为了奖励他在这笔交易顺利推进的过程中所起到的催化剂一般的作用。在之前的数年中，尽管迈诺特一直在为他父亲的办公室工作，但他坚持为波士顿的金融家留意着西部地区的铁路建设。迈诺特曾在1885年时对马尼托巴铁路公司进行过一次系统性调查。[66]而由迈诺特在上述调查结束之后所发表的看多该公司的报告，则得到了这笔交易中关联各方的争相传阅，并对相关交易的进展起到了强烈的推进作用。随后，迈诺特还直接与福布斯、希金森以及帕金斯等人通信，在这些信函往来中，迈诺特热情地为三人答疑解惑、阐明细节。在这一过程中，迈诺特不仅评估了目标资产的质地，还提供了包括公司内部的组织架构、其他可能发出竞争要约的投资团体、进行最终协商的适宜时机以及增加持股份额的未来前景（可能会最终达到“控股”的程度）在内的诸多信息。[67]他热情地催促着双方将这笔交易向前推进，而在这笔交易成功之后，他还收到了一笔与最终股票成交量成正比的中介费用。

相比于里里外外都凸显着美墨边境南北两侧那巨大发展差异的墨西哥中央铁路，马尼托巴铁路的所面临境况可谓截然不同，同样的，与该公司在区域内最主要的竞争对手，横贯整个大陆的北太平洋铁路公司相比，其情形也迥然相异。[68]尽管对于墨西哥中央铁路来说，分支线路的存在将削弱其主干线的生存能力，但马尼托巴铁路在19世纪80年代的扩张，着实是通过一系列“开枝散叶”才得以实现。[69]这条铁路延伸到了包括明尼苏达、马尼托巴、威斯康星、达科他在内的诸多区域，而无论是从亚历山德里亚到巴恩斯维尔、从莫里斯到布朗山谷、从布雷肯里奇到德宾，还是从大福克斯到奥加特，这些分支路线的长度都相对较短。这种着重关注区域层级的策略，使得马尼托巴铁路极大地促进了移民在当地的定居进程，并最终依靠着北部平原地带的小麦产区开发出了运输量与利润都极为可观的交运体系。北太平洋铁路公司实施了不断扩展，穿越居民稀少的地区，以把美国西洋岸地区纳入铁路运营范围的扩建工程，而耗资巨大的工程最终大大消弱了其实力，马尼托巴铁路公司却借机巩固了其在湖泊区域以及上密西西比河谷地区的阵地，依靠上述两块根据地，该公司打下了极为稳固的经济基础。这样的基础使马尼托巴公司有能力推行向西方渐进性扩张的策略，其触手先是从达科他蔓延到了蒙大拿，并在随后的岁月中继续延伸。[70]

在圣保罗，迈诺特开始作为马尼托巴铁路公司的常务副总裁，承担起了行政方面的职责，而对他个人来说，从一个金融角色向一个管理角色的转型，似乎仅仅是水到渠成的事情。金融方面的急迫需求，令迈诺特持续地付出努力，以求在公司内部建立起秩序与系统、管理体系以及责任制度，在这一点上，股权所有与经营管理之间不但没有任何矛盾，反而还是紧密的同盟。迈诺特如此报告道："现如今，我在这里最为主要的作用，似乎就是要为公司找到合适的组织管理方法，迄今为止，这里的管理方式仍有诸多不充分或缺乏条理之处，无意义的摩擦与不规范的行为随处可见。"[71] 迈诺特承担起了管理任务，并亲自编写了公司的组织行为准则。为了使公司的运营更加合理，这一新的准则描述了各个部门的功能职责、各部门之间的协同关系以及开销与费用得到批准和授权的正规流程。该准则也同样加强了对"事件报告"及"记录留存"的要求。[72] 作为一个追寻着利润的金融家而非一个领着薪水的技术专家，迈诺特仍然能够在制定管理原则方面拔得头筹，而在公司内部的复杂的层级体系之中，他也完全能够做到游刃有余。[73]

与推动井井有条的商业运营同等重要的，是迈诺特与波士顿之间的持续联络，他及时向那些身处波士顿的同僚告知公司内部的发展情况，并为他们审视着其他西部商业冒险之中的投资机遇。除了规律的通信及电报交流以外，迈诺特现在还同样扮演起了东道主那样的角色，他时常需要接待那些从东部地区前往此地进行调查研究的金融界人士。在一次长达十天的铁路之旅结束后，迈诺特报告说，他对于自己与波士顿的彼得斯－帕金森经纪人事务所（很快便改名为帕金森－伯尔经纪人事务所了）的塔克·伯尔（Tucker

Burr）之间的友谊深感荣幸。而仅仅在数月之后，一个更为尊贵的代表团便到访了，这一代表团由福布斯、帕金斯以及芝加哥—伯灵顿—昆西铁路公司的其他两位董事组成。该代表团的行程长达2 500千米，他们一直行进到了马尼托巴铁路公司最新开发的外围支线之一，堪称文明边疆的北达科他的迈诺特镇（是在他到达之后才被命名的）。迈诺特曾如此揶揄道："为了一块地处西北部荒原之上的一块营地，而打着先辈的旗号，这足以毁坏先祖享有的那份宁静，可惜禁酒党人在这座新伊甸园中的投票权是如此轻微！"[74]

在之后的数年中，随着迈诺特持续地在古老的西北部地区建功立业，他渐渐滋生出了对于马尼托巴铁路公司的忠诚之感。迈诺特对于这条铁路的进一步扩张抱有极大热情，一旦其最终穿越那片位于达科他和蒙大拿地区的高原，那么公司的货运品种便将不再只限于小麦而将得到极大地丰富，无论是牲畜、羊毛、矿石还是木材，都将被纳入公司的运输体系。而对于那片挡住了该铁路的前行之路的黑脚印第安人（Blackfoot Indian）保留地，迈诺特则发出了严厉谴责，在他看来，这片保留地的面积实在是太过巨大。他认为这片硕大的印第安人保留地理应是马尼托巴铁路公司的"应许之地"，"面积多达100平方千米的辽阔土地，居然被政府赐予了一小撮为数仅有四五千人的印第安部落，可以想见这些部落根本就种不了那么多的地。"在玛丽亚斯河口这个1870年美国军队曾对印第安人展开过最为恶劣的大屠杀的地点，迈诺特表达出了他对于这片土地很快便会对外敞开的坚定信心，"这将允许我们的铁路一直延伸到落基山脉，并将其枕木之下的土地一概连接起来”。[75]

但就如同其他许多在西部地区建立了新家园的东部移民一样，迈诺特与波士顿的联系也从未减弱。他在董事会中的纯粹存在，以及他对铁路事业发展前景的坚定信念，促进了波士顿的投资人对铁路类股票持有份额的持续上升。在 1888 年，马尼托巴铁路公司 20 万股的总股本中，共有 6.5 万股为波士顿的资本所持有，且此时波士顿的投资人一共占据了该公司董事会七个席位中的两个席位，而在接下来的一年中，随着威廉·福布斯（William H. Forbes）与迈诺特的兄弟小威廉的加入，波士顿人最终获得了他们的另一个席位。此时，波士顿的股票持有者群体已从一个狭窄的小圈子扩散到了为数众多的家族成员当中。类似于福布斯、希金森、卡伯特、劳伦斯那样的名门望族的成员，纷纷开始购买并持有相关公司的权益。亨利·迈诺特的父亲便控制着 6 500 股马尼托巴铁路公司股票，而这些股票又分散在他旗下的总共 63 笔信托资产之中，这些信托的受益人不乏那些从属于塞耶、李（Lee）、阿普尔顿、帕金斯、加德纳以及库利奇家族的成员。[76]在亨利·迈诺特与其父亲的管理与监督之下，同时也是依据着由法官普特南所阐明的审慎性原则，这些家族调动起了他们历经数代人经商及实业经营才累积起来的储蓄，并将其投入到了回报丰厚且处于时代前沿的领域当中，这使他们的资产组合长久地保持着竞争实力，并为他们赚取了极为可观的股息红利。由此看来，那些在早些年间积累起来的资本，不但没有随着代际的传承而消磨殆尽，反而还在 19 世纪末期，资助了铁路事业的腾飞与美国西部经济的发展。

迈诺特所享有的崇高地位，可以说是清晰地揭示了那个至关重要的、塑造了泛大陆化经济增长的联盟的现实存在。依靠上述联盟，那条指引了资本进行横跨大陆的流通，并同时调和了社会之中和区域之间巨大差异的轴线，最终让那些家世深厚的美国东部精英与那些缺乏渊源的西部新贵走到了一起。而在数不胜数的会议及私人聚会上，这一利益同盟则得到了人们的热情赞美与广泛支持。举例而言，在一次为了考察一条从湖区通往落基山脉的新线路的建设条件而进行的远途调研中，迈诺特与其他两位从纽约来到马尼托巴铁路公司的董事，萨缪尔·索恩（Samuel Thorne）* 以及史密斯·威德（Smith Weed）** 一道，与蒙大拿的粗犷之风交融在了一起。对海伦娜当地的贸易委员会成员而言，一旦他们的城镇能够被这条新线路选为终点，那么财富必将滚滚而来，于是，他们为这些来自东部的访问者举办了一场盛大的“示爱盛典”。迈诺特则以一种嘲讽的语气将其形容为“聚集起 200 名显赫的城镇居民，痛饮上 200 桶香醇的葡萄美酒，聆听着 200 场激昂的公共演说”。迈诺特记录下了他对于这种社会融合表现出的疑虑，并这样向他的父亲解释道：“这展示了人生奇异的一面，我，带着我的性情、我的馈赠以及我

---

* 萨缪尔·索恩，一位银行家同时也是金融家，他的家族渊源甚至超越了迈诺特。——译者注

** 史密斯·威德，纽约州前任州长的顾问及民主党总统候选人萨缪尔·蒂尔登（Samuel J. Tilden）的顾问。——译者注

的合作方们，在落基山脉之中到处游荡，与陌生的人们同床而眠，并大口咀嚼着那些为强壮的登山者准备的粗鄙食物。”[77]

想要解读出隐藏在由这些节日般的夜晚所展现出的“普遍性基调”背后的现实性逻辑，其实相当简单，一批与海伦娜相类似的城镇，正为了吸引美国东部地区的资本而展开竞争，也正是因为如此，在展示自身的经济潜力这一点上，没有哪一个地方的商业社群会愿意放走哪怕是一丝一毫的机遇。一份由当地贸易委员会出版的刊物如此介绍道：“海伦娜是一座有无尽可能的城镇，在短短 20 年的时光中，她已经从一个简陋的采矿者营地转型成了一座大都市。”事实上这座城镇的人口从 1880 年时的 3 600 人增长到了 1890 年时的 1.3 万人（当地贸易委员会号称有 2 万人）。当然，想要对未来的前景做出精确的预测是一件不可能的事情，但也正是因为如此，该委员会似乎获得了某种极尽夸张的许可。在他们眼中，蒙大拿日后所能够取得的成就，将不亚于一个帝国，而海伦娜则将成为这个帝国最大的“田园属地”。在海伦娜极富进取心的商人群体与勤俭节约同时力行进步之举的当地政府的带领下，任何人或事都不能阻挡海伦娜最终取得为其所渴望的成就——成为西北部地区的领先城市。该委员会的成员如此指出：“如果对此还有什么疑虑的话，那么你大可放心，因为美国东部地区的资本家已经意识到了海伦娜为了促进投资而提供的诸多便利，并已经将他们的资本部署到了这里。”[78] 似乎任何敢于质疑该城“昭昭天命”的商业人士，都是在冒着忽略掉一座真正的富矿的风险。

曾几何时，迈诺特在与背景可疑之人社交时，常常心怀疑虑，然而，如今他已学会了克服这种情绪，并适应了他作为中间人的新角色。这一点，也同样体现在他与他那出身卑微的老板——希尔先生的关系之中。尽管迈诺特从没有怀疑过自己所处的优越地位，但通过近距离观察那位白手起家的美国企业家的一举一动，敬佩之情从这位来自历久弥新的波士顿富裕家族的后裔的心中油然而生。“他绝对堪称一等一的美国先锋，虽然在他的人生伊始，无论是他的出身还是他的成长环境都没有显示出任何可观的优势，但依靠着彪悍的体形、强大的思维能力以及精明的观察与行动，他自身便具备一种天生且原初的动力，而正是这种动力最终将他推入了最为成功的实践者之列。”迈诺特在进行反省时曾如此总结道。尽管在这类人的身上总是隐含着某种过度膨胀的风险，例如狂妄自大或是飞扬跋扈，但由于这个人在自己的人生之路上一直心怀善意并非常温和，他无疑也具备足以避开那些陷阱的良好品质。对于迈诺特而言，他能够对希尔有这样的看法，绝不仅仅是屈尊俯就那样简单，“对于即将发生的事情，希尔有着迅速预见并参悟理解的能力，这一点令人深受鼓舞。同时，对于诸多商业及家庭生活范畴之外的事务，他也了解，并深谙其道。他对于英语文学与现代艺术常识的熟悉程度，令我深感震惊。作为一个运动方面的专家，他并没有因为缺乏机遇或是训练而遭受失败，相反，他是一个极佳的射手，当他的右眼受伤之后，他在近些年逐渐学会了使用左手进行射击。他对于学习及自我提升的渴望，使我在与他的交往中获益匪浅。”[79]

可最终在1889年时，迈诺特对于希尔的评价急转直下，他们的友谊也走到了尽头。那时，马尼托巴铁路公司正在发起一项最终将使公司升级为横贯大陆的大北方铁路公司的建设运动，由于那时迈诺特已经成功地督导了数条铁道线路的扩张计划（最近的一次是从圣保罗扩展到苏必利尔和威斯康星），他认为自己无疑就是那个适合监督这一横贯大陆的铁路干线的最佳人选。可当希尔拒绝了他的毛遂自荐之后，他便带着愤怒与失望辞职了。新的雇主迅速向迈诺特发出了邀请，并向他提供了艾奇逊—托皮卡—圣菲铁路公司的副总裁一职，而很快地，正是在这一职位上他撒手人寰，此时正值1890年11月份。

## 波士顿的金融家在美国经济转型过程中的重要作用

迈诺特的英年早逝，导致他最终没能成为更加伟大的角色，同样，他也因此没有被人们当作美国经济发展过程中的先锋人物。然而，他的职业生涯无可置疑地凸显出了19世纪末期财富通过投资及再投资而得到积累的过程，以及投资与美国资本主义发展轨迹之间的历史纽带。总的来说，这一时期的波士顿精英阶层对这种关联引以为荣，他们之所以能够将大量被积累起来的财富整合到一起，依靠的既不是有失公平的经济实力差距，亦不是对于一个民主政体而言拥有过大的权力，他们是靠着对美国进步的推动以及向所有人群广泛地撒播物质上的舒适，才最终实现了上述目标。精英阶层认为，尽管金融的力量极其巨大，但其归根结底是于人有益的。他们并没有将金融家看作鲁莽冲动的投机分子或无法无天的奸诈商贩，而是将他们视为勇敢的梦想家与绅士，他们那审慎的判断，使得他们成了人类通向普遍幸福与繁荣的道路上不可或缺的角色。

迈诺特在波士顿州街上的同僚，私人银行家纳撒尼尔·塞耶（Nathaniel Thayer），则启发人们清楚地认识到为什么不断集中化的财富，不但不是恶毒的或令人遗憾的，反而还是与社会进步及经济发展密不可分的。[80] 塞耶先生于1888年去世时，留下了波士顿历史上最为庞大的单笔财富。而塞耶的悼念者，也抓住了这个机会，为巨额财富体现出的美德大唱赞歌。在一个绝大多数美国人都会将繁荣归功于辛勤的劳动人民的时代里，人们对塞耶先生一生的悼念与致敬，却凸显出了在“个人累积起巨额财富”与“整个国家的经济进步及繁荣昌盛”之间存在着互为因果的关系。[81] 这种关系在大航海时代便体现了出来，在那时，来自新英格兰地区的最为成功的个人，便在整个“西印度群岛区域”推动了利润可观的“自然及渔业产品贸易”，并最终促成了“四海通衢”的盛况，在那个时代，他们可以说是发展与进步独一无二的代言人。而随着大型制造业企业在联合资本的助力下实现崛起，上述传统得到了沿袭，尽管大多数由此而创造出来的财富，都被占比相对较少的个人所攫取，但这些工业冒险也的确为整个社会提供了“舒适与奢华”。[82] 最终，人们为了能够在美国那不断扩张的国土上进行旅行和运输而兴建的铁路系统，引起金融与中介业务迅猛发展，就连原先的那种财富积累模式也显得相形见绌。从东部地区涌入西部地区的金融资源，使得铁路系统在广阔西部的发展壮大成了可能，而最终也正是依靠着铁路，美国的东部与西部才能够平等地从彼此之间的交流与通商之中互利互惠。[83]

正如在怀念塞耶的悼词所断言的那样，身处波士顿的投资者从没有想过要放弃他们在美国经济体系中所占据的主导地位。塞耶与他的同僚们绝非什么江河日下的破落群体，相反，他们是在整个大陆的范围内推进现代化经济扩张壮举的时代先锋。除了物质资源以外，由这些金融家所提供的，还包括至关重要的、充满睿智的领导能力。从这个角度来看，他们跨越时间与空间调配资源的能力，简直就如同超人一般神通广大。无论是凭借着一张记录了商业指令的字条还是潜藏于大洋深处的海流，他们都能够将遥远的地域连接在一起，并使得原先仅限于某一地域的珍贵货物最终能够在整个世界畅销普及。他们也同样具备预测未来的能力，只要为他们提供一颗含有生命的种子，他们便能够预料到其在日后的丰收。就如同一套完美的水利系统一般，依靠着孜孜不倦的源泉、主干水道、储水池以及分支管线，这些投资者能够高效高质地调配资源，并使之为社会与美国创造利益。[84]

绝非掠夺者或剥削者！美国波士顿精英阶层普遍认为塞耶与他那些工作在波士顿州街上的同事，恰恰是至关重要的社会及经济活动家。的确，潜伏在金融系统之中的欺诈与腐败，早已令他们深有体会，同样，市场风险也时常爆发。但上述微小的缺点之所以会成为长久以来挥之不去的话题，仅仅是因为一些更加系统化的权利不平衡现状遭到了人们的刻意忽略。传统上，波士顿州街往往会将这些金融领域的黑暗面归咎于那些“不合格的家伙”，他们的行为既不明智也不合法，而上述言论的批判对象，显然不是他们自己城市之中的那些审慎商人。这种措词上的差异，在诸多历史及文学记录中都得到了具象化的体现，而这也同样使得波士顿精英的自我感觉变得越发良好。上述特点也同样体现在了那篇为塞耶先生而作的悼词中，其几乎毫不费力地便将责任推诿到了那些出身卑微的新贵的头上，这篇悼词用“贪婪、鲁莽”这样的词汇来形容这些新贵，意图炮制出他们心怀狡诈，倾向于不择手段并沉迷于赌徒策略的形象。按照那篇悼词的说法，正是这些“小人物”，败坏、玷污并辱没了以往那种诚实且安全的商业模式。但与之相反的，波士顿豪门则被假想成了“工作在合法且智慧的企业中，大度、聪颖且关注盈利的正派人士”。[85] 尽管波士顿及其他地方的精英投资人群体与分布在遥远而宽广的区域之中的商业冒险牵扯极深，并时常需要与詹姆斯·希尔那样的新贵通力合作，但依靠着这种不着调的区别方式，他们保留了自己作为老练的且归根结底是为现代化而服务的乐善好施的良好的形象。

# 第四章

# 波士顿公园争夺战

## 由技工慈善联合会的请愿引发的争端

在 1877 年 1 月，由波士顿的技工、工匠和小工厂主组成的马萨诸塞州技工慈善联合会向波士顿政府发出了请愿，该组织希望政府可以允许他们在波士顿公园中举办第 13 届三年一度的机械展览会。这些请愿者认为，以往曾举办了前 12 届展览会的场馆——法纳尔大厅和昆西大厅的面积，对于种数不断扩大的展品而言，已是捉襟见肘，而由于展览的规模已经超出了原有场馆的容纳能力，技工寻求在波士顿公园中临时建立起一座大型建筑，用以举办他们的“工业与艺术”机械展览会。之所以举办这场盛会，不仅仅在于要向人们展示波士顿作为全美制造业中心的突出地位，还包括更加重要的初衷——激励新一代的技术工人，因为下一代的技工群体必将在未来肩负起延续城市的经济繁荣这一重任。综上所述，这场展览会将被用来庆祝工艺品为波士顿地区的工业发展所做出的贡献。然而，由金融家、商人、实业家以及律师群体所组成的波士顿市民中的精英阶层（他们中的相当一部分人都居住在公园附近）对此做出了强烈而坚决的反对，他们认为，在一处本是为了休闲娱乐而设立的地点举办机械展，是一种既粗鲁又冒犯的举动。在随后的一阵由书信与请愿书组成的“枪林弹雨”中，以及两场漫长的、一直持续至深夜的听证会中，这些精英明确地表达出了自己的强硬立场，他们绝不会对这次“针对公园的袭击”坐视不理。

这场以举办机械展览会为目的，而向着波士顿公园发起进军的活动，反映出了波士顿生产者群体所抱持着的一种新层次的自信心理。这种致力于占据城市中最为显赫的公共用地的决心，展现出了这些小作坊主与小商贩在波士顿层级上的支配性地位，以及他们对于政治与经济事务的控制性影响。而这座城市在之前 20 年中的发展轨迹，也同样为这种自信满满提供了凭证。爆发于 19 世纪 50 年代的焦虑与混乱，将马萨诸塞州中那些看似无所不能的棉花大王拉下了神坛，也使平民阶层加强了对波士顿市政府的掌控力度。在工人与技工的控制下（这一点尤以南北战争结束后为甚），当地政府将一系列涵盖极为宽泛的职责视为己任，并急剧地扩张了向基础设施与教育医疗等领域投入的公共资源。在巨额的政府开支以及有利的税收政策的助力下，无数新区在城市的边缘地带拔地而起。以城市生产者为主力军的都市经济扩张进程，也由此进入到了一段迅猛的发展时期，而一个深深地嵌入到了上述城市扩张进程之中的、由小商人、店主及技工组成的全新阶层所能产生的政治影响日益增大。尽管 19 世纪 70 年代的经济衰退使南北战争刚刚结束后洋溢在美国人民之间的乐观主义情绪有所衰退，且资本向西部地区的流动也引起了诸多观察家的警觉，他们对这种趋势在长期范围内会对波士顿乃至整个新英格兰地区造成的负面影响忧心忡忡，但对于都市工业经济和此中的参与者而言，这一时期绝对称得上是一个“黄金年代”。而为了纪念由自己所取得的成就，并大力赞颂工业化社会之中的自由劳动力价值观，波士顿生产者群体对这次展览会的举办可谓翘首以盼。

而在同一时期，波士顿商业精英的境遇则绝非一帆风顺。在南北战争爆发之前曾笼罩在波士顿上空的废奴主义倾向，此时已完全击退了精英阶层对于美国南方的绥靖主义心态，精英阶层的成员不但遭到了波士顿市政府的扫地出门，就连他们的道德名誉也受到了严重损害。尽管精英群体仍有能力重组自身，并巩固自身的金融地位（事实上，他们的经济前景从未如此明朗），但他们在波士顿这座作为其金融、社会及文化内核的城市之中的权威一去不返。随之而来的将城市外围土地纳入波士顿管辖范围的“大兼并运动”的推进，不但完全无视精英群体的审慎警告，还与“规模很小且财政自决的城镇”这一他们珍视的区域传统背道而驰。在精英阶层看来，波士顿的政策制定者奉行着一系列实属误人子弟的优先事项，将当地政府推入了一种不断扩张财政支出与征收财产税的“恶性循环”。这样的情况（对那些精英观察家而言）已然威胁到了波士顿作为“对商业活动具有吸引力的城市”那样的地位。波士顿市政府似乎对那些呼唤“合理及良好引领”的请求置若罔闻，而那些得到了居于领导地位的政治经济学专家热切支持的改革提议，也遭遇了极为顽固的抵制。由于当时的市政议会代表工薪阶层与中低收入群体的利益，波士顿正在冒着失去其“美国的雅典城”这一称号的风险。事实上，波士顿正在迅速地转型为一个专为技工、店主以及小商人提供服务的城市，而上述这些阶层的迅猛发展，也将原来那个古老且紧凑的港口城市转变成了一个向四周杂乱无章拓展且遍地污垢的大都市。

发生在19世纪60年代到70年代的马萨诸塞州工业经济大突变，令波士顿的技工第一次感到了人心振奋。在这次大突变中，波士顿依靠着“多种制造业并行发展”这一全新的经济模式，完成了对早先围绕在波士顿周围的、单一工业型城镇的全面超越。在南北战争爆发之前，马萨诸塞州中的制造业经济重心，就分布在波士顿的周边城镇中，包括奇科皮、林恩以及最为卓越的洛厄尔。在19世纪60年代末，波士顿这座作为地区政治、金融及文化轴心的城市，在制造业领域却少有建树。在制造业从业人员数量这一排名中，波士顿所属的郡县在整个州中仅能名列第五，而在工业投资额与工业总产值这两份榜单中，波士顿也只得遥列第四。[1]但上述情况在随后的20年中发生了翻天覆地的变化，在这段时间里，波士顿逐渐崛起为整个州之中最为出类拔萃的制造业中心。在1880年时，波士顿所属的郡县在马萨诸塞州中已位列工业总产值榜首，且在工业领域总投资与制造业雇佣规模这两项指标中，波士顿也紧随第一而位列其次，并很快便实现了超越。[2]

波士顿这个新兴的制造业基地，不仅实现了产能总量方面的跃升，就连其发展方式也与其他城镇截然不同。与环绕着自身的那些单一工业型城镇不同，在波士顿，没有任何一个工业门类能够占据主导地位。波士顿自身的工业化发展，是通过分布在范围极广的经济部门之中的、规模相对较小的企业的不断增殖来实现的。而同一时期，类似洛厄尔、劳伦斯、福尔里弗以及林恩那样的、环绕在波士顿外围的卫星城，毫无例外地都是处在某个单一工业部门的支配之下。1880 年，在洛厄尔、劳伦斯以及福尔里弗，多达 80% 以上的制造业相关资本都投入到了棉纺织工业中，同时，该产业也雇用了这些城镇中 80% 的劳动力并为这些城镇贡献了接近 80% 的工业总产值。[3] 而在林恩，接近 90% 的工业相关资本投入，都被锁定在了靴靴制造业中，且这一产业雇用了这座城镇中 90% 以上的劳动力，并创造了 90% 以上的工业总产值。[4] 因此，无论是那些坐拥着“资本聚集程度不断提升的纺织工厂”的纺织业中心，还是那个扎堆聚集了诸多“中等规模鞋靴制造工厂”的城镇林恩，它们都只专注于某一特定产业。

可在波士顿，情况则完全相反，在这里，没有任何一个产业部门能够居于主导地位。城市中制造业从业者的数量不断增加，且其涉足的领域也极为广泛，从文具、马具、肥皂、蜡烛、扫把、刷子、图书装订到摄影器材、箱包、眼镜以及船舶制造，可谓应有尽有，包罗万象。在波士顿这座大都市中，一共分布着多达 225 个不同门类的、3 665 家制造型企业，且它们之中的绝大多数都是些规模不大的非法人企业。在波士顿，吸引了最多资本投入的“铸造与机械加工”行业，总共只雇用了不超过该市劳动人口总量 6.5% 的劳工，且该行业的总产值在城市工业总产值中的占比，就连 4% 也未能达到。而以总产值这一指标衡量出来的最大产业——“食糖及糖浆制造业”，其雇用的员工数量将超过城市劳动总人口的 4%，但其产值也未能超过城市工业总产值的 13%。同时，雇用了最多工人的“男士服装业”，其人员雇用、工业产出以及资本投入在整座城市之中的占比，也分别只能达到 16%、12% 和 9% 的水平。[5] 波士顿的这种以多样性见长的制造业根基，包含着数以百计的制造型企业，这些企业的平均资本投入极其有限，尚没有超过 1.3 万美元，且它们的平均雇员数量也只有 16.2 人。尽管这些城市工业支撑了大量城市人口的衣食住行与工作就业，但它们显然并非数额庞大且历史悠久的资本积累用以施展抱负的舞台。[6]

几乎可以这样说，波士顿的都市工业化进程，是在该市商业精英阶层的视野之外而独立前行的，因为这些商业精英已将他们的视线和资源全都投入到了完全不同的方向。那些拉动了城市工业产值不断增长的小规模制造型企业，事实上并不适合成为金融投资的标的。在吸收那些为波士顿的金融机构所掌管着的巨量资金这一任务面前，它们显得过于分散、混杂且为数众多了。更为要命的是，在城市中迅猛成长并飞速扩张的制造业，将精英一直以来寻求完全管控并自由通行的土地，变成了一片错综复杂的都市迷宫。从南波士顿和东波士顿的外围区域一直延伸到新近被并入的罗克斯伯里、多彻斯特、伯灵顿以及西罗克斯伯里等地区、遍布了不同类型的工业区，这些不断崛起的工业区，已成了波士顿商业精英群体心中永远的伤痛。也正是因为如此，城市中的商业精英显然不愿面对这样的风景。在自己的城市逐渐转变为制造业中心的过程中，他们却把自己手中的资金投向了整个大陆，并因此而诱发了其他区域的大规模工业化发展。对他们而言，波士顿最为首要的任务，是培植出一个举止优雅且紧密团结的上层社会，而位于波士顿州街上的金融区，则将作为这一上层社会的经济根基。他们想要在这座城市中打造出共同的文化氛围与紧密编织的社会纽带，因为这种氛围与纽带最终将帮助他们协调一致、共同主持整个国家的发展进程。

在这段岁月中，波士顿精英群体的都市视野主要聚焦于后湾地区。在历史上，该地曾是波士顿半岛西部一处水流缓慢的浅湾，而在随后到来的 19 世纪 60 年代，这处浅湾被填成了陆地，并最终发展成了一个上层社会聚居区。后湾地区毗邻波士顿公园，同时波士顿的金融区也在它的步行范围之内。与那些由于处在波士顿市政府管辖之下而推进了都市化进程的外围新区不一样，后湾地区的发展是由马萨诸塞州通过一个未经选举的委员会来进行管理的，且该委员会的成员与精英阶层之间有千丝万缕的联系。由于不受政治的干涉，该委员会否认了波士顿对于该地的管辖权，并击退了那些试图将该地设立为商业码头的提议。同时，该委员会还将后湾这一占地 2 700 亩的大片地区，划归为了高端居住区——他们通过一场精心设计的拍卖，确保了这片土地上人口的同质性。[7]

明确了后湾地区发展的城市规划原则，将该地与波士顿的其他部分区分了开来。以伦敦西区作为模板，后湾委员会在该地铺设了呈网格状分布的、悠长且宽阔的林荫大道，而在大道的两旁，则建立起了成列且规格一致的住宅区。销售条款则明确禁止将这些街区用作任何制造业或商业用途，并极为慷慨地将43%的土地保留为街道及公园用地。这些条款也明确规定，必须建造质量一流且外观高度统一的居所，这些居所将面向街道，且在其后还设置有宽阔的服务性通道。居住在这里的居民，受到了一系列时尚的欧洲风格的鼓舞，搬入了他们那设计别致的寓所之中。这些居民主要由那些富有家族的成员组成，他们的姓名几乎占满了社交名人录的所有篇章，他们充塞着那些高档的专属俱乐部与教堂，且其中的许多人都毕业于哈佛大学。[8] 这种模式与同一时期波士顿外围新区中的情形截然相反，在那里，发展的进程是以小块土地为单位、步步为营地向前推进的，那种呈网格状分布的专用区几乎无处可寻，而这样的发展进程最终造成了一种以“多样的土地用途”和“邻近地区之中的人口背景复杂”为特征的混乱布局。后湾地区却凭借着其有序且均质化的特点，与上述发展模式全然相反，这种现状不但使其几乎超然于尘世之外，且从建筑视觉效果和设计风格的角度来讲，这里更像是一座欧洲国家的首都。后湾地区富有居民的金融投资，绝大多数都流向了分布在州之外的西部地区的资产。不出几年的工夫，波士顿的上层人士便大批量地从他们原先的聚居地——比肯山，搬迁到了后湾地区。可以说，后湾已经成了他们共同理想与集体情怀的象征。[9]

在这样的大背景下，由技工提出的“在波士顿公园中展览蒸汽引擎、满是油污的机器、稀奇古怪的机械仪表以及其他种种新发明的提议”，在精英阶层看来简直就是在痴人说梦，代表两种不同城市发展模式的群体之间的严重冲突也由此展开。后湾的居民将波士顿公园视作阻挡工业化城区的屏障，他们认为工业化的城区是对高雅领域的严重侵犯。对他们而言，那个不受打扰的美丽国度，正是以波士顿中央公园为开端，途经后湾地区优雅的联邦大道，并一直延伸到布鲁克林郊区的。这种优雅的都市环境是对他们所享有的财富、智慧以及高雅品位的致敬，只有这种极致的品质，才够得上他们那作为权利的享有者与影响力的施加者的崇高地位。但那些技工，偏偏想要占用这个地方，来纪念波士顿这座城市作为制造业轴心而实现的成长。一旦上述提议获得了波士顿市政府的许可，那么技工群体将通过这场展览而从邻近地区的富有居民手中夺下波士顿公园的控制权，并进而把这处空间强行并入围绕着它的工业化都市之中。技工群体将以机械展览为契机，来赞颂出身卑微却依靠着自身的勤劳、技能以及天赋，为城市的繁荣和民主体制做出了贡献和支撑（在他们看来）的人们，但对于为那一小部分精英所推崇的圣人式领导，他们置若罔闻。在这场争端的内在核心，绝不仅仅是到底谁能够控制波士顿的公共空间那样简单，隐藏在这种表象背后的，实乃都市工业化社会的意识形态之争，对立双方都想要获取“领导城市的未来”并“塑造其政治经济形态”的象征性权力。也正是因为如此，这场看似琐碎的请愿却引燃牵连极广的火爆论战，这场论战使迥异的阶级情怀与意识形态陷入了针锋相对的境地。

## 技工与精英阶层的激烈交锋

早在1877年2月初，当隶属于波士顿市政府的波士顿公园与广场联合委员会针对该事件举办第一次听证会时，围绕着技工的请愿而产生的争议，便已初露端倪。在官方请求被提交到市政议会的短短数日之后，作为上层社会风向标的《波士顿每日广告报》便留意到了那些忧心忡忡的读者向他们寄去的犹如雪花一般的、有关这一事件的信件，“没有任何一位通信者表达出了自己对于该计划的赞赏或支持，相反，他们全都急切地反对该事。”同时，这份报刊还想当然地总结道：“对于那种将波士顿公园设立为展览会举办地点的做法的普遍性反对，是根本且彻底的。”[10] 由于技工慈善联合会在提出自身请求的同时，还自称从“波士顿的市民与商人群体”那里取得了三份请愿书作为支持，反对者也提交了一封号称是从“波士顿的市民与纳税人”那里搞来的反对信，这封反对信获得了城市中包括杰克逊、劳伦斯、阿伯特、肖以及库利奇在内的诸位大名鼎鼎的人士的联合签名。[11] 在整个听证会期间，这些成就斐然的反对者甚至不惜雇用公共律师前去代表他们的立场，而随着相关诉讼在某个星期六的下午正式开庭，一些波士顿身份最为显赫的绅士更是以一种“全副武装”的姿态前往出席，他们随身携带着法律条文，并显然已经对历史上的类似先例进行了细致研究。[12]

尽管反对活动看似组织良好，但亲自来到现场为展览会声援的，分别作为马萨诸塞州技工慈善联合会主席与秘书的约瑟夫·保罗（Joseph F. Paul）先生和查尔斯·斯莱克先生，有着极佳的理由前去期待一个有利于他们的裁决——市政府系统对于他们而言就如同主场一般。保罗，作为一个创立了规模宏大的木材厂的木匠，曾先后任职两届政务会委员和三届市政议员，而斯莱克，作为《激进共和党联邦报》的编辑与出版商（同时也是一名积极参与废奴运动及大兼并运动的“老兵”），则已然当选过两届市政议员职位，且在第二个任期中，他还是市政议员会议的主席。[13] 而另一个能够让他们保持乐观的理由则是，负责审理该事务的委员会成员，在社会背景上与请愿者群体极其相似，该委员会由两名杂货商、一名文书、一名保险代理人、一名丝绸贸易商、一名机械师以及一名陶器贩卖者组成，这种平民形式的构成，意味着技工群体极有可能会在听证会中获得同情。在与那些为反对者所雇用的、用以阻挡该事务向前推进的律师发生遭遇后，保罗先生便嘲笑起了他的对手对于法律的过分拘泥，而以此为开端，这场听证会也正式地拉开了帷幕。保罗如此坦白道：“我并不知道的是，这居然是一个需要争议双方为自己配备大量律师顾问的场合，我们代表着波士顿的广大市民，就我个人而言，虽然我并不十分清楚这件事在法庭上是如何实践的，但是我们一直期待着来自人民大众的决定，同时我们也愿意倾听那些直白而质朴的故事。”[14] 保罗以一种极其鲜明的民粹主义腔调如此呼吁道。事实上，在宣称自己是为广大人民代言这一点上，这些技工是极为自信的，他们认为自己的组织是超出那些栖身于都市政治圈中的利益团体的存在。由于波士顿宪章明确规定，波士顿公园的任何部分，都不应为了任何私人目的而被出售或是租赁，因此如果技工真的想要在这里举办他们的展览，那他们必须正式地被赋予某种公共权利。也正是基于以上原因，技工群体希望该委员会能够承认他们的特殊地位，并将上述的权利赋予他们。这场展览会（在波士顿公园中）的成功举办，将标志着那些请愿者是代表了广大民众在享有权利，而不是作为小众团体企图挪用公产，正如同斯莱克所坚称的那样，“这一切都是为了波士顿的利益”。[15]

由于对工艺产品为波士顿经济所做出的贡献深信不疑，技工不仅将自己视作公民意义上的“可靠的波士顿人”，更是自信地把自己当成了城市中名副其实的生意人。斯莱克解释道：“我们，作为波士顿的市民与商人，用请愿来为自己发声！从四面八方来到此处的商人和劳动者为整座城市的财富与荣耀添砖加瓦，流血流汗。”从这一点上来说，作为都市生产者的技工的福祉，与整座城市中经济的良好运行息息相关，且所谓的“技工”一词，实际上代表着一种包括了小商人与技术工人的群体性身份。在那些主导了城市中的银行与金融机构的领头人物的面前，技工群体绝不应当低人一等。斯莱克如此申辩道：“今日，决定着波士顿能否继续繁荣的因素中的八分之七，都取决于我们的市民建立起的机械工业，因此，任何有助于促进并培植该产业的行为，都应该得到赞同与鼓励，波士顿的小生产者群体理应从他们的政府那里得到全方位的支持。如果我们对波士顿这座城市本身以及那些造就了今日的波士顿并维系了其商业活力的可敬的人士（技工、小商人），还抱有哪怕是一丝一毫的爱戴，那么任何一个坚信我市将继续繁荣昌盛的波士顿市民，都应该大声疾呼——‘把这些土地拿去吧！’”[16]值得注意的是，在这段讲话中被提及的“可敬人士”，指的并不是为寻商机而跋涉千里的大商人或是大实业家，而是作为斯莱克同伴的技工。

尽管人们十分关注这次展览会能够为波士顿带来的直接利益，但请愿者也同样强调，他们的盛会完全可以通过许多更加深远的方式为整座城市的福祉做出贡献。的确，这次展览可以为波士顿制造的货物进行宣传，并吸引数以千计的观光者前往波士顿，而一旦参观者的观感转化为最终的订单，那么波士顿也将获得直接的经济回报。但比这还要更有意义的是，类似事件能够对整个区域中的固有人口，起到可观的教化作用。“尽管我们会先从最为初级的、满足生存需要的动机来考量这次展览，但在这样的目标之上，我们希望展览能够让参与者由衷地感到自己因展会而得以提升。”按照此等说法，在人们为机械的精致巧妙由衷赞叹的同时，这座城市中的居民亦将深受启发。为了宣扬那种将工艺性工作当成精神与智力活动的理念，斯莱克坚称，这场展览将会鼓舞人们在未来取得更加伟大的成就。同时，斯莱克还指出了这次机械展将为地区内的工业文化的培养起到积极作用。他解释道：“自美国独立战争以来，在我们漫长的职业生涯中，我们不断地向前行进着。我们一直鼓励着新颖的思维与理念，热爱着发明与开发，并持续地为那些构成了人民荣耀的方方面面，提供着参考与榜样。”[17] 毫无疑问，下一届在波士顿公园中举办的展览会，亦将是这一光荣传统的最新延续。

而请愿活动的反对者，则立即否认了上述由技工群体所提出的、有关精神和经济这两方面的论据，并开始高调地展示自身在商业领域中至上的权威。凭借着自身作为名声在外的金融家、商人以及实业家的地位，他们一口咬定那些技工自称代表了地区工业利益的行为，完全就是在狐假虎威。在这轮反击中，糖业商人兼新罕布什尔州米兰矿业公司的财务主管威廉·惠特莫尔（William H. Whitmore）一马当先，他宣称那些请愿者没有资格为新英格兰地区的制造业代言，因为请愿者的名单以及这场展览会的支持者中，并未包含任何负责任的资本家或是堪称伟大的制造商。为了让人们完全相信城市中真正的商业人士的的确确全都反对此次请愿活动，整个地区的多座大型棉纺织工厂联合发布了一封以谴责技工群体为主旨的公开信。那些在波士顿设立了自己办公室的、新英格兰地区规模最大的棉花及羊毛纺织公司（包括波士顿、洛厄尔、德怀特、纳舒厄、奇科皮、阿莫斯克亚格、莱曼以及劳伦斯公司）的财务主管，一并在这封信上署名，以表达自己对于“由技工群体所发出的行为失当的倡议”的强烈抵制。对这场展览会抱有敌视心态的人们，将此次请愿活动形容为由一群粗心大意的技工，在未能获得州经济领袖支持的情况下，冒失地想要为他们的活动窃取到一处举办地点的行为，“这些小商人和城市生产者，一边带着一种极其轻松的心态，向城市索要着不可估量的恩惠，一边将此视作理所当然，就好似凭证已经塞满了他们的口袋一般”。反对者认为请愿者的努力缺乏必要支持，同时他们也没有能力独自举办这一展览活动并使之开花结果。[18]

很明显，反对者的核心论点，便是那些技工缺乏调动并领导波士顿的产业利益的影响力。惠特莫尔因此总结道，这场展览会无法确保人们的积极参与，同时也没有获得整个地区经济事务领导者群体的必要支持。“新英格兰地区的诸多工业部门尚没有为此做好准备，不会有任何贸易会议、贸易委员会或是游说机构前来参加本次展览，同时，来自其他州的特派员以及必要的资金保障也难以到位。”惠特莫尔直截了当地向技工慈善联合会的主席保罗先生抛出了上述问题，并要求对方明确，这场展览会获得的支持究竟有多么广泛。“你是否已经从除了玻璃制造或鞋靴贸易以外的任何一家大型制造业利益方那里获得消息，并能够确定他们即将前往波士顿公园参加此次展览？”惠特莫尔如此发问道。而面对上述问题，保罗则回答说：“到目前为止只有一小撮主要是与棉花和羊毛有关的工业部门，明确地表示，一旦展览会最终在波士顿公园召开，那么他们将不会前来参会。但是上述的这些产业部门并不能代表整个波士顿。”对于那些承认波士顿的基础单位是数不胜数的小型制造业企业的人士而言，能够获得都市中数以百计的各种产业的支持，便已经使他们的请愿有理有据了。但对于持反对观点的人士而言，他们则认为技工群体的观点可以被轻而易举地反驳：“如果他们（指请愿者）不能够带着负责任的支持者出现在人们面前，如果他们不能够从我们制造业中的伟大分支（棉花、羊毛纺织工业）那里赢得密切配合，如果他们不能够向我们展示出足够可靠的成功机会，他们无权要求举办一场听证会。”[19] 而在此之前，那种寻求使用波士顿公园作为展览会举办地的请求，显然不应得到批准。

很明显，辩论之中的对立双方，是站在全然不同的角度上去理解都市经济的，同时，在工业力量究竟是从何而来这一问题上，他们也完全无法达成共识。正如同那场发生在数年之前的,围绕着“大兼并运动”而展开的辩论阐明的那样，政治经济学领域的权威认为，财富是通过远距离的（或者至少也是区际）贸易才逐渐积累的。他们认为，只有专精于少数几个工业门类，并通过规模经济使其产品足以在整个国家乃至国际市场都具备足够的竞争实力，才能够帮助特定地区获得经济学意义上的分量。惠特莫尔便十分确信，只有当波士顿的产品可以开拓出更加宽广的国内及国际市场时，整座城市的经济前景才会变得明朗，但不幸的是，上述目标几乎无法通过那种只能够吸引本地观众前来参观的展览会来实现，“举办者必须确保他们的活动能够吸引那些来自美国南部及西部分销中心的伟大商人，同时，他们也必须企盼着境外买家能够亲临会场，这样一来我们便可以此为契机着手将我们的制造业商品发往海外市场。但这场展览会究竟能够带来什么样的机会呢？一场举办于波士顿的活动竟然能吸引整个世界的目光，这样的事情发生在现实生活中的概率究竟有多大？如若不然，这类本地化的展览会又到底能够施展出什么样的影响力呢？”[20]

但事实上，技工群体从未抱有上述虚妄的期许。尽管他们对全国市场表示欢迎，也丝毫没有反对远距离贸易的意思，但繁荣这个词汇对于他们而言，主要是一个围绕着自身城市的概念。波士顿此时的人口数量已然接近36万，这已经超出了美国许多西部州人口的数倍。迅速成长的大都市以及其中不断增加的既作为生产者又作为消费者的居民群体，为地区型工业经济的发展与成长，提供了一个极为稳固的内在根基。该城的都市工业化发展模式，似乎与生俱来便附带着几项极为关键的优势。首先，该模式避免了由于将某种单一工业门类作为经济引擎而造成的过度依赖的隐患（19世纪50年代，正是由于对棉纺织工业的过度依赖，整个地区都曾因此而深陷危机）。其次，该模式也使得经济权利的分配更加均匀，避免了其完全落入少数富人手中。最后，正如技工指出的那样，这种发展模式将繁荣与兴盛建立在了都市人口的手工技能之上，维系在了“劳动与勤奋、天赋与技能”的美德之上，而繁荣的根基也因此不再是商业、投资或是企业家精神。与惠特莫尔的论据针锋相对，技工坚持认为都市工业化进程能够从启迪并教化工人群体的机遇中获益良多，而他们想要举办的展览会，则正是这样一个难能可贵的机会。与精英将一切都归因于政治经济领域中的自然规律，并因此而认可所有城市像芝加哥那样也快速成长为都市中心的通行做法不同，技工认为经济形势的变迁具有可塑性。按照斯莱克的说法，他们的展览会正是致力于“升华波士顿这个古老的地区，并使之成为美国中所有城市的骄傲”。就如同他们已经通过“大兼并运动”所取得的成就那样，技工群体决心仍要沿着民主且可持续的新路线，继续对波士顿的都市型工业经济进行塑造。[21]

然而在这场辩论中，发自内心热爱波士顿这座城市的人，并不只是那些技工。尽管波士顿的商业精英早已将自己的经济领域极大拓展，并向着许多与波士顿乃至新英格兰地区相距千里之遥的地方大举投资，但他们完全不认为上述的举动抹杀了自身对于波士顿的赤子之心。与技工群体形成鲜明对比的是，精英阶层对波士顿的热爱的方式大相径庭，这种热爱并不是要寻找重新将这座城市振兴为工业中心的举措，而是要保护那些被他们认定为极其庄严的传统。尽管从表面上看来，他们是在否认展览会的现实意义，但实际上他们的关注点不在于此，矛盾的真正焦点在于，他们认为在波士顿公园举办展览会，将是对这一近乎神圣的处所的明目张胆的侵犯。他们坚持认为，波士顿公园宁静而美好的田园氛围，永远都不应该遭到打扰。约翰·布莱恩特（John D. Bryant），作为一名律师同时也是后湾地区的居民（他既有闲暇也有专业知识去关注这一事件），发现在1634年和1646年获得通过的全面决议中曾有明令，“无论有着什么样的理由，波士顿公园的任何部分都不能被租赁或出售”。而罗伯特·史密斯（Robert D. Smith），亦受雇前去为反对者代言，按照他的说法，“波士顿公园永远都作为一处城市中心的绿色地带保持开放，其作为一处开阔地的历史，已经延续了两百余年”。惠特莫尔则争辩道，这场展览会意味着公众的古老权利将受到缩减。[22]

由于反对举办展会的一方将自己视为整座城市中公共利益的监护人，他们自然会轻易地忽略那些声称展览会可以为公众带来普遍益处的不同观点，在这群人看来，自己那毫不妥协的公共精神，是阻挡在波士顿公园与凶恶的暴徒之间的唯一屏障。反对者也始终企图利用文字游戏来占据道德高地，他们将与自己对立的一方描述为狭隘且偏私的小人。《波士顿每日广告报》指出，一旦技工群体在波士顿公园中举办展览会的企图最终得逞，那么他们将因此而节省下在其他地方租赁场馆的大笔经费，这份报刊告诉读者，技工发出请愿的真正理由，只能是在波士顿公园中举办展览可以节省大量租金。[23]柯蒂斯·吉尔德（Curtis Guild）作为刊物《商业快报》的编辑，则在听证会上附和了上述观点，他将技工群体的企图贬低到了最为低下的层次。"先生们，这种企图实乃人类之本性。我们之中的任何一位，都会希望在获得一块上好土地的使用权的同时，却不付出任何成本。如果您能同意不向我收取任何费用，那么我将轻快地走到您的身旁，并向您索要您旗下店铺 3~6 个月的使用权，而这一切（按照你们的说法），仅仅是因为我是一个怀有公共精神的人。事实上，如果我们将经济领域中那些仅属于天性和本能范畴之内的欲望，引入到公民事务之中，那么结果只可能会是灾难性的。如果我们今天准许展览会在公园中举办，那么我们为什么不干脆"好事做到底"，在波士顿公园中铺上一条又一条的街道，移除掉所有的树木，并建立起宏伟的仓库和庄严的居所。如此一来，所有的情怀都将让位于贸易与生意，而当这一天真的到来，只要你敲击人们的胸膛，你听到的将不是热爱家乡的心声，而是那万能的美元在叮当作响。”柯蒂斯极尽嘲弄地提出了以上建议。[24]

面对上述指控，请愿者则高呼诽谤。斯莱克对那种将技工群体描述成见利忘义之人的行径表示抗议，并强调技工慈善联合会并不是什么由掠夺成性的个人组成的团体，且他们的目的也并不是垄断任何公园。斯莱克强调道：“（在联合会中）绝没有一分钱的收入进入私人的口袋，所有为本组织工作的人员，都是不拿任何薪水的。”[25]作为回应，请愿者激烈地回击了惠特莫尔、吉尔德以及这两人的同伙，并对他们的动机提出了质疑。一名展览会的支持者如此批评道：“反对者几乎都是居住在波士顿公园周围的、同属于一个阶层的绅士，他们在那里生活了太久，以至于对自己面前的美丽习以为常，并认为波士顿公园真的是他们的地盘。”而另一名支持者则重点突出了“技工所要举办的展览会是高于普通商业冒险的存在”这一观点，他附和道：“有一些所谓的绅士，他们的头脑是如此愚笨，以至于我们只能痛苦地看到，他们居然不能理解马萨诸塞州技工慈善联合会想要举办的展览，与一场犬类品种展之间的本质性区别。波士顿公园究竟是用来做什么的？它果真就如同圣地一般，以至于我们就完全不能穿越或踏足于其上吗？”[26]

技工群体的反应并没能让反对者感到一丝放松。为了更加一丝不苟地确保波士顿公园不会成为该展览会的举办地点，并杜绝一切可能在未来出现的类似的威胁，反对者试图将波士顿公园这处公共空间的位阶提升，以使其凌驾于政治争端之上。为了达到上述目的，反对者把围绕着波士顿公园使用权的辩论放在了一边，他们听取了法律专家的主张，开始公开宣称上述事项其实并不处在波士顿议会的管辖之下。按照法律权威的解释，无论展览会能够带来何等的潜在效益，该计划批准与否，都并不取决于此。波士顿政府事实上无权准许该计划的实施，因为这样的做法终究是在以许多个人的名义侵犯公众的利益。这样看来，所谓公益，并不是建立在大多数人的利益之上，而是建立在每一位波士顿市民不可剥夺的权利之上。律师萨缪尔·昆西（Samuel M. Quincy）则更进一步地阐明了一直以来为负责该事项的委员会所抱持的错误观念："该委员会的成员号称，只要波士顿公园还处在他们的掌管之下，那么该地便会被最终贡献给那些可以为全体市民带来最大利益的事业。但事情本不应当如此！波士顿并不是一家有权决定该公园具体用途的公司，这种权利理应属于每位市民本人。"上述那种用整个社会的共同性瓦解社区个性化需求的观念，来源于洛克式哲学流派，从历史角度来看，波士顿公园在17世纪被其原先的私人拥有者以永久且不可撤销的方式捐献给了公众，且这次捐献（以及其附带条件）最终被编纂到了城市宪章之中。[27]

在上述专家观点的支撑下，昆西总结道："市政府不可以合法地对它那些最为谦卑的市民这样说，'无论你们是想呼吸新鲜空气、锻炼身体也好，还是想欣赏花草树木、陶冶情操也罢，你们都必须放弃掉对波士顿公园的一些使用权，并接受以此为代价而换取到的、那些（在我们看来）更加美好的事物，就算对你个人而言这些事物算不上更好，但只要对整个社会更好就足够了。’”[28]果真如此，那么所谓的“社会”便成了一个可疑的实体，它对个人权益乃至公众秩序都构成了威胁。理查德·奥尔尼（Richard Olney）*，作为一位杰出的法律倡导者，也同意上述说法，“即便我们能够确信此次展览会的举办是极其明智的行为，批准展览会在波士顿公园举办一事，也并不在波士顿市政府的职责范围之内。波士顿市政府之所以掌管着波士顿公园，并不仅仅是基于普遍的公共利益需要，更是为了确保公共利益能够按早已规定好的特定途径得到实现。市政委员会对波士顿公园进行维护及监管的义务与权利，并不体现在他们有权决定波士顿公园应该如何被最好地利用这一点上，他们应该做的，仅仅是确保该公园已经被规定好的用途不会遭到侵犯和损害。”[29]因此在反对者看来，波士顿市政府所应扮演的角色，与其说是应去积极地推动共同繁荣，倒还不如说是应去保护波士顿市民的个人权利。

反对者为了找到足够的论据，最终竟出人意料地把人们的注意力吸引到了那些穷人及弱势群体的权益上。尽管多年以后，奥尔尼会以一个“准许了联邦军队前去镇压发生在普尔曼和芝加哥城中的罢工活动的司法部长”的形象被载入史册，但在这场事关波士顿公园的事件中，他似乎与那些波士顿城内最为不幸的市民紧紧

---

* 理查德·奥尔尼，曾当选马萨诸塞州参议员，出任司法部长，还担任过美国第34任国务卿。——译者注

拥抱在了一起。奥尔尼以一种充满诗意的方式娓娓道来："最想要反对这场展览会的人们，如果不能通过代理人来发声，正义便将无处伸张。这群人需要倚靠着日常的劳动来为自身赚取每餐的面包，他们没有属于自己的庭院、操场或是草坪，他们既无法放飞自我，也无法在炎炎夏日前往海滩休闲。对于这群人来说，波士顿公园是唯一一个可以让他们一窥夏花之艳丽，并欣享空气之纯美的地方。"[30] 而除奥尔尼以外的许多其他反对者，也纷纷在援引城市中最为贫穷的市民的困境的同时，不忘把自己变成该群体充满慈爱的保护者。牧师约书亚·博德菲什（Joshua P. Bodfish）声言道："如果你走进城市中最拥挤的一条道路，并走上其中一栋建筑物的四层楼，在那里也许就居住着一名带着五个孩子的寡妇，每日为了赚取足够养活整个家庭的面包钱，这名寡妇需要长时间地辛勤劳作。而当你询问她的孩子在哪里时，她则会告诉你，那些最小的孩子在大一些的孩子的看护下，都在波士顿公园中玩耍呢。毫无疑问，这些孩子的权益将会受到展览会的侵犯！尽管对于那些可以自由出入剧场与戏院，并整日尝试各种娱乐活动的人士而言，展览会在波士顿公园中的举办似乎并无大碍，但是对那些贫穷的孩童来说，那将意味着他们仅有的、用于愉悦自我的地方也被剥夺。"[31]

这种为贫苦阶层打抱不平的说辞，很快便遭到了技工群体的无情嘲弄，在技工看来，这种仅流于表面形式的家长主义做派，是极度虚伪的。"这里毕竟还有那么一些有趣的事情，尤其是当我们听到那些家伙居然会把自己的反对意见，建立在他们是劳动阶层最好的伙伴这一‘事实’之上时，可在此之前，又有谁真的听说过这样的‘事实’呢？”[32]针对反对者的声明，保罗如此评论道。事实上，无论“谦卑的市民”这一词汇在修辞学上得到了如何的突出，当昆西将个人权利与那些在波士顿公园周围购置了房产的都市土地所有者那不可侵犯的权利混为一谈时，“谦卑的市民”在昆西的思想中便已然不会是最为重要的了。“很明显，当人们基于波士顿公园的原因，而在其附近购置土地并构筑寓所之后，他们便自然而然地享有着由这一奉献（指波士顿公园被按照特定的用途捐献）带来的既得利益。”昆西曾如此解释说。不可否认的是，一旦波士顿公园的用途真的被限定在了一个狭隘的范围之内，那么其邻近区域内的居住性资产也将因此而升值，但至少在公共领域，反对者并不想过多地提及上述原因。[33]为了使自己与同伙的争辩更有分量，昆西进一步推断道：“任何妄图践踏或是蔑视法律的行为，最终都会受到特别法庭的审视。”[34]对于专司负责决断此事的委员会而言，上述论调的暗示不言而喻，委员会针对此事所做出的赞成决议，不但必将受到挑战，甚至还有可能遭到马萨诸塞州最高法院的否决，因此为了避免在公众面前难堪，委员会最好还是做出于请愿者不利的裁决。

总而言之，展览会的反对者给出了一个强有力的解释，公共利益的实现，不能只凭民主政治的异想天开，它必须建立在个人权利的原则之上，并处于法庭尽职尽责的司法管辖之下。可与此同时，技工采取了一条截然相反的路线，他们将充足的信心赋予了行政机构以及由人民选举出来的代表。“无论公平与否，我都相信委员会将忠于职守。”保罗如此说道。而斯莱克则进一步加强了上述观点：“您是公园与广场委员会的召集人，您与您那些身为市政议员的伙伴，是波士顿市民无可置疑的代表。试问，波士顿的市民何曾仅仅由于潮流的改变，便在支持您的裁决与质疑您的公平之间摇摆不定？而我也绝不会说出‘选民将会因为做出改弦易辙的决定而欢心鼓舞’那类的花言巧语，去贬损您的形象。”[35]与那些试图压缩波士顿市政府权限的反对者不同，技工群体一直将波士顿市政府当作值得尊敬的民意代表与审议机构，认为其完全有能力制定出合理且坚定的政策。

## 由争端体现出的对立双方世界观的巨大差异

在两场冗长的听证会行将结束之时，面对着那些在波士顿公园中举办的反对展览会的抗辩，作为请愿者代表之一的斯莱克显然早已怒火中烧。尽管技工群体的请求并非什么琐碎小事，但反对者为了抵制此事而展现出的阴狠毒辣，远超预期。尽管在波士顿公园总共约 20 公顷的占地面积中，技工慈善联合会仅仅要求借用其中的 1 公顷来举办展览，但这场展览仍然总被描绘成是对波士顿公园的全面占领；尽管按照技工的规划设计，用于举办展览会的临时建筑长度仅 150 米左右，但在一些场合之中，这处建筑被夸张成了长达约 360 米的庞然大物；尽管在技工选定的地点几乎空无一物（其上没有一张座椅，没有一棵行道树甚至就连一棵植株也没有），但反对者仍然不厌其烦地宣扬“举办展览会将导致波士顿公园的整体之美遭到破坏”。更有甚者，就连举办展览会所需要用到的建筑物，也被描述成对健康有害的存在，反对者声称其将传播疾病，并污染空气。当此类不祥的预言被重复了千万遍，便造就了一种共振一般的效应，无论上述预言是否只是基于某种不可告人的目的而编造出的谣言，人们往往会在潜移默化之中将谣言当成了事实，以至于许多波士顿市民都开始确信，一旦展览会真的在波士顿公园中举行，那么绿色的芳草地、令人愉悦的园中小径以及枝繁叶茂的树木，便都将成为过眼云烟。反对者极尽所能地想要使公众认为，波士顿公园正处在极大的危险之中，[36]而斯莱克不禁觉得这样的极端反应实在太过匪夷所思。

事实上，对立双方在争辩中使用的言辞，早已反映出争端的焦点最终并不会落在展览场馆的大小或是这场展览将给波士顿公园带来何种程度的危害上，因为无论规模如何，单单是在波士顿公园中举办机械展这一行为本身，便已经对精英构成了严重冒犯。这场为技工群体所推崇的展览，触犯到了一些在资产阶级眼中与社会秩序息息相关的基础信条，在他们看来，正是倚靠着隔离工业与闲暇、家庭与工作、生产与消费、高雅艺术与生产经营以及脑力劳动与体力劳动（这一点最为重要）之间的措施，社会才得以更有效地组织起来。就如同在那一时期身处工业化世界其他地区的商人阶级一样，波士顿的精英群体也将一系列物质与意识形态中的二分法原则奉为圭臬，他们希望能够按照城市区域的用途、人类能力的高低、视觉审美的雅俗以及都市人口的贵贱之别，将社会重组。但反过来说，在努力争取将机械带入波士顿公园的同时，技工群体则明显地排斥那种将一切事物分门别类的既定体系。技工群体坚决抵制由精英所鼓吹的二元性分类法所包含的那种等级制度，同时，他们也立志要捍卫发生在社会内部的大融合与一体化趋势。与其他城市中劳工阶层的激进分子一道，他们坚称机械设备能够启迪人们的智慧，机械与其他的日常用品一样可以具备美感，同时，精神生活也并非一个为少数天之骄子所垄断的专属领域，它同样属于工作的男女老少。他们认为，由技工群体掌握的复杂技能、创新能力以及实践经验，与该群体为技术进步所做出的贡献一道，足以堪称整个地区之中最为伟大的成就。[37]

然而，精英阶层对上述观点报以鄙夷态度。博闻强识且专精于文学、神学、法律以及艺术领域的精英，认为那种声称“展示五花八门的机械便是在推进伟大事业”的说法纯属笑谈。对他们而言，机械展代表着一种为民主化社会所奉行的极为粗鄙的唯物主义价值观，因此，一旦相关请愿获得了许可，那便是波士顿市政府受到了民粹主义政治的肆意摆布。尽管如前文所述，技工群体将自己的展览看作一种恩惠，认为它能够让城市得以提升，但他们的反对者认为类似活动俗不可耐。“虽然精英本身反对任何发生在波士顿公园之中的聚会，但他们对于这类展览会的反应，亦可谓尤其强烈。”尤里乌斯·亚当斯（Julius Adams）如此评论道。“那些认为波士顿公园应该被用作此等用途的提议，实属下下策！”在表达出自己所处阶层的共同看法时，约翰·布莱恩特律师如此说道。但是在某些类别的展览中，如艺术展与音乐展为获得高雅的观众的赞赏，这些评论家也会十分乐意地承认由其带来的教化作用，但机械展却显然不属于这一范畴。“与我们曾经在波士顿举办过的许多其他展览不同，这并不是一场能够给它的观众带来任何益处、提升或是教育的展览，这不是一场音乐节，亦不是一场绘画展或鲜花展。”[38]

反对者认为，与其说此次展览会是与重要的公众集会或规模宏大的生活消费品展览相类似的、危害程度相对较小的公共活动，倒不如说它干脆就是一处实打实的生产场所。“现在，让我们来审视一下，技工的展览会究竟是一场什么样的活动？这是一个展览，在那里所有种类的机械都会得到展示，以至于所谓的展览馆已经在事实上变成了一座大车间。”托马斯·加根（Thomas J. Gargan）律师如此宣称道。“这场活动注定会带来噪声与浓烟，因为展品中必然会包含引擎，而引擎在运转时必将产生火焰和烟雾。如果这次展览会的形式与之前的几届并无二致，那么展览场馆也一定将会充斥着五花八门的轴承与机械。”亚当斯补充道。事实上，这些富有的波士顿资产阶级对于引擎、轴承以及重型机械一类的事物并不陌生，因为他们旗下的磨坊、工厂、矿山以及铁路，正是依靠上述种种设备才得以产出大量利润，但在这一阶层看来，在波士顿公园这处“神圣”场合设置此类设备，实属不可想象。由于受到了技工群体建议（在波士顿公园中举办机械展）的惊吓，他们开始大肆夸大机械展将会给波士顿公园的草皮带来的损害。加根和亚当斯进一步警告说："他们将会挖出深深的壕沟，整个广场都会被搅得天翻地覆。"[39] 尽管上述言论多有夸大其词的成分，但声称展览场馆实乃一处制造车间的说辞，也并非全是空穴来风。事实上，在整个展览会期间，为了驱动各类机械的运作，展览场馆确实会得到蒸汽、水力以及燃气供应。展示者们也被鼓励在运行的状态下展示他们的发明与设备。因此，在向人们展现各种产品是被如何生产出来的过程中，展览现场的确会伴随着机器的轰鸣。

图 4.1　1881 年技工慈善联合会举办的展览会的情景（一）

图片来源：Fourteenth Exhibition of the Massachusetts Charitable Mechanic Association. Boston: Alfred Mudge and Son, 1881

图 4.2　1881 年技工慈善联合会举办展览会的情景（二）

图片来源：Fourteenth Exhibition of the Massachusetts Charitable Mechanic Association. Boston: Alfred Mudge and Son, 1881

很明显，技工想要将工业制造环境引入一处休闲场所的行为，对反对者造成了莫大困扰。正如反对者用隐喻性的语言所描述的那样，"如同资产阶级家庭生活及自我升华的圣殿一般的，作为该阶层休息室的波士顿公园"，正处于遭受侵犯的危险之中。面对着公园广场委员会，布莱恩特发表了如下演说："现在，先生们，按照我的预想，如果您将您的私人住宅交给一位忠心耿耿的管家照料，而当您离开时，他把您的客厅改造成了一座工厂，那么您也一定会感到心塞。尽管这些以生产经营为目的的设施，也许并不会真的破坏您家的地毯（就如同在波士顿公园中举办展览会也许不会破坏公园中的草皮那样），但当您回到家中并发现您的住宅居然被改变了用途时，我想您也一定会质疑这位管家是否真如表面上那般‘忠诚’。”[40]就如同家庭空间不应该被用于从事生产经营活动一样（尤其是对于在家里铺装了昂贵地毯的人士而言），波士顿市政府（假设它就是前文比喻中的管家）也应该对城市中的居住空间以及工业空间加以严格区分。

由于完全不能理解或承认技工群体的目标与理念，类似惠特莫尔、奥尔尼和昆西那样的人士，便将自己捏造的理念强加到对手身上。“对波士顿的技工而言，由于他们每个星期都会在工厂和车间与铁锤及机械为伍，当休息日到来或是他们打算在夜晚放松自我之时，他们也许并不在意自己会受到机械噪声的搅扰。但其他人希望能够尽情地欣赏花树芳草，并聆听鸟儿的鸣叫，不仅如此，在那样的情景中，人们会更希望能够得到年轻女士的陪伴，并倾听她们的声音，而不是连续不断的、类似气锤敲击那样的噪声。”[41]昆西臆断道。不可否认，上述评论的腔调反映出了那个存在于“反对者受到庇护的生活环境”与“技工所沉浸在的处于城市工业版图之中的家庭氛围”之间的巨大鸿沟，这两种环境之间有无法弥合的天壤之别。对于这场展览会的批评者而言，工作与闲暇之间的差别是如此自然且重要，以至于他们完全无法理解为什么会有人想要参加一个打破了两者之间界限的展览会。

展览会反对者的另一种倾向，则是将他们的阶级视角转化成美学术语，他们试图以这种方式来证明机械展丑陋得不可救药。“机械展将会污损这座城市中最为华美的部分，因为无论举办这场展览所需要用到的建筑与其设计目的有多么相称，它都将不可避免地成为公园中的一块污渍与缺陷。”[42]奥尔尼如此评论道。一处用于工业生产的设施，绝不可能从美学意义上唤起人们的愉悦感，但现在，居然有人提议要把它设置在公共园林的中央。而作为反击，斯莱克则阐明了一种一直以来为他的对手所忽略的理念，“与一些人士所宣称并不一致的是，我们想要搭建的展览场所，并不是一座‘工棚’，正相反，它将是一座富有品位且外观别致的建筑。当展览会最终召开的时候，无论是波士顿公园中还是外围，都不会出现任何令人生厌的架构”。在斯莱克的思维中，一座建筑在视觉上是否美观，与其使用功能之间没有任何矛盾，而他也借此宣扬了一种极富意义的现代主义情怀。斯莱克使用独到的“替代性审美原则”进行总结，这场展览会是一次极佳的机遇，人们可以借此向“技能与工业所具备的最高等级的完美”致以敬意，同时，这次展览会也能够为所有参观者带来鼓舞与欢愉。斯莱克坚称，这场盛会在有用且具备启蒙功能的同时，还能够为人们提供美学意义上的愉悦感。[43]

## 精英阶层站不住脚的历史论点

在为了争夺波士顿市内至关重要的公共空间而展开的历史悠久的竞争中，此次围绕着波士顿公园的控制权而爆发的冲突，无疑甚为关键。而从宏伟的历史视角看去，波士顿精英的那种以传统为名、坚决捍卫波士顿公园的行为，无疑是极具讽刺意味的，因为波士顿公园这片区域仅仅在数十年前才经历过一次根本性的变革。波士顿公园最初是一处社区公共资源，工作、娱乐以及资源开采等活动曾同时发生于其上。而最终乃是凭借着发生在 19 世纪 20 年代到 30 年代的朝气蓬勃的改革努力，这片区域才被转变成了一处专为宁静的休闲活动而设立的场所。事实上，从 1640 年起，公园所在的区域便已经划归波士顿所有了，但这片坐落在城镇核心地带西北部方向的大片空地，在 17 世纪和 18 世纪的大部分时光中草木稀疏。波士顿公园在那时基本不具备任何的象征性意义，在漫长的历史中，许多类似救济院、监狱以及谷仓那样的公共设施，都曾矗立其上。普通的波士顿市民经常来到此地放牧、汲水或是收集建筑用的石材。这处地点也因此与“不受搅扰”毫不相干，大片草场遭到肆意践踏，遍地都是动物的粪便和充满泥浆的水坑。逢年过节，公众便会聚集于此举办节日庆典，而小商贩也会设立起许许多多的摊位、售货棚或是帐篷，用以贩卖饮料及糖果。“我实在是不知道，为什么我们还没有因为自己曾在那些场合中吃下或饮下的不洁之物而彻底死绝？”一位上了年纪的波士顿市民在多年以后回忆道。[44]

可以说，随后发生的那场使波士顿公园重生为休闲娱乐场所的运动，与 19 世纪美国国内的资产阶级形成进程相互交融。随着远洋贸易与工业发展令波士顿的精英阶层逐渐富有，他们将比肯山这个毗邻波士顿公园西侧的偏僻荒村，开发成了一处精致典雅的居住区。而在此之后，波士顿公园便不仅成了一处可供比肯山的富有居民极目远眺的、风景如画的远方景致，更是成了一个可以用来抵挡日益工商业化的波士顿城区的重要屏障。[45]在1825年时，为了彻底改造波士顿公园并使之更具田园气息，而尚处在精英阶层控制之下的市政议会，明确地针对在波士顿公园中进行的诸如垃圾倾倒、砂石采集以及牲畜放养（除了奶牛以外）等行为发布了禁令。而在1830年，不顾城市中劳动人口的强烈反对，一个由市长哈里森·格雷·奥蒂斯*牵头的委员会，还进一步将放养奶牛也纳入了禁止行为的名单。这种将奶牛从波士顿公园中驱离的行为，为该公园的转型之路彻底扫清了障碍，原先为了隔离牛群而设立的木栅栏因此得到拆除，而曾经那些专供牛群饮水的池塘，也被全部填埋。随后，人们在这片土地上种植了两百多棵树，并沿着波士顿公园的外围修建了一圈具有装饰性作用的铁栏杆，如此一来公园中的散步者便可免受在邻近地区街道上奔驰着的马匹及马车的干扰。[46]

尽管上述的大规模改良行为仅仅是发生在近期的事情，但这并没能阻止反对者将“在波士顿公园中举办的机械展”形容为对传统习俗的违背。某种意义上，这可能是因为在19世纪的最后数十年里，波士顿公园那田园般的过往已经变成了一些人脑海中的“历史事实”。一位波士顿老妇人曾在1869年向《波士顿每日广告报》投稿，在稿件中，她用一种极其怀旧的口吻将波士顿公园描述成了一个令人心驰神往的前工业化世界，“我们中的少数一些人仍然记得，

---

* 此人既是比肯山的居民，也是比肯山地区的房地产开发商。——译者注

我们童年中的大部分欢乐都与波士顿公园息息相关。那段牛群吃着三叶草，并为家中的孩子产出牛奶的日子，我们仍然记得。那时，每到星期三和星期六的下午，我们都会欢快地前往许愿石那里，我们曾天真地相信，仙子会把我们对着许愿石默念出的愿望变成现实。那时，公园中的池塘看上去是如此的宽广，以至于对我们来说，它简直就如同大西洋一般。哎，可惜这处地方那如同圣地一般的景色，无法被永远地保留下来啊！”[47]

然而，这类萦绕在人们脑海的景象一样遭到了他人的挑战。作为对那位老妇人的回应，《波士顿邮报》发表文章指出，“阅兵广场”（作为波士顿公园的一部分，此地正是技工要求举办展览会的场所）曾是一片泥沼，而那时所有人都唯恐避之不及。而该报的一名读者则向其他读者提醒说：“波士顿公园仅仅在不久之前还只是一片充满水坑的沼泽、一处肮脏且黏稠的泥潭，一层绿色的浮萍永远笼罩在它的表面。在那个时代里，人们推着小车将泔水倾倒于其中，这样的行为经年累月，导致整片土地闻起来就如同正在发霉的东西一般。很明显，如果牛群跑去那里觅食，那它们为孩子产出的牛奶，也一定会泛出一股浓浓的泔水味。”[48]这样的记忆，使得人们不再全然相信波士顿公园自始至终都一直是一处不受侵扰的神圣之地。而对于广大的技工群体而言，数十年前那些曾在波士顿公园中举办过的公共活动（尽管官方早已明令禁止了此类活动），至今仍然令他们记忆犹新。斯莱克本人便能清晰地列举出许多自 19 世纪 40 年代以来，曾发生在波士顿公园中的公共活动，政治会议、园艺展览以及发生在诸多不同场合的大众狂欢，而为了举办此类活动，人们也曾时常需要在波士顿公园中修造木屋、搭建营房、支起大帐篷、修建篱笆、设立座椅或是铺装木板（这种行为在日后成了展览会反对者的痛点，他们在这种所谓的“践踏波士顿公园”的行为面前战栗不已）。而技工慈善联合会本身，也曾于19世纪10年代在波士顿公园中举办过几场早期的宣讲活动，且在其中的一次活动中，该组织甚至获准在一部分土地上举办焰火表演。因此，与其说技工的行为是在开创极其危险的先例，倒还不如说他们的展览会只是在延续那种将波士顿公园用作公共集会场所的古老传统。斯莱克亦借此进一步地申明了自己的观点：“波士顿公园的历史向我们清晰地揭示出，占据公园举办活动的行为曾经无数次地发生，这表明人们在波士顿公园中的聚集行为只不过是一种因循惯例罢了。曾几何时，那类曾让展览会的反对者极为警惕的活动，早已如同例行公事一般反复发生，但波士顿公园也从未因此而分崩离析。”[49] 因此，那个由展览会的反对者所创作出来的如同世界末日一般的剧本，实属耸人听闻。

## 技工群体“一切源于劳动”的世界观

尽管技工指出了波士顿公园长久以来的公共用途，但在事实上，对波士顿公园在近期才拥有的田园风光构成严重威胁的，并非这类根深蒂固的传统，而是弥漫在当前的畅想与政治动机。致力于让波士顿公园这处公共空间回归传统用途的运动，并不是这场冲突的根本原因，这场冲突之所以会全面爆发，主要是因为技工群体的展览会，实质上是在向一种与现代化、工业化以及社会进步相关的独到的观念致敬。技工群体付出的种种努力，并不是为了缅怀那些生活在神话一般的前工业化世界中的匠人，而是为了能够在一个面向未来的工业化社会中进一步地拥护民主制度。技工的目标，与其说是要保护波士顿公园惯常的维持之道或是以用途为导向的传统功能，倒不如说是要赋予其全新的使命。总而言之，这一时期由技工群体所举办的展览会，并没有体现出他们对于前工业化时代“匠人特权”的怀旧之感。令人感到讽刺的是，当流行在波士顿及其他地区的精英阶层中的思想潮流，令精英群体将浪漫的形象寄托在中古时期的匠人身上，并坚信传统的手工艺品体现着高尚的贵族精神之时（尽管在这个充斥着大型工商业的世界中，手工艺品已然不可挽回地不合时宜），技工的展览会却并没有包含任何针对传统路线的追思，同时技工也并不认为自己的经济前景是命中注定的。[50] 与上层阶级对前商业化时代的思念与惆怅截然相反，技工认为自己正引领着一场推动世界向前发展的运动，而这场运动的目标，则是要建立现代化且科技高度发展的人类社会。

技工群体永远热情高涨，并因此而持续保持着一种欢欣鼓舞的情绪基调。他们并没有为技能性工作即将面临的衰退长吁短叹，相反，他们不厌其烦地向人们鼓吹着“物质精神”与“知识进步”，按照他们的说法，无论是城市中的工坊、仓库还是生产车间，都能无一例外地传达出这种精神与进步。通过周而复始地举办展览，他们不断地向参观者传达出如下信息——只要将人类的才能按照精心设计的方式混合在一起，便能够产生出最佳的思想、劳动、技能与品位，而一旦这些元素得到整合，便能够生产并复制出可以使人类的生活更加便利、舒适且更富于教养的物质与资源。[51]可以说，这些展览全方位地展现出了技工群体在工业、艺术乃至科学应用领域为整个地区的经济所做出的贡献。“快来看啊！这又是一次对马萨诸塞州的丰沃与富足的全面展示，这种丰沃与富足当然并不来源于这片充满岩石的贫瘠土地，它来源于这片土地之上的人民在发明创造中的天赋，来源于他们的辛勤、知识与进取之心。”[52]在1881年举办的展览会上，该州州长约翰·朗恩先生（John D. Long）曾充满自豪感地大声疾呼道。而很明显的是，技工群体认为自己正是上述诸多人优点的典型代表。

技工认为，自己的展览会对于维持整个地区的富足不可或缺。他们反复宣称，该活动既是散播有用知识的场所，也是激励人们不断迭代并推进机械技术的手段，而在波士顿正面临着来自美国西部地区的诸多城镇不断增长着的竞争压力的大背景下，这一点显得尤其重要。“迄今为止，在制造业领域尚无人能与我们匹敌，但未来的竞争威胁必将是急切且活跃的，这种竞争并非来源于大西洋彼岸的欧洲诸国，而是来源于我们自己的国人本身，这将是一种国家内部的竞争。”一位演讲者以一种传统的方式如此解释道。由于那些作为竞争对手的城镇，往往能够轻而易举地获得自然资源，并拥有着近乎无边无际的成长潜力，波士顿的生存与维持，必须建立在该地区人口的机械技能之上，而这种技能正是技工的展览会所想要培植的。[53] 在围绕着波士顿公园使用权而展开的论战中，上述观点同样被提及，它们给予了斯莱克一个将展览会的意义高度升华的极佳机会，“展览会的地位足以与那些最为伟大的大学并驾齐驱，它能够培养出年轻人的品位，以最为健康的方式刺激他们的大脑，并有助于他们创造力的养成”。[54] 这种将展览会比喻为高等教育机构的说辞，体现出实践教育是传统学术教育模式的一条替代路径。

在这一点上，技工的想法可谓与现代理念不谋而合。在州长查尔斯·布洛克（Charles H. Bullock）先生为举办于 1865 年的第 10 届机械展而发表的致辞演说中，那种弥漫在技工群体思维中的历史观，得到了极为充分的体现。这篇题为《技艺对自由及社会进步有利》的演说，将技工群体与那些具有进步意义的社会变革联系到了一起。在这篇演说中，技工与他们身怀的技艺，曾在古典时代与中古时期遭到过不友好的对待。“中世纪的封建领主将自己手下的匠人置于奴仆一般的限制之下，那时，技工的身份地位与生活在古希腊罗马时期的奴隶技工相比，没有丝毫提升。尽管技工有时能够将自己的技艺发展到堪称卓越的高度，但他们的社会地位一直备受压抑，而他们的技艺也因此没能够成为推动社会进步的工具。在那些古老的历史纪元中，没有诞生一项规模可观且持续长久的制造产业，那个时代的制造业，无论是它们起源、存续过程还是彼此之间的关系，都未曾达到过普遍流行的盛况。”因此按照布洛克的观点，那些汇聚着人类天赋与艺术的产品，并没能纳入到那个称之为“黄金连锁”的循环中去，而在今时今日，正是依靠着这一循环，那些汇聚着人类天赋与艺术的产品才得以最终和整个人类的幸福与安康绑定在了一起。上述这种历史变革，没有发生在被技工普遍视作封建领域并对其没有丝毫怀念之情的乡村地区，而是在逐渐成长的都市中心萌芽。都市中心，是机械劳动的生长之地，在都市日常的生产生活之中，在城市冒出的滚滚浓烟之中，在码头渡口的熙熙攘攘之中，掌握技术的工人成了推动社会变革的核心力量——他们再也不是不幸的受害者。最终，“伴随着技艺的‘敲击’、‘旋转’与‘隆隆作响’，人类的本性得到了唤醒，而我们的社会也从中古跨越到了现代。”[55]

当然，布洛克的世界观对商业并不敌视，他认为机械劳动与商业贸易享有同等重要的地位，它们共同作为引擎推动了世界的改变，并通过彼此之间的交融与互动不断演化。但尽管如此，两个重要的概念将这种世界观与那个时代涉及文明与进步的自由主义观念清晰地区分开来了。第一个概念与技能性工作有关，在布洛克的叙述中，正是由这一概念衍生出了高度政治化的主题，“技能性工作不仅是一项职业，从事这类职业的人们堪称政治经济体系与艺术文化领域中的创造者，他们既是身怀技艺的生产者，也是市场的重要参与者。而上述的一切，又极大地提升了该群体的激昂之情，使得他们成了‘在为了自由而进行的抗争中’最为热切的服务者”。由于身为商品的生产者，技工群体同时扮演着两种角色（生产者及市场参与者），而这也使他们成了政治意识的核心。因此，机械贸易与民主利益唇齿相依，它（机械贸易）的地位足以与倡导平等和独立的思想洪流并驾齐驱。[56] 可以说，技工之所以会在围绕着波士顿公园而展开的论战中支持由民主选举产生的波士顿市政府官员，绝非出于什么机会主义指导下的功利动机，而是源于技工群体世界观的根基。但显而易见的是，无论是在波士顿公园一事中还是在更为广泛的公共生活领域里，最被精英阶层厌弃的，也恰恰是这种过于浓重的政治意识。

第二个概念则事关“技艺”本身，技工群体往往对该词激情澎湃，在他们的眼中，“技艺”不但不是什么过时或即将为“异化劳动”取代的概念，相反，它是工业化进程背后至关重要的推动性力量。劳工群体一直强调，在工人的思想与双手之间，存在着极为重要的联系。一位演讲者在评论展览会上高度丰富的机械与商品时，曾如此解释道：“每当我注视着展览会馆中奇异的景象时，我便会不由自主地浮想联翩，以至于我最终意识到了一些隐藏在表象之下的深邃内涵。我发现了‘思维受到的教化’与‘手工劳动背后的信仰’，所有的展品都在以各自的方式表达着这种涵义。”从这一点上看，思维的发展与手工技巧之间不但并不分立，反而还在相互促进，[57] 而斯莱克也宣称，技工的展览会就是对这种关系的致意，在他看来，由新英格兰这片土地所培养出的发达而饱受教育的大脑、建设性的思维以及灵巧的双手，伴随着本地区用于出口的最主要的物品（机械），一并构成了区域内商业最为重要的支柱，正是这些要素为这片荒凉而贫瘠的土地带来了令人欢愉的丰足。[58] 在某种意义上，“自由劳力”这一概念不仅与被浪漫化了的“产权独立”理念相关，更是牵扯到了脑力劳动与体力劳动的联合一致（这一概念在那个时代为波士顿的技工、巴黎的公社社员以及沿伦敦南肯辛顿街分布的各类博物馆的馆长所共享），并深深地嵌入到了民主国家内部的经济生活之中。[59]

在资产阶级试图将人类的各种事业进行分门别类之时，技工群体却坚定地认为所有事业在本质上是高度统一的。一直以来，他们都奉行着这样一种观点：技能性工作既可以提升人们的思维，又能够培养人们的审美。布洛克则进一步认为,技工的展览会便是对“机械生产具备美学意义上的高雅品位与高尚情操”这一事实的极佳证明。技工与展览会反对者的理念针锋相对，坚持认为：“技能性工作能够使它的参与者变得高贵！某些事业只是工作而另一些就可以被视为艺术？可这样的概念是从何而来？而所谓的艺术家又是什么人呢？那些从事劳动的人便一定有着粗鄙而蛮劣的天性？对品位、情怀以及人性麻木迟钝？这样的论断难道真的是依照着我们的知识，通过类比归纳而总结出来的吗？”毫无疑问，布洛克与技工完全否认这样的观点，同时，他们还提出了与之截然相反的辩证观——机械的灵魂充满了诗意。[60]

在围绕着波士顿公园的使用权而展开的论战中，恰恰是上述技工群体的观点，令反对者无法苟同，他们一直以来遵从的都是一种文化上的等级制度，在该制度中，高贵的知性主义与低贱的物质主义之间，有着不可逾越的鸿沟。而针对这一点，布洛克则进一步地阐释并描述了思维发展与体力劳动之间的深刻联系。在他看来，正是生产的过程带来了质的改变，“完美的创意总是最先出现在技工的脑海里，然后才会被运用到木材、矿石等实体之上。而后，遵循着时间、空间与流体的规律，这些设想将得到实践。最终，技工的创意将被赋予永恒且不断运动着的生命，并在这个美好的世界周而复始的循环往复之中找到自己的定位。在上述完整的流程得到实现之后，技工的思维又会因此而得到提升。此等进程怎能不唤醒技工群体的天性呢？他们必将因此而体会到由文化、优雅以及感观带来的愉悦”。在这样的视角下，技工群体不再仅仅是劳力的提供者，他们同时还荣升为具有重要意义的发明的缔造者。他们的发明可以被理解为一项不断推进着的事业的产物，这项事业可以将机械操作能力与创造力、技能与想象力结合在一起，它是一项影响深远的实验。[61] 而实验的结果，早已远远地超出了粗俗的功利主义，堪称至高无上的成就。因此，正如布洛克认为的那样：“我们不但不应该将机械艺术的美学意义束之高阁，相反，我们还应该让其充分地渗透到我们这个时代的社会生活之中。”[62]

在技工群体有关“自由劳力”的观念中，那种通过工作才能获得的与自然进行对话的能力，一直居于核心地位。可在波士顿精英阶层的概念里，自然代表着一系列科学原则的集合，无论是社会规律、科学规律抑或是政治经济规律，全都源于此。他们希望自己的同辈中人可以遵从自然规律那不可违逆的强大力量，但与此同时，技工惊叹于人类所具备的那种按照自身意愿塑造自然世界的能力。因此，与资产阶级的推导演绎法背道而驰，为技工群体所推崇的，是一种渐进的交互作用进程，该进程要求人们与物质世界进行积极且持久的接触。布洛克高度赞扬了技工在为掌握引导人类借助自然力量征服物质世界规律的过程中付出的辛勤劳动和体现的惊人耐力，“他们巧妙地采取了分步骤、反复实验、不断调查和归纳……”这种人与自然之间的关系，既不需要人们效仿波士顿的投资者在类似密歇根州的矿山以及堪萨斯城的畜牧围场这些完全工业化场所的所作所为，将自然完全征服，也不需要人们完全撤出自然疆界以保护其原始的状态。在这种关系中，技能性工作是人类与自然进行对话的一种形式。“那些自然界中并不存在生命的事物，在经过技艺和艺术的加工之后，便能够诉说自己的话语并最终为人性所感悟。无论是木材、金属还是矿石，都能够被改造成在人们的眼中充满魅力的事物，或是在人们的耳中婉转动听的乐曲，它们有潜力成为唤醒人们心中永不磨灭的所有情感的极佳媒介。”[63]布洛克如此解释道。由此看来，技工群体可以释放出那些本不具备生命的事物的内在本质，并由此而激发出人们内心深处的强烈共鸣。

技工群体将这种与自然进行的对话，上升到了精神与宗教的高度，而朗恩州长亦在他的演讲中如此宣称道：“技工的展览会，充分地展示出了人类天赋之中蕴含着的神性光辉，而这也使得整座展览会场堪称一处‘神之处所’。”[64]在斯莱克为 1869 年的展览会发表的演讲中，他引用了他的废奴主义导师西奥多·帕克曾撰写的大段篇章，“有限的思维应如何与无限的思维进行交流？人类逐渐掌控自然之力的路途尚远未抵达终点，在技工群体获得全新科技能力的同时，该进程却不断地向人们揭露出仍有巨大的力量无法得到利用，甚至不为人们知晓。即便人类的脚步从不停歇，怀揣更多的渴望、付出更多的努力并受到更多的启发，宇宙之中物质力量之真正面目却仍然不为我们所窥见，有大量蕴藏力量的宝藏无法得到运用，更有许许多多的保留力量未被我们探明。”[65] 对于技工来说，工作使得他们对人类力量的极限更富自知之明。

## 精英阶层眼中的“文化等级制度”

波士顿精英阶层对审美、启迪、创造力以及体力劳动等概念的看法，贸然站在那个已是不可逆转的商业都市文化的对立面上，且他们观念与技工群体的立场可谓势同水火。举例而言，当波士顿美术馆于 1870 年获得建立许可时，其设立的初衷与技工的展览会相较并无本质差异。[66] 按照章程规定，该美术馆应当是一个公众机构，它将以最为宽广的心胸面对世界，并确保每月至少免费开放四次。在波士顿美术馆最初的理事会中，与来自哈佛大学和波士顿图书馆的代表同席而坐的，是那些经由民主选举产生的政府官员，其中包括了波士顿市长、马萨诸塞州教育委员会秘书以及波士顿督学。这些人士的加入，目的是要将波士顿美术馆与波士顿公立学校的课程融为一体。为了使美术馆能够正常地履行职责，一座造价低廉的场馆在1876年建成，且就连美术馆的监管人亦宣称，“这栋建筑与其说是一座美术馆，倒还不如说是一座学校，在这座殿堂中，一些存在于我们天性之中的最为优秀且高贵的才能，将找到旷日持久的（日复一日、年复一年）用武之地”。波士顿的市长则宣称，“波士顿美术馆是为广大人民设立的机构，所有市民，无论他从属于哪个阶层，都能够从中获益与得到欢乐”，同时，他还将“我们教育系统之中的王冠”这一标签贴在了该美术馆的身上。事实上，都市之中的广大民众早已对波士顿美术馆企盼良久，在该美术馆投入运营的第一年里，人们便如潮水一般涌入其中，当年共有14万人免费参观了该馆（相较之下仅有1.7万人付费入场）。[67]

与此同时，美术馆中的藏品也反映出该机构对于教育目的的侧重。“这些藏品并不是由所谓的鉴赏家提供的奇异物品，而是那些足以教育一个国家的事物，它们主要是一些用于教学目的的铸件和复制品。”作为波士顿美术馆最早的理事之一且随后担任了该馆负责人的查尔斯·帕金斯（Charles C. Perkins）曾如此公开解释道。对于发生在这处场馆之中的富于教育意义的活动，帕金斯先生喜闻乐见，同时，对于那个致力于“将审美愉悦与教育价值结合在一起”的事业，他也充满热情，而波士顿美术馆中的诸多藏品显然有助于这一事业的推动。“铸件、填充物、绘画和雕塑，因为它们能够带来益处，故而得到了持续的应用并产生出经久不衰的影响力。它们吸引、提升、指导并取悦那些试图与他们建立联系的人们，日复一日，周复一周，”帕金斯说，“人们能够在美术馆中与展品进行全方位互动的现状，完美地契合了这座美术馆的设计理念。”[68]

但随着时间的推移，一些理事开始愈发担忧教育用途会挤占过多资源，以至于一些更加适合于这座美术馆的展品没有了立足之地。大约在美术馆获得成立许可的 10 年之后，一些理事会成员表达了自己的担忧：“过度广泛的教学活动，实乃喧宾夺主之举。”[69] 他们不再乐于向设计专业的学生展示美术馆中的藏品，就如同一位学生描述的那样：“这些理事会的成员警告道，一些不负责任的年轻人可能会用他们的涂料和木炭笔污损地板，同时，他们还有可能会碰碎那些用玻璃制成的橱柜。”[70] 如此一来，学习设计的学生便一下子从极受重视的参观者被降格为了危险的闯入者。更有甚者，这些理事会中的美学主义卫道士，还进一步地让这座美术馆偏离了原先的教育使命与大众导向。他们将这座美术馆重塑成了一座专为艺术鉴赏而存在的圣殿，他们抛弃了那些复制品，并将其视作对这一神圣之地的亵渎，同时，他们致力于收集那些原作，而正如一位新上任的理事所形容的那样，“这些原作是从尊贵且超然的生活中结出的果实”。在美学主义卫道士的眼里，那些对学生而言极具指导价值的铸件与复制品，实则与机械无异，而“机械”这个词汇无疑包含着极为深切的贬损之意。“正如同交响音乐会的曲目会完全排除掉机械乐曲那样，在清除机械雕塑这一点上，我们美术馆的展厅也理应享有同等权利。”一位理事如此宣称道。因此，与技工奉行的那种“认为人与自然之间的联系应该通过工作来建立”的坚定观念大相径庭，美术馆的理事所推崇的是一种在参观者和艺术作品之间单纯地构建审美交流的做法，他们断言：“艺术的直接目标，是让人们通过凝视那些完美之物来获得欢愉。”[71]

艺术这一词汇在波士顿美术馆中的定义，变得愈发只与极致和优雅相关，而与商业文化或大众艺术无关。为了彻底贯彻上述路线，美术馆的馆长也在越来越看重历史作品的同时，逐渐将那些诞生自波士顿本地或是由该时代艺术家所创作的作品推到一边。理事开始要求参观者正装到场，仔细阅读礼仪新规，并在一种愈发严苛的环境下进行欣赏。在技工鼓励参观者触摸甚至亲身操作展览品的同时，这家美术馆却在有意识地确保参观者及观众能够与艺术及演示者保持距离。技工持续地将艺术这一概念与农具、马车、自行车、烟火、家居装饰以及卫生用品等一并展示，在他们陈列油画、水彩、雕刻、塑像等美术品的同时，他们也不会忘记去展示那些用于装饰作用的、通过机械生产实现了大规模制造的“艺术品”，雕版、石刻以及胶版画。可类似于波士顿美术馆那样的精英文化机构，却逐渐将机械发明推向了艺术创作的对立面，在他们眼中，相比于所谓的心灵手巧，美学与鉴赏家似乎天生便高人一等。

技工的展览会无疑便是对上述等级制度的嘲笑与愚弄，对于“文化界线”这个在大资产阶级的文化制度中居于核心地位的概念，他们从未接受，也正是因为如此，他们并不执着于去保留那些尚处在前工业化时代的地形地貌，而是试图宣扬属于自身的现代主义情怀。他们拥抱都市生活的忙乱，对机械发明抱持着一种兼容并蓄的心怀，同时，他们也将艺术、工业、劳动以及商业等诸多概念交融在了一起。在每一届机械展行将结束之时，技工都会用一场节日般的仪式向现代生活中的“刺耳之音”致以敬意。在这场仪式中，那些对展览会做出了贡献的人，被鼓励着去表达出自己对于这一盛会的切身感受，而作为回应，他们则将自己带来的机械开足马力，让其隆隆作响。正如一位记述者所报告的那样：“在数分钟的时间里，所有引擎上的阀门都被打开，铃铛开始叮当作响，各式各样的机械都发出咔嗒咔嗒的声音，破碎机震耳欲聋地敲击着岩石，汽笛尖声呼叫，就如同一支管弦乐队一般，每位演奏者都奏出了独特的音符。而直到就连那些最不敏感的人都觉得已经尽兴之后，喧嚣的狂欢才得以终止。”[72] 相比于统一且完美的和谐，更喜欢机器嘈杂的轰鸣声；相比于泾渭之分明，更喜爱水乳之交融；相比于被动地观察，更倾向于积极地行动——这便是技工群体的信条。

## 波士顿公园争夺战大结局

最终，这场由马萨诸塞州技工慈善联合会发起的展览会，并没能在波士顿公园中如愿举办。市议员讨论了对立双方的观点，他们从诸如法律、历史、商业影响以及对人民的教化作用等诸多方面入手，对问题进行了综合考量。总的来说，对于请愿者宣称这场盛会将对整座城市大有裨益这一点，议员表示赞同。“这场展览会，在对整个社区的荣誉与名声有所帮助的同时，其本身也具有教育意义，它能够激励发明创造，并在工业与艺术的所有门类中提升品位与效益。”一位市政参议如此评价道。但不幸的是，那些反对者手中握有一条足以让他们出奇制胜的论据。“如果说针对这场展览会的抵制活动证明了一件事情的话，那便是这场展览会势必将导致整个社区的分裂，而这种内部对立的前景，将直接导致该事件的目标无法成立。最终我们能够得到的，将不会是一场齐聚了我们所有工坊与车间的统一团结的展览会，而只会是一个分崩离析的结局。”反对者如此解释道。[73] 面对着如此强烈的反对，波士顿市政府的成员不愿强行违逆波士顿最具权势的居民的心愿，他们最终重新考虑了自己的决定，并拒绝了技工的请求。

尽管在请愿一事上遭受挫败，但技工的展览会仍然发展到了一个全新高度。最终，于 1878 年，在一处由市政府提供的临时建筑中，技工举办了他们的展览。[74] 此后，技工自信满满地昂首向前，他们在亨廷顿大街购置了一处私有土地，并在这片土地上设立了一处展示大厅，而这座大厅亦象征性地毗邻诸如波士顿美术馆、波士顿交响乐团以及麻省理工学院等文化机构。他们巩固了自己在整座城市之中的公共地位，并在整个 19 世纪 90 年代持续地举办着大型展览。这些展览跻身波士顿公众生活的重大事件之列，它们吸引了数以十万计的参观者，以及数以千计的出席者。政治家、商人以及其他位高权重之人，都纷纷来到现场，通过演说或是祝酒的方式向技工群体表达敬意。但是福祸相依，对于技工来说，这种全新的巅峰地位却不啻为一种失败，他们丢掉了自身在法尼尔厅*时代所具有的特殊公共身份，在将自己转型为一家公民联合会的同时，却偏偏缺少那些腰缠万贯者的资助，以至于自身处境变得愈发尴尬。他们重新定位了自己的角色，被迫放弃了原先的那种想要代表更加广泛的社会群体并与更加多元化的社会环境融为一体的志向，而上述改变亦使得他们再也无法对由波士顿精英建立起的霸权构成威胁。尽管短时间内技工群体仍然占据着公共事务的核心位置，但随着时间的推移，这种表面上极其微弱的挫败，预示了技工与他们的精神风貌将在都市公众生活圈中逐渐淡出。

---

* 法尼尔厅是美国波士顿的一座历史建筑。自 1742 年它就作为会议厅使用，塞缪尔·亚当斯等人曾在此发表演讲，宣传摆脱英国殖民统治。——译者注

# 第五章

# 美国东部资金与西部民粹

## 由西部各州的制宪会议而引发的新一轮较力

以工业化为主题的都市政治，充分地体现在那些“围绕着都市空间、公共财政以及公民机构而展开的竞争”之中，而在美国西部地区人烟稀少的领土上，类似的现象也是层出不穷。虽然从类似波士顿后湾那样的域外地区大举涌入的金融资本，资助了当地的资源勘探活动和基础设施建设，促进了当地社会、经济的发展，并推动了将广大的西部地区纳入美国经济大循环的进程，但它们也同样引发了西部居民强有力的政治反弹。这些外来投资者能够在美国西部地区开采自然资源、控制劳工、规避税收并摆脱政府管控的行为，既非什么亘古不变的理所当然，亦非什么幸运的馈赠。相反，正是经历了一系列极其激烈的、爆发于州及地方层级上的政治斗争的洗礼，这些权利最终才得以被编进了法律。在19世纪70—80年代，美国东部投资者的力量成功地打入了西部地区的政治核心。

就如美国东部地区都市化所展示的那样，市场的一体化进程与国家的形成过程之间有着千丝万缕的联系。随着来自美国东部的资本逐渐遍布于整个大陆西部，这些在美国西部领土之上的定居者，正十分急切地想要在这个不断崛起的商业体系之中为自己的社区觅得一席之地，而为了使自己的家乡获得政治上的自治权，他们更是大声疾呼、奔走游说。与那些希望脱离美国的南方邦联主义者的诉求不同，为了使自身摆脱联邦权威的压制，为西部居民所采纳策略是寻求作为一个全新的州而加入联邦。[1]学者经常将“美国全国市场的形成”与发生在华盛顿特区的“国家权威的巩固”联系在一起，可是在真实的历史背景下，将西部地区的领土纳入整个美国经济大循环之中的行为，恰恰起到了相反效果。该进程令地方层级上的政治实体数量激增，当各个政治实体都有权单独制定并实施涵盖范围极为广泛的政策方针之时，联邦政府却鲜有权力对之干预。[2]在一个以政治与经济在国家层面上逐渐巩固为特征的时代里，联邦政府将广阔的西部领土分割为诸多州的做法，无疑极富争议——这导致了权力分散的急剧反弹。就如同发生在波士顿这座大都市中的情形一样，市场的一体化不但没有导致一个严丝合缝的整体横空出世，反而还加剧了政治领域的碎片化。

上述进程的政治根源，可以一直上溯至19世纪60年代，那时，得道多助的共和党借由国会打开了让美国领土快速成形的闸门。这种行为最终导致了一系列全新领土的诞生，达科他（1861年）被从明尼苏达和内布拉斯加划分出来、科罗拉多（1861年）被从堪萨斯中划分出来，而爱达荷（1863年）、蒙大拿（1864年）以及怀俄明（1868年）则被从华盛顿地区划分出来，且后者亦曾是俄勒冈的一部分。[3]而到了19世纪80年代，当美国西部地区的居民开始为各自所在领土争取州的行政地位而奔走游说时，在背后引发了这一进程的经济动因又变成了焦点。由于人们已经清晰地意识到，类似棉纺织工业那样的老投资标的，已再也无法为美国东部地区产出足够回报，西部地区的定居者似乎一下子找到了一个能够将金融资源吸引到当地的绝佳机会。“由于在那些古老的东部各州中，寻找有利可图的投资标的是一件极其艰巨的任务，投资者必然会寻求在西部地区部署手中那过剩的资金，且因为偏远地区对资金的需求更加急迫，它们也会甘愿为资本支付更加高昂的回报。我们自信地期待着，所有寻求合理的安全与充足的回报的东部资金，最终都会为了上述目标而汇聚于此。”[4]丹佛商会的会员以一种波澜不惊的口吻如此记述道。有鉴于此，对于美国各州的政府来说，包括批准公司设立、制定法律制度、完善司法系统、修建基础设施以及协调产业关系在内的，诸多能够开启社会及经济发展新篇章的举措应如何施行，便成了至关重要的大事。[5]

在相关政策制定的过程中，新兴的各州机构与公司法人之间的关系，则带来了一系列极富争议的问题。当地定居者拥有作为投票公民的政治权利，同时，他们也倾向于对那些外来投资者采取强硬立场。他们不但认为州的权威理应凌驾于公司利益之上，还认为财产权利并非天然而不可侵犯（故而可以被拿来进行协商）。他们认为劳工以集体形式组织起来是可取的，并希望政府也可以对此给予支持。这些移居到美国西部的居民相信，一个气度恢宏的民主国家必将前景广阔，所以尽管他们对来自东部地区的资本家普遍不满（以至于时常将这种不满化作充满敌意的政治煽动或是好战言论），但总的来说，他们一直在试图以一种充满开创性而又经过了深思熟虑的手段，将经济优先、意识形态承诺以及涉及公平公正的理念转化为政策。定居者毫不掩饰自身想要加速发展的欲望，为了构建与远方投资者的关系、运用那些来自东部地区的资金，使其为自己所在区域平衡发展的愿景服务，他们不惜诉诸政治途径。[6]然而，金融精英与他们在当地的代言人有着完全不同的期望，在他们为了打造出一个统一的国家市场而不断努力的过程中，他们渴望亲自设计出一套政治制度，并使之有益于全新且团结的经济秩序。东部精英致力于引导那些刚刚成立的州政府，以使他们将自己的注意力聚焦在那个更加宏大且内部互联的市场系统之上，同时，他们也希望西部定居点的政治自治权能够被置于一系列清晰、可预测且对投资者更加有益的原则之下。

双方围绕着政治制度的构建爆发了激烈冲突，而此类现象在每块寻求州行政级别的领地上的移民企图召集代表参加制宪会议时更是体现得尤其明显。[7]这些集会彼此之间的论调与内涵往往极其相似，而集合在一起，它们又构成了一场更加宏大的、事关美国政治经济前行轨迹的区域性辩论。与联邦层级上的制宪会议（此类会议通常只召集富有精英群体之中的骨干人士，并进行闭门磋商）迥然相异，发生在西部地区（州级别上）的制宪会议，其参与者囊括了农民、工人、矿工、当地律师以及小商人阶层，同时，与会议进程相关的消息也会及时地出现在日常新闻之中。农民和劳工的代表，敢于公然为整个地区的劳动人民发声，并表达出自身的不满情绪。他们在议事日程中加入了涵盖范围极其广泛的政策意见，但其中的许多意见，都绝无法被“美国东部地区的那个更为彬彬有礼的代表圈”所接受。可是，在西部地区的政治集会中，正是此类意见享有着广泛的支持，甚至就连那些处于晋升阶段的西部新贵与受过正规教育的人士，也同样为此摇旗呐喊。这些人对于市场的支配性作用不屑一顾，而这种蔑视也反映出了那种弥漫在广大人民群众之中的普遍情感。对于那些表面上是被当地政府授权建立、可实际上被掌控在东部地区的外来股东手中的公司机构，代表们满怀愤懑，他们矢志不移地想要让本地居民的权利优先于远方投资者的利益。当金融家往往习惯于按照一体化经济的思维去塑造政治版图时，西部地区制宪会议的代表却启动民主程序让金融家面对急需解决的问题却束手无策。他们认为区域自治的权利理应优先于全国统一市场的特权，而这种想法则恰巧与同一时期发生在东部地区的论战遥相呼应。

但归根结底，美国西部地区过于偏远的地理位置导致其必须依靠来自东部地区的金融资源才能实现发展，而这一现实最终极大地削弱了当地居民的民粹主义诉求。当他们想要将自己的观点加入到这些新成立的州的法律根基中时，宪法的编纂者却面临着由东部投资者的代言人所提出的种种要求，且这些要求往往绝无法被轻易忽视。任何偏离了东部地区传统智慧的政策，都有可能危害到整个地区从资本市场获取资源的能力，并最终造成极其深远的经济后果。

由于不想让自身所在地区的经济前景暗淡无光，那个时代的代表转而归于谨慎。尽管最终的宪法草案中将会体现许多民粹主义者的议事主张，但其也不可避免地会屈从于东部金融家的设计，而这些设计显然不是很多代表的初衷。

## 民粹主义者的进攻与东部代理人的反击

尽管制宪会议的参与者大都持有极为清晰的地域观念，但这并不意味着他们彼此之间在进行对话时会暴露出狭隘偏私。由于他们之中的大多数人曾在不同地区或西部的不同定居点之间迁徙，他们早已通过自己切身的移民经验练就了一种老练且开阔的眼界。对于那个由横贯大陆的铁路系统所带动的大规模经济转型，代表感触颇深，同时，在他们进行日常讨论的过程中，那种把自己的定居地拿来与其他地区进行比较的做法，也已经成了一种常态。他们对存在于其他州宪法之中的条文兼收并蓄，并经常援引他们从诸如宾夕法尼亚州、伊利诺伊州、威斯康星州、加利福尼亚州以及内华达州等地学来的经验。由代表所提出的各种观点在一起交融碰撞，使审慎的进程充满了开放的可能。鉴于多种多样的原因，法律的产生并不来源于一系列抽象的原则，而是诞生自人们的日常实践与移民群体的集体智慧。威廉·斯图尔特（William Stewart）作为一位来自内华达州的参议员，曾在数次制宪会议上发表演说，他认为："法律不过是一个要被应用到现实场景之中的原则体系，因此其制定过程也必须依照现实情况而定。"如果按照上述观点行事，那么宪法的制定过程就必须对那些基于实用主义的创新敞开大门，并允许宪法条文在法理学上保持一定程度的多元性，最终的宪法必须建立在能够确保不同地区人民获取最大限度的福祉的原则之上。[8] 这种观点受到了许多代表的热情拥戴，他们致力于因地制宜地制定政策，而不是不知变通、循规蹈矩。

图 5.1 1889 年华盛顿州首府奥林匹亚市的州议会大厦前，州制宪会议的代表与州会议的支持人员、他们的妻子以及当地小学生的合影

图片来源：Washington State Archives, Digital Archives, http://www.digitalarchives. wa.gov, accessed March 1, 2016

毫无疑问，上述实用主义方法路线是对那个时代法律正统理论的公然对抗。权威专家催促这些最终在美国西部定居的移民应在宪法制定的过程中遵循联邦模式，即只撰写简短而精炼的宪法，并使其能够概括出普遍意义上的法律框架。密歇根州最高法院的首席法官托马斯·库利（Thomas M. Cooley），作为那个时代宪法领域最为杰出的学者，曾多次在制宪会议中发表言论，他恳请相关代表不要逾越那些最为基本的制宪原则。“将那些属于法律领域的事务，留给未来的立法机构吧！”库利如此呼吁道。[9]然而，大多数与会者认为，一旦缺乏具体的宪法性框架，州立法机构便极易遭到公司的操控。在一次面向全州人民的联合宣讲中，科罗拉多制宪会议代表如此解释道：“在大多数事例中我们都会发现，立法机构无法公平且妥善地完成其被赋予的神圣任务，它既无法防止权力遭到滥用，也无法保护人民免遭铁路及其他公司贪婪与垄断的损害。”[10]出生于缅因，经由加利福尼亚和爱达荷才最终移民到了怀俄明的梅尔维尔·布朗（Melville C. Brown）则警告称：“一旦宪法之中遗漏了任何重要的政策性事项，那么公司无疑将会获得可乘之机，它们会按照自身的最大利益来塑造立法进程——就如同我们在过去已经看到的那样，那些被人民选举到了立法机构之中的人士，却在自己的脖颈周围套上了由大型铁路公司颁发的铜制项圈，而如果我们还是不能从中吸取教训的话，那么我们也将见证同样的一批人士再次套上由财大气粗的矿业公司所颁发的项圈。因此，我们必须把一些清晰的政策性事项囊括到宪法之中，以使那些居心叵测者无机可乘。”[11]西部居民对于公司力量的忧虑，最终鼓动了各个州的制宪会议制定出极为冗长的宪法，而州政府所应享有的各种权威，亦在其中得到了详细描述——在某些领域，宪法要求政府直接介入，而在另外一些领域，则约束其不越雷池半步。

在宪法制定的过程中，关于水资源应当如何分配这一问题，尤其需要创新性的解决之道。显而易见的是，在干旱、水资源稀缺且水源彼此之间相距遥远的美国西部，东部地区极为常见的以“河岸权”为原则而将水资源使用权赋予河流或湖泊沿岸土地拥有者的做法并不适用，而若想要所有居民都能够获得充分的水资源供给，就必须把水资源的使用权拓展到那些远离河流、湖泊沿岸的地区。而另一方面，那种规定了“谁最先将水资源从其自然源头引出，便享有对这些水资源的占有权”的、作为“河岸权”原则替代选项的“优先占有权”原则，也同样显露出了自身的缺陷，并受到了人们的攻击。在定居怀俄明之前曾在密歇根担任执业律师的佛蒙特籍人士查尔斯·伯里特便认为，那种仅凭着修建了一条水渠将水引出，便享有了随心所欲地拒绝整个国家乃至整个世界使用那些水资源的情况，是十分荒谬的。[12] 事实上，相比于对“个人会因为这些法律法规而获得不成比例的水资源使用权”的忧虑，那些坐拥大量资金并因此能够轻而易举地开凿出运河及沟渠的公司，则更加令人寝食难安，一旦水资源遭到了这些公司的垄断，那么余下的人口便只能俯首帖耳了。成长于俄亥俄，曾在爱荷华和蒙大拿生活，并最终在位于怀俄明的拉勒米开办了一家五金店的乔治·福克斯（George W.

Fox）便认为："若是没有了限制性的立法，那么一家公司将能够把一整条溪流都引入由他们自己修建的运河中，并限制其他定居者从中获取水源。"[13]

由于必须对基础设施领域进行密集的资本投入，才能够实现针对水资源的充分获取和利用，为了解决这一区域性的挑战，一些代表认为"水资源及水利设施理应归州所有"。亚历山大·伯恩斯（Alexander Burns），作为一名来自密苏里，现定居于蒙大拿的，由探矿者转行为农场主的人士，则十分大胆地提出："立法机构应当明确规定，一州之内灌溉沟渠的修建及维护工作，永远都是州本身的职责，并应被置于州的直接管控之下。"[14]但由于新成立的州往往缺乏足够的资源以独自建造基础设施，其他的一些利益相关者则提出了更加现实的措施，在他们的提议中，州将准许私人公司涉足于水利设施建造领域，同时，整个州之中的水资源将持续保持其作为公共财产的属性。[15]这种方法允许公司在供水的同时收取符合规定的费用，但排除了它们囤积或是垄断这一宝贵资源的可能，同时，它也允许州按照自身的意愿决定水资源的分配。这种通过宪法条款来明确规定水资源使用权应按照"有利且充足地使用"的方式进行分配的做法，极大地削弱了原先的"优先占有权"原则。该条款不仅限制了单一个体所能占有并使用的水资源上限，还要求在干旱的季节里，水资源必须被充分地分配到每个使用者手中。威廉·克拉格特（William H. Claggett），作为一名出身于马里兰，并曾在内华达和蒙大拿从业，而最终移民到了爱达荷的律师，则这样解释道："这些条款致力于促进更加公平的分配，它们将为绝大多数人们带去最大化的利益，这些条款能够同时将捷足先登者的优先权与后到者的必然需求铭记于心。”[16]

图 5.2　1889 年怀俄明州首府夏延，怀俄明州制宪会议的代表们在州议会大厦前的合影
图片来源：Wyoming State Archives, Department of State Parkes and Cultural Resources

可与此同时，一些代表则认为这种宣称所有水资源都是公共财产的做法，实属过于激进。作为一名矿业资产及房地产经销商，成长于密歇根，而后在堪萨斯及科罗拉多度过了一些时光，并最终来到了蒙大拿的沃尔特·库帕（Walter Cooper）便如此反驳道："就算有人告诉我这一版的修正案是出自那位'显赫的'亨利·乔治*之手，我也绝不会感觉意外。"而卢埃林·卢斯（Llewellyn Luce），作为一位代表内务部迁徙到蒙大拿的新英格兰人士，则同样试图为水资源的商品化据理力争："水资源的使用权，就如同马匹或其他资源的使用权一样，并没有什么特殊之处。如若我们真的要将这种原则（水资源公有化）一以贯之的话，那还不如在宪法中公然宣称州境内的所有马匹也都是州的财产呢！"[17]但好在大多数的代表都认同，一旦他们在这件事情上因循旧例，那么最终的结果必将令人无法忍受且与共和体制水火不容。出生于纽约，成长于明尼苏达，并在随后成了《海伦娜日报》编辑的马丁·马金尼斯（Martin Maginnis），便极富先见之明地指出："没有了适当的宪法保护，那么控制了水资源的人将在事实上坐拥整个州，而处在此人领导之下的领主体系，其邪恶程度必将令古今内外所有的领主体系黯然失色。"[18]

而另一方面，新建州之中的产业关系，也逐渐成了吸引制宪会议高度关注的立法领域。由于对整个地区之中尤以铁路和矿业为重点的大型工业知根知底，代表预见到了未来阶级冲突将加剧。就如

---

* 一位被视为异端的政治经济学家。——译者注

克拉格特在爱达荷州所解释的那样，他们预见到——“随着各州范围内物质资源的极大丰富，一系列在性质上与以往完全不同的劳资关系问题（劳工受到雇佣或遭到盘剥），势必将呈现出愈演愈烈之势。”[19] 而制宪会议也因此列出了一串长长的、涉及劳工保护措施的清单，人们希望此举能够让州成为工人的坚实后盾。代表仔细地推敲了一系列旨在强制政府对劳工权益进行关照的条款。例如，包括保障劳工人身安全、实行八小时工作制、设定最低劳动年龄、成立劳动局调查并定期公布产业状况、明确雇主对雇员的工伤所应尽到的责任、限制囚犯或合同工与自由劳力展开竞争以及禁止将劳工运动的鼓动者列入黑名单在内的一系列措施。[20]

在不胜枚举的旨在保护劳工权益不受侵犯的提议中，最富争议的提议应数“禁止管理方在罢工期间使用私人安保公司”这一条了，毫无疑问，此事关系到工人群体是否拥有自发组织的权利。出生在堪萨斯，成长于伊利诺伊，最终在科罗拉多、爱达荷与蒙大拿找到机车司炉工作的彼得·布林（Peter Breen）认为把这样的条款加入到宪法之中是极为迫切的，“对于那些像驻扎在芝加哥的常备军的安保公司，我们坚决不希望他们在某个公司的召集下扩散到美国其他任何地方。这些人既非什么正规士兵，亦非任何关心地区福祉的司法官员，他们之所以会来到这里，完全是因为公司的开价，而这些安保公司为了自身的经济利益，宁愿镇压这片土地上的人民，使他们再无斗志。”[21] 而其他一些代表也认为，在一个自由的社会中，工人群体有权在免于暴力胁迫的情况下进行自发组织。威廉·菲尔兹

（William T. Fields），作为一名来自伊利诺伊州的机车工程师便如此声明道："没有任何公司有权雇用私人安保公司前去射击那些为了自由而进行聚会或集会的人民。那种滥用私人安保公司的做法，是专制政府的作为，而此等做法之目的，是要把工人阶级置于奴役之下。"[22]

就如同有关水资源的辩论一样，这些企图限制公司特权的提议，遭遇了极为猛烈的抵制。弗朗西斯·萨金特（Francis Sargeant），作为一名在蒙大拿的采矿产业中平步青云的人士，就如此辩称道："如果在必要的时刻，我不能依法请求美国600万人民保护我的生命及财产，那么由美国宪法赋予给我的权利及特权，则视同遭到了剥夺。"[23]然而，上述逻辑很难在代表中引发共鸣，他们并不希望整个地区在军事化的道路上渐行渐远。从自己的出生地宾夕法尼亚迁徙到了怀俄明的埃利奥特·摩根（Elliot Morgan，此时在摩根的老家，牵扯到私人安保公司的劳资冲突已然爆发）便如此解释说："依我所见，没有什么能比'一群披着法律权威外衣的武装分子'更令人民义愤填膺的了。"[24]一些更加偏于保守的代表，譬如卢斯先生更是认为："理应为政府所保护的，是私人财产本身，而不是私人安保公司。"[25]

至于那条确认了"州的权威理应凌驾于公司之上"的普通法传统，则受到了代表的坚决捍卫。对此，来自北达科他州的农场主马丁·约翰逊（Martin N. Johnson）解释道："铁路公司在性质上与公共机构类似，因此铁路公司的股东事实上不能像我们支配自己的牛车那样支配自己的铁路。铁路公司旗下线路的运营，必须服务于人民大众的根本利益，他们既不能擅自关停这些商业的动脉，也不能剥夺农民靠着自己劳动而得来的果实。”而凭借着对“芒恩诉伊利诺伊州”这一案例的引用，约翰逊则向他的那些身为代表的同僚提醒道：“美国最高法院已经一劳永逸地制定了相关原则。”[26] 他们的决定使得制宪会议的代表能够将“影响深远的、旨在对公司进行督管的权力”赋予一州的立法机构，而这其中也包含着设定铁路运输费率的权限。按照最高法院的解释，宪法之中可以加入废除或改变现有公司章程的条款，同时，宪法也可以宣布铁路为具备公众属性的高速道路并拥有作为公共承运人那样的特殊身份。而铁路公司原先经常采取的那种设定歧视性费率、对大运量的承运商及某些特定城市给予优惠费率的做法，则遭到了禁止。

随着代表开始试图限制某些公司正试图获取或已经享受到的税收减免与政策补贴，围绕着公司的权利与特权而展开的论战，也变得更加激烈，来自爱达荷的法官约翰·摩根（John T. Morgan），便对当地政府那极度松散的税收制度提出了批评。“矿物开采行业中的大量资金被转移到了这片领土之外，却几乎没有缴纳任何税费。”摩根大声疾呼道。在征收财产税的过程中，由于矿山类资产的价值往往难以评定，摩根提出了一个针对矿山类资产的净收益征取税收的新方案，“当那些家伙（指投资者）纷纷在波士顿、纽约以及其他地方修建自己的华丽住宅之时，他们也理应为本地州政府的财政事业贡献出一份力量。”[27] 而与此同时，另一些代表则提倡应严格限制政府给予公司的直接补助。托马斯·格里菲斯（Thomas C. Griffitts），作为一名经由伊利诺伊和犹他而抵达华盛顿的印刷商，因为自己的提议而广受欢迎，“所有的乡村、城市以及其他的那些地方公司，都不应该向任何公司或是个人提供补助及贷款”。[28] 然而，来自采矿业、畜牧养殖业以及铁路运输业的代表，坚称税收优惠及公共补贴必不可少。作为一名来自伊利诺伊的畜牧养殖者，阿尔弗雷德·梅尔斯（Alfred Myers）便如此辩驳道：“水利设施的修建，本就不是什么回报丰厚的事业，而如果真的想要引导人们向此类投资活动中注入资金，那么来自政府的补助便显得必不可少。”[29] 而莱克格斯·温亚德（Lycurgus Vineyard），曾当过俄勒冈州数所学校的督学，他指出：“如果我们向坐落在这片区域之上的那些穷困潦倒的矿山收税，则无异于是在将它们关停的同时，也将那些有志于投身于这一产业且富于进取之心的人士拒之门外。”[30]

事实上，在各州彼此之间的竞争日益严峻的大背景下，那种认为在整个地区规模最大的产业羽翼未丰之前应对其进行栽培扶植的理念，是合情合理的，因为任何一份多余的成本都有可能威胁到一个州的优势地位。路易斯·帕默（Louis J. Palmer）作为一名出身于伊利诺伊的检察官便如此解释道：“向矿物采集业收税，将会损害怀俄明的矿业利益，因为一旦我们真的向煤炭征税，那么我们也必将无法与那些科罗拉多人进行竞争。”[31] 然而，尽管如此，大多数代表仍然不同意给予特殊的优惠待遇。威廉·帕贝利（William Parberry），作为一名出生在肯塔基，成长于密苏里一座农场之上的蒙大拿医生兼大牧场主，便如此质问道：“如果公司可以得到税收减免的优惠，那么出于公平与公正方面的考量，一个靠着自己的辛勤汗水而谋求生计的人，为什么就不能呢？”[32]而经由堪萨斯、科罗拉多以及蒙大拿才一路来到爱达荷的、作为采矿经销商的亚历山大·梅休（Alexander Mayhew），也同样表达出了自己的反对意见：“牺牲这片领土上的一切利益来成全那些外来公司的发展壮大，如若我们真的采纳这样的方式来鼓励那些铁路公司，那么对于我们这个刚刚成立不久的州来说，这无异于是在树立一个极其危险的先例。”[33]上述观点最终推动了强有力的宪法修正案出台，而立法机构原先所享有的那种可以向公司赠予特殊优待的权力，则遭到了剥夺。

随着各州的制宪会议的进行，逐渐显现出各州在一系列领域对公司权力进行抑制的趋势。当地的代理人便一下子肩负起了要在政策制定方面向人们阐明强有力的反对观点的职责。这些人士与来自东部地区的金融家结下了千丝万缕的联系，并因此而深知区际贸易的重要性。现实也的确如此，这些东部地区金融利益的代理人，不知疲倦地反击着那种弥漫在制宪会议之中的民粹主义思潮。出人意料的是，这些西部地区的代理人不但对政府机构没有任何敌意，反而还完全赞同经济的发展离不开人员充足的政府机构与明智的公共政策。更有甚者，他们认为整个州的一致行为能力能够对外来的投资起到吸引作用。马克·霍普金斯（Mark Hopkins），作为一名曾在科罗拉多和犹他度过一段时光的宾夕法尼亚人，现任太平洋联合铁路公司旗下位于怀俄明的矿山负责人，便有着如下的观点：“这是理所当然的，某一地区获得州身份最大的好处之一便是，该地区从外部吸引资本投入的能力将得到极大增强，而这些资本投入，最终将激发出一片土地上潜藏着的巨大利益。”而在最终来到怀俄明之前，成长于艾奥瓦，并在纽约州接受教育的律师弗雷德里克·哈维（Frederick H. Harvey）亦同样认为：“对于获取州行政级别这一行为，我们的赞成毫无保留，因为这将尽最大可能地为我们带来最大数量的公司。”[34]

真正让这些金融利益的代言人反感的，并非那些强而有力的政府机构，而是那种认为“经济政策只不过是民主政治的分支”的理念。西斯·亨利出生于伊利诺伊，曾任华盛顿州最高法院的书记员，他这样认为：“一个经由选举而产生的、能够决定运输费率的铁路委员会，必将是与自由制度不相兼容的存在。这样的机构会将‘区别对待’、‘胡作非为’以及‘不公不正’等种种弊端发挥到极致，并因此而违背一个自由政府所应尊崇的、最为基本的原则。”[35]按照亨利与其他类似人士的想法，政府政策的制定，归根结底不应通过广大人民的投票来完成，而应该交由那些学识渊博的专家，并遵循普遍的规律。对于那些规定了工作时限或是水资源公有制的宪法条文，这些批评者不屑一顾。他们认为这样的做法只会为那些（在他们的眼中显得）荒唐可笑的经济原则提供法律支持。作为一名俄亥俄籍人士、曾被任命为未并入联邦之前的怀俄明领地管理者的约翰·霍伊特（John W. Hoyt）便如此争辩道：“这些政策全都违背了伟大的经济学规律，而这些被违背的规律，本应得到土地上每一个政治家的尊重。”[36] 相比于民选代表所能制定的任何一项政策，这些伟大的原则都是更加崇高的存在。

这些公司特权的捍卫者提出，如果不考虑民众的偏好与意识形态上的承诺，那么所有对存在于政治经济领域之中的普遍规律的忽视，最终都将被证明是弊大于利的短视之举。任何针对投资者权益的予取予求，都将不利于生产力的发展，而这样的情况最终会拖累州的未来。可以说，担心宪法条款会惊走资本家的焦虑，使制宪会议议题争论的核心部分处于两难的境地，在每一个州之中任何一个经济领域里的重大议题，都会不可避免地、再三陷入此种窘境。一方面，代理人摇晃着一根诱人的胡萝卜。在矿产业中投入了重金的银行家，同时，也是整个蒙大拿最为富有的人士之一的威廉·克拉克（William A. Clark），便向制宪会议分享了流行在精英商业圈中的传统智慧：“美国东部和欧洲大陆不断下跌的边际利润，即由于过度的资本积累而导致的极为低下的利率，为我们这些羽翼未丰的新兴各州争取了千载难逢的良机——我们极有可能会成为下一个大规模投资的聚焦之地。因此，明智的立法思路不但不应将外来资金拒之门外，还应当主动引导其他地方的资本家来到这里，并鼓励他们在本地兴办大型锻造厂、大型工厂及其他类似的规模企业。”[37] 霍伊特也同样向他那些身为代表的同僚启发道：“我们有着极为优异的自然资源，包括面积约 7.8 万平方千米的煤层、一望无垠的盐湖、取之不尽的原油贮藏以及富含铁矿的宏伟山脉，而迄今为止上述的这些资源尚未得到开发。”霍伊特进一步补充道，“我们真正急需的仅仅是资本的注入，在这样的大背景下，我们难道还应该去打击那些资本家，而使他们犹豫不前吗？还是说，我们应该环绕着怀俄明的边界筑起长城，以阻挡那些想要来到此地开发资源的投资者呢？”[38]按照他的观点，相比于设立自缚手脚的监管机关、向外来资本横征暴敛或是放任劳工群体胡作非为，打造出一套行之有效的、能够促使来自美国东部的资金涌入当地，并因此而创造出普遍繁荣的立法框架，才是制宪会议的使命之所在。

而当代表们在这些诱惑面前不为所动，甚至质疑被创造出来的财富是否真会流入广大人民的手中之时，同样一批代理人抽出了藏在身后的大棒。他们敲响了警铃，并警告诸位代表，任何对投资者采取不友善政策的州，都极有可能会脱离经济发展的正轨。“针对铁路公司的管控行为，会使得那些有利于某州的资源开发的资本投资遭遇阻碍——那些已经建成的、在稳步发展的企业将陷入停滞，而那些正在筹划之中的企业也将搁浅。”[39]弗朗西斯·亨利（Francis Henry）在华盛顿如此警告道。“如果爱达荷对矿产开采事业征税，投资者的热情必将受到抑制，并转而将他们的投资部署到更加友善的地方。如果你对这样的结果无动于衷，那你大可以撕毁原先那些为了邀请采矿业人士前往这片土地而向整个世界打出的广告，并告知全体投资者他们在这片土地上不受欢迎。”[40]温亚德如此嘲讽道。与之相似，曾从宾夕法尼亚来到怀俄明的夏延担任怀俄明州的检察官一职，并于其后成为丹佛—格兰德河铁路公司与标准石油公司的代理律师的安东尼·坎贝尔（Anthony C. Campbell），也做出了如下解释："规定了雇主必须对工伤负责的宪法条款，其结果必将是灾难性的，因为这将导致任何铁路公司或是其他想要正经运营的企业，都无法逃脱破产的厄运。"[41]

面对着这些言之凿凿的辩驳，制宪会议的代表莫衷一是，一些人认为上述这种如同世界末日一般的设想情形纯属耸人听闻，而其他一些人则反对让公司侵犯州的政治主权。"这就好比让公司来到这里，并束缚住我们的手脚。"梅休这样评论道。[42]同时，一些演讲者的观点则充满挑衅意味，"我们不能仅仅基于'吸引资本家来到这里并进行投资'这一目的，便对该群体进行骄纵和溺爱。"从印第安纳来到蒙大拿的律师查尔斯·哈特曼（Charles Hartman）如此评述道。[43]可尽管如此，资本家会因为受到惊吓而选择逃离的可能，仍然软化了那些宪法编纂者的决心。由于不想与强大的金融势力完全闹僵，许多代表开始倾向于承认他们所在州的弱势地位。"当我们向东部地区的资本家发出来到此地修建铁路的邀请之后，他们便会着手审视本地的法律，如此一来，他们便会首先发现我们采纳了极为严苛的法律框架，以至于我们会在事实上代替他们掌管铁路的运营。如果你真的了解资本是如何小心翼翼的话，你便会发现这简直就是灾难性的情况。"[44]出生在俄亥俄，并曾经在密苏里和犹他做执业律师的杰克·贝蒂（Jack H. Beatty），以一种极为朴实的口吻如此解释道。来自缅因的律师沃尔特·伯利（Walter A. Burleigh）则领导了整个蒙大拿制宪会议的后退行动。"我们不为来自美国东部的金主打工，我们不为英格兰的领主卖命，我们亦不为新英格兰地区的资本家效劳，但我们也同样不想因为过于严苛的法规（不论这些法规的制定是出于道德还是商业的考量），而将他人阻挡在藩篱之外，以至于他人无法开发我们的资源。”[45]伯利如此总结道。随着代表们的思考不断深入，一些过于严苛的条款最终出于人们的忧虑而遭到删除，且最终的宪法条文也因此而不再显得那么激进了。[46]

## 表象背后的深层动因与制宪会议的最终结果

从本质上来说，这些围绕着宪法条款的制定而展开的论战，其核心关注点到底是什么呢？事实上，上述问题的答案已经超越了特定的政策事务领域，同时，也超越了不同利益群体之间的博弈范畴。这些制宪会议事实上揭示出了人们在三件最基础且紧密相连的事务中的严重冲突与对立，即利益与资源的分配、宪法条文的清晰性与可理解性以及市场在空间上的组织形式。在最为基本且明显的层级上，物质资源应如何在雇主与雇员以及外来投资者与本地定居者之间进行分配这一问题，是这种竞争背后的推动性力量，而这种争论又可以被归为那个时期极为普遍的、被政治学家理查德·本塞尔（Richard Bensel）定义为“对财富的主张”的竞争行为。[47]伴随着一部宪法的编纂完成，马萨诸塞州各种政治机构的结构，以及他们与私人利益部门之间的关系，便得到了初步设定，而这种设定将决定一片土地上的物质财富最终会被如何分配。参加制宪会议的代表，对社会上日益凸显的、极为严峻的贫富分化现象深感忧虑，同时，他们认为这种趋势与一个自由社会的本质全然相悖。正是出于上述担忧，在以水源获取为代表的资源领域，代表推动了奉行“有利使用”原则的法律条文，并按照“充足使用”的原则，将水资源的使用权广泛地分配给了整片领地上的普罗大众。由此，自然资源在当地的分配，将不再按照表面上的客观规律（供给和需求）来进行，而是按照由蒙大拿领地上的法官海勒姆·诺尔斯（Hiram Knowles）所定义的“符合道义”的原则来确定。[48] 相同的分配性目标，也鼓舞着代表前去管控劳动力市场上那愈演愈烈的剥削之风，他们准许劳工以集体的方式统一行动，并主张针对公司财产课税。

然而，代表所关心的问题不仅局限于财富应如何分配，相比之下，他们更加关心现代政治经济实体应被如何组织与管理这一根本问题。在这场对话中，存在于不同党派之间的争论，不仅仅是“经济回报该当如何分配”这一问题，还是他们在“发展”这个概念上存在巨大的认知差异。若是要用一种更为笼统的说法进行总结，那么引述政治学家詹姆斯·斯科特的术语，这种差异体现在对立双方围绕着由马萨诸塞州新制定的制度的“可理解性”抑或是“清晰性”而展开的不断持续的小规模冲突中。[49] 虽然公司型投资者并非必定拥有巨额财富，但往往是社会再分配的目标，而且作为在外投资人他们还得横跨整个大陆而将自己的资本输送到千里之外。因此，他们不仅希望能够确保产权制度的安全性，更希望这一制度能够具备足够的可预测性与透明性，这两点在他们无法身临其境、事必躬亲之时显得尤为重要。但另一方面，居住在西部各州之中的本地农场主，大可以对“由民选官员所督管着的制度框架”无牵无挂，因为这些官员无论如何都要对州之内的居民直接负责。农场主希望无论是铁路运输费率的设定还是水资源使用权的分配，都能够有如马金尼斯在蒙大拿州所说的那样：“受到一个亲近人民且是被人民选举出来的特别法庭的支配。”[50] 可是站在外来投资者的立场上，这种愿望简直就是无稽之谈。正如卢斯向他的同辈所解释的那样：“没有人会把自己的钱财不远万里地带到此地，而只是为了将其置于郡县委员会或是其他‘受到地方控制的实体’的驱驰之下。”[51] 由此可见，一套对于当地农场主而言极为可靠且负责的民主程序，在远道而来的投资者与他们在当地的代理人看来，就变成了一个完全不可解读的隔光黑箱。这些投资者由此认为：所谓的民主只是当地人对可预测的政治经济学规律与私募市场恣意妄为的侵犯。

就如同法律学者大卫·肖（David Schorr）针对发生在科罗拉多的情况而进行的评论那样，整个一套有关“有利使用”原则的法律理念，让投资者完全无法厘清相关的产权制度，以至于水资源的转运与售卖受到了严重制约。按照上述法律原则，水资源的使用权限不再基于每条水渠的实际输送能力（输运能力往往保持固定），而是将随着不同时期降水量的波动与灌溉土地实际面积的变化而变化。水资源的使用权限，经常由于水资源没有得到充分的使用而失去效力，投资者既不能阻碍淳朴居民的用水权，也不能擅自更改水资源的使用方式。任何投资者若是想要提供水资源的转运服务，都必须在售卖水资源之前，便向相关机构确凿无疑地证实经由他们输送的水资源总量。任何有关输送总量的精确测量结果,都需要向“由当地居民控制着的州法院”进行报备，而这些法院会根据具体案例，逐一确定水资源所有权的权限范围。而鉴于每条溪流的上游及下游都有数十名未经集中登记的水资源使用者，且他们使用水资源的合法权益不得受到干扰，整个审批流程简直就变成了一团乱麻。[52]

无须多言，由于“有利使用”原则导致“产权制度的清晰性与确定性的大幅削弱”，进而导致水资源的转让过程变得极为繁复。尤为关键的是，这套制度使得本地居民相对外来投资者处于优势地位。在这套制度下，当地的水资源使用者就如同潜伏在一片不见天日的密林之中，尽情地享受着相对于外部投资者的明显优势，这些外来者几乎无法搞清林子中的状况，就更不用说要去掌管这片树林了。[53]以往的专家学者,往往倾向于认为“不明确”的法律框架,是为“前现代化”与“前资本主义化”时代的治理模式所独有的特征。然而在本章节中，那些经由州法院的司法裁定才得以通过，并最终被编到州宪法之中的独特的法律框架，绝非什么年代久远的历史遗迹，它们是现代社会的创举，且正是由于西部居民对商业、朝气蓬勃的生活以及发展的渴望，它们才横空出世。上述创举不可避免地造成了极为严重的双重标准，整个框架对当地人士来说较为透明，可对东部投资者而言便模糊不清。

最后一个超越了物质分配话题的关注点，便是应当如何在空间范围内组织市场。历史学家理查德·怀特给上述问题贴上了“空间政治”的标签，而在制宪会议期间的多场辩论中，“空间政治”逐渐发展成了极为关键的主题之一。[54]就整个时代而言，按照自己的心愿对那个“自然产生且极不稳定的现代政治经济版图”进行塑造的努力，无疑是所有政治议题的核心所在。那些在美国西北部土生土长的人士，对于自身所处环境的复杂多变不以为意，在经历了接二连三的迁徙之后，他们早已深谙那种在区域之间或区域之内来回奔波的旅程。他们是现代社会中的行动者，非常适应周遭那充满活力且不断变化的外部环境，且正是在这样的环境中，他们逐渐走向了兴旺与繁荣。与那些更加精英化的、始终将一切不稳定性与风险当作焦虑来源的投资者群体或评论家不同，西部各州的制宪会议代表，并不执着于要将那种井井有条的秩序强加在变幻莫测的形势之上。相反，他们真正关心的，是在那个更加广阔的国家乃至世界市场的版图中，包括他们所属地区在内的各州，在经济发展中的沉浮兴衰。他们非常在意自己所在地区的经济自主能力，并因此极力抵制由那些在全美国经营的公司带来的集中化趋势，同时，他们也不忘通过本地或区际的制造业与贸易，来对那些公司进行制衡。“我认为，当公司的利益与这片土地上技工、劳力以及商人群体的权益发生冲突时，最符合蒙大拿人民整体利益的，便是让那些公司独吞苦果。”[55]针对上述冲突，布林说道。这种理念，并非是要让他们所在的州自我隔绝于美国及世界范围内的市场循环之外，而是致力于要在不同的局域之上建立起互相交叠的多层级市场，这样一来，一系列彼此相异的商业形式便都能够经营起属于自己的生意了。[56]

显而易见的是，代表对于自身所处的区域作为“原材料尤其是矿产供应者”的次要性地位耿耿于怀，因为这样的地位将很可能导致他们只能持续扮演极为弱势的依附性角色。由于代表十分关心各自州经济发展的可持续性，他们不断地试图去拓宽各个州的经济根基。就如同诺尔斯在蒙大拿讲的那样：“那些依靠着矿产而创造出来的财富，很可能会在之后的50年或100年中消失殆尽。”正是因为如此，对于各个州而言，在自己的内部培植出更加多样化的产业迫在眉睫，而在他们看来，工业与农业二者有着持续繁荣的基础，“如果我们能够让欣欣向荣的农业人口定居于山谷之中，那么我们将会创造出持续而稳定的财富来源，且这些财源将会成为整个州永远的资产”。[57] 有鉴于此，制宪会议中的公司代理人也借机鼓吹自己的主张。按照他们的说辞，针对矿产开发而投入的大量资本，将自然而然地产生涓滴效应，并不可避免地最终流入到其他产业之中。“发生在矿业之中的大规模资本投入，终将促进其他大型产业的发展。”[58] 克拉克乐观地提出了他的见解。而与此同时，霍伊特则极力吹捧科罗拉多州的经验：“为什么科罗拉多会崛起成为一个伟大的州？那是因为它敞开大门、拥抱资本，而正如我们所见，今日的科罗拉多州已经变成了一座大车间，它的产业极为活跃。”[59] 然而，制宪会议急于对铁路公司和水务公司进行管制的态度，表明大多数代表对此不为所动。他们认为不明智地敞开大门，将会导致公司势力彻底失控，而这只会带来单一维度且最终不可持续的发展模式。

从某种程度上来讲，那种极为大度的、将铁路干线的管理权限（尤其是运输费率的制定权）赋予新兴各州的做法，也是出于代表对这些州“能否在漫长的历史时期中实现可持续发展”这一问题的忧虑。许多制宪会议的召开时间在最高法院于1886年宣判沃巴什案之后，在这一判例中，州对于“州际商业”的督管权威遭到了无情削弱。为了应对上述不利局面，制宪会议的与会者们使出了浑身解数，他们一方面试图扩充“州内商业”的定义范围，另一方面努力加强州对于“州内商业”的司法管辖力度。对于所有在一州之内经营的公司，代表都要求其务必敞开办公室的大门，并任命本州人士担任其代理人，且有关公司对上述条例的执行力度，必须满足相应州监管及信息披露的最低要求。同时，按照代表的公告，任何经由本地批准而成立的铁路公司，在其遭到外来公司的兼并或是融入更加庞大的铁路系统之后，将仍然处于州法院的司法管辖之下，并应当继续服从当地的治理措施。而在所有的举措中最为关键的一条，便要数“长途及短途条款”了，该条款规定了铁路的运输费率必须与运输距离成正比关系，如此一来原先那种将长途运输费率（长途运输市场的竞争较为激烈，导致了此类业务的边际利润率遭到压缩）的压力转嫁到地方性运输费率（地方性市场竞争较少，故而在此市场中提升价格较为容易）之中的做法，便遭到了禁止。[60] 当一州一县之内的运输费率相较于“州际商业”的运输费率更为低廉时，地区性质的制造业势必将获得极大助益，而从类似纽约或芝加哥那样的全国性都市中心进口货物的行为，会遭到抑制。这既非什么不思进取或是抱残守缺的提议，亦非什么强迫着运输费率遵从某种看似中立的定价标准的痴心妄想，而是一种试图构建更加分散化的政治经济版图的尝试，代表之所以会希望抵制长途运输费率不断低廉化的倾向，是因为这种倾向最终仅会成就那一部分最为宏大的都市的光辉荣耀。[61]

尽管发生在不同州之内的、围绕着制宪事宜而爆发的诸多斗争，有着不胜枚举的相似性，但最为引人注目的，仍然是其最终结果的不确定性与异质性。由于能够得到巨额资金池的支持，并可以从那个笼罩四海的强大社会关系网中获得助力，那些金融力量的倡导者无疑获得了不可小觑的“四两拨千斤”之能力。可尽管如此，他们的实力与“绝对控制”这一目标仍然相去甚远。由工人、农民、小商人以及其他居民掀起的政治反弹，足以为本地族群带来意义深远的胜利，且他们也足以借此将自己的愿景整合到整个地区的政治框架之中，无论是在税收政策领域、基础设施领域、社会服务领域、政府监督领域、劳工权利领域还是公众对于自然资源的控制领域，当地居民都施加了巨大压力。正是因为如此，最终得到采纳的宪法草案，并不标志着任何一方的完胜。由于制宪会议召开之时，不同产业及经济部门所面临的形势各有不同，且其代表团体的动员鼓吹及纵横捭阖之能力亦高下有别，这些制宪会议撰写出来的宪法终稿可谓没有哪个特别利益团体获得明显胜利，这反映了在宪法编纂过程中的一系列分歧与争执。

举例而言，在爱达荷州的宪法之中，纳入了一系列力度极强的劳工保护条款，明确规定了雇用安保公司干涉工会活动或租赁犯人从事劳动的行为涉嫌非法。同时，在该州宪法的支持下，“移民、劳工及统计局”得以成立，而“所有与政府相关的工作都应采纳8小时工作制”这一点也得到了明确。然而，由于该州之中的矿业势力过于强大，那些要求规范矿山安全措施、规定雇主应对工人工伤负责以及不允许将工人领袖加入黑名单的条款，则遭到删除。另外，矿山也同样摆脱了那些要求针对净收益进行征税的条款。[62] 值得一提的是，相比于那些产业工人，该州的农场主被证明更加强势，而最终的宪法也因此迫使铁路公司必须接受极为有力的督管——相应的措施既包括政府对运输费用的监督，亦涉及政府对歧视性费率的取缔。税收减免及其他针对私人商业利益的补助行为，被视作非法，如此一来，在日后与外来公司打交道的过程中，那些过于热切殷勤的立法者便被束缚住了手脚。[63] 宪法进一步禁止了那种将水资源当作私产的行为，并规定农业生产对水资源的使用需求应优先于工业生产而得到满足。水资源的转让与买卖受到了严格限定，且政府也被明确地赋予了管理水费费率的职权。与此同时，立法机构（而不是一个专司此事的水务委员会）成了上述水资源相关政策的施行主体，在此类事务中享有并承担完全的权责。[64]

类似的斗争也同样在科罗拉多、蒙大拿、怀俄明、华盛顿以及北达科他进行，但这些斗争的最终结果，各自相异，难以预料。举例而言，在爱达荷、蒙大拿以及怀俄明，宪法认同了政府类工作应遵从 8 小时工作日的制度，可在科罗拉多、华盛顿以及北达科他，类似的条款却未被通过。[65] 科罗拉多、怀俄明以及华盛顿的宪法，针对矿山作业的安全事宜做出了严格规定，而爱达荷、蒙大拿以及北达科他的宪法却没有。[66] 在上述六个州中，华盛顿是唯一一个没有对矿山雇用童工的行为做出限制的，而在其余五个为矿山雇工设置了年龄限制的州中，其具体要求也不尽相同——蒙大拿设置的最低工作年龄为 16 岁，爱达荷与怀俄明设定的最低年龄则为 14 岁，而在科罗拉多及北达科他，矿工的最低工作年龄仅为 12 岁，且在北达科他，工厂及车间也同样受到这一最低雇工年龄的限制。[67] 值得一提的是，所有的六部宪法都宣称铁路为公共承运人，并禁止铁路公司针对不同用户及地域实行差别化的对待。其中，蒙大拿、华盛顿、爱达荷以及北达科他的宪法，明确地赋予了州政府调控铁路货运及客运费率的权责，而在科罗拉多与怀俄明，类似的条款则遭到了驳回。[68] 在蒙大拿、爱达荷以及华盛顿的宪法中，都清晰地加入了“长途及短途条款”，规定运输费率必须与运输距离相符，而在科罗拉多、北达科他以及怀俄明的宪法中，类似的条款则无处可寻。[69] 科罗拉多宣布在其宪法开始实施的头一个 10 年中，矿业公司将被免除特殊税收，而与此同时，怀俄明与蒙大拿会针对矿山的生产总值进行征税，但爱达荷、华盛顿以及北达科他却在其宪法的最终稿里彻底地移除了类似条款。[70] 最后，所有各州都将水资源定义为公共财产，并规定水资源的分配应遵从“有利使用”原则。但具体而言，蒙大拿、华盛顿以及北达科他在经过一番深思熟虑后，削弱了对水资源相关事务的强调力度，并使用了不算强烈的单一条款对其加以概述，而在科罗拉多、怀俄明以及爱达荷，宪法条款则针对上述主题进行了极为详尽的说明。科罗拉多与怀俄明设立了永久的州委员会，负责水资源的分配与监督，且在科罗拉多和爱达荷，家庭及农业用水需求的优先级别被置于工业用水之前。爱达荷州制定了特殊条款，以确保在干旱的季节里“优先占有原则”能够屈从于“合理限制原则”，而科罗拉多州则独自明确规定了其水资源委员会的委员有权设定“合理的最高用水费率”。[71]

投资者与民粹主义者之间的相互角力，通过各州制宪会议因地制宜、因时而异的特色进程，造就了不尽相同的结果，而这也向我们展现了“清晰性”与“空间性”是如何交互作用的。对于投资者来说，那种围绕着政治制度的可理解性而产生的争议，不仅仅是存在于某一个州之中，更是存在于所有西部州这个整体之中。每个州都各有一套独立的产权制度（处于州法院的管辖范围之内）、监管机构（处于经由选举而产生的州委员的控制之下）以及事关产业关系的架构（由民选立法机构、仲裁法庭以及工会共同调和）。宪法中的条文必须得到州议会中立法进程的贯彻跟进（由宪法精神转变为最终的法律规定），并于其后获得地方官员的配合执行，才会具有意义，而这一现实也导致了在制宪会议结束后的数年之中，整套机构都将处于一种极端不确定的变动之中。因此，这些制宪会议召开之后，监管之路仍崎岖坎坷，以至于业务遍及全美国的公司都只得在其上步履维艰、蹒跚而行。由于在那个时代，那种流行于数十年之后的、由未经选举的最高法院领导着的、通过联邦权威驳回地方决议的做法尚不存在，美国市场的一体化进程与其说是一种注定的理所当然的结果，倒不如说是在跌跌撞撞中因势利导的产物。[72] 市场合并的最终产物也绝非一片坦途，而是极为复杂的地貌，且这种错杂拼接的制度框架，直到整个 20 世纪仍未得到彻底明晰。

# 第六章

# 变革年代

## 都市财政吃紧背景下来自精英阶层的绝地反击

北美经济不断一体化的倾向，为美国所有的城市都带来了极其深远的影响，且这种影响对于波士顿来说可谓尤其巨大。从19世纪70、80年代开始愈演愈烈的城市财政紧缺状况，到了19世纪末，最终发展成了令人饱受煎熬的重大挑战。由类似亨利·希金森、查尔斯·亚当斯、亚历山大·阿加西斯以及亨利·迈诺特那样的人士所掀起的、泛滥于整个北美大陆之上的资本迁徙浪潮，使得美国内部的诸多城市必须面对一种全新的财政现实。无法对外来投资或者美国东部投资公司的对外投资进行税收评估，导致美国东部地区城市的税基大量外逃，而那些最为富有的居民，也因此得以摆脱自己肩上的沉重税负。且随着越来越多的人开始移民到税率较低的、地处主要城市周边的市郊城镇之中，并把那里当作自身的避税天堂，情况则变得更加糟糕，市政府的收入遭到了进一步的削减。在这样的大背景下，收入的减少与支出的增加再也无法步调一致，而市政债务也终于达到了前所未有的高度。那种建立在之前30年中充足市政预算基础之上的财政根基，逐渐分崩离析。

毫无疑问，对于南北战争后由都市民粹主义者所发起的、雄心勃勃的都市发展计划而言，相比于其他所有不利因素，紧缩的财政状况造成的冲击最为强烈。由于以金融资产形式而存在着的财产能够规避税收，政府的财政收入便不得不从那些在经济上更加脆弱的人群身上获取。不断衰退的税收来源，消磨了地方政府大举建设公共项目的雄心壮志，而在一个以财政紧缩为特征的时代里，选民也被迫变得不再挑剔。尽管单凭结构性的财政失衡尚不足以改变政策导向，但是那种由不断增长的财政赤字带来的紧迫感，为都市精英带来了一个千载难逢的时机，他们得以在政治领域中重新获得应有地位。更加难得的是，此时此刻精英阶层的政治行动还获得了原先求之不得的、来自选举领域的可行性。

成为波士顿市长的小内森·马修斯（Nathan Matthews Jr.），堪称第一个当选的精英阶层成员，而他的当选，也标志着上流阶层与他们的政治理念开始重拾信心。借助着这个千载良机，小马修斯与城市中其他精英阶层的成员果断地投身到了政治纷争之中——为了推进那些符合自身理念的改革议程，他们大刀阔斧地对政党机构进行革新，克服一切忧虑和成见而与那些出身卑微的社会群体通力合作，甚至不惜放下身段与其结成选举同盟。小马修斯也因此而成了表面上看起来充满矛盾的风云人物，对于波士顿来说，他是崇尚改革的市长；而对于那个触角遍布整个州且影响深远的“政治机器”而言，他则是发号施令的首脑。小马修斯利用运转良好的政党机构打造出强而有力且跨越阶层的政治网络，而由富有人士所做出的资源贡献及政治宣传，也因此得以流入极具战略价值的本地劳动阶层当中，并调动他们在政治运动与选举活动中投票支持。最终凭借着上述方式，精英在私人领域之中的经济资源，被成功地转化成了公共领域之内的政治力量。

小马修斯甫一上任，便领导了一场针对城市扩张政策的控诉运动。他抑制都市政府过度膨胀的倾向，并希望能够通过商业领域中的管理学手段对现行政府部门进行简化。他推动了权力从立法机构（处于城市新区中的商人与技工群体的控制之下）中的转移分配，同时，他还努力将行政大权集中到市长办公室，而历史上该办公室往往只具备象征性的意义，并缺乏施政的权威。更有甚者，小马修斯所推行的城市财政计划，试图将税收的重担从“发生在城市中心的商业行为”与“富有的纳税人”肩上卸下，并转嫁到工薪阶层和那些在城市外围新区中拥有房产的底层中产阶级身上，而在之前的数十年间，正是那些地处城市外围的新区获得了极为丰富的资源以改良设施与提升公共服务水平。凭借着上述手段，小马修斯成功地阻击了原先的那种妄图利用公共资源塑造都市政治经济版图的雄心壮志。由于获得的财政收入不断萎缩，对于“有效影响经济状况这一任务而言”，市政府早已力不从心，而如此窘境，又反过来促使人们更加支持“由精英阶层领导着的改革”。

## 新形势下伊利教授的税改理论

尽管作为约翰·霍普金斯大学的教授，理查德·伊利（Richard T. Ely）*，他是那个时代涌现出的一批进步政治经济学家中，最为离经叛道的异端。城市所面临的财政困境，他看得一清二楚，早在1888年，伊利便开始着手阐述他那极具开创性的有关地方及州税收的哲学，而他的哲学，与这一领域之中的大卫·威尔斯以及托马斯·库利等以自由主义原则为圭臬的传统权威人士，可谓针锋相对。伊利先生曾在德国的海德堡大学接受教育，并对新兴于欧洲大陆之上的财产概念兴奋不已。他在这一概念的鼓舞下，打破了税收领域中的传统观念。伊利教授并没有将税收形容为“一种为了从政府那里获得保护或服务而进行的支付行为”，同样地，他也并不认为税收是公民与国家订立的合同中的一部分。[1]他拒绝接受自由放任主义经济学派的构想，并对声称“税收与市场中为了买卖而进行的支付相类似”的理念嗤之以鼻。[2]可当他想要为自己的理念设计出一套全新的框架基础时发现，向美国这片充斥着不可救药的个人主义的泥土中引入或嫁接欧洲集体主义理念的行为，似乎更像是在多此一举，

---

* 在美国具有顶尖地位的经济学教授、美国经济学会的创始人，曾对资本主义进行了深入的剖析和批评，并且明确肯定了社会主义一些主要观点对推动社会改革的积极意义。——译者注

因为那种基于“支付能力”而派生出来的有关“税收的社会基础”及“纳税公民所应遵从的道德规范”，早已渗入整个政治系统。伊利本人对此心知肚明，因此他并没有在自己的著述中引用学术论文中的论述，而是使用了托马斯·希尔斯这位曾经的波士顿首席评税员的言论。这位自学成才、无师自通的室内装潢商，早在13年前便曾发表过自己的报告（在当时，这篇报告遭到了税收领域中学富五车的权威唾弃，在这些权威看来，纵使这篇报告不是在宣扬乌托邦主义，也绝对是无关紧要和无知的）。

就如同本书中曾经提到的那样，希尔斯先生从没有经历过任何正规的法律或经济学理论教育，就更不要说就读于德国的某所顶尖大学了，而他岳父经营的金铺、那座慈善技工学徒图书馆以及那充满喧嚣的都市政治圈，则堪称他所有政治学知识的来源出处。可尽管如此，希尔斯对“个体在整个社会之中的有机统一”的强调，以及其所抱持的“个体在社会中必须相互依存”的理念，与伊利的想法不谋而合。“有关税收制度的正确学说，早已在马萨诸塞州税务委员会于1875年发表的报告中得到了精辟的解读。”伊利如此解释道，而这篇报告正是在希尔斯的牵头下才得以编写的。随后，伊利更是进一步地直接引用起了报告中的原文——“一个人之所以要缴税，既不是为了要向国家支付用以保护自身的成本，也不应是出于想从国家那里获取相应服务的目的，他之所以要这样做，是因为他与整个社会之间最为初始的关系要求他如此行事”。“税收是一个人作为人类的一员对他的同伴所应尽到的义务，且正是这种义务使得文明的诞生成了可能。”由此可见，伊利所持有的那种坚定的理念，长久以来被希尔斯与马萨诸塞州（以及其他地方）数以百计的评税员奉为信条，但它也同时遭到了同一时代博闻强识的税制改革家的百般诋毁。而一旦税收这一概念本身得以享有如此崇高的理论地位，那么包罗万象的强大税收权力，其自身的合法性便得到了正名；如此一来，唯一能够限制税收权力的因素，便只有“社会真正利益的要求之所在”了。[3]

当这种影响深远的论断，从一位拥有正式文凭的高级知识分子口中呐喊出来时，其所能引起的反响就尤为强烈了。然而，伊利本人选择回避这一理论可能导致的激进措施。一方面,伊利引述了“社会合理性”这一概念，并由此而将他那极具开创性的提议引入了对话。在他看来，在州级别上施行所得税制度，既能够帮助政府募集到源源不断的公共收入，也能够促进税收制度的公平合理。可以说，伊利将由自身理论带来的爆炸性冲击削减到了最低程度。他向那些富有的纳税人做出保证，相比于原先那种冷酷无情、对缴税者的资产在特定年份之中所取得的盈亏水平不做丝毫评估的财产税，所得税制度无疑更加合理。伊利还进一步解释说，每年的税收占总资产的比重绝不应该超过百分之一，而相比于现行的财产税率，这一比例无疑十分轻微。同样，站在大规模资产所有者的视角来看，那种将税收执行权从过度激进的评税员手中转移到更加心平气和的州级别的官员手里的做法，无疑也十分有利。因此，伊利的提议完全可以称得上是一项极具进步意义的突破。[4]

然而，从都市这一层级上看去，伊利教授的提议就远没有那么雄心勃勃了。尽管希尔斯曾一再强调，税收制度的社会基础是对普遍性财产税的强力支撑，但伊利利用同样的社会性原则驳斥了一般性财产税的合理性。在对私人财产进行征税这一问题上，伊利为城市税收领域开出的政策性建议，与之前建立在自由放任原则之上的税收制度更为相符。如果抛开理论根基方面的一致性不谈，那么完全可以认为伊利的著作与希尔斯的对手大卫·威尔斯的倡议更能产生共鸣，因为威尔斯也素来呼吁人们不要对以金融形式存在的财产进行征税。

为了将自己的社会主义信仰与充斥着自由主义思想的立法提议无缝衔接，伊利开始呼吁人们应以一种头脑冷静的实用主义态度对待税收这一问题。“政治经济形式的改变，使得针对股票、债券以及其他金融工具之类的私人财产进行征税的行为，不但无益反而有害于全美境内的诸多城市。”伊利如此争辩道。“随着遍布全国的金融网络日趋完善，投资类资本所具备的高度流动性，极大地限制了波士顿市政府针对这类资产进行的征税能力，而这最终导致了它们（指市政府）不得不调整自己的开支计划。从本质上来说，如果抛开都市民众的政治议题与意识形态承诺不谈，那么针对那些具备高度流动性的财产进行征税的行为，最终必将对实施此类政策的城市，产生经济上的不利影响。”伊利如此解释道。在伊利的著述中，有一个极为关键的篇章被冠以“理性的证言”这一标题，而伊利教授在该章节中宣称，尽管所有的政治实体都抱有向那些无形资产征取税收的愿望，但明智的政府会出于实用主义的考量而不越雷池一步。在一个市场的尺度海阔天空，而资本犹如游鱼苍鹰一般畅游其中的时代，向一种能够不费吹灰之力便撤离出走的资产征税，无疑是莽撞而冒失的。“如果有一种资产能够在空间任意穿梭，那么我们便可以认为这种资产具备高度的机动性。”伊利如此声称。由于此类资产赚取回报的方式并不依赖于任何特定地点，因而社区也无力对它们加以限制或强制其缴纳税款——简而言之，如果资本在我们州遭到了压迫，那么它们便会悻悻离去，并转战那些对资本更加友好的地区。因此，一个城市的政府必须想方设法吸引资本流入，并警惕任何可能将资本驱离的行为。[5]

自亚当·斯密（Adam Smith）以来，历代信奉自由主义的政治经济学家，都一直将资本流动性描述为永恒不变的规律。但在伊利阐述资本流动的过程中，他将这一现象放置在了一个更加历史化，故而因时而异的视角之下，并将之建立在特定的时间与空间之中，这与他本人在欧洲大陆接受的教育有关。在伊利教授看来，资本的流动既不是亘古不变的原则，也并非现代化的产物，在历史长河之中，这一现象的成立与否是因时而异、因地制宜的。“流动性资本在区域之间的流通，从没有像今天这样轻而易举。我们所面对的现实是，任何具备高度流动性的资本，都能够在不同州之间快捷而便利地转移。结果，一个人在千里之外投资一笔抵押贷款，与他在自己的家乡投资一笔抵押贷款相比，早已并无二致。”伊利如此记述道。上述观点不是源自推理与演绎，而是来自其切身的观察，这种全新的历史趋势，要求税收政策也必须重新定位，而相关政策的制定者，也绝不应该继续仅仅从城市经济的角度出发，而固守单一城市或是单个州的立场。相反，对他们而言，那种把特定的城市或是工业地区置于美国乃至整个世界的经济体系之中进行审视的举措，才是尤为重要的。不能够及时完成调整的后果，很可能将会是灾难性的，因为任何单一城市或者区域，如果不能很好地思考州与州之间的关系，那几乎便意味着它们正在通向毁灭的道路上渐行渐远。[6]

伊利教授认为美国的州与城市应主动前去适应当下形势，这无疑是一种对由公司所领导的新兴秩序的巨大让步。与流行于美国东部都市及西部地区的民粹主义思潮截然相反，伊利并不认为国家市场的一体化是一个应交由民主政治进程来塑造的开放性议题，事实上，他与那种为金融家群体及其拥趸所持有的立场更加亲近，该群体坚持认为投资市场的完全一体化是命中注定的必然。“无论你在主观上是厌恶还是喜欢，作为一个有见识的人，我们不能睁着眼睛说瞎话。”伊利如此解释道。这一倡议的含义极其深远，伊利认为，明智的税收政策不应该为了促进城市的发展而冒昧地向流动性资本征税，且政策对商业及专业领域的干涉理应越少越好。在伊利看来，施行所得税制度的主要好处之一，便是能够在公平地为政府提供收入的同时，不对市场交易造成干扰。与财产税不同，一套建立在州级别上的所得税制度，并不会打破州与市场之间的界限，在这套制度之下，所有的商业事务都能够在自然的渠道上顺畅进行而不受阻碍。伊利向他的读者保证，采用他的方案带来的好处，最终将渗透到其他的都市人口（平民阶层）当中，“这将帮助资本更加轻易地流入一座城市，而这终将会惠及整个社区”。[7]伊利还同时承认，那些支持该项政策的人，他们所寻求的不是偏私狭隘的个人目标，而是整个社区的福祉。“这一政策并不以相关资产（指代金融资产）持有者的特殊利益为出发点，而是基于对大众福利的考量，在这种背景下，所有讲求实际的人士都必须谨慎而为”。[8]

在那个年代，几乎整个美国所有城市中的务实之士都遇到了类似困境。城市的繁荣兴旺，在很大程度上取决于资本投入的多寡，可在政治力量的强烈干预之下，针对特定城市的投资行为经常无法得到落实，因此，一个城市因为政治上的干预而在经济领域中遭受的苦难，往往极其深重。随着遍布整个大陆的金融网络逐渐成形，原先流行的那种运用政治手段去塑造经济形态的做法，正遭受着愈发强烈的质疑。当城市之中的公共部门由于资金的缺乏而陷入内外交困之中时，人们考虑一项政策是否可行，便不再会把侧重点放在这一政策背后的意识形态承诺或是与这一政策有关的城市政治领域，唯一需要重点关注的便是这一政策的施行是否会导致资本的外逃（逃到那些更加友好的地方）。而一旦人们承认了上述现实，他们便不会再去和资本较劲，但政府的行动选项会大受限制。毫无疑问，对于南北战争结束后由民主化的选区公众畅想并推动着的城市发展领域而言，这是一次不折不扣的大洗牌。

## 小马修斯领导下的马萨诸塞州民主党改革

在这种地方财政吃紧、进步知识分子不赞成对投资性资本课税且都市精英阶层为经济公平所做出的贡献尚达不到伊利与他的同僚（进步知识分子）的心理预期的局势下，一个以改革波士顿市政府为主题的新时代悄然拉开帷幕。在早些年中，精英阶层试图影响都市政治的努力，曾以功亏一篑而告终。他们抑制都市扩张、削减不断激增的地方开支的尝试，在大多数情况下都遭到了挫败。这其中最具象征性的案例，要数 1875 年因在纽约州提议“应严格地限定选举权享有者范围”而臭名昭著的蒂尔登委员会了。这次惨痛的教训证明，针对普遍选举权的直接攻击行为几乎毫无胜算。而身处波士顿的上层居民亦从中学习到，那种妄图将投票权利限制在财产拥有者群体之中的做法，绝非什么行之有效的明智策略。很快，波士顿精英阶层便达成了一种内部共识，他们自身在政治领域中的影响力，并不会体现在他们与都市之中的广大人口的直接对抗中，故而他们只能通过更加务实的手段来达成自身的诉求。[9]

而在崭新的时代中，波士顿改革运动的领袖，则是该城的市长小内森·马修斯先生本人，在这次至关重要的策略转型过程中，他堪称先知一般的领军人物。就如同他自己承认并声称的那样，“都市政治氛围的改变，是无法通过激进的选举权改革或是推翻代议机构等途径来实现的，因此我们只能沿着一条更加平淡的路线，即保守的社会实验来达成目标。最终，我们将通过‘步步为营的缓慢推进’，而不是‘毕其功于一役的直接对抗’来引发变革，而如果我们想要获得成功，那么我们就必须深入钻研、时刻保持警觉并付出坚持不懈的努力。”小马修斯承认，由于政府架构是建立在民主根基之上，因此一个州不可能像一门生意那样保持最高效率的运转。“低效是一定的，浪费也是一定的，且这些都必须被当作代价的一部分，但是在我们值得祝福的自由制度面前，这些代价都只能被称之为渺小的牺牲罢了。”小马修斯市长如此坦白道。换句话说，精英同样也能够在一个民主政体之中达成自身意愿，通过申明自己的政治主张、与其他利益群体结成同盟以及时刻保持警惕等措施，他们完全能够保障自身的“自由”。他将自己的重振计划，视作对精英群体刚毅之心的终极考验。“与其他地方的那些只会趋炎附势的上流阶层不同，我们必须学会捍卫自身，并防止我们的城市最终成为贫困的国家主义者和社会主义者的社区。”小马修斯如此向那些同辈的特权阶层人士呼吁道。[10]

除了高超的政治手腕，小马修斯背后的社会谱系，也同样配得上他那身为改革运动领袖的身份。他是新英格兰地区一个以科德角的雅茅斯为发祥地的古老而显赫的家族的后裔，他的父辈在离开科德角后来到了波士顿，并在这里展开了一段极为成功的商业生涯，先是在贸易领域，而后转向了城市房地产领域。他的父亲曾一度跃升为整个波士顿房地产行业中纳税最多的人士，同时，他也是极尽奢华的后湾居民区的主要开发商之一。生于 1854 年的小马修斯，在年轻时便早早地从哈佛学院毕业，随后，他曾前往莱比锡，并在那里研读政治经济学与法理学，最终回到了哈佛法学院继续修读相关专业。1880 年时，他以执业律师的身份加入了律师行业，而他的专长则集中在城市房地产与信托管理领域。在哈佛大学就读期间，他曾加入学校的划艇队，而这项运动最后也成了他的毕生爱好。他也极为热爱林木，据说他曾亲手在其家族位于波士顿北部的私人地产之上，种出了一片现代化的树林，而该处地产后来则被当成科学研究实验室捐献给了哈佛大学（该家族也同样承担了哈佛校园中马修斯大厅这处学生宿舍的建造工作）。[11] 对于记录账簿一事，小马修斯一直抱持着一种堪称狂热的情怀，而且他还曾公开宣称他对于数字的热爱。在攻读大学学位时，他的主修方向集中在数学领域，此外，他还是美国统计协会的成员，并时常迷醉于统计图表与统计数据之中。[12]

小马修斯来自一个历史悠久的民主党家族，与那些在 1884 年时仅仅是为了支持民主党候选人格罗弗·克利夫兰（Grover Cleveland）* 才加入该党的波士顿精英不同，他并不是一名奉行机会主义的“骑墙派”。尽管如此，对于波士顿的豪门阶层在马萨诸

* 美国政治家，第 22 和 24 任美国总统，是唯一分开任两届的总统，也是南北战争后第一个当选总统的民主党人。——译者注

塞州政治领域中遭遇到的挫败，他也善加利用，并一直寻找着能够为自身所在阶层发声的机会。在1888年时，他组建了青年民主党人俱乐部，并以此为媒介向波士顿乃至整个马萨诸塞州中的富有人士募集竞选献金。为了确保由他本人成立的组织能够维持经济上的影响力，他可谓是既激进好斗又老谋深算。“您一定能够看得到，在我们向W.F. 韦尔德（W. F. Weld）、查尔斯·韦尔德（Charles Weld）以及S.D. 沃伦（S. D. Warren）募集资金的过程中，您能做出重要贡献。我们本打算立马筹集10 000到20 000美元的捐款，且现在我们已经得到了数千美元的承诺，但一想到韦尔德与沃伦很可能会被我们引导着每人各出至少500美元时，我们便认为您一定是前去接近他们的最佳人选！”[13] 在向波士顿金融区中的一位支持者发去的一封有代表性的信件中，小马修斯如此写道。而在另一封写给支持者的信件中，他对弥漫在波士顿民主党人中的麻木冷漠表示哀叹，但是他同时也乐观地表示：“集会活动可以唤醒那些沉睡的投票者，尤其是在我们有足够的资金去举办这类活动时，所以，您是否会寄给我一张支票，并在上面填写上您所能支付得起的数字呢？”[14] 与曾经出现的许多类似组织不同，青年民主党人俱乐部拒绝将自己的收入上缴给州中的正式党组织，相反，小马修斯坚持完全垄断对资金的掌控权，并将它们投入到了政治联盟这张巨网之中。按照小马修斯自己的说法，由于能够从该州包括约翰·默里、查尔斯、卡博特·杰克逊以及爱德华·阿特金森等顶层人物在内的金融领袖那里获得支持，青年民主党人俱乐部已经具备了极其强大的影响力，除了组约市的超级社团以外，在任何一个其他的政治组织面前其都不落下风。[15]

由青年民主党人俱乐部付出的组织努力，最终帮助民主党连续三年夺得马萨诸塞州州长之位，而在此前的数十年间，该席位几乎一直被共和党人所垄断。小马修斯本人则凭借上述成就，成功进入民主党马萨诸塞州委员会这一官方领导机构。在他看来，以往的政党组织堪称碌碌无为，且其成就亦乏善可陈。“每个人都知道，他们没钱去做任何事情，也因此什么都不做。无论是在今年，还是在1888年，他们都不曾为了竞选登记活动或选举日活动花费哪怕一个铜板，同时，今年他们也从没有为除了总部维护与一场集会活动以外的其他任何一件事情，募集或花费过哪怕一分钱。”他曾自信满满地向他的一位友人描述道。而作为民主党马萨诸塞州委员会的首席执行委员，他则向整个政党倾注了史无前例的组织努力。随着他将原本只流行在商业领域之中的管理学方法引入选举领域，马萨诸塞州的政治圈已然发生了决定性的改变。

早在选举日尚未到来之前，他便开始着手收集与马萨诸塞州人口状况相关的系统性数据。他从马萨诸塞州劳工统计局那里获取了一整套公开资料，并将其交由政党机构及青年民主党人俱乐部进行研读。[16]小马修斯致力于创立一个集中化的数据库用以记录和分析与选举有关的信息，同时，他还希望借此而发展出一个横贯整个州的、能够为该党散播舆论的宣传网络。一封发送给遍布整个州之中的民主党通讯员的传阅文件，便曾提出如下要求：“请您帮忙将您所在的城镇中的所有身为民主党人的杂货店老板、理发店老板以及药店老板的名字发给我，尤其是那些足够可靠的，可以在他们的店铺中帮助我们保管关税文件与竞选刊物，并协助我们散发宣传资料的人士的名字。”[17] 而另一份调查问卷，则试图搜集每座城镇非常具体的信息，其询问了每座城镇之中出名的民主党人的名字及职业，旅馆客栈业主的政治观点，所有民主党律师的名单，所有适合召开大型会议的地点，重要报刊及其发行人的政治倾向，贩酒执照持有人的名单，小镇年鉴以及甘愿为政党支付人头税的投票者数量。而为了确保那些刚刚成年并获得投票权的年轻人能够以最快的方式进入民主党支持者的名单，小马修斯更是亲自督导工作人员落实相关工作，同时他还使用提供金融援助等方式来调动那些投票者。[18]

“细节决定成败”这一名言警句，在小马修斯的身上体现得淋漓尽致。为了使拉票活动变得更加高效，他削减了选区数量；而为了方便那些目不识丁者为自己支持的政党投出选票，他则重新设计了投票流程。他煞费苦心地和《邮报》及《环球报》中与其志趣相投的撰稿人建立联系，同时，为了方便各大报纸迅速而广泛地对“由民主党所举办的集会活动”进行跟进报道，他会在每次口头宣讲之前便把自己的演说底稿发送给各家媒体。他曾以这样的方式与出版商就政治传单与政治通告等问题进行沟通：“请把这些传单复印上 10 000 份，然后以最快的速度发送给‘青年民主党人俱乐部’的成员，同时也请务必使用与我提供的样本相同质量的上等纸张。”[19]

在打造党派形象的过程中，小马修斯紧紧地围绕着“杰斐逊式的民主”这一概念向外展开，而按照他本人的说法，该概念代表着一种寻求“限制政府职能、反对政府对个人权力及行为的非必要干预”的努力。[20] 为了使整个党派传达出的信息更加精练，他会将“讲话要点”提供给每一位应邀前来的演说者。当西弗吉尼亚的民主党代表威廉·威尔逊（William M. Wilson）到访波士顿时，他曾在彼此之间的往来信件中向他如此诉说道：“为了在这些卷帙浩繁的资料边缘用蓝色的铅笔画下标记，我真可谓煞费苦心，请您相信，这些段落无一不在传达出杰斐逊主义者的心声。”而为了在工人群体中赢得支持，整个政党在自己的对外宣传中着重提及了他们对于“关税保护”的反对，并就贸易保护措施可能对美国消费者产生的不利影响进行了细致说明。例如，在一份政治传单中，列举了关税保护将对一系列基础货物的价格造成的直接影响。“关税最终将通过抬升食品、衣物以及居住成本的方式压榨消费者。这一制度扼杀了竞争、抑制了生产并提高了价格。一旦没有了关税的庇护，那些利益联盟将无法继续哄抬物价，而各类产品能够在远低于现行水平的价格上得到售卖，并同时赚取利润。”这份政治传单如此阐释道。[21]

## 结盟爱尔兰裔选民以及打压统一化公共教育

尽管小马修斯既可以从外部获得巨额金融资源的协助，且自身又具备高超的组织技巧，但上述的两点仍无法构成选举获胜的充分条件。相形之下，他与马萨诸塞州中代表移民利益的政治领导者结下的联盟，同样至关重要。就如同一位历史学家形容的那样，这是一个将扬基的资金与爱尔兰的选票结合在一起的同盟。[22] 而在由他负责组织的民主党马萨诸塞州委员会中，这种合作关系同样得到了体现。出生于爱尔兰的帕特里克·柯林斯（Patrick A. Collins）和约翰·苏里文（John H. Sullivan），曾分别担任该委员会的主席与财务主管，而与此同时，他本人与同样出身显赫的约西亚·昆西（Josiah Quincy），则分别担任该组织中执行委员会的主席和秘书。在由他和他的同辈所推动的诸多政治运动之中，那些来自移民阶层的选举力量，被证明是心甘情愿的参与者。如柯林斯，他是身兼马萨诸塞州众议员与参议员职位的杰出人士，出生于波士顿的内城之中。柯林斯曾短暂地中断过自己的政治生涯，并在此期间进入哈佛大学就读，而后，他又从事过一段时间的律师职业并同时在一家公司担任董事。与那套老掉牙的“政党领袖”形象完全不同，柯林斯本人堪称是衔接在波士顿移民群体与商业社会顶层人士之间的桥梁，且他的个人成就也必须同时归功于上述两者。由移民群体与商业精英结成的改革联盟，共同开创了一段全新的多元政治，他们试图限制州对公民事务的干涉程度，并希望能够弱化阶级之间的对立冲突。

小马修斯对自己的合作伙伴抱以极大信任，在他的积极帮助之下，许多来自该党内部精英捐助者的敌意都被一一化解。在对约翰·苏里文出任民主党马萨诸塞州委员会财务主管一职表示支持时，他曾向一位来自市郊地区的支持者如此强调道：“与我本人一样，在人们的观念中，苏里文并不从属于波士顿诸多政治派系中的任何一个，也正是因为如此，他能够从政党及人所有阶层那里获得尊重。苏里文是极其幸运的，同时，凭借着出色的个人能力，他也足以被我们推荐给那些愿意为我们解囊相助的人。”[23] 在节省财政开支这一议题上，这些新来的伙伴与波士顿的精英阶层目标一致。在一封写给波士顿前市长休·奥布莱恩（Hugh O’Brien）* 的信件中，小马修斯对他力排众议，不顾市政议会中挥霍无度之辈的极力反对，而施行地方财政紧缩政策的行动深表感谢：“每当城市大厅中那些极尽夸张的开支计划最终化为乌有，最应该被记以功勋的，便是您了。”[24] 波士顿少数族裔的领袖与上流阶层的关系，绝非什么委曲求全的权宜婚姻，无论是在整个马萨诸塞州层面上，还是在市的层面上，政治圈都共同面临着来自野心勃勃的计划经济主义者的挑战，而在这样的大背景下，多元化的政治理念显然更受小马修斯及其移民支持者的青睐。他积极地推动着少数族裔的政治觉醒，且在这一过程中，他还找到了类似奥布莱恩和柯林斯那样的志同道合之士。

存在于波士顿富有居民和波士顿移民群体之间的政治联盟，在围绕着“马萨诸塞州的地方教育委员会是否有权监督私立学校”这一问题而展开的辩论中，得到了最为清晰的突显。在那个时间节点上，由天主教会在 19 世纪 80 年代中期开启的教会学校运动，尚未步入正轨，因而绝大多数的移民都会将自己的子女送入公立学校系

* 波士顿有史以来第一位爱尔兰裔市长。——译者注

统就读——该体系不但在当时被誉为整个美国的最佳系统，且到那个时期为止得到了最为慷慨的资助。[25]尽管一些人士的确是受到反移民情绪的影响才去支持政府对天主教学校采取更为严格的监管，但真正为该州绝大多数居民所关心的，其实是义务制初等教育是否应该全部在公立学校进行这一问题。因此，相比于人们对天主教教育的争论，那场围绕着对私立学校的监管事宜而展开的论战，其实更能体现出人们在“州、社会与公民个人之间的关系”这一问题上的根本性分歧。

对于小马修斯而言，州对教育的干涉几乎是最令他本人厌恶的话题之一了。在一场与该事宜直接相关的听证会上，当着从属于马萨诸塞州立法机构的教育联合委员会的面，马修斯作为 16 所私立学校的代言人到场出席。“整个马萨诸塞州的私立学校，无论是从其数量上来看还是从就读于这些学校的学生人数上来看，它们都主要是拥护新教教派而非天主教派的。”[26]马修斯向他的听众提醒道。事实上，仅以剑桥市为例，在该市中的 30~40 所私立学校中，只有 2~3 所处于天主教会的运营之下，因此按照马修斯的论断，这一问题并不只关系到一小撮宗教学校的身份与地位，更关系到数量更为庞大的私立学校。事实上，那种撺掇政府收紧对私立学校监管的言论，是对个人权利明目张胆的侵犯。“由父母决定子女在哪里且如何接受教育的权利，无论如何也不应该遭到立法干预。干预行为的目的，不外乎是想要用来自州方面的、集权化的家长做派，顶替掉那些信奉基督教的家庭，并最终打造出一个由政府完全垄断教育的局面。本地教育委员会对于私立学校的监管举措，不仅将会把私立学校的教师置于如同宗教裁判所一般肆意妄为的监视之下，更会使原本为人民所享有的最为基本的自由受到影响，而人民也终将因此而沦为社会工程学的试验品。如此一来，人民不但将不再是政府的创造者，反而还会沦落为政府的创造物。政府的地位将被无限放大，成为超越宗教、家庭、产权以及其他所有文明社会制度的存在。”[27] 马修斯如此解释道。

小马修斯虽然有些夸大其词，但总的来说也没有曲解马萨诸塞州教育委员会的观点。在马萨诸塞州之中，该委员会事实上被定义成了一个专司强制执行基础教育的组织。且教育委员会的成员也同样赞同小马修斯的说法，即这场论战的核心，早已不是仅限于人们对于某一少数族裔的偏见，而是不同利益派别之间围绕着公民社会的控制权而展开的竞争。通常来说，教育委员会会在自己发布的年度报告中坚称，公立学校并不仅仅是政府为其公民提供的一种服务，除此之外，它们与政府之间还有着极为重要的联系，而这样的事实亦造就了公立学校的特殊地位。该委员会承认，强制性的公共教育的确涉嫌对个人自由的侵犯，但在建设自由民主社会这一更加崇高的目标面前，这是一种必不可少的牺牲。“普及免费公立学校系统的理念，与建立自由民主国家的思想，实乃相辅相成，他们彼此之间唇齿相依、唇亡齿寒。”因此，公共教育无疑是确保民主制度的第一要务。“一群混沌无知的乌合之众，是无论如何都无法成功地抵制由少数受过教育的群体所施加的暴虐与压迫的，因为一个未经教化的整体，必将默默承受由政治或宗教引领的知世界所施加的影响。”因此，为了培育出存在于人与人之间的道德关联，并据此而使散乱个人统合为人民，并使他们享有共同的身份观念，在教育领域当中对个人权利进行适当侵犯无可非议，而当上述的崇高目标实现之时，人民将得以安享他们的权利，且他们的社会能力也将得到全面发展。[28]可以说，按照马萨诸塞州教育委员会的观点，在一个民主化的社会中，自由的人民与由他们所创立的政府之间的关系，不但不应该是彼此对立的，反而应当是和谐共生且相互促进的。

对于支持为该州所有孩童提供统一的基础教育一事，马萨诸塞州教育委员会毫不掩饰。“既然有一些知识是所有人都应该知道的，而有一些心智方面的培养又是所有人都应当经历的，那么我们就必须尽己之所能，以将所有的孩童全都送入公立学校之中，而他们在那里接受的基础性训练，也终将为他们那德智体美全面发展的美好未来与坚毅果敢的爱国之心，打下良好基础。”如此一来，为所有学生提供共同教育的义务，便应交由马萨诸塞州的公立学校全权负责，而保持公民社会多样化繁荣的任务，则应留给其他领域来完成！”[29]然而，马修斯与这种论断势不两立，并将其形容为是对统一化的强制推动。“对于那些强调教育一体化的教条，无论它是针对学问、学校还是学者，我们都无法认同。我们认为此类教条完全没有必要。”马修斯争辩道。与教育委员会所认为的自由必须建立在社会化和集体化之上的思想截然相反，由马修斯所提出的有关自由的定义，则将重点聚焦在个人的选择权上——“先生们，我们建立美国的初衷，不是为了保护它，而是为了自由”。[30]

小马修斯真正提倡的，是一种更为多元化的教育系统，因为按照他的理论，相比于统一化的教育体系，多元化的教育系统无疑是更符合自然规律的。“多样性是自然的法则，而统一性则不是。同时，对于由人类所创造出的制度、发展出的产业、实施的教育以及建立起的政府而言，这一规律同样适用。个性化是人类一切幸福与进步的前提。”在批判联邦公立教育的同时，他如此解释道。对于由自己的对立方所提出的“私立学校会赋予其学生特定的社会优势并最终加剧阶级分化”的说法，他不仅不赞同，还进一步地指出私立学校的存在能够对公立学校起到鞭策作用，从而在整体上起到提升现有教育系统质量的作用。“私立学校的存在，为公共教育领域注入了必不可少的竞争性因素，而就如同所有其他领域一样，竞争是进步的必要前提。”他如此宣称。同时，马修斯还认为，那些无法在公立学校中得到施行的新型教育方法，却可以在私立学校中得到尝试。“私立学校可以作为公立学校的试验田，而依照着这条路径，私立学校将引领公共教育系统的提升与改良。”[31]

与此同时，教育体系之争也无法脱离其本身自带的财政尺度因素。在一个以财政紧缩为主题的大背景下，随着小马修斯本人开始着手准备波士顿市长的竞选，通过削减建造校舍的开支来节约财政开支的机会，便自然而然地进入了他的视野。小马修斯支持放缓对学校的建设，直到有关教育体系的争议被彻底解决为止。为此，在一次演讲之中，他如此解释道："我将站在一种纯粹的商业化视角上来看待'针对新校舍的建设是否合适'这一问题。故而，在整个社区就'他们在未来应对教学体系及偏执的教学委员会采取何种态度'这一问题达成共识之前，我不赞成建立更多的公立学校。"[32]如果说马修斯先前曾尝试通过"将教学系统投射为一种压迫形式"来削弱其合法性，那么这一回，他又开始企图让波士顿的教育体系陷于财政紧缺的困境之中。而针对小马修斯的这一举动，教育委员会则全力抵制。为了维护公共教育系统以及由其所承载的集体主义愿景，该委员会表示州政府必须继续为该系统慷慨解囊，因为只有持续且充足的财政支持，才能保证这一体系在面对私立学校的挑战时，仍能屹立不倒、岿然不动。"就算强制要求全州所有孩童都进入公立学校就读一事还算不上一项政治任务，但很明显，让公立学校保持良好的状态，并使得所有学龄孩童的家长与监护者都会出于理智的判断与不屈的意志而不愿放弃（这些公立学校），无疑是政府应尽的职责。"[33]很明显，在破坏公共教育体系的未来并挫败其公共目标的道路上，牺牲该体系的质量只是第一步。

## 小马修斯对都市政治弊端进行分析并提出应对之策

小马修斯于 1891 年当选市长，并在这一位置上连续服务了 4 个一年期的任期。在一篇由他本人发表于 1895 年（此时正处在其执政期的尾声）的报告中，他的执政路线得到了最为清晰的阐释。这篇报告不仅包含了对波士顿所面临的特定困境的分析，还加入了对于在一个民主政体中执政将面临的前景及挑战的叙述。并不意外的是，财政问题在这篇分析报告中亦处于核心地位。“我们平日里听说得最多的腐败问题，事实上不算我市所面对的最棘手的困难。”他如此解释道。而按照他的说法，波士顿面前最为棘手的问题，不是政治腐败而是财政开支。他将这种情况归咎于波士顿市民对其政府的过高期许，“相比于其他的诸多城市，波士顿中的人民渴望从他们的市政当局那里获得更多且更好的服务，包括供水、学校、街道、图书馆、垃圾清理、公共照明以及其他种种都市便利。”[34] 事实上，除了上述城市便利设施以外，波士顿市政府还对船渡费用及水费给予补贴（而不是将其当作财政收入的来源），并同时向教师、警察和消防员群体支付高昂薪金。最后，在之前超过 30 年的光景中，市政当局还承担了耗资靡费的城市改良工程，花费了 2 000 万美元用于扩建水利系统，4 000 万美元用于道路的拓宽和升级，并且还花费了 2 000 万美元用以解决城市的排水问题。而从各种尺度上来衡量，这都是天文数字。

按照小马修斯本人的定义，过高的政府开支，并不能被简单地归为一种地方性问题，同时，这也不是什么技术层面上的疏忽。与反对者的想法完全相反，他认为波士顿所面临的困境（同时也是所有美国其他城市面临的问题）是一种政治问题，而其根源则在于男性公民的选举权。因为上述原因，那些希望能让美国的城市模仿类似柏林或巴黎那样的运转良好的城市的期许，只能是在痴人说梦。“那些提议效法欧洲政府模式的人，一定是忘了告诉你，在美国，几乎所有的政治架构都是建立在普遍的地方选举权之上的。”美国的民主政体，使得其领土之上的诸多城市在本质上异于欧洲城市，因为在欧洲大陆，地方政府往往不是被动地接受中央政府的督导，便是处于以财产为基础的代议制度的控制之下。“如果拿现代化的德国作为例子，去说明市政当局可以按照严格的商业原则得到治理，那必将是徒劳无功的，因为在那个国家里，选举权几乎被垄断在财产拥有者的手中。类似的理由放在法国身上也同样有效，在那里，有相当一部分的地方政务都由国家政府代为办理。而对于选举权尚未普及、并不平等且受到限制的英格兰而言，当地的民众就更加没有机会去施加自己的影响了。”小马修斯如此解释道。据此，他认为，传统上被当成上述后果罪魁祸首的美国党派制度，只不过是用来掩人耳目的替罪羊罢了。他观察到，导致地方政府运转产生分歧与对立的原因，极少是由美国的党派的纷争引起的。相反，几乎所有摆在市政议会面前的难题，归根结底都能被浓缩为“开支”二字，这是由于“大肆铺张与经济节约、财政扩张与财政紧缩之间的对立，才导致了市政议会的分裂，但它唯独不会因为民主党与共和党的分歧而分裂”。[35]

增长速度完全失控的市政开支，是人们在一个民主政体之下的大型城市中执政时面临的最大挑战，而就像小马修斯形容的那样，这种挑战极有可能会将城市变成慈善机构。尽管波士顿面临的困境之所以会尤为剧烈，是出于一系列特殊因素的干扰，但上述问题的波及范围，早已超出了某一特定地域。“通过收税的手段，要求财政为分配财富做出系统性的贡献。”这一广泛地存在于民主政府之中的问题，已经发展成了民主政府所面临的首要危机。来自不同个人、利益群体、阶层、社会部门乃至整个社会的、对于极度铺张的财政开支的需求，更是导致该问题的解决非常困难。而随着那种“认定整个社会为其个体成员提供自由且舒适的生活是理所当然”的信仰日益深入人心，上述问题甚至还有愈演愈烈之势。“在上一个世代当中，人们的思想与精神逐渐蜕变，以至于现如今，在那些曾经是这个世界上最为独立自主、自立自强的人民群体当中，已有相当一部分的个体堕落成了整日以个人名义或阶级名义叫嚣着要从美国政府那里获取支持的乌合之众。”小马修斯如此说道。“由于相当一部分人不愿勤俭节约了，而另一部分为数众多的人民群众又坚称财政开支是实现公平公正的间接手段，再加上从来不用向政府直接缴纳税款的人民又向来是整个社会中的绝大多数，因而想要施行节俭的财政政策无疑难上加难。”小马修斯继续推论道：“如果广大人民在赞同勤俭节约是普遍原则的同时，仍然会出于某些特定的目的而渴望把财政开支推升到堪称铺张浪费的地步，那么无论市政议会中的政党分布形势如何，其最终都将批准那些耗资靡费的财政开支。”[36]

作为波士顿的市长，小马修斯将削减财政预算当作了自己的最高使命。为此，他颁布了一系列改革措施，并对过度高涨的政府开支公开宣战。他在政府部门的运营过程中引入了商业手段，寻求一切可能弥合财政缺口的办法，而除此之外，对于完善记录及留存各部门报告的系统化工程，他也展示出了非比寻常的热情。“负责记录及留存部门报告的档案工作如此的混乱，使得任何人都无法真正搞清市政工作是如何展开且其成本又究竟是多少。因此，从市民的角度来看，任何仔细且理智的推敲与考证都无从谈起。”他承认，在全美国的所有城市之中，就数波士顿各政府部门发表的报告最为详尽了，然而由于这些报告并没有按照统一的格式进行撰写，导致任何想要利用这些报告在政府部门之间或不同年份之间进行比对分析的尝试都难以实现。而对于那些致力于削减费用与开支的人士而言，这样的现实更是成了横亘在他们面前的巨大挑战。尽管各种信息及资料可谓卷帙浩繁，但是小马修斯发现，“我们几乎找不到任何令人满意的方法去搞清我们究竟做了什么工作或者这些工作的具体花费是多少，而我们唯一能够看到的，便只有巨量资金的流失罢了”。[37]

更加糟糕的是，相关报告涉及的细节内容与行文结构，都达不到供联邦行政机构直接采信使用的要求。城市中的各个政府部门，在描述他们为市民阶层提供的服务和商品时，并没有以一种系统化的方式对每一笔花费与这些花费的经济效率加以阐明。在之前的那些财政歉收的年份中，任何一位想要推行财政紧缩政策的市长，都必须向相关政府部门的负责人寻求帮助，以期从他们那里得到对应部门究竟能从手头的事务中节省出多少资金的信息。面对着那些负责人位置常年被同一人士担任的政府部门，市长的政策想要穿透层层密布的行政级别而发挥出实质性的作用，无疑难于登天。[38] 这种处在分散化体系之中的层层叠叠的行政结构，在很大程度上解释了，为何哪怕就算贪污腐败并不存在，波士顿市政府的预算也绝难削减。马修斯致力于消除或至少弱化由那些“中间人”带来的阻碍，以直接获得细节性的信息，因为对于致力于“将波士顿市政府的优先事项从城市扩张转变为削减支出”的事业而言，细致入微的信息收集工作必不可少。因此，小马修斯批判这些报告缺乏易读性，“它们令人困惑且费解，只给出了极为少量的重要信息，同时也没有任何两份报告的样式是相同的。”[39] 可以说，小马修斯的抱怨清晰地反映出了那些致力于将经济节约的逻辑注入波士顿市政府的日常运作之中的人士所面临的挫折。

而展望未来，小马修斯提出了进一步的改革措施，这些措施包括削减由选举产生的官员数量、用单一的立法机构替代现行的两院制度、延长市长任期、颁布行政事务规章、限制城市债务水平、废除区域代表制以及使行政权力向市长集中。所有的这些举措，都是为了用一个更加贴近代议制度且更加慎重的政治实体（按照马修斯本人的话来说，这种政治实体容易退化为辩论社团）来限制波士顿市政府的胡作非为，并尽最大可能地将波士顿市政府重新塑造成一个无关政治的管理机关。[40]

在小马修斯身上，没有什么比他那种试图从根本上重构都市财政体系的努力更加引人注目的了。他针对地方财政所做出的分析极为引人注目，他并没有着重强调那些以股票或债券形式存在着的资产免于税收，抑或是那些富有的纳税人正在纷纷逃入波士顿周边的郊区城镇以求避税。正相反，与伊利教授的论断一致，小马修斯对私人资产正在遭受的重税盘剥表示哀叹："那种对某些阶级的私人资产课以多重税收的行为，正驱赶着财富与商机加速逃离。"[41] 而他直接怒对的目标，则是那些居住在波士顿外围新区（这些邻近的区域在 20 多年前被吞并到了波士顿）中的居民。在他看来，这些人口密集的区域才是城市财政困境的罪魁祸首，它们消耗掉了极大一部分的财政预算，而其所提供的税收仅相当于其消耗量的三分之一到一半。[42] 的确，在这些新区中兴建学校、图书馆分馆和公园的花费巨大，且与之相比，与居民区开发相关的工程花费则还要显得更加触目惊心，但这一切都得到了公共资金的慷慨解囊。"在道路修建、路面拓宽、排水沟渠建设以及其他城市化改良与城市便利设施等方面投入的资金，对普通纳税人所造成的侵害，已经达到了其他任何一个进步社会都不能容忍的地步。"在其他城市中，譬如纽约和芝加哥，包括排水管道铺设、路面铺设和人行道建造在内的道路施工费用，都是通过向邻近地区的土地拥有者征税来筹集的，可在波士顿，这些费用直接来源于整座城市的普通税收资金。针对这一存在于波士顿财政结构之中的问题，小马修斯着重强调："对于正确地理解城市税收事务之中存在着的问题而言，这一点至关重要。"[43]

按照小马修斯的说法，这些外围新区不仅消耗了不成比例的财政预算，还刻意规避掉了他们理应承担的税负份额。"在对新区及闲置土地上的房地产进行估值的过程中，存在系统性的低估倾向，而这最终导致了税负分配方案的极大不公。”他如此认为。尽管波士顿市中心的房地产估值，通常能够达到其市场价格的 60% 到 90%，但是在外围的新区中，这一比例仅有 25% 到 60%。更有甚者，作为道路拓展、水利建设以及排水工程的直接受益人，新区的开发商与房屋所有者，成功地抵制了政府按照其所得益处的多寡对其进行收费的努力。尽管法律规定，排水设施建造费用中的 3/4 应由邻近地区的土地拥有者承担，但该条款几乎从未得到施行。举例来说，1867 年至 1873 年，共有 2 300 万美元被用于街道、供水及排水改良工程，但在这其中仅有 350 万美元得到了评估，而真正被收集到的费用又仅有 200 万美元而已。[44] 与此同时，居住在城市中心商业区的纳税人，却付出了极为高昂的代价，他们在事实上依靠自身力量资助了城市其他地区的发展。[45]

“新区的土地所有者加总在一起，能够帮助市政府每年节省出至少 50 万美元的经费开支。公共资金总是被人们习以为常地投入到房地产开发这项事业中，且迄今为止任何管理措施都无法改变这一态势。”小马修斯争辩道。尽管使用公共资金来支持新区发展的做法曾十分流行，但他毫不含糊地为这一做法的推动者贴上了“自私自利”的标签——“打着普及公共改良设施的旗号，他们花费了大量的时间去鼓吹将公共资金投入到一些仅对特定地区或私人有利的建设工程之中，但令人惊叹的是，他们的努力居然还获得了成功。”在他 4 年的市长任期中，为了逆转上述发展策略，他曾坚持不懈地试图在马萨诸塞州的立法机构当中掀起行动。“在过去的四年中，每一天的经历都使我更加确信，彻底的转变是明智且必要的。”[46]

小马修斯的一举一动，无疑都是对那个曾兴盛于之前数十年间的都市愿景的直接攻击，正是在这一愿景的激励之下而制定出的政策，导致了“大兼并运动”的推广与随之而来的针对邻近新区基础设施的大规模公共开支。时至今日，对于劳动人口来说，这些新区有着最为完善的便利设施，住房条件比城市中心有了极大改善，在这里，对于技工群体而言，不但拥有属于自己的房产不再是遥不可及的梦想，就连自营商业也找到了充满机遇的天堂。同时，对于缓解城市中心的居住密度而言，这些邻近的新区也起到了至关重要的作用。然而，小马修斯与他的支持者却提倡要让房地产开发变得更加市场化。如此一来，政府便无法再通过对改良设施进行资金投入的方式，引导财富的重新分配。这意味着，来自私人领域的力量将替代公共政策而在城市的发展进程中居于主导地位，且毫无疑问的是，波士顿也同样无法完全免于遭受“由私有化住房市场带来的负面影响”的冲击。由于针对居民区的发展而提供的公共补贴，早已极大地推动了城市外围地区住房质量的提升，小马修斯的任务则是对这些补贴进行强力打压。

## 《特别税务委员会报告》与民粹主义者的反击

在进行分析的过程中，小马修斯把自己的注意力聚焦在了被波士顿外围新区所消耗掉的不成比例的资源上，而他的那种极为重视城市中富有财产拥有者（他们的财产大多数以股票、债券、债权以及其他金融资产的形式存在着，总体而言都属于私人财产）的观点，则在1891年由他本人签署并呈上市政议会的《特别税务委员会报告》中，得到了概括性体现。特别税务委员会的成员包括律师乔治·克罗克（George G. Crocker）、羊毛纺织品商人与波士顿工商协会主席乔纳森·莱恩（Jonathan A. Lane）以及律师与信托管理人小威廉·迈诺特（William Minot Jr.，亨利·戴维斯·迈诺特的兄长）。这样一个委员会，在几乎不加掩饰地为人们呈现出波士顿商业精英观点的同时，却号称自己代表了科学的专家观点："委员会的成员是本着一种纯粹理性化的原则来研究这一（税务）问题的。"[47]这篇报告的中心论点在于波士顿的私人资产（这里主要指股票、债券等金融资产）所面临的税负过重，且按照报告的结论，这种现象完全不合常理。"相比于房地产税，那些针对私人资产而征收的税赋，更难被广泛地分配并承担。"[48]该委员会解释道。的确，通过由工薪阶层负责缴纳的房租，由房地产所有者负责缴纳的税款，房产税可以被普遍地由更为广泛的人群来承担。

而至于“为什么针对私人资产而征收的税负更难被转嫁到弱势人群身上”这一问题，委员会的成员则进行了极为详细的阐释。为了使自己的观点清晰明了，委员们为自己的读者上起了一堂简短的国际金融课程，而迈诺特先生则恰巧可以在其中引述自己的个人经历。“尽管土地的价值与租金的多寡是由每座城镇的特定条件来决定的，但资金的价值与由其产出的利润高低是有规律可循的。总的说来，世界上所有的金钱是一个统一的整体，它们永远都在按照一种普遍的收益水平来调整自身的布置方式。伦敦和阿姆斯特丹的货币供给情况，影响着每个地方的资金成本，因此本地投资性资本的回报率与国外也能保持一致。”这份报告解释道。像房地产市场那样的地方性市场，可以按照每个地方的特殊情况进行调整。更加沉重的房产税最终会被转化成更加高昂的租金，并因此让投资者从中获得补偿。但对于金融资产而言，投资回报率却是由国际金融市场来决定的，因此无法被轻易地调整以反映出各地税率的差异。“作为这种现象的结果，一位持有由芝加哥—伯灵顿—昆西铁路公司所发行的票面利率为 4% 的债券的投资人，在遭遇税收的盘剥时，就只能乖乖地完全从自己的口袋中掏出这笔税款，这种支付并不符合通行的交易规律，因此绝对是一种飞来横祸，其效果就和这位投资人的口袋漏了一个洞并掉出了钱财一样。”[49] 在一个统一的国家经济体中，地方政治变成了对自我调节的市场机制的肆意侵犯。

这种分析框架也同样可以用来解释，为什么私人房产税那么受广大波士顿精英的欢迎。不像可以被转嫁给房屋拥有者和租户的房产税，针对金融工具的税收增幅难以被轻易地分摊。而为了消除人们的疑虑及不去深究此政策之后的逻辑，该委员会再次重申了资本逃离的风险，这样的风险从未达到如今的高度。“在当今这个时代里，迅捷而廉价的交易手段，正使得那些极富竞争力的大型城市彼此之间越发紧密，人们再也不必花费数天的功夫去旅行、运输或是交流了。时间与空间早已不再是难以逾越的鸿沟，而波士顿与纽约及费城那样的城市之间的竞争，就如同相邻城市之间的竞争一样激烈。在这样的大背景下，沉重的双重税收把波士顿和马萨诸塞州打造成了一座由烈性犬看门的房屋，尽管接近这座房屋的人也许并不真的会被撕咬，但远远地绕开此地并前往其他房屋，无疑是更加令人愉快的选择。如此一来，我们的税收体系便扮演起了稻草人一般的角色，以最为高超的效率驱散着作为资本的鸟儿。”这种税收政策对整个地区的工业经济所造成的损害难以估量，“数以百万计的工业资本对马萨诸塞州避之不及，数不胜数的百万富翁对波士顿退避三舍，而与此同时，还有相同数量的资本及富有人士从马萨诸塞州与波士顿仓皇出逃。”特别税务委员会还进一步阐释了这种现象是如何对广大人口产生整体影响的，“大型工业企业在波士顿的缺失对每个人所造成的影响是显而易见的，因为一座大型的工业企业能够吸收高达百万美元级别的投资并雇用多达500人的劳工。因此，让我们来思考一下，究竟什么对波士顿更为重要？是从数百万美元的投资上榨取的税金，还是由数百万美元的投资带来的附带优势？”[50]

另一方面，免除强加在私人资产上的税赋，还能够带来极为广泛的益处——“劳动就业率会上升，薪水也会增加。而至于房地产，虽然将面临更加沉重的税务负担，但其市场价格也会以更加迅猛的方式向上增长”。立足于服务行业的小商人，将因此而得以保留住那些富有的客户。“如果你去向例如马夫、杂务工、小商贩以及药剂师等依靠着富有阶层的消费而维持着营生的人士虚心求教，那么他们一定会这样告诉你的。”事实上，特别税务委员会一直推崇一种自上而下的“涓滴逻辑”，即依靠城市中富有居民的消费，自上而下地创造出一种繁荣景象。“在后湾地区的一条大街上坐落着大约 400 处民居，按照估算，这些民居的所有者每年仅仅在这条大街上的花费便高达 300 万美元到 400 万美元之巨，而换算成月度数据，这便相当于每月 30 万美元的消费。因此，一项政策是导致这些居民每年在此多停留 1 到 3 个月还是少停留 1 到 3 个月，仅在这条大街上便关乎 30 万到 100 万美元的消费。一旦这些钱财能够被花费在波士顿而不是别的地方，那么它们将会成为波士顿所有居民的共同财富，而马夫、递送员、搬运工、杂务工、技工以及体力劳动者，也将会从中分得一杯美羹。”因此，特别税务委员会委员向人们保证，当私人财产不再遭受双重税收的压榨时，上述的所有益处都将得到体现。

凭借着同样的逻辑，特别税务委员会不仅向人们解释了为什么在城市与城市之间的竞争中，针对私人资产的税收会导致波士顿处于不利地位，还为现存的大规模避税行为寻找到了看似合乎情理的法理学依据。尽管针对为波士顿市民所拥有的处于马萨诸塞州之外的资产进行征税的行为，得到了法律上的认可，但这一行为被特别税务委员会委员定义为涉嫌违法的双重税收，“当本州之内的一位居民，因其在位于其他州之中的公司内部拥有股份，而被按照这些股份的市场价值征税时，他的资产便遭到了双重税收的盘剥，为了同样的一份资产，在他向这些资产所处州的政府缴纳税款的同时，他还要向自己定居地所属州的政府缴纳税款”。而该委员会得出的结论也同样发人深省，“有关大量私人资产完全逃避了税收的说法是错误的，更加正确的说法是，有大量的私人资产逃避了法律想要强加给它们的双重税收”。[51] 按照这样的逻辑，马萨诸塞州法律已与道德背道而驰，而对于波士顿那些富有的资产拥有者来讲，他们对城市估税员刻意隐瞒旗下金融资产的行为，则无异于是得到了意识形态方面的授权。

1897 年，当波士顿的精英改革者已经把财政政策与意识形态全都掌控在自己的手中时，他们便任命了一个全新的税务委员会，而最终由该委员会所得出的结论，则彻底与 1875 年时由托马斯 · 希尔斯牵头发表的报告中所持有的立场相决裂。事实上，早在 1895 年，马萨诸塞州诸多大城市的财政根基便已逐渐坍塌。这种现象在一定程度上源于私人资产的价值遭到了低估。例如，在税务委员会面前，许多见证者都表示在马萨诸塞州所拥有的外部公司合计价值 7 亿美元的权益中，只有大约十分之一的份额被征收了税款。而另一方面，随着富有的波士顿居民纷纷逃入作为避税天堂的市郊小镇，财政情况则变得更加糟糕。尽管针对个人资产系统性的低估值现象普遍存在，但马萨诸塞州中最为富有的18座城镇总共拥有私人资产5 500万美元，而作为全州工商业核心城市的波士顿，在坐拥着8倍于这18座城镇的人口的同时，其中私人资产的评估价值总额却也仅有2.06亿美元而已。[52] 在许多都市人口规避税收而逍遥法外的情况下，尽管房产税在财产税中的贡献份额从1865年时的55%提高到1898年时的80%，政府的财政收入仍旧每况愈下。

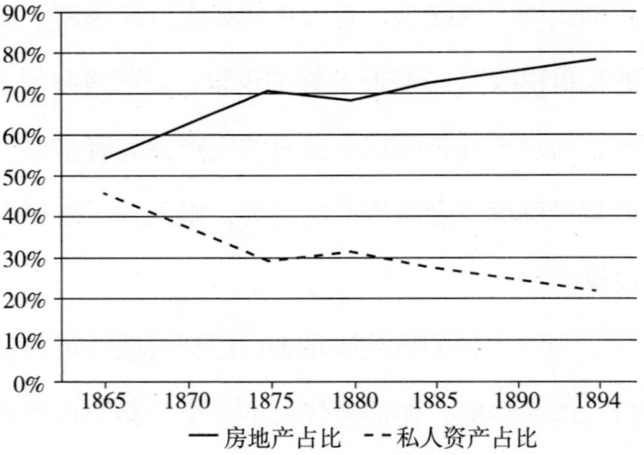


图6.1　房地产税收贡献占比和私人资产税收贡献占比走势

资料来源：Charles Phillips Huse, *The Financial History of Boston*. Cambridge: Harvard University Press, 1916

成立于1897年的税务委员会，是由从纺织品制造商转型为金融家的托马斯·杰弗逊·库利奇和来自哈佛大学的经济学家F.W. 陶西格（F. W. Taussig）这两个人主导的。该委员会赞成取缔针对“无形财产”的税收，同时还支持完全背离那种“要求对所有形式的资产征取平等税收”的原则。[53] 而为了补偿财政收入方面的损失，该委员会则试图对遗产和住宅物业类的资产适当征税。“这样做的好处包括，不会侵犯到那些本应处于其他力量管辖之下的领域。”[54]委员会宣称道。他们放弃了对财产税加强监管的尝试，同时还宣称，那种异常严格的、针对金融类资产进行估税的行为，注定将遭受耻辱性的失败，“此类税项的目标人群，正是那个最有机会改变自己的投资目的地和自身居住地的资产拥有者阶级。因此，这种极为严厉的税收制度必将失败，因为严厉的税收政策最难在这类居民的身上真正起效”。[55]

面对着税务委员会的政策引导，有两种反对声音发出了自己的哀叹。首先是来自汉普郡乡村的阿尔万·巴吕（Alvan Barrus），他代表马萨诸塞州中的农业人口发表了谴责性的声明。他认为，马萨诸塞州政府在铁路扩张的进程中提供了数以百万计美元的补贴，但铁路系统的扩张没能为马萨诸塞州的农民带来好处。“当整个马萨诸塞州的农民，为了铁路扩张这一基本只对波士顿有益的事业而缴纳着过度的税赋时，波士顿的现成资本，却只想着借机去征服外部世界，它们不仅在美国西部和南部投资了不可胜数的铁路公司，同时还将数百万美元的资金投到了美国西部地区的农地抵押贷款之中，且在这诸多投资项目之中，有许多都被证明为纯粹是头脑发热的鲁莽之举。”此外，巴吕认为马萨诸塞州的铁路交通系统对吸引外部贸易一事投入了过多关注。“毫无疑问，这些铁路非常适于一流的运输和跨境的交通，但对于促进马萨诸塞州之中本地化的交通运输而言，它们几乎毫无助益，而这本应该是马萨诸塞州政府在花费巨额资金之前便着重确保的。总的看来，马萨诸塞州的铁路建设不仅没有为其农民带来利益，反而还带来了损害。农民的农场被撂在了山顶，因而只得被迫放弃；而在农产品方面，新的竞争者随着铁路被引入，垄断了原先由马萨诸塞州农民所控制着的市场。”[56] 当然，巴吕先生对“政府应当介入经济事务”一事的支持，并没有因为他毕生对“由铁路政策带来的恶果”的失望而动摇。尽管他认为马萨诸塞州的农业区域为马萨诸塞州的铁路建设付出了不成比例的代价，但在巴吕的身上，那种出于对政府的支持而引伸出的对税收的推崇，坚定不移。巴吕如此坚称：“尽管一些人认为为了支持政府而被迫缴税是一种劫掠行为，但在这片广阔的大地上，没有什么比向一个得到了良好治理的政府交钱，能够产生更多有益回报的事情了。以此看来，不去用纳税的方式来支持政府，才是一种企图不劳而获的行为。”[57]

而与此同时，乔治·麦克尼尔（George E. McNeill）这位马萨诸塞州中最为出名的激进劳工运动分子，则更为直言不讳地对该委员会的报告进行了口诛笔伐。[58] 尽管委员会在做出减税决定时打出了科学的旗帜，但麦克尼尔发表的少数派报告无疑代表了某些群体对这一决定的极端愤怒。“免除无形资产理应负担的税收，意味着我们城市中最为富有的那群市民每年将会节省下超过 400 万美元的收入，而这无异于是在对马萨诸塞州之中的所有人民进行敲诈，要求他们对那些特权阶层进行永恒的供奉。”麦克尼尔如此倾诉道。麦克尼尔不但不支持对税收进行减免，反而还认为波士顿市政府的收入应当增加，“那些按照所谓的多数派的计划而从波士顿掠夺出去的巨额年度预算收入，实乃城市之必需。”而退一步讲，就算税收减免政策真的一定要实施，那么这些政策的受益对象也应该是其他的社会群体，而不是整个马萨诸塞州那些享受了最多特权的市民。“最需要得到税收减免政策惠及的地区是哪里？难道是那 18 座环绕着波士顿的市郊城镇吗？难道是波士顿的州街或后湾吗？如果这样的政策真的得到了落实，那便意味着我们的州向由那些最为富有的居民所犯下的偷税漏税、弄虚作假、行贿受贿以及恫吓胁迫之罪行示弱，这将创下极为恶劣的先例，并使得社会中的广大纳税群体意志消沉。”[59]

再一次地，托马斯·希尔斯的精神成了麦克尼尔的辩白中挥之不去的主题。“他是国家信誉方面的专家，而在所有以执行税收政策为职业的人士中，他亦是最有经验的。”麦克尼尔曾如此形容希尔斯。“希尔斯先生与马萨诸塞州的其他评税员，之所以会不屈不挠地抵制针对无形资产的税收减免，是因为他们早已清晰地认识到了该政策的不公之处，并深知其将对公众产生的伤害。最为富有的阶层，本就站在极为有利的位置上，并受到了现行体制的庇护，而现在我们又要把这些人本应承担的税务负担从他们身上移除。”麦克尼尔提醒他的读者，“评税员在那时便已经看到，那些本应承担税费缴纳之义务的私人资产持有者，成功地通过提高房租和住宿费的形式，将负担转嫁给了广大的劳动阶层。而现在，农夫、商贩、制造商乃至整个社会将不得不承受加倍的税收，以弥补由于那些证券持有者的刻意逃避税赋而造成的财政赤字。”[60]

按照麦克尼尔的解释，马萨诸塞州所面临的财政挑战，与美国整个国家范围内的经济一体化进程有极大关系。尤其是在南北战争结束之后，该进程造就了巨量无形资产的产生，致使针对私人资产进行征税的努力越发困难，它成就了资本家阶级的崛起，而该阶级的投资策略与他们自身所处的本地环境几乎完全剥离，就如同麦克尼尔所形容的那样，“他们对自己家乡的热爱程度，直接取决于其家乡政府对其税负承担份额的减免程度”。资本的流动性对整个美国的诸多城市和州构成了严峻挑战，与由那些改革者所提出的所谓“对外部州中的公司权益征取税收会导致双重税收”的论断完全相反，麦克尼尔认为这种声称“资本遭受了过重税负或重复税收”的说法，纯粹是无稽之谈。事实上，流动的资本在任何一个地方几乎都会想方设法地规避税收，“驱使着一个人逃往佛蒙特州以为他的股票规避马萨诸塞州的税收的动机，也同样会驱使着他逃往芝加哥”。而更加糟糕的是，放眼整个美国，那些无形资产的持有者总是占尽上风，“相比于普通阶层，他们总是更能聚众且更有影响力。他们让政府部门为自己的利益服务，使报刊中充塞着对自身有利的评论文章，还雇用了极富能力的法律顾问去抵制那些更加严厉的立法提议。而在每次胜利之后，他们便会声称，你不能对私人资产征税而应当免除他们的税负。可站在他们对立面上的反对方，往往既没有组织支持，也没有资金支持。”[61]

在一个内部互联互通的大环境中，广泛存在于城市与城市之间的、为了争夺投资而展开的竞争，逐渐发展成了一种所谓的“底线竞争”，并最终对财政预算和政府税收造成了极大压力。而麦克尼尔站在 20 年前托马斯·希尔斯的视角上，提出了一条可以帮助人们理解该问题的替代性思路，并对该问题进行了重构。“真正威胁着马萨诸塞州的竞争，并不是州与州之间通过争相减税或是降低标准来吸引资金的竞争，而是围绕着谁能够提供最好的公共服务而展开的竞争。那些能够真正对我们构成挑战而理应使我们感到担忧的州，正是那些遵循着我们原先的道路，为它的每一位公民提供最佳的经济及社会环境，兴办最为一流的学校，建设最好的图书馆，同时提供最为完善的休闲与帮助居民自我提升的各种设施的州。社会的福祉与繁荣是无法通过对富人进行减税来实现的，而要想将其实现，那么那些能够在最为谦卑的人群中激发希望、鼓励进取并传播教育与启蒙的支援及救济措施则必不可少。”与此同时，麦克尼尔还坚持了对于工业化社会最为基本的期许，“随着文明的推进，在更高品质的生活中，人类对艺术、技能和价值的需求将发展成更为普遍的必需，那些在我们今日看来堪称奢侈的物品，也终将成为最为谦卑的人们的生活中，不可或缺的必需之物。”[62] 而为了加速上述愿景的实现，麦克尼尔提出了一系列旨在提升现有税法的执行效率并对避税行为施以严厉惩处的举措。尽管这场辩论的参与者全都极尽夸张之能事，但最终无论是麦克尼尔、巴吕还是库利奇或西格，都没能取得压倒性的胜利。由公共财政事务带来的财政僵局，一直延续到了 20 世纪，且在此期间，没有任何一项意义重大的改革措施得以成功贯彻。与此同时，波士顿与其他诸多城市的财政状况却在日益恶化，导致城市政策的可选范围不断收窄。在之后的数十年中，尽管在意识形态方面受到了更加严格的限定，此类辩论仍存在于市政领域中。

# 第七章

## 结论：转型与再出发

## 尚未完成的市场一体化进程

到了 19 世纪、20 世纪之交，一股极为猛烈的兼并重组浪潮根本性地改变了美国资本主义的版图。在这场被历史学家称为席卷美国的“大合并运动”的浪潮中，共有超过 1 800 家分布在食品、原油、橡胶、玻璃、化工、机械及五金等不同工业部门的制造业企业迅速壮大，在公开市场上市的工业类股票总市值亦随之一路飙升。先是从 1890 年的 3 300 万美元激增到了 1898 年的 10 亿美元，而随后又仅用了 5 年时间，便暴涨到了 1903 年的 70 亿美元。[1] 美国的产业秩序亦因此得到了决定性的重组，那种支配了整个 20 世纪的、以公司作为主导性力量的全新形势终于显现。整个美国在仅仅 40 年前还只以农产品出口而见长，但现如今已然蜕变成了一个坐拥包括美国钢铁、国际收割机公司以及通用电气等一大批世界制造业巨擘的发达国度。此次重大转型，被描述为“美国资本主义历史上的关键时刻”，它宣告了美国作为全球工业大国的崛起。

尽管公司合并的浪潮来势汹汹，但以公司作为主导性力量的全新经济体系是经过了漫长而持久的酝酿才诞生的产物。这种转变既非自发而生，亦非历史必然，相反，正是依靠着精英阶层在商业、政治及公众领域中长年累月的坚持不懈与努力运作，才得以最终产生。而在那些汇聚在一起才最终促成了上述伟大转变的诸多重要因素中，有两条尤为关键。其一，便是美国国内那不断壮大的金融力量对大型工业企业的崛起所起到的推动作用。尽管美国一直受到来自整个欧洲尤其是英国资本的青睐，但随着处在美国金融家掌控之下的美国国内储蓄不断增长，外来投资渐居其次。凭借着日益强大的金融力量，美国国内那些居于领导地位的投资银行家，不但成了这股兼并重组浪潮幕后的策划者，还直接利用史无前例的巨量资本为那些新兴工业巨擘的成立进行承保。[2] 美国投资者真正的优势，既不是他们对于技术的专精，亦不是他们在管理领域的成就。美国国内的诸多投行，大多保持着非法人的合伙企业性质，他们内部的组织方式十分紧密，对合伙人的选择极为慎重，他们的雇员数量异常稀少，组织架构堪称精练。但很明显，上述现实并没有妨碍这些企业的合伙人在富有的个人、金融机构以及可靠的信息来源之间，打造出密集且广泛的关系网络。最终，正是依靠着这种关系网络，诸多投行得以将自己的资金合兵一处，并投入到一系列分布在不同经济部门与地理空间的新型商业冒险之中。[3]

在这股金融业与大规模制造业共结秦晋之好的潮流中，波士顿的商业人士可以说是走在前沿。那个一直以来都在商业路线的选择上因循守旧，并以坚定的传统主义者自居的波士顿商业圈，已在事实上主导了这一任务繁重的革命性进程。在此过程中，波士顿城中以李－希金森公司和基德－皮博迪公司*为代表的两个历史悠久且根基深厚的家族得以执牛耳。在整个波士顿那包含了数十家商业银行、信托公司和经纪人事务所的活力四射的金融部门当中，这两个家族可谓冠绝群雄，他们一同肩负着为波士顿市中的那些身家亿万的精英管理积蓄的重任。[4]依靠着手中的巨额资金池，基德－皮博迪公司认购了一系列处于时代最前沿的工业类证券，它监督了肥皂制造商保洁公司（P&G）和烟草公司皮埃尔·洛里亚尔，从家族型企业转变为巨型公众公司的过程；同时，在1899年和1900年，它还为美国电话电报公司（AT&T）发行了票面价值总额高达1 500万美元的债券，由这些债券所募集到的资金，最终帮助这家电信巨头快速地拓展了自身业务。[5]李－希金森公司也同样不甘人后，它资助了西屋公司的建立，并与摩根大通一道设计出了那套最终造就了通用电气这一市值高达5 000万美元的超级公司的并购方案。[6]在1907年到1912这五年间，基德－皮博迪公司和李－希金森公司分别购买并分销了由多达上百家的在美国全国开展业务的企业所发行的证券，而这些证券的总价值已然超过了10亿美元。[7]

与许多资料中提及的并不相同，逐渐崛起的华尔街金融霸权，不但没有将波士顿的投资商号完全取代，还反而为两者之间的强强联合提供了良机。不仅波士顿的豪门会规律性地加入到由纽约的投

---

* 从纳撒尼尔·塞耶投资商号更名而来。——译者注

资商号所领导的联合财团之中，纽约的金融团体也同样热衷于参与由波士顿同行所牵头主办的项目。从 1894 年到 1934 年，基德－皮博迪公司曾与纽约的投资商号摩根公司通力配合，一起为 71 位不同的客户发行了多达 164 只总市值高达 7.53 亿美元的股票，而李－希金森公司也不甘人后，其与摩根公司合作，总计为 64 名不同的客户发行了 149 只股票，其总市值亦达到了 3.53 亿美元之多——这些证券最终都被分销给了波士顿的机构和私人投资者。这两家坐落于波士顿的商号，共同跻身于摩根公司最为重要的十大合作伙伴之列，同时他们也是摩根公司十大合作伙伴名单中两个处于纽约之外的公司。这种从未间断过的合作关系，为马萨诸塞州注入了源源不断的生机和活力，使其作为金融中心的地位一直延续到了 20 世纪。[8] 同时，这些公司的业务范围，也早已不再局限于波士顿或是新英格兰地区中的工商业活动，由其所构建出的投资组合，反映出了他们异常广阔的地理视野，其持有的各种资产遍及大陆——从得克萨斯、俄勒冈、加利福尼亚到德卢斯、底特律、路易斯维尔和匹兹堡。[9] 可以如此认为，马萨诸塞州资本全新的空间性质，在医院人寿保险公司的现有资产分布中得到了完美诠释。到 1900 年，这家为 19 世纪早期的马萨诸塞州商人所建立，并在随后的数十年中处在新英格兰地区的棉纺织实业家的控制之下的财富管理媒介，手中已再也没有任何价值足以排进其资产组合前十位的纺织类企业资产了。占比最大的三份资产分别是佩雷—马奎特铁路公司、芝加哥枢纽铁路—联合畜牧围场公司以及芝加哥—伯灵顿—昆西铁路公司。在其手中份额占比排名前十的资产中，有七家是在大西部的土地上经营着的铁路或畜牧围场类企业。就如同其他十家在波士顿营业、掌控着巨额资金池并经常性地扮演城市中银行家与经纪人的信托公司一样，此时医院人寿保险公司的投资范围也显示出了极为明确的全国性特征。[10]

与第一个因素相比，第二个因素更加重要，这便是隐藏在产业兼并这一重大历史时刻背后的巨型的国内统一市场的形成。正如同历史学家阿尔弗雷德·钱德勒*的权威性研究所展示的那样，如果美国缺乏（与其他工业化国家相比而言）庞大的地理体量与快速成长的全国市场，那么全国性工业企业的崛起必将无法实现。[11]美国全国市场之所以能够成长到横贯整个大陆的规模，既非命中注定，亦非由科技发展带来的必然。同样地，联邦权威也无法在转瞬之间便打造出这样的全国市场，这一点，从那些由国会资助的横贯大陆的铁路公司层出不穷的财务崩溃中便可见一斑。[12]事实上，体量巨大的美国全国市场，是伴随着美国西部地区逐渐被整合到美国全国经济轨道之中的进程，在彷徨踯躅之中缓慢成形的。正是凭借着类似亚当斯、希金森、阿加西斯和迈诺特那样的资本家，不辞辛劳地将大量资本从美国东部注入西部，为铁路及其他大规模工业的发展提供资金，上述美国全国市场才得以出现。正是依靠着商业精英阶层的持续努力，美国东部城市中心的商业方向从大西洋贸易、区域产业、都市改良项目转移到了

---

* 以企业史的研究而著称。在很大程度上，企业史这一研究领域就是他开创的。——译者注

西部大开发、国家范围内的商业冒险以及泛大陆工业化事业之中，上述史无前例的美国全国市场才被塑造而出。且正是仰仗着美国西部地区不断专注于初级产品的长途运输，并持续对那些企图推进美国区域自治的努力进行压制，上述全国市场才逃离了分崩离析的厄运。随着文化导向将生产与消费的概念完全分离，那种支撑了美国全国市场形成的意识形态终于得到巩固，而直到大学、博物馆和其他诸多民间机构树立起了精英在科学及品位方面的权威，并在脑力和体力劳动之间划出清晰的界限之后，美国全国市场的不断壮大，才真正无法阻挡。[13]

当然，纵使美国国内市场的一体化进程势如破竹，但以公司作为主导的经济体系也仍然不尽完善。任何声称美国国内的公司型经济已经得到了彻底整合的说辞，都有着极大的夸张之嫌。令人感到十分矛盾的是，美国国家的统一局面却加剧了都市和地方层级上的碎片化倾向。在这种情形之下，来自联邦方面的权威（尤以美国最高法院为甚），在 19 世纪 80 年代和 19 世纪 90 年代曾煞费苦心地想要在国家层级上打造出一套条理清晰的监管框架。为了能够移除掉那些针对长途运输而设置出的国内壁垒，美国最高法院颁布了极为著名的“双重主权原则”和“实质性正当法律程序原则”，而这些原则全都将“州际商贸方面的独断专行之权”赋予了联邦政府。公司被定义成了法人机构，而正是在这种定义之下，公司依靠其自身的投资资本而赚取合理利润的行为，才得以免遭来自各州级别上的管辖之阻碍。[14] 依靠着上述的诸多手段，美国最高法院成功地确立了区际商贸的首要地位。然而，美国最高法院出于维护美国全国市场的利益而采取的果敢行动，注定会遭遇各州和各市政府的凶猛阻击，它们锲而不舍且直截了当地对上述原则表达蔑视。面对着美国最高法院颁布的政策，不同的区域与城市想尽了各种对策，以推进那些可以将各自利益置于美国国家利益之上的方针。在草根力量的驱使下，他们把公共预算投入到那些可以促进都市制造业和市内贸易的基础设施之中，为新区发展和住房供给提供补贴，并努力使民主化的工业文化深入人心。他们竭尽所能地对铁路运费进行监管，对州外资产征税并将自身的自然资源广泛地分配或保护起来。为了有效地干预经济生活的方方面面，他们颁布了成百上千条法令条例，且其中的绝大部分都得到了立法支持。如此看来，历史学家加里·格尔斯（Gary Gerstle）和威廉·诺瓦克（William Novak）的那种将这段时期定义为“自由放任的年代”的做法，实在是再贴切不过了。事实上，这段时期为日后诸多“寻求使用公共力量来支配市场领域”的大型社会试验提供了启迪。[15] 联邦层级上的国家权威，并没有按照人们的预想蒸蒸日上，而美国国家权威与地方权威之间旷日持久的相互角力，也成为这一时期美国政治体系难以破解的僵局。监管环境在地理范围内的分布绝非均匀，正如政治学家金伯利·约翰逊所精确指出的那样，“这是一个由制度上的不连贯和力量上的冲突所构成的不和谐的混合体。”[16]

各州和各市竞相颁布的许多政策，都反映出了他们寻求将资源从国家层面上的财富积累循环中抽出，并将之用于更加均衡化的都市及地区性发展的强烈意愿。而此类潜伏在政治力量集中化表象之下的内在裂痕，对美国经济的发展所施加的影响经久不衰。举例来说，美国的铁路系统经历了令人震惊的扩张，其轨道总长度，从南北战争前夕的大约 56 000 千米，激增到了 1915 年时的约 400 000 千米。且不光是里程的增长，就连铁路系统的配套设施也得到了极大提升，铁路公司普遍装备了更为强劲的机车，并开发出了更加高效的管理方式。随着一座座桥梁横跨于河流之上，且轨道的规格趋向统一，铁路的运输成本飞速下降，区域之间的交通运力亦呈指数飞涨。[17] 可尽管如此，就如同一位政府官员所指出的那样："美国仍没能建立起一套真正意义上的铁路系统。"这一快速崛起的交运网络，是通过将地方性的线路整合为区域性的干线，再把区域性的干线纳入区际性的运输系统才逐渐产生的，但由于上述过程缺乏系统性的规则指导，因此其最终产物绝非什么严丝合缝般的整体。尽管铁路系统的速度不断加快，运行更加规律且普遍性也得到了极大提升，但其干线的分布极为杂乱异常，充斥着大量分支线路与绕远线路，同时，由于铁路系统的运费表单亦极尽繁复，导致只有站在独特的地方视角之上，才能对其一探究竟。[18] 尽管美国全国性工业企业早已有如雨后春笋一般大量萌芽，但这一分布异常不均的运输体系的服务对象，一直都不是那个统一的、由公司所主导的经济实体，而是数不胜数、五花八门且各自为政的小型工业经济体，这些工业经济体在互相交叠的、处于不同层级（地方、区域、国家和国际）上的市场中分销着自己的产品。举例而言，在 20 世纪一直遭受着不断萎缩的市政预算的无情冲击，仍然作为生产性经济区域而繁荣昌盛的波士顿外围新区，便是上述小型工业经济体的极佳范例。[19]

类似的现象也广泛存在于金融系统之中。这段时期最后数十年的光景见证了一系列金融机构的拔地而起，无论是美国国民商业银行、私人投行、信托公司还是保险公司，都把“将资本调配到新兴区域与前沿产业之中”作为一项事业而全神贯注。类似波士顿那样的东北部城市中的投资者，不再将自己的投资标的限定在自己所处的区域，他们在整个北美大陆寻找商机，并为那些在规模上可谓史无前例的工业冒险提供资金。可尽管如此，存在于不同区域之间与同一区域的不同地方之间的割裂现状，未被完全弥合，甚至在某些情况下还有愈演愈烈之趋势。尽管从获得融资的便捷程度这一角度来看，美国东北部与其他地区之间的差距正在不断收窄，但不可否认的是，这种差距却也从未彻底消失。绝大多数的新型商业冒险，并没有通过正规的金融机构或是证券市场来融入资金，而是将那些地方性质的商业网络当成了替代性的资金来源。[20]通过美国西部和南部地区中的乡村银行来进行融资所需要支付的借贷成本，与纽约和波士顿等城市能够享受到的资金利率相比有着极大差距，且这种差距既体现在银行的短期贷款利率上，亦体现在长期抵押贷款市场中。由于在区域层级上的“抵押融资”市场中资金的供给与需求极度失衡，且金融中介又往往难以跨越空间而调动起足够的资金来配平同地区之间的贷款利率，住房与农地抵押贷款市场的发展可谓历经坎坷。[21]因此，虽然抵押贷款的规模极大提升，但这些贷款的来源主要限定于类似互助储蓄银行或住房贷款协会那样的地方性的金融机构（这类机构业务的延伸范围注定它们必须是地方性的）。这些规模微小，只面向单一区域的金融机构，往往是从邻近的社区吸取存款，[22] 而即便是在那些“有助于巨量金融资源在美国国内进行来回调度”的基础设施已经获得了极大提升之后，对于农夫、小商贩或是处于工薪阶层的房屋拥有者而言，其获得信贷的途径仍五花八门。可以说，致力于推进市场一体化的竞争，在空间跨度上内留下了极为复杂的遗产，既造就了国家层面上的商业网络与金融机构，也充实了地方政治实体的钱袋子，并加强了各州的权威。与其说这种遗产是远古时代的残留，而注定要销声匿迹，倒不如说这是由市场一体化进程所导致的直接后果，是现代化政治经济实体不可分割的一部分。那些试图在 20 世纪抹平这些裂痕，并促进国家与各州之间的监管同质性的努力，从未大功告成。随着 20 世纪末期一股全新的联邦主义浪潮悄然袭来，原先那层彰显着整个美国一致性的遮羞布被无情掀起，而隐藏于其下的悬殊与不公，则再一次被呈现在了世人面前。[23]

## 学会理解复杂的世界

那些作为 19 世纪末期美国国内公共生活之中绝对核心的、与市场形成进程息息相关的政治性议题，在随后的时代里再度凸显缓和。尽管那些声称“全球化进程是被科技创新所推动”的说辞曾一度甚嚣尘上，但随着一系列围绕着海外贸易协议、泛大陆化单一市场或是跨境劳工迁徙等问题而展开的论战接踵而至，与市场有关的法律及政治结构框架问题却再一次获得了举世瞩目。类似“无国界世界的最终到来”“距离的阻碍被完全攻克”，以及“人与人之间的关系在地球村中越发亲密”那样的，站在乌托邦式的视角上宣扬人类进步的、看似与政治毫不相干的畅想及倡导，实则是彻头彻尾的政治性议题，它们都会对社会公平、政策方针乃至公众福祉产生极为深远的影响。毋庸置疑的是，市场终究还是由政治所造就的存在，市场的现状距离所谓的“公平地竞争环境”或是“为独立竞争者而设立的竞争平台”那样的理想仍然相去甚远。因此，为了使某些人群从他人那里占得便宜，市场注定会遭到操控。在定立经济契约、建立经济联系的过程中，市场永远都在塑造着群体内部及群体与群体之间的力量平衡，它决定了收获与挫败，区分出了胜者与败者。

围绕着政策议题而展开的讨论亦随之发生了转变。原先那种盛行了数十年的，最终都会导向诸如“使世界变得更加便利”或是“让投资者能够获得更高的收益”那类的范围狭隘且理所当然的政治选项的议论，现如今却在几乎所有级别的政府层面上爆发性地衍生出了诸多标新立异的替代选项。存在于议事日程之中的诸多提议的分布范围十分宽广，且它们往往也与传统意义上的意识形态派别不相为谋。从经济民族主义的复兴到对国际协议进行彻底重构，从对政治管辖权进行分割到促进政治权威的集中化，从让经济政策的制定过程重新民主化到毫不妥协地希望这一制定过程与被调动起来的大多数人完全隔绝，这些提议皆有涉及。从本质上来说，这些议论都关系到不同空间级别（跨区域、城市及国家）上的政府与市场之间的关联关系。因此，我们所处的时代绝非什么“扁平化世界”的黎明，相反，它充斥着与金融、贸易、制造业、住房及劳工有关的各种复杂且层叠的事务。很明显，在如何组合这些制度这一点上，当前还没有清晰的且不可或缺的蓝图可对我们加以指导。

所有的所有，都使得生活在镀金时代的美国人变得对我们而言既熟悉又陌生，而他们也同样置身于充满未知而又高度可塑的环境之中，面对着由大规模经济转型带来的政策困境。他们无时无刻不在与游走的资本、税收政策、公共开支以及劳资冲突进行着斗争。他们留下的历史遗产无疑告诫着我们，不要再对那种更加简单而坦率的治理模式抱有不切实际的幻想，相反，面对着政治经济生活中那些充满矛盾与不对称的方方面面时，我们应时刻保持头脑的冷静，并承认我们迄今为止仍然对其知之甚少。我们不应该为了创造更加简明易懂的框架，而草率地对这种坎坷崎岖的现状熟视无睹。我们必须跳出那种非此即彼式的、支撑了技术官僚式的夸夸其谈并因此助长了反动政治的形而上学逻辑。对历史学家而言，至为关键的一步便是要不再对那些（由过于武断的阶段性改变理论所推导出的）已知概念框架固执己见，我们必须致力于重现那些生活在19世纪末期的美国人对于事物的直观理解，并悉知现代政治经济格局的形成，并不是按部就班地按照专家的预测而向前推进的，相反，正是那一系列由于政治斗争而产生的因地制宜、因时而异的充满不确定性的结果，塑造了它的最终形态。

最近有一种说法，认为民粹主义一词纯粹是政治精英为那些令他们不悦的政策贴上的标签，但事实上，民粹主义的内涵远不止于此。尽管学者早已注意到了那些驱动着民粹主义的情怀、那些为民粹主义者的演说所凸显出的象征性共同体以及那些将政治分量赋予民粹主义的社会运动，但他们对民粹主义政治的内容与实质的涉及，却是相当片面的。他们忽略了那些存在于广泛政治生活之中的、在民粹主义理念的指导下才得以成形的诸多政策。那些生活在 19 世纪被调动起来了的投票者，在表达出了自己的不满与愤懑，并发展出了独特的修辞模式的同时，更是制定出了许多严谨的政策理念，而这些政策理念亦对实体经济产生了相当深远的影响。那些存在于民主政体与资本主义之中的内在矛盾，绝不仅仅是我们政治经济机器中的固有设计缺陷，它们植根于社会冲突的历史之中，而仅仅依靠投资银行家与政策专家不接地气的苦思冥想，这样的矛盾注定永远无法被真正解决。这便是为什么重塑政府机构的重任必须要有涵盖更加广泛的民主主义的参与，从草根阶层那里汲取创造性的力量，实属必不可少。

## 第一章　导论：伟大的转型

1. Henry Varnum Poor, "Sketch of the Rise, Progress, Cost, Earnings, etc., of the Railroads of the United States, " *Manual of the Railroads of the United States* (New York: H.W. Poor,1868), 9-32.
2. 普尔先生是华尔街铁路事业推崇者的代言人，参见：Alfred D. Chandler, *Henry Varnum Poor, Business Editor, Analyst, and Reformer* (Cambridge, MA: Harvard University Press, 1956)。
3. 有关 19 世纪中叶城市之间的竞争情况，参见：Arthur M. Schlesinger, "The City in American History," *The Mississippi Valley Historical Review* 27, no. 1 (June 1940): 43; D.W. Meinig, *The Shaping of America: A Geographical Perspective on* 500 *Years of History,* vol. 2: Continental America, 1800-1867 (New Heaven, CT: Yale University Press, 1995), 323-331; David M. Scobey, *Empire City: The Making and Meaning of the New York City Landscape* (Philadelphia: Temple University Press, 2002); Andrew Heath, "The Public Interest of the Private City: The Pennsylvania Railroad, Urban Space, and Philadelphia's Economic Elite, 1846-1877," *Pennsylvania History* 79, no. 2 (April 2012): 177-208。
4. 在南北战争之前，如果按照吨位计算，则会发现直达运输在区际路线上的占比极低。在运往美国东部地区的货物中，仅有不到五分之一的货物是通过直达运输送抵的，而对于那些运往美国西部的货物，这一比例甚至不到十分之一。有关这一时期美国铁路极其严重的碎片化情况，参见：George Rogers Taylor and Irene D. Neu, *The American Railroad Network, 1861-1890* (Cambridge, MA: Harvard University Press, 1956)。至少到 1880 年，中西部地区的大部分产业也都集中在那些专门为当地或区域服务的门类中，而隔绝于国家市场之外，这种状况从某种程度上来说与交运系统的分散化结构交相呼应，参见：David R. Meyer, "Midwestern Industrialization and the American Manufacturing Belt in the Nineteenth Century," *The Journal of Economic History* 49, no. 4 (December 1989), 921-937。

5. Richard Franklin Bensel, *Yankee Leviathan: The Origins of Central State Authority in America, 1859-1877* (Cambridge: Cambridge University Press, 1990); Margaret G. Myers et al., *The New York Money Market* (New York: Columbia University Press, 1931). 有关美国金融系统如何失衡的资料，参见：Richard Franklin Bensel, *The Political Economy of American Industrialization, 1877-1900* (Cambridge: Cambridge University Press, 2000), 56-75; Lance E. Davis, "The Investment Market, 1870-1914: The Evolution of a National Market," *The Journal of Economic History* 25, no. 3 (1965): 355-399; Richard Sylla, "Federal Policy, Banking Market Structure, and Capital Mobilization in the United States, 1863-1913," *The Journal of Economic History* 29, no. 4 (1969):657-686; Kenneth A. Snowden, "Mortgage Rates and American Capital Market Development in the Late Nineteenth Century," *The Journal of Economic History* 47, no. 3 (September 1, 1987): 671-691。
6. United States Office of the Comptroller of the Currency, *Report of the Comptroller of the Currency* (Washington, DC: Government Printing Office, 1868).
7. 如果想要深入地了解那一时期资本的"凝滞性"，以及美国东部资本家在调动资金跨区流动的过程中所起到的关键作用，参见：Lance E. Davis, "Capital Immobilities and Finance Capitalism: A Study of Economic Evolution in the United States, 1820-1920," *Explorations in Entrepreneurial History* 1 (1963): 88。钱德勒从"美国缺乏组织良好的国家资本市场从来就不是一个

真正的阻碍”这一假设入手，认为“金融”只不过是一个后来才出现的概念，参见：Alfred D. Chandler, *The Visible Hand: The Managerial Revolution in American Business* (Cambridge, MA: Belknap Press, 1977), 93。但最近的学术研究强调了美国资本市场在 19 世纪末期的“不发达”性，参见：Mary O'Sullivan, “The Expansion of the U.S. Stock Market, 1885-1930: Historical Facts and Theoretical Fashions,” *Enterprise and Society* 8, no. 3 (September 1, 2007): 489-542。

8. Richard White, *Railroad: The Transcontinentals and the Making of Modern America* (New York: W.W. Norton, 2011), xxv-xxvi.
9. 有关社会科学领域对“方法论国家主义”的批判，参见：Neil Brenner, *New State Spaces: Urban Governance and the Rescaling of Statehood* (Oxford: Oxford University Press, 2006); Neil Brenner, “Beyond State Centrism? Space, Territoriality, and Geographical Scale in Globalization Studies,” *Theory and Society* 28, no. 1 (February 1, 1999): 39-78。
10. William J. Novak, *The People's Welfare: Law and Regulation in Nineteenth Century America* (Chapel Hill: University of North Carolina Press, 1996); Richard R. John, “Ruling Passions: Political Economy in Nineteenth-Century America,” *Journal of Policy History* 18, no. 1 (2006): 1-20. 如果想要把政府的开支、税收和借贷作为国家能力在不同层级上的反映指标加以研究，参见：John B. Legler, Richard Sylla, and John J. Wallis, “U.S. City Finances and the Growth of Government, 1850-1902,” *The Journal of Economic History* 48, no. 2 (1988): 347-356; John Joseph Wallis, “American Government Finance in the Long Run: 1790 to 1990,” *The Journal of Economic Perspectives* 14, no. 1 (2000): 61-82。至于究竟是什么力量导致了国家政府与州及当地政府区别开来，参见：Gary Gerstle, *Liberty and Coercion: The Paradox of American Government from the Founding to the Present* (Princeton, NJ: Princeton University Press, 2015)。
11. Bensel, *Yankee Leviathan*; Bensel, *The Political Economy of American Industrialization, 1877-1900.*
12. Benjamin Madley, *An American Genocide: The United States and the*

*California Indian Catastrophe, 1846-1873*(New Haven: Yale University Press, 2016); Steven Hahn, "Slave Emancipation, Indian Peoples, and the Projects of a New American Nation-State," *The Journal of the Civil War Era* 3, no. 3 (2013): 307-330; Pekka Hamalainen, *The Comanche Empire* (New Haven: Yale University Press, 2008)。

13. 我们不应把美国国体所采纳的联邦制结构与政府的软弱苍白联系在一起，参见：William J. Novak, "The Myth of the 'Weak' American State," *The American Historical Review* 113, no. 3 (June 1, 2008): 752-772; Brian Balogh, *A Government Out of Sight: The Mystery of National Authority in Nineteenth-Century America* (Cambridge: Cambridge University Press, 2009)。对于联邦霸权而言，南北战争无疑是其一段辉煌时期，参见：Kimberley S. Johnson, *Governing the American State: Congress and the New Federalism, 1877-1929* (Princeton: Princeton University Press, 2007), 4-5。
14. Gary Gerstle, "the Resilient Power of the States across the Long Nineteenth Century," in *The Unsustainable American State*, ed. Lawrence R. Jacobs and Desmond S. King (Oxford: Oxford University Press, 2009), 61-87; Thomas J. Sugrue, "All Politics is Local: The Persistence of Localism in Twentieth Century America," in *The Democratic Experiment: New Directions in American Political History*, ed. Meg Jacobs, William J. Novak, and Julian E. Zelizer (Princeton, NJ: Princeton University Press, 2003), 301-326; Amy Bridges, "Managing the Periphery in the Gilded Age: Writing Constitutions for the Western States," *Studies in American Political Development* 22, no.1 (April 2008): 32-58.
15. 相关的范例，参见：Robert H. Wiebe, *The Search for Order*, *1877-1920* (New York: Hill and Wang, 1967)。 十分重要且令人深思的例外，参见：Martin J. Sklar, *The Corporate Reconstruction of American Capitalism, 1890-1916: The Market, the Law, and Politics* (Cambridge: Cambridge University Press, 1988); James Livingston, *Origins of the Federal Reserve System: Money, Class, and Corporative Capitalism, 1890-1913* (Ithaca, NY: Cornell University Press, 1994); Elizabeth Sanders, *Roots of Reform: Farmers, Workers, and the America*

*State, 1877-1917* (Chicago: University of Chicago Press, 1999); Bensel, *The Political Economy of American Industrialization, 1877-1900*; Gerald Berk, "Corporate Liberalism Reconsidered: A Review Essay," *Journal of Policy History* 3, no.1 (1991): 70-84。

16. 在有关"美国例外论"的信条中，美国在政治上的稳定性居于重要地位，参见：Gregory P. Downs, "The Mexicanization of American Politics: The United States' Transnational Path from Civil War to Stabilization," *The American Historical Review* 117, no.2 (2012): 387-409。
17. 作为示例，参见：John M. Hart, *Empire and Revolution: The Americans in Mexico since the Civil War* (Berkeley, University of California Press, 2002); Jeremy Adelman, *Republic of Capital: Buenos Aires and the Legal Transformation of the Atlantic World* (Stanford, CA: Stanford University Press, 1999); Ekaterina A. Pravilova, *A Public Empire: Property and the Quest for the Common Good in Imperial Russia* (Princeton, NJ: Princeton University Press, 2014); Ritu Birla, *Stages of Capital: Law, Culture and Market Governance in Late Colonial India* (Durham, NC: Duke University Press, 2009); Sevket Pamuk, *The Ottoman Empire and European Capitalism, 1820-1913: Trade, Investment and Production* (Cambridge: Cambridge University Press, 1987)。
18. 阿尔弗雷德·钱德勒曾通过著名的论断指出了官僚机构方面的变化，并将这种变化称为"管理革命"，参见：Chandler, *The Visible Hand*。
19. 约瑟芬曾在一篇目的论中认为，在一体化的国民经济已然成为逻辑上的必然之后，金融操纵至少将其最终形成的时间推迟了 40 年，参见：Mathew Josephson, *The Robber Barons; the Great American Capitalists, 1861-1901* (New York: Harcourt, 1934), 191; Richard Hofstadter, *The American Political Tradition and the Men Who Made It* (New York: Knopf, 1948)。
20. Chandler, *The Visible Hand*; Wiebe, *The Search for Order.*
21. Richard Hofstadter, *The Age of Reform; from Bryan to F.D.R.* (New York: Knopf, 1955); Lawrence Goodwyn, *Democratic Promise: The Populist Moment in America* (New York: Oxford University Press, 1976); Leon Fink, *Workingmen's Democracy: The Knights of Labor and American Politics*

(Urbana: University of Illinois Press, 1983).

22. 有关沟通了经济学与社会历史学之间鸿沟的独一无二的著作，参见：James Livingston, "The Social Analysis of Economic History and Theory: Conjectures on Late Nineteenth-Century American Development," *The American Historical Review* 92, no.1 (1987): 69-95。

23. 有关早些年间的"大西洋经济"是如何转变成"泛大陆工业化经济"的情况，参见：James Livingston, *Pragmatism and the Political Economy of Cultural Revolution, 1850-1940* (Chapel Hill: University of North Carolina Press, 1994), 31-49; Sven Beckert, *The Monied Metropolis: New York City and the Consolidation of the American Bourgeoisie, 1850-1896* (Cambridge: Cambridge University Press, 2001)。

24. Edward Barbier, *Scarcity and Frontiers: How Economies Have Developed through Natural Resource Exploration* (Cambridge: Cambridge University Press, 2011); Lance Edwin Davis and Robert E. Gallman, *Evolving Financial Markets and International Capital Flows*: *Britain, the Americas, and Australia, 1865-1914* (Cambridge: Cambridge University Press, 2001).

25. 有关为什么全球化的历史并没有替代地方和地区的历史，相反在全球化的历史形成过程中，所有地区作为行动者和参与者而对世界历史所起到的作用是绝不能忽略的，参见：Michael Geyer and Charles Bright, "World History in a Global Age," *The American History Review* 100, no.4 (October 1995): 1044-1045。

26. Gerald Taylor White, *A History of the Massachusetts Hospital Life Insurance Company* (Cambridge, MA: Harvard University Press, 1955), xv.

27. Seven Beckert, *Empire of Cotton: A Global History* (New York: Knopf, 2014).

28. 作为示例，参见：Joyce Appleby, *Relentless Revolution: A History of Capitalism* (New York: W.W. Norton, 2010)。

29. 关于"旧财富的衰败"，参见：Hofstadter, *The Age of Reform*, 136-141. 而关于人们对此事的重估，参见："The Moral and Intellectual Rehabilitation of the Ruling Class," in Christopher Lasch, *The World of Nations; Reflections on American History, Politics, and Culture* (New York: Knopf, 1973), 80-

99; Jackson Leaders, "The Managerial Revitalization of the Rich," in *Ruling America: A History of Wealth and Power in a Democracy*, ed. Steve Fraser and Gary Gerstle (Cambridge, MA: Harvard University Press, 2005), 181-214.

30. 有关在美国南方的大背景下，商业、政治以及意识形态之间的关系，参见：Eugene D. Genovese, *The Political Economy of Slavery: Studies in the Economy & Society of the Slave South* (New York: Pantheon Books, 1965); Eugene D. Genovese, *Roll, Jordan, Roll: The World the Slaves Made* (New York: Pantheon Books, 1974)。而有关在美国北方的大背景下，商业、政治以及意识形态之间的关系，参见：Michael Zakim, *Ready-Made Democracy: A History of Men's Dress in the American Republic, 1760-1860* (Chicago: University of Chicago Press, 2003); Micheal Zakim and Gary J. Kornblith, eds., *Capitalism Takes Command: The Social Transformation of Nineteenth-Century America* (Chicago: University of Chicago Press, 2011); Beckert, *The Monied Metropolis*。

31. Leslie Butler, *Critical Americans: Victorian Intellectuals and Transatlantic Liberal Reform* (Chapel Hill: University of North Carolina Press, 2007); Louis Menand, *The Metaphysical Club* (New York: Pantheon Books, 1981); John G. Sproat, *The Best Men; Liberal Reforms in the Gilded Age* (London: Oxford University Press, 1968); Geoffrey Blodgett, *The Gentle Reforms: Massachusetts Democrats in the Cleveland Era* (Cambridge, MA: Harvard University Press, 1966); Frederic Cople Jaher, *Doubters and Dissenters, Cataclysmic Thought in America, 1885-1918* (London: Free Press of Glencoe,1964).

32. Thomas Piketty, *Capital in the Twenty-First Century*, trans. Arthur Goldhammer (Cambridge, MA: Harvard University Press, 2014).

33. 相关案例参见：Jurgen Osterhammel, *The Transformation of the World: A Global History of the Nineteenth Century* (Princeton, NJ: Princeton University Press, 2014); Barbier, *Scarcity and Frontiers*; A.G. Hopkins and P.J. Cain, *British Imperialism, 1688-2000,* 2nd ed. (Harlow: Longman, 2002); Eric J. Hobsbawm, *The Age of Capital, 1848-1875* (New York: Vintage Books, 1996); Eric J. Hobsbawm, *The Age of Empire, 1875-1914* (New York: Vintage Books,

1989)。

34. Giovanni Arrighi, *The Long Twentieth Century: Money, Power, and the Origins of Our Times*, 2nd ed. (New York: Verso, 2010); Fernand Braudel, *The Wheels of Commerce, Civilization and Capitalism, 15th-18th Century* (New York: Harper and Row, 1982).
35. 当然，美国的南部可以称作第三条前线，参见：Downs, "The Mexicanization of American Politics"; Steven Hahn, "Slave Emancipation, Indian Peoples, and the Projects of a New American Nation-State"; Eric Foner, *Reconstruction: America's Unification Revolution, 1863-1877* (New York: Harper and Row, 1988)。
36. 有关美国民粹主义历史的详情，参见：John Donald Hicks, *The Populist Revolt: A History of the Farmers' Alliance and the People's Party* (Minneapolis: The University of Minnesota Press, 1931); Hofstadter, *The Age of Reform; Goodwyn, Democratic Promise*; Steven Hahn, *The Roots of Southern Populism: Yeomen Farmers and the Transformation of the Georgia Upcountry, 1850-1890* (New York: Oxford University Press, 1983); Charles Postel, *The Populist Vision* (Oxford: Oxford University Press, 2007); Robert D. Johnston, *The Radical Middle Class: Populist Democracy and the Question of Capitalism in Progressive Era Portland*, Oregon (Princeton, NJ: Princeton University Press, 2003).

## 第一章　对危机的剖析

1. 有关发生在"卡顿山"种植园中的实验的描述，参见：Henry Lee Higginson and Bliss Barry, *Life and Letters of Henry Lee Higginson* (Boston: The Atlantic Monthly Press, 1921), 247-266; Charles F. Morse, *A Sketch of My Life Written for My Children* (Cambridge, MA: Privately printed at the Riverside Press, 1927), 26-32。这条建议是由希金森的战友弗朗西斯・钱宁・巴洛将军提供的。有关那个规模庞大，且更为世人所熟知的发生在南卡罗来纳州海岛之上的实验的具体情况，参见：Willie Lee Nichols Rose, *Rehearsal for Reconstruction;*

*the Port Royal Experiment* (Indianapolis: Bobbs-Merrill, 1964); Steven Hahn, *A Nation under Our Feet: Black Political Struggles in the Rural South From Slavery to the Great Migration* (Cambridge, MA: Harvard University Press, 2003); Eric Foner, *Reconstruction: America's Unfinished Revolution, 1863-1877* (New York: Harper and Row, 1988)。

2. 有关阿特金森是如何提倡这一事业的信息，参见：Edward Atkinson, *Cheap Cotton by Free Labor* (Boston: A. Williams, 1861)。
3. Higginson and Barry, *Life and Letters of Henry Lee Higginson*, 254-256.
4. Ibid., 253,254.
5. Ibid., 254,252.
6. Ibid., 264.
7. Ibid., 262,257, 265.
8. 有关美国南部棉花王国的崛起与北部工业化进程之间的跨越区域的联系，参见：Sven Beckert, *Empire of Cotton: A Global History* (New York: Knopf, 2014); Edward E. Baptist, *The Half Has Never Been Told: Slavery and the Making of American Capitalism* (New York, Basic Books, 2014); Walter Johnson, *River of Dark Dreams: Slavery and Empire in the Cotton Kingdom* (Cambridge, MA: Harvard University Press, 2013); Sven Beckert and Seth Rockman, eds., *Slavery's Capitalism: A New History of American Economic Development* (Philadelphia: University of Pennsylvania Press, 2016)。值得注意的是，奴隶制的消亡与战后美国工业化进程之间的联系，并没有得到同等级别的关注。
9. 有关这些区际联系的信息，参见：Thomas H. O' Connor, *Lords of the Loom, the Cotton Whigs and the Coming of the Civil War* (New York: Scribner, 1968).
10. Robert F. Dalzell, *Enterprising Elite: The Boston Associates and the World They Made* (Cambridge, MA: Harvard University Press, 1987), 49.
11. 罗伯特·达尔泽尔的记述大致上接受这种乐观的看法，而这与那些创业者在相关著作中表达的自身观点是相一致的，参见：Nathan Appleton, *Introduction of the Power Loom, and Origin of Lowell* (Lowell, MA: B.H. Penhallow, 1858)。有关这一产业的开端的最为细致的研究，参见：

Caroline F. Ware, *The Early New England Cotton Manufacture: A Study in Industrial Beginnings* (Boston: Houghton Mifflin, 1931); Spalding, "Promotion of the Textile Industry in New England" ; Paul F. McGouldrick, *New England Textiles in the Nineteenth Century; Profits and Investment* (Cambridge, MA: Harvard University Press, 1968); Vera Shlakman, *Economic History of a Factory Town; a Study of Chicopee, Massachusetts* (Northhampton, MA: Smith College Studies in History, vol. 20, 1935)。

12. Ware, *Early New England Cotton Manufacture*, 142. 这种棉纺织工业内部的连锁反应在相关著作中得到了详细描述：Shlakman, *Economic History of a Factory Town*, 39-42, 243-247; Spalding, "Promotion of the Textile Industry in New England," 87-88, 102, 107, 126, 127, 139。
13. 大约三分之一的成品被运往了美国南部，而另外的 10% 被出口到了巴西、智利乃至中国等地（出口量逐渐增加），参见：Ware, *Early New England Cotton Manufacture*。
14. Dalzell, *Enterprising Elite*, 79, 233-238; Ronald Bailey, "The Slave(ry) Trade and the Development of Capitalism in the United States: The Textile Industry in New England," in *The Atlantic Slave Trade: Effects on Economies, Societies and Peoples in Africa, the Americas, and Europe*, ed. Joseph E. Inikori and Stanley L. Engerman (Durham, NC: Duke University Press, 1992), 221; Robert Brooke Zevin, "The Growth of Cotton Textile Production after 1815," in *Reinterpretation of American Economic History*, ed. Robert Fogel and Stanley Engerman (New York: Harper and Row, 1971).
15. Peter Dobkin Hall, *The Organization of American Culture, 1700-1900: Private Institutions, Elites, and the Origins of American Nationality* (New York: New York University Press, 1982); Ronald Story, *The Forging of an Aristocracy: Harvard & the Boston Upper Class, 1800-1870* (Middletown, CT: Wesleyan University Press, 1980); Frederic Cople Jaher, *The Urban Establishment: Upper Strata in Boston, New York, Charleston, Chicago, and Los Angeles* (Urbana: University of Illinois Press, 1982).
16. William Lawrence, *Life of Amos A. Lawrence: With Extracts from His Diary*

and Correspondence (Boston: Houghton Mifflin, 1888).

17. Donald B. Cole, *Immigrant City: Lawrence, Massachusetts, 1845-1921* (Chapel Hill: University of North Carolina Press, 1963); Spalding, "Promotion of the Textile Industry in New England," 180-184, 199-209.
18. William Appleton, Selections from the Diaries of William Appleton, 1786-1862, ed. Susan Mason Lawrence Loring (Boston: Merrymount Press, 1922).
19. 这些投资者中包含波士顿顶级的商业精英，包括约翰·阿莫里·洛厄尔、威廉·斯特吉斯、内森·阿普尔顿、乔治·莱曼、帕特里克·特雷西·杰克逊、詹姆斯·劳伦斯、托马斯·帕金斯以及萨缪尔·劳伦斯，参见：Hamilton Andrews Hill, *Memoir of Abbott Lawrence* (Cambridge, MA: Privately Printed at John Wilson and Son, 1883), 24-25。霍利奥克的投资者包括艾德蒙德·德怀特、詹姆斯·米尔斯、萨缪尔·埃利奥特、帕特里克·特雷西·杰克逊、托马斯·帕金斯以及乔治·莱曼，参见：Spalding, "Promotion of the Textile Industry in New England," 199。
20. December 1, 1885, in Appleton, *Selections from the Diaries of William Appleton*, 180.
21. 据说，在一场极为热烈的股东大会上，阿伯特·劳伦斯曾发表了一个小时的长篇大论（也许是不想让他人讲话），并使用极为高超的技巧平息了股权持有者的激愤，令他们不再制造麻烦，参见：Spalding, "Promotion of the Textile Industry in New England," 195, 197-198, 209-210。
22. Cole, *Immigrant City*; Green, *Holyoke*, Massachusetts.
23. 想要更广泛地了解有关 1857 年金融恐慌的信息，参见：James L. Huston, *The Panic of 1857 and the Coming of the Civil War* (Baton Rouge: Louisiana State University Press, 1987)。
24. "股份制公司的股价从没有那么低过，而制造业资产似乎已不具任何价值。"——参见：Boston Board of Trade, *Annual Report* (Boston: Press of George C. Rand and Avery, 1859), 163。有关经济萧条的信息，参见：Spalding, "Promotion of the Textile Industry in New England," 210。
25. A. A. Lawrence, Letterbook, October 19, 1857, Massachusetts Historical Society (MHS).

26. Entries on September 25 and October 1, 1857, in Appleton, *Selections from the Diaries of William Appleton*.

27. 尽管相比于自己的邻居，威廉·阿普尔顿的损失并没有那样惨重，但按照他本人的估算，他所持有的制造业股票的总市值从大约 60 万美元下跌到了大约 40 万美元。此外，他还记述道："可敬的阿伯特·劳伦斯先生损失了大概 100 万美元，而阿摩司·劳伦斯先生的投资组合则下跌了大约三分之一的市值，从 45.3 万美元缩水到了约 29.4 万美元。"参见：Amos A. Lawrence Papers, Box 11, September 1857, MHS.

28. Boston Board of Trade, *Annual Report* (Boston: Press of George C. Rand and Avery, 1859), 165. 中等级棉花的价格从 1843 年时的 6.25 美分上涨到了 1857 年时的 16 美分，参见：Boston Board of Trade, *Annual Report* (Boston: Press of George C. Rand and Avery, 1858), 53。

29. Boston Board of Trade, *Annual Report*, 1859, 165.

30. Boston Board of Trade, *Annual Report,* 1858, 53-54.

31. 参见：Ware, *Early New England Cotton Manufacture*, 113, 151, 153; Lance Edwin Davis, "Stock Ownership in the Early New England Textile Industry," *Business History Review* 32, no.2 (June 1958): 209。大卫检验的九家公司（Amoskeag, Dwight, Cabot, Perkins, Hamilton, Lancaster, Lawrence, Lyman, and Massachusetts）全都显示出了资本回报率不断下降的态势，其资本回报率的平均水平在 1830—1834 年为 10.3%；1835—1839 年为 9.4%；1840—1844 年为 6.8%；1845—1849 年为 12%；1850—1854 年为 6.1%；而在 1855—1859 年则为 6%。制造类股票的衰落在 19 世纪 50 年代的波士顿是众所周知的。而波士顿股票市场的编年史记述者也同样注意到，由于大量股票的交易很不活跃，这场危机的严重程度遭到了掩盖——"我们所听到的有关这类股票遭遇巨大损失的消息还算不上多，尽管许多这类面值为 1 美元的股票售价已经跌破了 75 美分甚至 50 美分，但由于被真正投入到市场中的股票并不多，而多数股东继续持有这类股票的力度仍很强大，这类股票继续贬值的趋势无疑得到了缓和。尤其是考虑到许多这类股票早已不是错过了一到两次的分红，而是连续错过了六次分红了。"参见：Joseph G. Martin, *Twenty-one Years in the Boston Stock Market*, Or, *Fluctua-*

*tions Therein: From January 1, 1835 to January 1, 1856* (Boston: Redding and Co., 1856), 42。

32. Boston Board of Trade, *Annual Report*, 1858, 54. 这是一个毋庸置疑的结论。有关资本家不愿继续投资，同时积极地回避整个制造业的情况，参见：Erastus B. Bigelow, *Remarks on the Depressed Condition of Manufactures in Massachusetts: With Suggestions as to Its Cause and Its Remedy* (Boston: Little, Brown and Co., 1858), 23, 17。有一段十分生动的对话与这场危机的根源相关，比奇洛认为现在的困境证明了公司这种形式与制造业并不相称，而另一位畅所欲言的评论家詹姆斯·艾尔则提出，整个产业遭受到了裙带关系及过度集中化之害，导致了管理上的疏失。参见：James C. Ayer, *Some of the Uses and Abuses in the Management of Our Manufacturing Corporations* (Lowell, MA: C. M. Langley & Co., 1863)。同样也有一些详尽描述舞弊与渎职的案例，参见：*Report of the Investigating Committee to the Stockholders of the Bay State Mills at Their Meeting, February 5, 1858* (Boston: J. H. Eastburn's Press, 1858)。当然，所有人都同意这种低迷将会是长期现象，同时整个体系的结构急需改革。内森·阿普尔顿撰写了辩解书，咬定这次衰落是由小规模生产者的过度竞争引起的，参见：Appleton, *Introduction of the Power Loom, and Origin of Lowell.*
33. 尽管迈向工业化的转型在总体上来说是决绝且只进不退的，但新英格兰人古老的远距离商贸事业从未终止。对于来自东印度群岛、波罗的海及地中海的货物而言，波士顿是其位于美洲大陆上的主要目的地，同时波士顿还保持了在整个美国仅次于纽约的第二大港口的地位，超过了费城、巴尔的摩以及新奥尔良。参见：Samuel Eliot Morison, *The Maritime History of Massachusetts, 1783-1860* (Boston: Houghton Mifflin, 1921), 214-215, 225。一些沃尔瑟姆和洛厄尔的初始发起人便是起家于东印度贸易的，包括以色列·桑代克、詹姆斯·劳埃德以及帕特里克·特雷西·杰克逊，参见：James R. Fichter, *So Great a Proffit: How the East Indies Trade Transformed Anglo-American Capitalism* (Cambridge, MA: Harvard University Press, 2010), 265-267。在内森·阿普尔顿进入国内制造业领域之前，他所从事的事业便是贩卖广东的丝绸和孟加拉的棉花，参见：Frances W. Gregory, *Nathan*

*Appleton, Merchant and Entrepreneur, 1779-1861* (Charlottesville: University Press of Virginia, 1975), 60-61, 110-111, 113。

34. 参　见：Versa Shlakman, *Economic History of a Factory Town*, 30; Knneth Wiggins Porter, *The Jacksons and the Lees; Two Generations of Massachusetts Merchants, 1765-1844* (Cambridge, MA: Harvard University Press, 1937), 123-124。

35. Gerald Taylor White, *A History of the Massachusetts Hospital Life Insurance Company* (Cambridge, MA: Harvard University Press, 1955), 71.

36. 尽管库欣每年要花费大约 5 万美元，可谓耗费靡大，但这些投资使他的财富在 1831 年他从中国返回到 1862 年他去世时上涨了 3 倍。其他几处大额资产包括库欣在沃特敦的大量地产、在波士顿市中心的土地、持有的银行及保险公司中的股票份额、在纽约州北部及宾夕法尼亚州的铁路、政府债券、现钞以及私人借贷，其中的不少借贷都提供给了从事棉纺织工业的个人或企业。参见："Schedule of Property," January 1, 1851, John Perkins Cushing Business Records, Vol.6, Baker Library Historical Collection, Harvard University; Henrietta Larsen, "A China Trader Turns Investor," *Harvard Business Review* 12, no.3 (1934): 345-358。

37. Morison, *The Maritime History of Massachusetts*, 276.

38. Lance E. Davis, "The New England Textile Mills and the Capital Markets: A Study of Industrial Borrowing 1840-1860," *The Journal of Economic History* 20, no.1 (March 1960): 1-30. 19 世纪 50 年代末发生的大规模亏损并没有见于公司的官方分类账目之中，这一定是由于当时采取了极为激进的会计处理方法，参见：White, *History of Massachusetts Hospital Life Insurance Company*。

39. 有关马萨诸塞州医院人寿保险公司曾倾尽所能地为马萨诸塞州的农民手上的资金寻找出路的信息，参见：Tamara Plakins Thornton, " 'A Great Machine' or a 'Beast of Prey' : A Boston Corporation and Its Rural Debtors in an Age of Capitalist Transformation," *Journal of the Early Republic* 27, no.4 (2007): 567-597。不出所料，棉纺织工业中的领导人物在随后的几年中取得了公司的控制权。弗朗西斯·洛厄尔，作为波士顿制造公司创始人之

子，成了马萨诸塞州医院人寿保险公司的精算师。阿摩司·劳伦斯、阿伯特·劳伦斯以及内森·阿普尔顿则成了公司财务委员会的成员。仅仅是靠着极为激进的会计处理方式，该公司的名誉才得以在1857年危机爆发之后继续保持，参见："Appendix to Actuary Report," December 28, 1857, AA-1 Case 1, 1823-1956, in Massachusetts Hospital Life Insurance Co., Baker Library Historical Collections, Harvard University。

40. 大约有3万名男性和5.15万名女性，参见：*Manufactures of the United States in 1860*, ix-x, lxxiii。

41. Gregory, *Nathan Appleton, Merchant and Entrepreneur*, 197-198, 271.

42. Amos A. Lawrence Papers, Box 11, September 1857, MHS.

43. 截至1842年，精确的数字是总共有390名不同的持有者。超过90%的绝大部分的股票都是由商人、地产信托、律师、工厂主、医生、文学机构、妇女（一般而言是前几类人士的遗孀或女儿）以及那些从商界退休的人士所持有。农民及普通职员拥有的股票不超过总份额的7%，参见：Ware, *Early New England Cotton Manufacture*。到了1859年时，整个产业的股票中大约四分之一的份额是由女性继承人及地产信托持有的，参见：Davis, "Stock Ownership in the Early New England Textile Industry," 216,218。

44. 在这段时期，波士顿的总人口达到了接近18万，参见：Ware, *Early New England Cotton Manufacture*; Davis, "Stock Ownership in the Early New England Textile Industry"; Zevin, "The Growth of Cotton Textile Production after 1815," 294-295。

45. Ware, *Early New England Cotton Manufacture*, 149-150.

46. Ayer, *Uses and Abuses in the Management of Our Manufacturing*, 4.

47. Hall, *The Organization of American Culture*, 72, 110.

48. Dalzell, *Enterprising Elite,* 124-125; Ronald Story, "Class and Culture in Boston: The Athenaeum, 1807-1860," *American Quarterly* 27, no.2 (May 1, 1975): 178-199. 刨除掉房地产及大量的文献及美术收藏，它所捐赠的"生产性资产"价值便高达15.2万美元。

49. Story, *The Forging of an Aristocracy.*

50. Dalzell, *Enterprising Elite,* 159-160. Seymour Edwin Harris, *Economics of*

*Harvard*, Economics Handbook Series (New York: McGraw-Hill, 1970), 368.

51. 我个人对于商业资本主义与工业资本主义本质上的不同理解来自皮埃尔·瑞尔威针对这一主题的权威著作，参见：Pierre Gervais, "A Merchant or a French Atlantic? Eighteenth-Century Account Books as Narratives of a Transnational Merchant Political Economy," *French History* 25, no.1 (March 1, 2011): 28-47; Pierre Gervais, Yannick Lemarchand, and Dominique Margairaz, eds., *Merchants and Profit in the Age of Commerce, 1680-1830* (London: Pickering and Chatto, 2014)。

52. 有关美国国内大资产阶级沆瀣一气的文学著作也认同这一观点，参见：Jaher, *The Urban Establishment*; Seven Beckert, *The Monied Metropolis: New York City and the Consolidation of the American Bourgeoisie, 1850-1896* (Cambridge: Cambridge University Press, 2001); Betty Farrell, *Elite Families: Class and Power in Nineteenth-Century Boston* (Albany: State University of New York Press, 1993)。

53. 马萨诸塞州的第二大产业——鞋靴制造业是由数以百计资本匮乏的企业构成的，就如同这一时期其他类别的制造业一样，它们是靠着小企业主的私人借贷来获得融资的，参见：Alan Dawley, *Class and Community: The Industrial Revolution in Lynn* (Cambridge, MA: Harvard University Press, 1976)。有关更广泛的大型金融机构与制造业投资之间的联系不畅的信息，参见：Glenn Porter et al., *Merchants and Manufacturers; Studies in the Changing Structure of Nineteenth-Century Marketing* (Baltimore: Johns Hopkins Press, 1971)。大卫同样观察到，如果抛开棉纺织工业和铁路运输业不谈，那么私募债券总体而言是不为人们所知晓的。政府债券往往无利可图，且有时甚至并不安全。参见：Davis, "Stock Ownership in the Early New England Textile Industry," 209。

54. Thomas Dublin, *Women at Work: The Transformation of Work and Community in Lowell*, Massachusetts, 1826-1860 (New York: Columbia University Press, 1979), 137; Laurence F. Gross, *The Course of Industrial Decline: The Boott Cotton Mills of Lowell, Massachusetts, 1835-1955* (Baltimore: Johns Hopkins University Press, 1993), 63.

55. Ayer, *Uses and Abuses in the Massachusetts of Our Manufacturing*.
56. 从 1836 年到 1860 年，在位于洛厄尔的汉密尔顿公司中，本地出生的女工数量从 737 名锐减到了 324 名，参见：Dublin, *Women at Work*, 138; Vera Shlakman, *Economic History of a Factory Town*, 138-150。
57. 在汉密尔顿公司中，居住在寄宿公寓中的工人比重从 1836 年时的四分之三减少到了 1860 年时的三分之一，参见：Ware, *Early New England Cotton Manufacture*, 4; Dublin, *Women at Work,* 138-139, 140-141; Gross, *The Course of Industrial Decline*, 24。在布特公司中，工人群体的文盲比例有所上升，从 1838 年时的 11% 上升到了 1876 年时的 25%，参见：ibid., 63。
58. Sven Beckert and Katherine Stevens, *Harvard and Slavery: Seeking a Forgotten History* (Cambridge, MA: Privately printed, 2001); Craig Steven Wilder, *Ebony & Ivy: Race, Slavery, and the Troubled History of America's Universities* (New York: Bloomsbury Press, 2013); Samuel Eliot Morison, *Three Centuries of Harvard, 1636-1936* (Cambridge, MA: Harvard University Press, 1936), 287.
59. William F. Hartford, *Money, Morals, and Politics: Massachusetts in the Age of the Boston Associates* (Boston: Northeastern University Press, 2001).
60. "The Danger That Threaten the Rights of Man in America" (July 2, 1854) and *The Collected Works of Theodore Parker*, ed. Frances Power Cobbe (London: Trubner, 1863), vol.1, 257, vol.6, 141. 有关经济民粹主义与废奴主义之间的交互关系，参见：Dean Grodzins, " 'Slave Law' versus 'Lynch Law' in Boston: Benjamin Robbins Curtis, Theodore Parker, and the Fugitive Slave Crisis, 1850-1855," *Massachusetts Historical Review* 12 (January 1, 2010): 1-33; Dean Grodzins, "Theodore Parker and the 28th Congregational Society: The Reform Church and the Spirituality of Reformers in Boston, 1845-1859," in *The Transient and Permanent: The Transcendentalist Movement and Its Contexts*, ed. Charles Capper, Conrad Edick Wright, and Austin Bearse (Boston: Massachusetts Historical Society, 1999), 73-117。
61. Grodzins, " 'Slave Law' versus 'Lynch Law' in Boston."
62. Charles Sumner, *The Works of Charles Sumner* (Boston: Lee and Shepard, 1870), vol.2, 81. 马萨诸塞州中的草根反对运动有着更为悠久的历史，但

在19世纪早期，这些运动被成功地控制住了，参见：Andrew R. L. Cayton, "The Fragmentation of 'A Great Family' : The Panic of 1819 and the Rise of the Middling Interest in Boston, 1818-1822," *Journal of the Early Republic* 2, no.2 (1982): 143-167; Harlow W. Sheidley, *Sectional Nationalism: Massachusetts Conservative Leaders and the Transformation of America, 1815-1836* (Boston: Northeastern University Press, 1998)。

63. Hartford, *Money, Morals, and Politics;* Steven Taylor, "Progressive Nativism: The Know-Nothing Party in Massachusetts," *Historical Journal of Massachusetts* 28 (2000), 167-184; John R. Mulkern, *The Know-Nothing Party in Massachusetts: The Rise and Fall of a People's Movement*, New England Studies (Boston: Northeastern University Press, 1990); Dale Baum, "Know-Nothing and the Republican Majority in Massachusetts: The Political Realignment of the 1850s," *The Journal of American History* 64, no.4 (1978): 959-986; William Gleason Bean, "Party Transformation in Massachusetts: With Special Reference to the Antecedents of Republicanism, 1848-1860" (Ph. D. diss., Harvard University, 1922).
64. Oliver Wendell Holmes, *The Autocrat of the Breakfast-Table* (Boston, MA: Phillips, Sampson and Company, 1859), 304; Hall, *The Organization of American Culture*, 198-206.
65. Michael F. Holt, *The Political Crisis of the 1850s* (New York: Wiley, 1978), 201; John Ashworth, *Slavery, Capitalism, and Politics in the Antebellum Republic* (Cambridge: Cambridge University Press, 1995), 207-208, 442-445.
66. Barry A. Crouch, "In Search of Union: Amos A. Lawrence and the Coming of the Civil War" (Ph. D. diss., University of New Mexico, 1970), 64.
67. Ibid., 76-78; White, *History of Massachusetts Hospital Life Insurance Company*; Lawrence, *Life of Amos A. Lawrence*, 49-52.
68. Crouch, "In Search of Union," 53-57.
69. January 3, 1837 and January 10, 1837, Box 1, vol.2A, Diaries of Amos A. Lawrence, MHS.
70. Amos A. Lawrence to Amos Lawrence, Amos Lawrence Papers, vol.2,

November 12 and December 22, 1836, MHS; O' Connor, *Lords of the Loom*, 47-48.

71. Crouch, "in Search of Union," 104.
72. Ibid., 169.
73. Ibid., 226, 237, 217.
74. Ibid., 218.
75. Ibid., 200-201.
76. Johnson, *River of Dark Dreams*.
77. Crouch, "In Search of Union," 228, 232.
78. Morison, *Three Centuries of Harvard, 1636-1936*, 290.
79. Charles Warren, *History of the Harvard Law School and of Early Legal Conditions in America* (New York: Lewis Publishing Company, 1908), 2:98; Daniel R. Coquillette and Bruce A. Kimball, *On the Battlefield of Merit: Harvard Law School, the First Century* (Cambridge, MA: Harvard University Press, 2015), 223-235. 有关那些为来自佐治亚州的逃亡奴隶托马斯·锡姆斯在 1851 年被重贬为奴之事而对宪法欢欣鼓舞的、波士顿最为富有且受尊敬的人士，如何广泛地支持逃奴追缉法案的信息，参见：Manisha Sinha, *The Slave's Cause: A History of Abolition* (New Heaven, CT: Yale University Press, 2016), 509。
80. "The Slave Catcher's Commissioner Rebuked," *Commonwealth* (May 5, 1854); Coquillette and Kimball, *On the Battlefield of Merit*, 236-241, 265-266.
81. Louis Menand, *The Metaphysical Club* (New York: Farrar, Straus, and Giroux, 2001), 23-32.
82. Hall, *The Organization of American Culture*.
83. Ibid., 9.
84. Ibid., 90.
85. Ibid., 81.
86. Ibid., 134.
87. 波士顿商人开展跨大西洋奴隶贸易从 17 世纪便开始了，而在 19 世纪早期，这种介入仍在以非法的形式继续着，参见：Hugh Thomas, *The Slave*

*Trade: The Story of the Atlantic Slave Trade, 1440-1870* (New York: Simon and Schuster, 1997), 259-260, 534; James A. Rawley, *The Transatlantic Slave Trade: A History* (New York: Norton, 1981), 341-351。

88. Edward C. Kirkland, *Charles Francis Adams Jr., 1835-1915: The Patrician at Bay* (Cambridge, MA: Harvard University Press,1965), 65. Will of C. F. Adams, Proved at Dedham in the County of Norfolk, on January 5th, 1887, Adams Real Estate Trust, 1871-1887, Adams Office Papers, MHS.
89. Kirkland, *The Patrician at Bay.*
90. Charles F. Adams, "The Reign of King Cotton," *The Atlantic Monthly*, April 1861. 有关棉花经济紧随南北战争的全球转型过程，参见：Sven Beckert, "Emancipation and Empire: Reconstructing the Worldwide Web of Cotton Production in the Age of the American Civil War," *The American Historical Review* 109, no.5 (December 2004): 1405-1438。
91. Charles Francis Adams, *Charles Francis Adams, 1835-1915: Autobiography* (Boston: Houghton Mifflin Co., 1916).
92. Thomas Jefferson Coolidge, *The Autobiography of T. Jefferson Coolidge, 1831-1920* (Boston: Houghton Mifflin, 1923), 1, 10, 13, 18; Ayer, *Uses and Abuses in the Management of Our Manufacturing*; Gross, *The Course of Industrial Decline.*
93. 这些新兴的商业冒险无疑从发生在 19 世纪 50 年代针对几条西部铁路进行投资的先驱尝试中吸取了灵感，但对于一座深受棉纺织工业惠及的城市而言，这些尝试都是相形见绌的。在 19 世纪 50 年代以及南北战争刚刚结束的那段时光，西部商业冒险的金融可行性仍然存疑，类似的例子包括希金森在资金匮乏且迅速走向破产的俄亥俄石油公司中的那段受雇经历，参见：Higginson and Barry, *Life and Letters of Henry Lee Higginson*, 240-247. 有关波士顿于南北战争爆发前在美国西部地区进行的投资的信息，参见：John Lauritz Larson, *Bonds of Enterprise: John Murray Forbes and Western Development in America's Railway Age* (Cambridge, MA: Harvard University Press, 1984); Arthur M. Johnson and Barry E. Supple, *Boston Capitalists and Western Railroads: A Study in the Nineteenth-Century Railroad Investment*

*Process* (Cambridge, MA: Harvard University Press, 1967); Thomas C. Cochran, *Railroad Leaders*, 1845-1890 (Cambridge, MA: Harvard University Press, 1953)。

94. 相关案例，参见劳伦斯针对吞并得克萨斯这一事件所发表的评论——“更多的领土对于我们来说意味着什么？我们的国土已经从大西洋沿岸延伸到了太平洋沿岸，而仅仅凭借着我们相对稀少的人口数量，统治如此广大的国土几乎成了不可完成的任务。我们的领土已经太大了，而当年罗马帝国就是因此而衰亡的，她攫取得越多，就越是无法守住自己已有的财产。” Quoted in Crouch, “In Search of Union,” 62.

95. William Bryan Gates, *Michigan Copper and Boston Dollars: An Economic History of the Michigan Copper Mining Industry* (Cambridge, MA: Harvard University Press, 1951), 5, 8-9; *Annual Report of the Commissioner of Mineral Statistics of the State of Michigan* (Lansing, MI: W. S. George and Co., 1881), 11-12, 16.

96. Gates, *Michigan Copper and Boston Dollars*, 9-10.

97. *Annual Report of the Commissioner of Mineral Statistics of the State of Michigan, 1881*, 18; *Annual Report of the Commissioner of Mineral Statistics of the State of Michigan* (Marquette, MI: Mining Journal Steam Printing House, 1879). 151; Gates, *Michigan Copper and Boston Dollars*, 50. 作为早些年间最为成功的例子，在更进一步的采掘活动被终止之时，矿井已经达到了约 365 米的深度，参见：同上。

98. Gates, *Michigan Copper and Boston Dollars*, 10; *Annual Report of the Commissioner of Mineral Statistics of the State of Michigan*, 1879, 152-153, 12-13.

99. 阿加西斯从首先发现该矿并因此而来到波士顿为企业募集资金的人手中接过了企业的控制权，而对方也因此沦为了历史的注脚。参见：George Russell Agassiz, ed., *Letters and Recollections of Alexander Agassiz* (Houghton Mifflin, 1913), 54-56。

100. Gates, *Michigan Copper and Boston Dollars*, 61; *Annual Report of the Commissioner of Mineral Statistics of the State of Michigan*, 1879, 132.

101. Agassiz, *Letters and Recollections of Alexander Agassiz*, 75; Gates, *Michigan Copper and Boston Dollars*, 59; *Annual Report of the Commissioner of Mineral Statistics of the State of Michigan*, 1879, 156. 按照创建者的报告，自 1823 年 9 月洛厄尔的水力转轮开始气势磅礴地运转以来，已经有整整 44 个年头了。参见：Spalding, "Promotion of the Textile Industry in New England," 42。

102. *Annual Report of the Commissioner of Mineral Statistics of the State of Michigan*, 1879, 172-173; *Annual Report of the Commissioner of Mineral Statistics of the State of Michigan*, 1881, 147-149. *Annual Report of the Commissioner of Mineral Statistics of the State of Michigan* (Lansing, MI: W. S. George and Co., 1884), 66-81.

103. Gates, *Michigan Copper and Boston Dollars*, 109-111.

104. Ibid., 113; Arthur W. Thurner, *Calumet Copper and People*; *History of a Michigan Mining Community, 1864-1970* (Chicago: Book Concern, 1974), 41.

105. Quoted in Gates, *Michigan Copper and Boston Dollars*, 113-115.

106. Christopher J. Schmitz, "The World Copper Industry: Geology, Mining Techniques and Corporate Growth, 1870-1939," *The Journal of European Economic History* 29, no.1 (2000): 77-105; C. Harry Benedict, *Red Metal, The Calumet and Hecla Story* (Ann Arbor: University of Michigan Press, 1952), 80; Gates, *Michigan Copper and Boston Dollars*, 197-198. 尽管绝对产量一直在增加，但随着蒙大拿州和内华达州的新矿藏得到开发，密歇根州的相对产量在 19 世纪 80 年代中期出现了下降。

107. Gates，*Michigan Copper and Boston Dollars*, 44. 所有的 800 名股东中几乎全部都是波士顿市民，而其中的半数份额都由相互联姻的希金森、肖、阿加西斯以及拉塞尔家族所持有。

108. Christopher Schmitz, "The Rise of Big Business in the World Copper Industry 1870-1930," *The Economic History Review* 39, no.3 (1986): 392-410.

109. Charles Nelson Glaab, *Kansas City and the Railroads: Community Policy in the Growth of a Regional Metropolis* (Madison: State Historical Society of Wisconsin, 1962).

110. 在 1870 年到 1890 年，亚当斯开始每年造访这一区域两到三次（通过贯穿整个西部的长途旅行），参见：Charles Francis Adams II, “Diary,” cols. 4-20, MHS. Paul C. Nagel, “A West That Failed: The Dream of Charles Francis Adams II,” *The Western Historical Quarterly* 18, no.4 (1987): 397-407。

111. Atkinson, “Kansas City’s Livestock Trade and Packing Industry,” 280-281.

112. Cuthbert Powell, *Twenty Years of Kansas City's Live Stock Trade and Traders* (Kansas City, MO: Pearl Printing Company, 1893), 27-28. 有关所有权在董事会中的体现，参见：Henry Varnum Poor, *Manual of the Railroads of the United States* (New York: H. W. Poor), 1872-1873, 356; 1873-1874, 274; 1875-1876, 608。

113. Morse, *A Sketch of My Life*, 40. Charles F. Morse, Superintendent of Atchison, Topeka, and Santa Fe, to “Engineers,” April 4, 1878, 1876-1878, Charles F. Morse collection, MHS.

114. 它们分别于 1883 年、1884 年和 1886 年成立，参见：Powell, *Kansas City's Live Stock Trade and Traders*, 101, 107, 140。

115. 牛的数量从 1875 年时的 17.5 万头提升到了 1890 年时的近 150 万头；猪的数量从 1876 年时的 15 万头提升到了 1890 年时的 280 万头；羊的数量从 1875 年时的 17.5 万头提升到了 1890 年时的 150 万头。参见：Atkinson, “Kansas City’s Livestock Trade and Packing Industry,” 328, 330。

116. Ibid., 341.

117. Ibid., 344-345, 303.

118. Ibid., 129-131. 堪萨斯城中的美国国民银行的所有者是来自美国东部地区的人士——“尽管堪萨斯城坐拥巨量的股票，但其中的绝大部分都是由纽约及新英格兰地区（尤以后者为甚）富有的银行及金融机构的代理人所控制的，他们能够调动近乎无限的资本。”参见：Theodore S. Case, *History of Kansas city*，*Missouri* (Syracuse, NY: D. Mason, 1888), 294-295。

119. Arthur M. Johnson and Barry E. Supple, *Boston Capitalists and Western Railroads: A Study in the Nineteenth-Century Railroad Investment Process* (Cambridge, MA: Harvard University Press, 1967), 294.

120. Ibid., 297.

121. Atkinson, “Kansas City’s Livestock Trade and Packing Industry,” 355, 357. 尽管从畜牧业交易规模上来看，堪萨斯的地位一直位列芝加哥（360 万头牛和 760 万头猪）之后，但一直居于圣路易斯（60 万头牛和 130 万头猪）和奥马哈（60 万头牛和 140 万头猪）之前。
122. Wilson J. Warren, *Tied to the Great Packing Machine: The Midwest and Meatpacking* (Iowa City: University of Iowa Press, 2006), 22, 207. States United, *Census Reports, Twelfth Census of the United States Taken in the Year 1900*, William R. Merriam, Director, ed. William Rush Merriam et al. (Washington, DC: United States Census Office, 1901), ccviii.
123. Morse, *A Sketch of My Life*, 62, 60. 有关莫尔斯与亚当斯在一系列房地产投资中进行合作的资料，参见：“CFA2 & JQA Kansas City Investment 1878-1887,” Adams Family Office Papers, MHS。
124. “CFA2 & JQA Kansas City Investments 1878-1887,” Adams Family Office Papers, MHS.
125. Gross, *The Course of Industrial Decline*.
126. Ibid. 棉纺织工业在战后数十年中的发展建立在了一种与以往完全不同的商业模式之上，一种以更短的生产周期织造种类繁多的高质量布料的全新模式替代了原先那种对粗织物进行大规模生产的旧模式。尽管新英格兰地区棉纺织工业的绝对体量在南北战争结束后的数十年中一直在增长，但该产业的核心区域从原先那些被波士顿资助并控制着的地区逐渐南移，最终落在了福尔里弗和新贝德福德两地，在那里，棉纺厂的规模更小，资金需求更少，同时其经营者和资助者也变成了当地的企业家，这些人将一种更加灵活的生产模式引入这一领域当中。从 1861 年到 1875 年，总共有 21 家全新的棉纺厂在福尔里弗成立。参见：“Fall river, Lowell, and Lawrence,” in Massachusetts Bureau of Statistics of Labor, *Report on the Statistics of Labor*, vol.13 (Boston: Massachusetts Bureau of Statistics of Labor, 1881), 229, 41-42; Melvin Thomas Copeland, *The Cotton Manufacturing Industry of the United States* (Cambridge, MA: Harvard University Press, 1917)。到了 1882 年时，居于领导地位的纺织中心分别是：福尔里弗（160 万台纺锤）、洛厄尔（80 万台纺锤）、新贝德福德

（44 万台纺锤）、曼彻斯特、美国新罕布什尔（31.5 万台纺锤）以及劳伦斯（30 万台纺锤）。参见：Victor S. Clark, *History of Manufactures in the United States* (New York: P. Smith, 1929), vol.2, 393。到 19 世纪行将结束之时，福尔里弗与新贝德福德已经成了棉纺织工业无可置疑的领导者。参见：Copeland, *Cotton Manufacturing Industry*, 28。

127. "Trial Balances," Coolidge Family Business Records, vols. 14-18, Baker Library Historical Collection, Harvard University. 有关从本区域转向美国西部商业冒险的资料，也同样体现在："Stock Ledger of J. E. Thayer" and "N. Thayer, 1858-1869," vol.2, Kidder, Peabody and Co. Papers, Baker Library Historical Collections, Harvard University。

## 第二章　深耕自由放任的都市

1. John T. Morse Jr., "Memoir of Henry Lee Higginson," in Massachusetts Historical Society, *Proceedings of the Massachusetts Historical Society, October, 1919-June, 1920*, vol.3 (Boston: Massachusetts Historical Society, 1920), 116.
2. I. Smith Homans Jr., ed., *Merchant's and Banker's Almanac* (New York: Banker's Magazine and Statistical Register, 1868); Vincent P. Carosso, *More than a Century of Investment Banking: The Kidder, Peabody & Co. Story* (New York: McGraw-Hill, 1979). 更加详尽的有关美国国内资本流动与美国工业化之间的概述（尤其以新英格兰地区为重点），参见：Richard Franklin Bensel, *The Political Economy of American Industrialization, 1877-1900* (Cambridge: Cambridge University Press, 2000), 56-75. Richard Franklin Bensel, *Yankee Leviathan: The Origins of Central State Authority in America, 1859-1877* (Cambridge: Cambridge University Press, 1990), 271-271, 284; Irwin Unger, The Greenback Era; a Social and Political History of American Finance, 1865-1879 (Princeton, NJ: Princeton University Press, 1964), 145-146。昂格尔观察到，相比于美国任何其他地区，新英格兰地区拥有最为充裕的商业银行、保险公司、信托公司以及储蓄机构，故而整个地区向外输出了巨量的资本。
3. "这些案例不但清晰地阐释了美国西部地区的铁路与采矿事业是如何发展

的，还告诉了我们人们的兴趣是如何从新英格兰地区的工坊与铁路公司中转移到全国范围内的商业事务之中的。”—— Marshall C. Stevens, *History of Lee, Higginson, and Co.* (Boston: Privately printed, 1927), 21-23.

4. Charles Francis Adams Jr., “The Canal and Railroad Enterprise of Boston,” in *The Memorial History of Boston, Including Suffolk County, Massachusetts*, ed. Justin Winsor (Boston: J. R. Osgood and Company, 1881), col.4, 148.
5. James Livingston, *Pragmatism and the Political Economy of Cultural Revolution, 1850-1940* (Chapel Hill: University of North Carolina Press, 1994), 36.
6. Gerald Berk, *Alternative Tracks: The Constitution of American Industrial Order, 1865-1917* (Baltimore: Johns Hopkins University Press, 1994), 27; Sven Beckert, *The Monied Metropolis: New York City and the Consolidation of the American Bourgeoisie, 1850-1896* (Cambridge: Cambridge University Press, 2001), 158, 238.
7. Domenic Vitiello and George E. Thomas, *The Philadelphia Stock Exchange and the City It Made* (Philadelphia: University of Pennsylvania Press, 2010), 96, 98, 104-109, 120-127. 有关股票交易所通常会成为“跨区域资本调动”的关键促进者的信息，参见：Bensel, *The Political Economy of American Industrialization*, 57。
8. 与同一时期世界上其他偏远地区相比，美国的发展更多且更主要（当然绝非完全）是通过美国国内的金融资源来驱动的。参见：Lance Edwin Davis and Robert E. Gallman, *Evolving Financial Markets and International Capital Flows: Britain, the Americas, and Australia, 1865-1914* (Cambridge: Cambridge University Press, 2001), 9, 27。
9. Charles F. Adams, “Boston,” *North American Review 106* (January 1868): 25, 3, 7.
10. 有关亚当斯作为一名改革者的更多信息，参见：Nancy Cohen, *The Reconstruction of America Liberalism, 1865-1914* (Chapel Hill: University of North Carolina Press, 2002)。
11. 针对社会科学之中地方主义方法论的批判，参见：Neil Brenner, “Is there a Politics of ‘Urban’ Development? Reflections on the US Case,” in *The City in American Political Development,* ed. Richardson Dilworth (New York:

Routledge, 2009), 121-140。有关那些作为市场一体化进程重要节点的城市的信息，参见：Saskia Sassen, "Spatialities and Temporalities of the Global: Elements for a Theorization," *Public Culture* 12, no.1 (2000): 215-232; Saskia Sassen, *The Global City: New York, London, Tokyo* (Princeton, NJ: Princeton University Press, 1991)。

12. 有关政治管辖权的碎片化是现代美国的核心特征的论断，参见：Thomas J. Sugrue, "All Politics is Local: The Persistence of Localism in Twentieth-Century America," in *The Democratic Experiment: New Directions in American Political History*, ed. Meg Jacobs, William J. Novak, and Julian E. Zelizer (Princeton, NJ: Princeton University Press, 2003), 301-326。在"市郊城市化"这一大课题下，波士顿长久以来都是研究美国大都市在 19 世纪晚期发展的经典核心，参见：Sam Bass Warner, *Streetcar Suburbs: The Process of Growth in Boston, 1870-1900*, 2nd ed. (Cambridge, MA: Harvard University Press, 1978); Kenneth T. Jackson, *Crabgrass Frontier: The Suburbanization of the United States* (New York: Oxford University Press, 1987), 138-156; Michael Rawson, *Eden on the Charles: The Making of Boston* (Cambridge, MA: Harvard University Press, 2010), 129-178。
13. B. W. Harris, *The Annexation Question: Closing Argument of B. W. Harris, Esq., for the Remonstrants against the Annexation of Dorchester to Boston, before the Committee on Towns of the Massachusetts Legislature* (Boston: Rockwell and Rollins, printers, 1869).
14. 有关乔治本人的都市观，参见：Lawrence M. Lipin, "Nature, the City, and the Family Circle: Domesticity and the Urban Home in Henry George's Thought," *The Journal of the Gilded Age and Progressive Erra* 13, no.3 (July 2014): 305-335 ; Jeffrey P. Sklansky, *The Soul's Economy: Market Society and Selfhood in American Thought, 1820-1920* (Chapel Hill: University of North Carolina Press, 2002), 105-136。
15. 参见：Boston (Mass.), "City Document No.105, Report by the Commission Appointed to Investigate the Subject of the Annexation of Certain Neighboring Cities and Towns to the City of Boston," Boston City Documents (Boston: Rockwell and

Churchill, 1873), 15-16。

16. 参见："Annexation of Charlestown to Boston," *Boston Daily Atlas*, September 21, 1854; "Annexation of Charlestown to Boston," *Boston Daily Atlas*, September 12, 1854。
17. Alexander Gourevitch, *From Slavery to the Cooperative Commonwealth: Labor and Republican Liberty in the Nineteenth Century* (New York: Cambridge University Press, 2015); William E. Forbath, "The Ambitious of Free Labor : Labor and Law in the Gilded Age," *Wisconsin Law Review*, 4 (July-August 1985): 767-817; Eric Foner, *Free Soil, Free Labor, Free Men: The Ideology of the Republican Party Before the Civil War* (New York: Oxford University Press, 1970).
18. "In Board of Aldermen... Ordered," April 2, 1866, Board of Aldermen, Minutes, Boston City Archives; Boston (Mass.), "City Document No.23, Report of the Commissioners on the Annexation of Roxbury," Boston City Documents (Boston: Rockwell and Churchill, 1867). 这些联盟必须是经过当事各方一致同意的，同时还必须得到马萨诸塞州层面上的立法行为的支持。
19. 这份报告建议应立即与前六个城镇进行合并，而其余的则在随后进行，参见：Boston (Mass.), "City Document No.105," 38。
20. Boston (Mass.), "City Document No.105," 8.
21. Boston (Mass.), "City Document No.1, The Inaugural Address of Nathaniel B. Shurtleff" (Boston: Alfred Mudge and Son, 1869), 114.
22. 波士顿最早在 19 世纪 40 年代打造出了一套公共供水系统，但其应用范围被限制在了波士顿的内城，参见：Michael Rawson, *Eden on the Charles: The Making of Boston* (Cambridge, MA: Harvard University Press, 2010), 75-128; Carl S. Smith, *City Water, City Life: Water and the Infrastructure of Ideas in Urbanizing Philadelphia, Boston, and Chicago* (Chicago: University of Chicago Press, 2013)。
23. Boston (Mass.), "City Document No.80, Annual Report of the School Committee," Boston City Documents (Boston: Rockwell and Churchill, 1870).
24. 那些通过了这一决议的市政议员的构成，显示出了一种极为典型的人员构成特征，即由邻近地区的商人组成：3 名杂货商、2 个木匠、1 名帆船制造者、1 位报社编辑、1 名保险代理人以及 4 位店老板。而在 1867 年 3 月份代表波士顿恳请立法机构批准兼并事宜的“兼并罗克斯伯里特别联合委员会”的 7 位成员（他们都是市政议员），则是由 1 名印刷商、1 名木匠建筑师、1 名钢琴制造师、1 名船舶拼装木工、1 名钢铁卷轧工以及 2 位店老板所组成的。同时，这 7 人中有 4 人是马萨诸塞州慈善技工慈善联合会的成员，而其中的两人在未来还成了该组织的主席。

25. 斯莱克在日后成了帕克第二十八公理教会的牧师，参见：William Samuel Slack and Charles Wesley Slack, *The Slack Family* (Alexandria, LA: The Standard Printing Company, 1930); “Charles Wesley Slack,” *New-England Historical and Genealogical Register*, October 1885; “Obituary: Charles Wesley Slack,” *Boston Journal*, April 11, 1885。

26. 同样的一个法庭也曾经做出过有利于引渡逃亡奴隶的判决，参见：*Triumph of Equal School Rights in Boston: Proceedings of the Presentation Meeting Held in Boston, Dec. 17, 1855: Including Addresses by John T. Hilton, Wm. C. Nell, Charles W. Slack, Wendell Phillips, Wm. Lloyd Garrison, Charles Lennox Remond* (Boston: R. F. Wallcut, 1856); Manisha Sinha, *The Slave's Cause: A History of Abolition* (New Haven, CT: Yale University Press, 2016), 329-330; Kyle G. Volk, *Moral Minorities and the Making of American Democracy* (Oxford: Oxford University Press, 2014), 125-130; Bruce Laurie, *Beyond Garrison: Antislavery and Social Reform* (Cambridge: Cambridge University Press, 2005), 280-282; Dean Grodzins, “Theodore Parker and the 28th Congregational Society: The Reform Church and the Spiritual of Reformers in Boston, 1845-1859,” in *The Transient and Permanent: The Transcendentalist Movement and Its Contexts*, ed. Charles Capper, Conrad Edick Wright, and Austin Bearse (Boston: Massachusetts Historical Society, 1999), 73-117。

27. James M. McPherson, *The Struggle for Equality: Abolitionists and the Negro in the Civil War and Reconstruction* (Princeton, NJ: Princeton University Press, 1964), 120-121, 310-311.

28. " The Mechanics' Exhibition," *Commonwealth*, September 30, 1865.
29. *Commonwealth*, August 31, 1867; "Boston's Boundaries," *Commonwealth,* June 12, 1869.
30. Boston (Mass.), "City Document No.28, Report of the Commissioners on the Annexation of Dorchester," Boston City Documents (Boston: Alfred Mudge and Son, March 1, 1869).
31. John Henry Clifford, *Argument on the Question of the Annexation of Roxbury to Boston, before the Legislative Committee, Thursday February 23, 1865* (Boston: Wright and Potter, 1867); Charles Russell Train, *Closing Argument in Behalf of the Petitioners for the Annexation of Dorchester to Boston, before the Committee on Towns* (Boston: Alfred Mudge and Son, 1869); Boston (Mass.), "City Document No.28."
32. Edward Avery, *Annexation of Roxbury and Boston* (Boston: George C. Rand, 1865).
33. "Annexation of Roxbury," *Boston Daily Advertiser*, September 9, 1867. See Also Nathaniel Wheeler Coffin, *A Few Reasons in Favor of the Annexation of a Part of the Town of Dorchester to the City of Boston* (Boston: Wright and Potter, State Printers, 1867); Clifford, *Argument on the Question of the Annexation of Roxbury to Boston.*
34. Harris, *The Annexation Question*.
35. Ibid.
36. Ibid.
37. George R. Minot & Others, Petitioners vs. City of Boston and Others, Brief for the Petitioners, Minot Business Papers, Carton 40, folder 1873, Massachusetts Historical Society; Theophilus P. Chandler v. Boston, 112 Mass. 200 (1873).
38. David Coolidge v. Brookline, 114 Mass.592 (1874).
39. 有关 19 世纪中叶这波发生在马萨诸塞州的城镇拆分浪潮的信息，参见：George Herbert McCaffrey, "The Political Disintegration and Reintegration of Metropolitan Boston" (Ph. D. diss., Harvard University, 1937), 176。有关西罗克斯伯里事件的具体分析，参见：Alexander von Hoffman, *Local Attachments:*

*The Making of an American Urban Neighborhood, 1850 to 1920* (Baltimore: Johns Hopkins University Press, 1994), 169-171。

40. 有关那些可以激发起人们内心对于“遗产”和“传统”向往的，以新英格兰的“田园风光”为主题意象的大量的艺术作品，参见：Julia B. Rosenbaum, *Visions of Belonging: New England Art and the Making of American Identity* (Ithaca, NY: Cornell University Press, 2006)。

41. Harris, *The Annexation Question*.

42. Arthur Williams, *Austin, Address at Dedication of the Town-House at Jamaica Plain, West Roxbury* (Boston: Alfred Mudge and Son, 1868); Robert C. Winthrop, *Proceedings at the Dedication of the Town Hall, Brookline, February 22, 1873* (Brookline, MA: John Wilson and Son, 1873).

43. William W. Wheildon, *Brief Review of Josiah Quincy's "Considerations Respectfully Submitted to the Citizens of Boston and Charlestown, on the Annexation of These Two Cities"* (Boston: Prentiss and Sawyer, 1854); McCaffrey, "Political Disintegration and Reintegration," 87. 有关传统这一概念在政治操作中的运用，参见：Eric Hobsbawm and Terence Ranger, eds., *The Invention of Tradition* (Cambridge: Cambridge University Press, 1983)。

44. "Sketch of the Rise, Progress, Cost, Earnings, etc., of the Railroads of the United States," in Henry Varnum Poor, *Manual of the Railroads of the United States* (New York: H. W. Poor, 1868).

45. "Our Waterworks," *Brookline Chronicle*, October 9, 1875.

46. William P. Marchione, "Uncommon Suburbs: Suburbanization at the Western Edge of Boston, 1820-1873" (Ph. D. diss., Boston College, 1994), 456-457. 有关阿特金森作为一名自由派改革者的信息，参见：Harold Francis Williamson, *Edward Atkinson; the Biography of an American Liberal, 1827-1905* (Boston: Old Corner Book Store, 1934)。

47. 作者推崇的观点。Alfred D. Chandler, *Annexation of Brookline to Boston: Opening Argument for the Town of Brookline before the Committee on Towns of the Massachusetts Legislature, Thursday, March 11, 1880* (Brookline, MA: T. R. Marvin, 1880); Alfred D. Chandler and T. P. Chandler, *Chandler vs. the City of*

*Boston and the Town of Brookline, in Equity: Argument for the Complainants, June, 1873* (Boston: Alfred Mudge and Son, 1873).

48. 与钱德勒一样，查尔斯·亚当斯也是一位城镇政府治理模式的坚定支持者，同时，他对于自己的家乡昆西（他曾在该镇的行政委员会中服务过 15 年）在 1887 年被城市吞并一事倍感悲痛。“这种转变，是被那些骄傲的自称为劳工骑士的爱尔兰裔美国人所推动的，他们致力于在工厂推行从事类似公共事务工作的最低工资以及 9 小时工作制那样的对劳工亲善的政策。他们无视逻辑、花费乃至法律，同时他们还不听人劝。”参见：Charles Francis Adams, *Three Episodes of Massachusetts History: The Settlement of Boston Bay, the Antinomian Controversy, a Study of Church and Town Government* (Cambridge, MA: The Riverside Press, 1892), 990, 1007。
49. Harris, *The Annexation Question*.
50. Alexander Von Hoffman, “Weaving the Urban Fabric: Nineteenth-Century Patterns of Residential Real Estate Development in Outer Boston,” *Journal of Urban History* 22, no.2 (1996): 191-230. 一位房产拥有者曾发声表达了广泛弥漫于精英阶层中的不满，他抱怨在“大兼并运动”之后随之而来的高昂城市税率，几乎消耗掉了他从自己位于西罗克斯伯里的乡村房产中抽取的年收入的 60%，导致他被迫将自己的资产卖给了房地产开发商。参见：Von Hoffman, “Weaving the Urban Fabric,” 200。
51. Nathan Mathews, *The City Government of Boston* (Boston: Rockwell and Churchill City Printers, 1895), 192. 查尔斯顿的人口增长速度也同样超过了波士顿内城，只不过其给人留下的印象没有那么深刻罢了，这主要是由于其土地面积较小，同时在遭到兼并之前，其城市化程度也更高。
52. 相关案例，参见：Enumeration districts 781 in Dorchester (Ward 23) or 768 in West Roxbury (Ward 24) in *U.S. Federal Population Census, 1880* (NARA microfilm publication Series T9); Records of the Bureau of the Census, Record Group 29, National Archives, Washington, DC, 这些资料在“Ancestry.com”网站中有电子版。有关新区中成分复杂的人口统计学分布的具体细节，参见：Von Hoffman, *Local Attachments*, 23-43; Warner, *Streetcar Suburbs*, 67-117; Noam Maggor, “Politics of Property: Urban Democracy in the Age of

Global Capital, Boston 1865-1900" (Ph. D., Harvard University, 2010), 129-148, 其中包含针对 1880 年联邦人口普查所列举的资料而进行的户主职业资料的分析。以西罗克斯伯里的牙买加平原地区为例，当地人数暴跌最为明显的三个群体，当属“农民”“专业人士”“大地主”，他们在总人口中所占的比例从 1850 年时的 10.1%、6.7% 以及 21.1%，下降到了 1880 年时的 0、3.9% 以及 5.7%。而另一方面，“熟练工人”“半熟练工人”“店员与售货员”“小业主”的人口占比则呈现出了截然相反的趋势。参见：Von Hoffman, "Weaving the Urban Fabric," 36。

53. 这些百分比代表了 1893 年时，每个区域之中的房产拥有投票者人数占人头税缴纳者（所有年龄超过二十岁的男性）总人数的比例。参见：Nathan Matthews, *The City Government of Boston* (Boston: Rockwell and Churchill City Printers, 1895), 193。Von Hoffman, "Weaving the Urban Fabric," 196-197. 有关波士顿内城的特色，参见：David Ward, "The Industrial Revolution and the Emergence of Boston's Central Business District," *Economic Geography* 42, no.2 (1966): 152-171; Walter Irving Firey, *Land Use in Central Boston* (Harvard University Press, 1947); Elizabeth Blackmar, *Manhattan for Rent, 1785-1850* (Ithaca: Cornell University Press, 1989)。
54. 有关房产所有者与他们的房产地域临近情况，参见：Warner, *Streetcar Suburbs*, 185; Bon Hoffman, "Weaving the Urban Fabric," 193。
55. Von Hoffman, *Local Attachments*, 54-62.
56. Warner, *Streetcar Suburbs*, 67.
57. 山姆·巴斯·华纳曾提出了以下的有趣观点，他认为如果不是波士顿市政府承担了大规模街道及卫生设施建设项目的工作，那么居民区的开发可能仍然会被那些大财阀所掌握。参见：Warner, *Streetcar Suburbs*, 124。
58. 按照华纳的统计，在 1870 年至 1900 年，在罗克斯伯里、西罗克斯伯里以及多彻斯特共有 9 000 名不同的房屋建造许可申请者。正是这些人士，建造了大约 2.25 万间公寓、1.2 万套单家庭住房、6 000 套双家庭住房、4 000 套三家庭住房以及 500 处规模较大的建筑。华纳同时也注意到，没有任何一家建筑巨头具有以极大的规模修建房屋的能力。参见：Warner, *Streetcar Suburbs*, 35-37, 125-131, 184。

59. Von Hoffman, "Weaving the Urban Fabric," 192-195. 在并不友好的都市抵押贷款市场中，大规模的融资行为被排除在外。这一市场是由私人借贷、邻近地区之中的类似互助储蓄银行及房屋抵押贷款协会那样的机构来主导的，它们往往可以更好地获得信息，并向自己的邻近地区放贷。在 1865 年到 1875 年，马萨诸塞州受到投资公司证券法律限制的储蓄银行，几乎将自己的抵押放贷规模提升了 10 倍，从原先的 1 600 万美元提升到了 1.2 亿美元。参见：John T. Croteau, "The Development of the Mutual Savings Banks in Massachusetts" (Ph. D. Clark University, 1935), 83-85; Warner, *Streetcar Suburbs*, 118-120; Kenneth A. Snowden, "Mortgage Rates and American Capital Market Development in the Late Nineteenth Century," *The Journal of Economic History* 47, no.3 (September 1, 1987): 671-691; D. M. Frederiksen, "Mortgage Banking in America," *Journal of Political Economy* 2, no.2 (1894): 203-234。所有的这些特点在罗斯福新政实施之前的美国建筑工业之中都是相当普遍的，正是罗斯福新政的实施，创立了所谓的美国国家标准，并允许美国国家级别的金融机构进入到了住房抵押贷款市场之中。参见：Michael J. Doucet and John C. Weaver, "Material Culture and the North American House: The Era of the Common Man, 1870-1920," *Journal of American History* 72 ((85): 560。
60. Ronald D. Karr, "The Evolution of an Elite Suburb: Community Structure and Control in Brookline, Massachusetts, 1770-1900" (Ph. D., Boston University, 1981), 212, 215-216, 267.
61. Quoted in Karr, "The Evolution of an Elite Suburb," 265.
62. 在 1870 年，"沼泽地"社区超过 90% 的居民都是爱尔兰裔。而尽管布鲁克林有大量的劳动阶层人口，但他们大多由那些为精英家庭提供服务的人员构成，包括女佣、厨师、保姆、洗衣工、马夫、园丁、泥瓦匠、木匠及雇农。而在是否要被波士顿兼并这一问题上，这些依附于精英家庭的雇工是无法挑战他们的雇主的。可即便如此，在决定是否被吞并的投票到来之时，精英仍然非常积极主动地对选民进行鼓动。那些用来鼓动投票者的方法包括火炬游行、烟花表演、数以千计的传单以及写有类似"布鲁克林——劳动者的天堂"或"巨大的城市，巨大的苦难"那样的标语的横幅。参见：Marchione, "Uncommon Suburbs," 406, 475-480。

63. 有关美国的财政状况在地方和州层级上的重心分布，参见：Clifton K. Yearley, *Money Machines: The Breakdown and Reform of Governmental and Party Finance in the North, 1860-1920* (Albany: State University of New York Press, 1970); Robin L. Einhorn, *American Taxation, American Slavery* (Chicago: University of Chicago Press, 2008); Robin L. Einhorn, *Property Rules: Political Economy in Chicago, 1833-1872* (Chicago: University of Chicago Press, 2001); Ajay K. Mehrotra, *Making the Modern American Fiscal State: Law, Politics, and the Rise of Progressive Taxation, 1877-1929* (New York: Cambridge University Press, 2013); Isaac William Martin, Ajay K. Mehrotra, and Monica Prasad, eds., *The New Fiscal Sociology: Taxation in Comparative and Historical Perspective* (Cambridge: Cambridge University Press, 2009)。相关的定量分析，参见：John B. Legler, Richard Sylla, and John J. Wallis, "U.S. City Finances and the Growth of Government, 1850-1902," *The Journal of Economic History* 48, no.2 (1988): 347-356; John Joseph Wallis, "American Government Finance in the Long Run: 1790 to 1990," *The Journal of Economic Perspectives* 14, no.1 (2000): 61-82。
64. Yearly, *Money Machines*, 4.
65. Charles Phillips Huse, *The Financial History of Boston from May 1, 1822, to January 31, 1909* (Cambridge, MA: Harvard University Press, 1916), 371. 这些数据都使用"GDP 平减指数"进行了修正，参见：Eh.Net, http:// eh.net/hmit/。有关纽约市政开支迅速增加的情况，参见：Sven Beckert, *The Monied Metropolis*, 174-175.
66. 参见："The Crisis of the Tax States," in Joseph Alois Schumpeter, *The Economics and Sociology of Capitalism* (Princeton, NJ: Princeton University Press, 1991), 99-140; Charles Tilly, Foreword to Isaac William Martin, Ajay K. Mehrotra, and Monica Prasad, eds., *The New Fiscal Sociology*. 熊彼得洞若观火般地指出："公共财政是调查一个社会的最佳切入点之一。"提莉则认为，对税收制度进行分析就如同对一个政权的总体运行方式进行 CT 扫描一般。

67. 得到税收免除的财产包括价值 1 000 美元以下的家具、服装以及价值 300 美元以下的对于个人所从事的职业来说必不可少的工具。同时按照联邦法律，人们持有的美国国债也可以免纳税，但这一条款遭到了地方官员的极大不满。马萨诸塞州的公司要为它们拥有的那些非房地产类的资产向州政府缴税，且这些资产的价值会在本地进行评估。参见：Entry on April 11, 1866, Assessors Department Ledger, Boston Municipal Archives, West Roxbury, Boston. David A. Wells, Dodge Edwin, and George W. Cuyler, *Report of the Commissioners to Revise Laws for Assessment and Collection of Taxes in the State of New York* (New York: Harper and Brothers, 1871); Boston (Mass.), *Ordinances and Rules and Orders of the City of Boston, Together with the General and Special Statutes of the Massachusetts Legislature Relating to the City* (Boston: Alfred Mudge and Son, 1869), 691。由于该州将人头税限制在了两美元以内，这意味着人头税对公共收入的贡献将逐渐下降。
68. 有关该税种在 1860 年之前的悠久历史，参见：Bullock, "The Taxation of Property and Income in Massachusetts"；Einhorn, *American Taxation, American Slavery*, 53-78; Robin L. Einhorn, "Institutional Reality in the Age of Slavery: Taxation and Democracy in the States," *Journal of Policy History* 18, no.1 (2006): 21-43。
69. *Ordinances and Rules and Orders of the City of Boston, together with the General and Special Statutes of the Massachusetts Legislature Relating to the City* (Boston: Alfred Mudge and Son, 1869), 691; Commonwealth of Massachusetts, "House Document No.15, Report of the Commissioners Appointed to Inquire into the Expediency of Revising and Amending the Laws Relating to Taxation and Exemption Therefrom," House Documents (Boston: Wright and Potter, 1875), 53-54; "Record of the Joint Special Committee on Retrenchment of Municipal Expenditure, 1877," Boston Municipal Archives, West Roxbury, Boston, 45.
70. Charles J. Bullock, "The Taxation of Property and Income in Massachusetts," *The Quarterly Journal of Economics* 31, no.1 (1916): 1.
71. Commonwealth of Massachusetts, "House Document No.15," 53.

72. Bullock, "The Taxation of Property and Income in Massachusetts," 14; Charles Phillips Huse, *The Financial History of Boston from May 1, 1822, to January 31, 1909* (Cambridge, MA: Harvard University Press, 1916), 376-377.
73. 对希尔斯以及他对财产税的捍卫行为鲜有提及，而仅是将他描述成了一个"勤勉但误导他人"，"拙扑但鲁莽大意的家伙"。参见：Huse , *The Financial History of Boston*, 147; Bullock, "The Taxation of Property and Income in Massachusetts," 15-16; Yearley, *Money Machines*, 48。
74. Thomas Hills, Membership Questionnaire, November 15, 1897, Special Collections Department, New England Historic Genealogical Society. 同样也参见被塔夫茨大学波士顿街道课题项目电子化的波士顿市人名地址录：http://bcd.lib.tufts.edu/。
75. Fred Bunyan Joyner, *David Ames Wells, Champion of Free Trade* (Cedar Rapids, IA: The Torch Press, 1939), 28. 更多有关忠诚出版社的信息，参见：Sven Beckert, *The Monied Metropolis: New York City and the Consolida-tion of the American Bourgeoisie, 1850-1896* (Cambridge: Cambridge University Press, 2001), 129-131。
76. Stephen Meardon, "Postbellum Protection and Commissioner Wells's Conversion to Free Trade," *History of Political Economy* 39, no.4 (2007): 571.
77. 有关新英格兰人的政治观点及其商业导向之间的联系，参见：Richard Franklin Bensel, *Yankee Leviathan: The Origins of Central State Authority in America, 1859-1877* (Cambridge: Cambridge University Press, 1990), 284。
78. Herbert Ronald Ferleger, "David A. Wells and the American Revenue System, 1865-1870," (Ph. D. diss., Columbia University, 1942), 185-186; Joyner, *David Ames Wells.*
79. Charles F. Adams, "Boston II," *North American Review 106* (April 1868): 36.
80. Wells, Edwin, and Cuyler, *Report of the Commissioners*, 9, 6.
81. Ibid., 106.
82. Ibid., 105.
83. Ibid., 113.
84. Ibid., 104, 113.

85. Ibid., 94-95.
86. Ibid., 105.
87. Ibid., 116-118.
88. 同样的根本性问题在 19 世纪早期同样经受过人们的讨论，但那时的社会大背景与此时迥然相异，整个马萨诸塞州都处在波士顿商业精英的严密控制之下。参见：Oscar Handlin, *Commonwealth: A Study of the Role of Government in the American Economy: Massachusetts, 1774-1861* (New York: New York University Press, 1947); Morton J. Horwitz, *The Transformation of American Law, 1780-1860* (Cambridge, MA: Harvard University Press, 1977)。
89. Boston (Mass.), *Ordinances and Rules and Orders of the City of Boston, Together with the General and Special Statutes of the Massachusetts Legislature Relating to the City* (Boston: Alfred Mudge and Son, 1869), 691.
90. Wells, Edwin, and Cuyler, *Report of the Commissioners*, 11.
91. *Boston City Advertiser*, February 21, 1871; Boston Daily Advertiser, December 16, 1871.
92. Boston (Mass.), "City Document No.26, Report of the Hearing before the Special Committee of the Common Council on the Subject of Abolishing the Tolls on the East Boston Ferries," Boston City Documents (Boston: Alfred Mudge and Son, 1871), 21, 31-32.
93. City of Boston, *Auditor of Accounts' Annual Report of the Receipts and Expenditures of the City of Boston* (Boston: Alfred Mudge and Son, 1871), 253.
94. Ibid., 286
95. Ibid., 264, 261-262.
96. Ibid., 265, 274-275, 277; 原件中标有着重号。
97. Ibid., 279, 283.
98. 值得注意的是，希尔斯所代表的不仅仅是一种在马萨诸塞州中极为普遍的观点（这一点就连其最猛烈的批评者都承认），更是代表了一种更加广泛的公众情感。在几年之后一个受到马里兰州委派的委员会得出了与马萨诸塞州的委员会极为相似的结论。马里兰州的委员会同样总结道："将上述阶级所有的巨量私人资产（主要是那些位于本州之外的公司所发行的股票及债权）移除出我们的税基，绝非什么明智之举。仅仅因为一些公民威胁说要在征税过程中编造谎言以不去承担那些他们的同辈正在承受着的公共负担，便免除对私人资产征缴的税负，是极为不合适的。”参见：Tax Commission of Maryland State, *Report of the Maryland Tax Commission to the General Assembly, January, 1888* (Baltimore: King Brothers, 1888), 12-13。

99. “Critical Notices: Reports of the Tax Commissioners of Massachusetts,” *The North American Review* 120 (April 1875).
100. David Ames Wells, “The Reform of Local Taxation,” *The North American Review* 122 (April 1876); Commonwealth of Massachusetts, “House Document No.15,” 205.
101. Wells, Edwin, and Cuyler, *Report of the Commissioners*, 94-95.
102. Ibid., 4, 10.
103. 库利作为那个时代最为杰出的税收事务中的法律权威，推崇对地方税收进行更为严格的司法监管。“税收是基于在州与公民之间提供保护与支持的互惠义务而诞生的产物。公民及财产拥有者对政府有着缴纳税款的义务，因为这样一来政府才会有能力履行自己的职能。而公民也因此理应获得政府在保护其生命、自由及财产方面的合理补偿，同时他们财产的增值也是靠着其缴纳的税金得以应用才得以实现的。”参见：Thomas McIntyre Colley, *A Treatise on the Law of Taxation: Including the Law of Local Assessments* (Chicago: Callaghan, 1876), 2。
104. Commonwealth of Massachusetts, “House Document No.15,” 9-10.
105. Ibid., 10.
106. Ibid., 9-10.
107. William Minot, *Taxation in Massachusetts* (Boston: Alfred Mudge and Son, 1877); Wells, “The Reform of Local Taxation.”
108. Commonwealth of Massachusetts, “House Document No.15,” 532, 512, 516; Ronald Story, *The Forging of an Aristocracy: Harvard & Boston Upper Dobkin Hall, The Organization of American Culture, 1700-1900: Private Institutions, Elites, and the Origins of American Nationality* (New York: New

York University Press, 1982).

109. Commonwealth of Massachusetts, “House Document No.15,” 182.

110. Ibid., 183.

111. Ibid., 184.

112. Ibid., 188.

113. 一份在波士顿发行的报纸在随后评论道：“哈佛大学属于马萨诸塞州的人民，……人民也将继续拥有并控制着它。”参见：Samuel Eliot Morison, *Three Century of Harvard, 1636-1936* (Cambridge, MA: Harvard University Press, 1936), 288。

114. Commonwealth of Massachusetts, “House Document No. 15,” 192-193.

115. Ibid., 193. 希尔斯将自己的批评指向了波士顿城中为精英阶层服务的新教教堂，而不是为劳动阶层服务的天主教堂。尽管天主教堂的平均规模更大，但它们拥有的免于税收的资产仅仅占到了 25% 的比例。参见：ibid., 511-512。

116. Ibid., 194.

117. Ibid., 371.

118. Ibid., 392.

119. William Minot Jr., *Taxation* (Boston: Alfred Mudge and Son, 1881).

120. Ibid.

## 第三章　豪门的西行

1. “The Car Telescoped,” *Rocky Mountain News*, November 15, 1890.
2. “Telescoped a Sleeper Saturday,” *The Daily Inter Ocean*, November 15, 1890.
3. “A Useful Life Ended,” *Daily Leader*, November 15, 1890; Henry Davis Minot Papers, “Tributes and Obituaries” folder, Box 2, Massachusetts Historical Society (MHS); “Fast Trains Collide,” *Daily Picayune*, November 15, 1890.
4. “Juggernaut of Death,” *Morning Oregonian*, November 15, 1890.
5. “Henry D. Minot, the Life of One of the Victims of the Collision,” *New York Times*, November 15, 1890.

6. “Superior’s Sad Loss,” *Daily Leader*, November 15, 1890; Henry Davis Minot Papers, “Tributes and Obituaries” folder, Box 2, MHS.
7. “An Untimely Death,” *Daily Pioneer*, November 15, 1890.
8. “The Chamber of Commerce Takes Action to Show Its Respect for Superior’s Friend,” *Daily Leader*, November 15, 1890; Henry Davis Minot Papers, “Tributes and Obituaries” folder, Box 2, MHS.
9. 有关那些冷漠的叙述，参见：Richard Hofstadter, *The Age of Reform: From Bryan to F. D. R.* (New York: Knopf, 1955), 136-141; Fredric Cople Jaher, *The Urban Establishment: Upper Strata in Boston, New York, Charleston, Chicago, and Los Angeles* (Urbana: University of Illinois Press, 1982)。相关评论，参见：“The Moral and Intellectual Rehabilitation of the Ruling Class” in *The World of Nations: Reflections on American History, Politics and Culture,* ed. Christopher Lasch (New York: Knopf, 1973), 80-99; Jackson Leaders, “The Managerial Revitalization of the Rich,” in *Ruling America: A History of Wealth and Power in a Democracy*, ed. Steve Fraser and Gary Gerstle (Cambridge, MA: Harvard University Press, 2005), 181-214。
10. 上下文中有关那些彬彬有礼的英国的银行家的信息，参见：P. J. Cain, A. G. Hopkins, *British Imperialism: Innovation and Expansion, 1688-1914* (London: Longman, 1993)。
11. William T. Davis, *Professional and Industrial History of Suffolk County, Massachusetts* (Boston: Boston History Co., 1894), vol.1, 639; Henry Wilder Foote, *Annals of King’s Chapel from the Puritan Age of New England to the Present Day* (Boston: Little, Brown, 1882), vol.2, 365.
12. 参见：Elizabeth Blackmar, “Inheriting Property and Debt: From Family Security to Corporate Accumulation,” in *Capitalism Takes Command: The Social Transformation of Nineteenth-Century America*, ed. Michael Zakim and Gary J. Kornblith (Chicago: University of Chicago Press, 2011), 93-117, and Peter Dobkin Hall, “What the Merchants Did with Their Money: Charitable and Testamentary Trusts in Massachusetts, 1780-1880,” in *Enterpreneurs: The Boston Business Community, 1700-1850*, ed. Conrad Edick Wright and Katheryn P. Viens

(Boston: Massachusetts Historical Society, 1997), 365-421. David Grayson Allen, *Investment Management in Boston: A History* (Boston: University of Massachusetts Press, 2015), 61-80。有关新英格兰地区的法学理论对区域之外（尤其是纽约）的信托事业产生的影响，以及由此而最终导致的19世纪末期的“美国财富的波士顿化”，参见：Peter D. Hall and George E. Marcus, “Why Should Men Leave Great Fortunes to Their Children?” in *Inheritance and Wealth in America*, ed. Robert K. Miller and Stephen J. McNamee (New York: Plenum Press, 1998), 158-160。

13. 就如同托克维尔曾评论的那样：“对于民主制度来说，最重要的不是一个社会中不存在巨量的财富，而是巨量的财富并不集中在同一群人手上……财富将以令人难以置信的速度飞快循环，而经验告诉我们，连续两代人都安享财富的情况是极为罕见的。”参见：Alexis de Tocqueville, *Democracy in America*, trans. Eduardo Nolla and James T. Schleifer (Indianapolis: Liberty Fund, 2012), 79-80, 85。
14. Joseph Story, “Chancery Jurisdiction,” in *The Miscellaneous Writings of Joseph Story*, ed. William W. Story (Boston: C. C. Little and J. Brown, 1852).
15. William J. Curran, “The Struggle for Equity Jurisdiction in Massachusetts,” *Boston University Law Review* 31 (1951): 269-296; Edwin Woodruff, “Chancery in Massachusetts,” *Law Quarterly Review* 5 (1889): 370-386.
16. Joseph Story, “Chancery Jurisdiction.”
17. Harvard College and Massachusetts General Hospital v. Amory (1830).
18. Harvard College and Massachusetts General Hospital v. Amory.
19. Davis, “History of the Bench and Bar,” 581; William Minot, *Private Letters* (Boston: Rockwell and Churchill, 1895), 10.
20. William Minot, *Private Letters* (Boston: Rockwell and Chirhill, 1895), 11.
21. 乔纳森·爱德华兹和凯瑟琳·玛利亚·塞奇威克（凯瑟琳的姑妈），是塞奇威克家族众多著名成员中的两位。参见：Hubert M. Sedgwick, *A Sedgwick Genealogy: Descendants of Deacon Benjamin Sedgewick* (New Haven, CT: New Haven Colony Historical Society, 1961)。
22. Minot, *Private Letters*, 5-6.

23. 有关乡间田庄以及它们在19世纪波士顿的文化意义，参见：Tamara Plakins Thornton, *Cultivating Gentlemen: The Meaning of Country Life Among the Boston Elite, 1785-1860* (New Haven, CT: Yale University Press, 1989)。
24. Minot, *Private Letters*, 6-7.
25. Henry Davis Minot, *The Land-Birds and Game-Birds of New England with Descriptions of the Birds, Their Nests and Eggs, Their Habits and Notes* (Salem, MA: Naturalist's Agency; Estes and Lauriat, 1877).
26. Theodore Roosevelt and Henry Davis Minot, *The Summer Birds of the Adirondacks in Franklin County*, N.Y. (Salem, MA: Samuel E. Cassino, 1877).
27. Henry Davis Minot to Dr. Folsom, April 18, 1878, Henry Davis Minot Papers, "January-September 1878" folder, Box 1, MHS.
28. Henry Davis Minot to William Minot, September 14,1878, Henry Davis Minot Papers, "January-September 1878" folder, Box 1, MHS.
29. John T. Morse Jr., "Memoir of Henry Lee Higginson," *Proceedings of the Massachusetts Historical Society* (October 1919-June 1920), 116.
30. Henry Davis Minot to William Minot, July 14, 1882, Henry Davis Minot Papers, "Personal Correspondence, January 1866-June 1886" folder, Box 1, MHS; Henry Davis Minot to William Minot Jr. July 25, 1882, Henry Davis Minot Papers, "1882" folder, Box 1, MHS; Henry Davis Minot to Unknown, August 25, 1882, Henry Davis Minot Papers, "Railroad 1882-1886" folder, Box 5, MHS.
31. Henry Davis Minot to William Minot Jr., July 8, 1882, Henry Davis Minot Papers, "1882 folder, Box 1, MHS; Henry Davis Minot to William Minot Jr., July 25, 1882, Henry Davis Minot Papers, "1882" folder, Box 1, MHS.
32. William Minot Jr. to Henry Davis Minot, July 16, 1882, in Minot, Private Letters, 60, supplement.
33. Henry Davis Minot to Unknown, August 25, 1882, Henry Davis Minot Papers, "Railroad 1882-1886" folder, Box 5, MHS.
34. Ibid.
35. Henry Davis Minot to William Minot Jr., July 25, 1882, Henry Davis Minot

Papers, "1882" folder, Box 1, MHS.

36. 有关这些旅行的详细信息可以通过亨利的笔记本（他在上面记录了每一笔路程花费以用于报销）、他与家人及波士顿的雇主之间的往来信件以及他在旅程结束之后撰写的调研报告来重构，参见：Henry Davis Minot Papers, "Railroad journal, 1883," vol.25, Box 9, and Henry Davis Minot Papers, "Reports 1883," folders 7-10, Box 5, MHS。
37. A. K. Sandoval-Strausz, *Hotel: An American History* (New Haven, CT: Yale University Press, 2007), 101.
38. 与旅馆住宿花费被一起记录的，还包括购火车票的费用、打电报的费用，一匹马与马鞍的费用，以及为了替换磨损严重的旧鞋而购置新鞋的费用。参见：Henry Davis Minot Papers, "Railroad Journal, 1883," vol. 25, Box 9, MHS。
39. 有关这种"等级制度"的更多信息，参见：Thomas C. Cochran, *Railroad Leaders, 1845-1890* (Cambridge, MA: Harvard University Press, 1953)。
40. Henry Davis Minot to William Minot Jr., April 18, 1883, Henry Davis Minot Papers, "January-May 1883" folder, Box 1, MHS.
41. Henry Davis Minot to William Minot Jr., May 28, 1883, Henry Davis Minot Papers, "January-May 1883" folder, Box 1, MHS.
42. Henry Davis Minot to William Minot Jr., June 11, 1883, Henry Davis Minot Papers, "June-December 1883" folder, Box 1, MHS.
43. Henry Davis Minot to William Minot Jr., June 21, 1883, Henry Davis Minot Papers, "June-December 1883" folder, Box 1, MHS.
44. Henry Davis Minot to William Minot Jr., August 21, 1883, "June-December 1883" Folder, Box 1, HDM Papers, MHS.
45. Henry Davis Minot to Alice Minot, September 22, 1883, "June-December 1883" Folder, Box 1, HDM Papers, MHS.
46. Henry Davis Minot, "Special Report on the Flint, Pere Marquette R. R.," 4, 6, 13, 14, September 29, 1883, "Reports 1883," Folder, Box 5, HDM Papers, MHS.
47. 这一时刻也标志着亨利与西奥多·罗斯福重新建立起了联系。"我很高兴地看到，我与他之间的交往重回正轨。他的礼貌态度没有丝毫改变，而我们之间旧有的情谊也重新焕发荣光。”亨利如此记述道。参见：Henry Davis Minot to William Minot Jr., August 21, 1883, Henry Davis Minot Papers, “June-December 1883” folder, Box 1, MHS。

48. 在那个时代，马萨诸塞是唯一颁发此类许可的州。还有另外两家公司按照这一条款得以注册，一家是来自墨西哥的铁路公司，而另外一家名为“巴勒斯坦马萨诸塞州联邦”的公司，则在奥斯曼帝国开展铁路业务。参见：“An Act in Addition to the ‘General Railroad Act’ of the Year Eighteen Hundred and Seventy Four, to Authorize the Formation of Corporations to Construct Railroads in Foreign Countries,” Chapter 274, 1879, approved April 28, 1879。有关这家铁路公司董事会和办公科室的信息，参见：Henry Varnum Poor, *Manual of the Railroads of the United States* (New York: H. W. Poor, 1884), 974-976。到了 1885 年，依靠着类似的 49 条特许经营权的支持，美国的金融家在墨西哥打造出了一个长度接近 9 600 千米的铁路系统，参见：John M. Hart, *Empire and Revolution: The American in Mexico since the Civil War* (Berkeley: University of California Press, 2002), 121。

49. Sandra Kuntz Ficker, “Economic Backwardness and Firm Strategy: An American Railroad Corporation in Nineteenth-Century Mexico,” *Hispanic American Historical Review* 80, no.2 (2000): 267-298; Sandra Kuntz Ficker, *Empresa Extranjera Y Mercado Interno: El Ferrocarril Central Mexicano, 1880-1907* (Mexico, D. F.: Colegio de Mexico, 1995).

50. Kuntz Ficker, “Economic Backwardness and Firm Strategy,” 284. 有关“特许经营权”的更为普遍的信息，参见：Cyrus Veeser, “A Forgotten Instrument of Global Capitalism? International Concessions, 1870-1930,” *The International History Review 35*, no.5 (October 1, 2013): 1136-1155; Cyrus Veeser, “Concessions as a Modernizing Strategy in the Dominican Republic,” *Business History Review* 83, no.04 (December 2009): 731-758。

51. “New Conquest of Mexico,” *Boston Daily Advertiser*, March 10, 1884. 这篇文章的标题与内容显示出这种新的征服与以往征服之间存在的巨大反差。有关以往征服的描写，参见：William H. Prescott 发表于 1843 年的经典历

史著作 *Conquest of Mexico*.

52. Henry Davis Minot to William Minot Jr., April 8, 1884, Henry Davis Minot Papers, "Letterbook 1884-1888," vol.1, MHS.
53. Henry Davis Minot Papers, "Expense Book for Mexico Trip, 1884," vol.26, Box 9, MHS.
54. Henry Davis Minot to William Minot Jr., May 22, 1884, Henry Davis Minot Papers, "Letterbook 1884-1888," vol.1, MHS.
55. Henry Davis Minot to William Minot Jr., June 17, 1884, Henry Davis Minot Papers, "Letterbook 1884-1888," vol.1, MHS.
56. Sandra Kuntz Ficker, "Economic Backwardness and Firm Strategy: An American Railroad Corporation in Nineteenth-Century Mexico," *Hispanic American Historical Review* 80, no.2 (2000): 282, 286. 直到 1907 年，分支线路的长度加起来也不及该铁路总长度的 10%，参见：ibid., 286。
57. Henry Davis Minot, "Report on the Mexican Central Railway," December 31, 1884, 2, "August-December 1884" folder, Box 5, MHS.
58. 同时，他还总结道，任何工资的上涨都是十分不利的——"当下，廉价的劳工是墨西哥铁路事业所具备的最为优越的条件之一。"参见：Ibid., 23。
59. Kuntz Ficker, "Economic Backwardness and Firm Strategy," 287-288. Lorena Parlee, "Porfirio Diaz, Railroads, and Development in Northern Mexico: A Study of Government Policy Toward the Central and National Railroads, 1876-1910" (Ph. D., University of California, San Diego, 1981), 72-77.
60. 为了调和这一问题，随着公共资源都被集中到了铁路发展领域，针对公路修建而进行的投资几近停滞，而区域性交通的那种充满活力的前景更是变得遥不可及。从 1876 年到 1911 年，墨西哥的公路系统总长度从仅仅约 3 200 千米增长到了约 4 000 千米。参见：Kuntz Ficker, "Economic Backwardness and Firm Strategy," 278。
61. 参见：Hart, *Empire and Revolution,* 127. John H. Coatsworth, *Growth against Development: The Economic Impact of Railroads in Porfirian Mexico* (DeKalb, IL: Northern Illinois University Press, 1981)。

62. Henry Davis Minot, "Report on the Mexican Central Railway," December 31, 1884, 2, Henry Davis Minot Papers, "August-December 1884" folder, Box 5, MHS.
63. Saul Engelbourg and Leonard Bushkoff, *The Man Who Found the Money: John Steward Kennedy and the Financing of the Western Railroads* (East Lansing: Michigan State University Press, 1996); Albro Martin, *James J. Hill and the Opening of the Northwest* (New York: Oxford University Press, 1976).
64. Engelbourg and Bushkoff, *The Man Who Found the Money*, 117; Ralph W. Hidy et al., *The Great Northern Railway: A History* (Boston: Harvard Business School Press, 1988), 46-49.
65. Engelbourg and Bushkoff, *The Man Who Found the Money*, 117; Martin, *James J. Hill*; Hidy et al., The Great Northern Railway, 37.
66. 在亨利以往的报告中，他对以下事项进行了详细描述：人口统计学特征（人口密度）、农业（整个地区种植小麦的前景以及土地肥力）、技术因素（铁路的状态、装备以及设施）、财务因素（已有负债的清偿、年收入、运营成本、公司所拥有的土地的价值）以及政治因素（税收、法律争议以及是否具有设置运输费率的自由）。参见：Henry Davis Minot, *The Saint Paul, Minneapolis, and Manitoba Railway Company as Investment Property* (Boston: Privately printed for Lee, Higginson, &Co., 1885)。
67. 相关信函，参见：Henry Davis Minot to Charles E. Perkins, June 3, 1885, Minot Family Business and Financial Papers, Box 60, MHS; Henry Davis Minot to Charles E. Perkins, June 5, 1885, Minot Family Business and Financial Papers, Box 60, MHS; Henry D. Minot to Johe Murray Forbes, July 7, 1885, Henry Lee Higginson Business Paper, Box XII-2a, Baker Library; Henry D. Minot to Lee, Higginson, and Co., August 1, 1885, Henry Lee Higginson Business Papers, Box XII-2A, Baker Library。
68. 唐纳德·麦尼希为研究整个美国的铁路网络发展模式，提供了一种十分有用的分类方法，参见：D. W. Meinig, *The Shaping of America: A Geographical Perspective on 500 Years of History*, Vol.3, Transcontinental America, 1850-1915 (New Haven, CT: Yale University Press, 2000), 253-265。

69. Quoted in Hidy et al., *The Great Northern Railway*, 40.
70. Ibid., 39-44.
71. Henry Davis Minot to William Minot Jr., January 20, 1886, Henry Davis Minot Papers, "Letterbook 1884-1888," vol.1, MHS.
72. Hidy et al., *The Great Northern Railway*, 55.
73. 在造访墨西哥期间，迈诺特阐明了他认为金融与执行管理之间理应和谐共生的观点。在迈诺特写给亨利・李－希金森的信件中，他表达了对自己所具备的优秀品质的评估："对于墨西哥中央铁路来说，最为首要的是拥有一名能力极佳的铁路管理人士，他能够统筹铁路的金融及运营部门，监管公司计划，并评估公司沿海线路的建设。他应该研究墨西哥人民的特点，了解整个墨西哥的资源，熟悉那里的竞争性力量，并深谙墨西哥中央铁路公司任何潜在的未来发展方向。同时，在获得墨西哥政府准许的情况下，它也应该具备设置铁路运输费率的能力。"参见：Henry Dais Minot, "Report on the Mexican Central Railway," December 31, 1884, "August-December 1884" folder, Box 5, HDM Papers, MHS。
74. Henry Davis Minot to William Minot Jr., May 16, 1886, Henry Davis Minot Papers, "Letterbook 1884-1888," vol.1, MHS; Henry Davis Minot to William Minot Jr., October 11, 1886, Henry Davis Minot Papers, "Letterbook 1884-1888," vol.1, MHS; Henry Davis Minot to William Minot Jr., November 2 and November 12, 1886, Henry Davis Minot Papers, "Letterbook 1884-1888," vol.1, MHS.
75. Henry Davis Minot to William Minot Jr., September 11, 1886, Henry Davis Minot Papers, "July-December 1886" folder, Box 2, MHS.
76. Henry Davis Minot to William Minot Jr., June 6, 1888, Minot Family Business and Financial Papers, Box 71, MHS; "List of Stockholders St. Paul, Minneapolis, and Manitoba Railway, closing of books April 17th 1888," April 17, 1888, Minot Family Business and Financial Papers, Box 71, MHS.
77. Henry Davis Minot to William Minot Jr., September 11, 1886, Henry Davis Minot Papers, "July-December 1886" folder, Box 2, MHS.
78. The Helena Board of Trade, *Helena Illustrated, Capital of the State of*

*Montana; A History of the Early Settlement and the Helena of Today, Showing the Resources of the City, Its Commercial Advantages, Manufactures and Wonderful Growth with Illustrations of Public Buildings, Prominent Business Blocks, Beautiful Homes, Portraits and Biographical Sketches of Leading Citizens* (Minneapolis, MN: F. L. Thresher, 1890).

79. Henry Davis Minot to William Minot Jr., October 21, 1885, Henry Davis Minot Papers, "Letterbook 1884-1888," vol.1, MHS.
80. 在更早的年代中，新英格兰地区的人们对于物质财富积累的好处显然要纠结得多。参见：Bernard Bailyn, *The New England Merchants in the Seventeenth Century* (Cambridge, MA: Harvard University Press, 1955)。
81. George Edward Ellis, *Memoir of Nathaniel Thayer, Reprinted from the Proceedings of the Massachusetts Historical Society* (Cambridge: J. Wilson and Son, 1885), 12.
82. Ibid., 13.
83. Ibib., 14.
84. Ibid., 17.
85. Ibid., 15-16.

## 第四章　波士顿公园争夺战

1. 在 1860 年波士顿萨福克郡，仅仅向制造业中投入了大约 1 450 万美元，而相比于沃尔瑟姆及洛厄尔所处的米德尔塞克斯郡的 2 690 万美元，汤顿、福尔里弗以及新贝德福德所处的布里斯托尔郡的 2 410 万美元，这无疑相差甚远。与此同时，萨福克郡的制造业所雇用的男女工人数量（19 093 人），也远少于林恩所处的埃塞克斯郡（46 377 人）、米德尔塞克斯郡（36 822 人）以及伍斯特郡（31 393 人）。参见：*Manufactures of the United States in 1860: Complied from the Original Returns of the Eighth Census* (New York: Norman Ross Publishing, 1990), 251。
2. 到了 1880 年时，波士顿所属的萨福克郡年制造业总产出达到了 1.345 亿美元，超过了米德尔塞克斯郡的 1.28 亿美元和埃塞克斯郡的 1.03 亿美元。同时，该郡的雇员数量达到了 6.098 万人，超过了在 1860 年时拔得头筹的埃塞克斯郡（5.9869 万人），而以微弱的差距仅次于米德尔塞克斯郡（6.1135 万人）。参见：Francis Amasa Walker and Chas W. Seaton, eds., *Tenth Census of the United States, 1880* (New York: Norman Ross Publishing, 1991), 130。

3. 在洛厄尔，纺织部门包含“棉织品”“织物染整”“羊毛织物”“精纺毛料”。而在劳伦斯，纺织部门包含“棉织品”“织物染整”“混纺”“羊毛织物”“精纺毛料”。参见：*Tenth Census of the United States, 1880,* 402, 408-410。
4. 在林恩，鞋靴工业包含“鞋靴制造”“鞋靴切割”“鞋靴查找”“皮革梳刷”“皮革鞣制”。参见：*Tenth Census of the United States, 1880*, 410。
5. *Tenth Census of the United States, 1880*, 385-386.
6. 相比之下，洛厄尔的平均资本投入为 72 315 美元，平均雇员人数为 70.8 人，劳伦斯的平均资本投入为 81 654 美元，平均雇员人数为 73 人，而林恩的平均资本投入为 17 185 美元，平均雇员人数为 36.2 人。参见：*Tenth Census of the United States, 1880*, 402, 408-410。整座城市之中 90% 的工业企业，其资本投入都不超过 2 万美元，这些工业企业雇用了城市中一半的工业劳动力，并支付了超过一半的薪水。参见：Noam Maggor, “Politics of Property: Urban Democracy in the Age of Global Capital, Boston 1865-1900” (Ph. D., Harvard University, 2010), 145-148。有关这一时期大规模生产的替代性选择的信息（但对于政治和意识形态关注很少），参见：Charles Sabel and Jonathan Zeitlin, “Historical Alternatives to Mass Production: Politics, Markets and Technology in Nineteenth-Century Industrialization,” *Past and Present*, no.108 (1985): 133-176; Charles F. Sabel and Jonathan Zeitlin, eds., *World of Possibilities: Flexibility and Mass Production in Western Industrialization* (New York: Cambridge University Press, 1997); Philip Scranton, *Proprietary Capitalism: The Textile Manufacture at Philadelphia, 1800-1885* (Cambridge [Cambridgeshire]: Cambridge University Press, 1983); Philip Scranton, *Endless Novelty: Specialty Production and American Industrialization, 1865-1925* (Princeton, NJ: Princeton University Press, 1983); Philip Scranton, *Endless Novelty: Specialty Production and American Industrialization, 1865-1925* (Princeton, NJ: Princeton University Press, 1997); Philip Scranton and Patrick

Fridenson, *Reimagining Business History* (Baltimore: Johns Hopkins University Press, 2013)。

7. Mona Domosh, *Invented Cities: The Creation of Landscape in Nineteenth-Century New York & Boston* (New Haven, CT: Yale University Press, 1996), 99-109. Bainbridge Bunting, *House of Boston's Back Bay: An Architectural History, 1840-1917* (Cambridge, MA: Belknap Press of Harvard University Press, 1967).
8. Domosh, *Invented Cities*, 110-122.
9. 在这一地区之中，精英家庭的集中程度极为凸显。一项研究显示，在 1905 年时，后湾地区是 1 166 户上流阶层家庭的居住之地，此时比肯山的精英家庭共有 242 户，而整座城市之中的上流阶层家庭总数则为 1 635 户。参见：Walter Irving Firey, Land Use in Central Boston (Cambridge, MA: Harvard University Press, 1947), 115. 后湾地区的居民拥有巨量处于马萨诸塞州之外的公司资产（既包含股票也包含债券）以及向美国西部地区发放的抵押贷款，相比之下，城市里的其他任何区域的居民都难望其项背。有关 1889 年时尽管并不完全但十分生动的数字信息，参见：William Minot, Jonathan Abbot Lane, and George G. Crocker, *Message of the Mayor Transmitting Report of the Special Commission on Taxation* (Boston: Rockwell and Churchill, 1891)。
10. *Boston Daily Advertiser*, February 5, 1877.
11. 最初的抗议请愿书得到了 43 人的签名，而这 43 人中的 34 人都从属于范围极小的几个职业：5 个金融家、4 个实业家、13 名律师、9 个商人、1 名建筑师、1 名医生以及 1 个房地产经纪人。而第二次抗议请愿书虽然包含了 250 个人名，但由于只签了名字的首字母，难以找出其人。技工慈善联合会总共有 800 名成员，代表了涵盖范围极广的商业活动。他们全部都有着在年轻及成长期间作为小商贩学徒（一种极不稳定的身份）或大型制造企业监工的经历。与此同时，还有另外三次由那些不属于技工慈善联合会的人士发起的支持技工群体的请愿活动，这些请愿活动涉及 98 个不同的人名，其中的 89 个人名能够在城市地址人名录中找到。主要的都市工业都在这些人之中得到了体现，其中包含皮革制造业 7 人、鞋靴制造业 8 人、制衣业 4 人、钢琴制造业 9 人以及出版业 8 人，同时还有经销商 8 人，以及杂货商、零售商、木匠、珠宝商、房地产经纪人、店员和售货员。另外还有5名银行家支持技工的提议。这些职业都是通过被美国塔夫茨大学波士顿街道课题电子化了的波士顿地址人名录上获取的。参见：http://bcd.lib.tufts.edu/。

12. Boston (Mass.), "City Document No.26, Evidence Taken at the Hearing Before the Joint Standing Committee on Common and Public Grounds on the Petition of the Massachusetts Charitable Mechanic Association for Leave to Erect a Building on Boston Common," Boston City Documents (Boston: Rockwell and Churchill, 1877).
13. Massachusetts Charitable Mechanic Association, *Annals of the Massachusetts Charitable Mechanic Association, 1795-1892* (Boston, MA: Press of Rockwell and Churchill, 1892), 521-522; Boston (Mass.), *A Catalogue of the City Councils of Boston, 1822-1908, Roxbury, 1846-1867, Charlestown, 1847-1873 and of the Selectmen of Boston, 1634-1822, Also of Various Other Town and Municipal Officers* (Boston: City of Boston Printing Department, 1909). 这两个人同样曾在马萨诸塞州之中的立法机构任职。
14. Boston (Mass.), City Document No.26, 3.
15. Ibid., 13.
16. A Committee of Citizens, *The Public Rights in Boston Common* (Boston: Rockwell and Churchill, 1877), 33.
17. Ibid., 33, 35.
18. Ibid., 5; "The Charitable Mechanics Association and the Common," *Boston Daily Advertiser*, February 22, 1877.
19. *The Public Rights in Boston Common*, 5.
20. Ibid., 5.
21. Ibid., 35. 在这个特殊的时间节点上，如果翻阅小查尔斯·亚当斯与他的弟弟亨利之间的往来信件，便会发现，亨利认为新英格兰地区的财富与生活必将被导向一个更有前景的市场之中。参见：Henry Adams to Charles Francis Adams Jr., July 30, 1867, in Henry Adams, *The Letters of Henry Addams* (Cambridge, MA: Harvard University Press, 1982), vol.1541-546。
22. Boston (Mass.), City Document No. 26, 11, 8; *The Public Rights in Boston*

*Common*, 4.

23. "The Last Hearing," *Boston Daily Advertiser*, February 17, 1877.
24. *The Public Rights in Boston Common*, 8.
25. Ibid., 31, 34.
26. Boston (Mass.), City Document No.26, 21, 20.
27. *The Public Rights in Boston Common*, 11.
28. Ibid., 10.
29. Ibid., 24.
30. Ibid. 奥尔尼自己便居住在位于西罗克斯伯里乡村地区的大庄园中，而西罗克斯伯里在最近才刚刚被并入波士顿，且这次兼并违背了这里最富有的居民的意愿。
31. Ibid., 15.
32. Ibid., 40.
33. Ibid., 54. 昆西自己便居住在毗邻波士顿公园的“公园大道”上。就连昆西的赞颂者都知道他的名声——他经常“祸从口出，他拥有雄心壮志，但不懂身为政治家的艺术；他直言不讳，但他发表的言论却经常与政治潮流不相契合”。参见：Samuel Arthur Bent, *Eulogy on Samuel Miller Quincy* (Boston: T. R. Marvin and Son, 1887), 17。
34. *The Public Rights in Boston Common*, 9.
35. Boston (Mass.), City Document No.26, 3; *The Public Rights in Boston Common*, 35.
36. *The Public Rights in Boston Common*, 33.
37. 有关为什么这次抗议在本质上是针对这一时期的工业化政策的解读，参见：James Livingston, *Pragmatism and the Political Economy of Cultural Revolution, 1850-1940* (Chapel Hill: University of North Carolina Press, 1994), 43-49; Alexander Gourevitch, *From Slavery to the Cooperative Commonwealth: Labor and Republican Liberty in the Nineteenth Century* (New York: Cambridge University Press, 2015). Kristin Ross, *Communal Luxury: The Political Imaginary of the Paris Commune* (London: Verso, 2015), 39-65, and Jacques Ranciere, *The Nights of Labor: The Workers' Dream in Nineteenth-*

*Century France* (Philadelphia: Temple University Press, 1989). 人们对那种将理论与应用知识区分开来的意识形态所进行的批判，参见：Lissa Roberts, Simon Schaffer, and Peter Dear, eds., *The Mindful Hand: Inquiry and Invention from the Late Renaissance to Early Industrialization* (Amsterdam: Koninkliijke Nederlandse Akademie van Wetenschappen, 2007), and Richard Sennett, *The Craftsman* (New Haven, CT: Yale University Press, 2008)。

38. Ibid., 21, 5; Boston (Mass.), City Document No.26, 11.
39. Boston (Mass.), City Document No.26, 11.
40. Ibid., 11.
41. *The Public Rights in Boston Common*, 21.
42. Ibid., 24.
43. Ibid., 34; Boston (Mass.), City Document No.26, 12.
44. Quoted in Michael Rawson, *Eden on the Charles: The Making of Boston* (Cambridge, MA: Harvard University Press, 2010), 52. 有关波士顿公园历史的信息，参见：Mona Domosh, *Invented Cities: The Creation of Landscape in Nineteenth-Century New York & Boston* (New Haven: Yale University Press, 1996), 127-133; Rawson, *Eden on the Charles*, 22-74。
45. Domosh, *Invented Cities*, 129-130; Rawson, *Eden on the Charles*, 32-35.
46. Rawson, *Eden on the Charles*, 35-40, 43-67.
47. "An Old Lady of Boston," *Boston Daily Advertiser*, March 19, 1869, quoted in P. S. Gilmore, *History of the National Peace Jubilee and Great Musical Festival* (Boston: Lee, Shepard, and Dillingham, 1871).
48. Quoted in ibid., 219.
49. *The Public Rights in Boston Common*, 38.
50. 有关精英阶层对那些早已消失的"中古匠人"的喜爱，参见：T. J. Jackson Lears, *No Place of Grace: Antimodernism and the Transformation of American Culture, 1880-1920* (New York: Pantheon Books, 1981)。
51. Massachusetts Charitable Mechanic Association, The *Tenth Exhibition of the Massachusetts Charitable Mechanic Association at Faneuil and Quincy Halls in the City of Boston* (Boston: Wright and Potter, 1865), vi; Massachusetts

Charitable Mechanic Association, *The Fourteenth Exhibition of the Charitable Mechanic Association* (Boston: Alfred Mudge and Son, 1881), vii.

52. Massachusetts Charitable Mechanic Association, *The Fourteenth Exhibition*, xxiv.
53. Ibid., xxvi; Massachusetts Charitable Mechanic Association, *The Tenth Exhibition*, vi.
54. Ibid., 31.
55. Alexander Hamilton Bullock, *The Mechanic Arts Favorable to Liberty and Social Progress* (Boston: Wright and Potter, 1865), 10, 8.
56. Ibid., 13, 10.
57. Massachusetts Charitable Mechanic Association, *The Fourteenth Exhibition*, xxiv.
58. Massachusetts Charitable Mechanic Association, *The Twelfth Exhibition of the Massachusetts Charitable Mechanic Association* (Boston: Alfred Mudge and Son, 1874), 206.
59. Alexander Gourevitch, *From Slavery to the Cooperative Commonwealth: Labor and Republican Liberty in the Nineteenth Century* (New York: Cambridge University Press, 2015); Kristin Ross, *Communal Luxury: The Political Imaginary of the Paris Commune* (London: Verso, 2015); Bruce Robertson, "The South Kensington Museum in Context: An Alternative History," *Museum and Society* 2, no.1 (March 2004).
60. Bullock, *The Mechanic Arts*, 21.
61. Massachusetts Charitable Mechanic Association, *The Twenty-first Triennial Festival at Music Hall, November 18, 1869, Address by Charles W. Slack Esq.* (Boston: Alfred Mudge and Son, 1869).
62. Bullock, *The Mechanic Arts*, 21-22.
63. Ibid., 17-18.
64. Massachusetts Charitable Mechanic Association, *The Fourteenth Exhibition*, xxiv.
65. Massachusetts Charitable Mechanic Association, *The Twenty-first Triennial*

*Festival, Address by Charles W. Slack Esq.*, 32-36. 有关西奥多・帕克发表的文章全文，参见：Theodore Parker, *The Collected Works of Theodore Parker: Lessons from the World of Matter and the World of Man*, 3rd ed. (London: Trubner and Co., 1872), 377-385。

66. 参见：Neil Harris, "The Gilded Age Revisited: Boston and the Museum Movement," *American Quarterly* 14, no.4 (1962): 545-566; Paul DiMaggio, "Cultural Entrepreneurship in Nineteenth-Century Boston: The Creation of an Organizational Base for High Culture in America," *Media, Culture and Society* 4, no.1 (1982): 33-50; Paul DiMaggio, "Cultural Entrepreneurship in Nineteenth-Century Boston, Part II: The Classification and Framing of American Art," *Media, Culture and Society* 4, no.4 (1982): 303-322; Lawrence Levine, *Highbrow/Lowbrow: The Emergence of Cultural Hierarchy in America* (Cambridge, MA: Harvard University Press, 1990)。
67. Quoted in Walter Muir Whitehill, *Museum of Fine Arts, Boston: A Centennial History* (Cambridge, MA: Belknap Press, 1970).
68. Quoted in ibid., 42.
69. Quoted in Ibid., 58.
70. Whitehill, *Museum of Fine Arts*, Boston, 51-52.
71. Quoted in DiMaggio, "Cultural Entrepreneurship in Nineteenth-Century Boston, Part II," 306-307.
72. Massachusetts Charitable Mechanic Association, The Fourteenth Exhibition, 229.
73. Boston (Mass.), *Reports of Proceedings of the City Council of Boston for the Year 1877* (Boston: City of Boston, n. d.), 113, 115.
74. Boston (Mass.), "City Document No.27, Report on Petition of Mass. Charitable Mechanic Association for Use of a Portion of Boston Common on with to Erect Their Exhibition Building," Boston City Documents (Boston: Rockwell and Churchill, 1878).

## 第五章 美国东部资金与西部民粹

1. 参见：Howard Roberts Lamar, *Dakota Territory, 1861-1889: A Study of Frontier*

*Politics* (New Haven, CT: Yale University Press, 1956)。

2. 当然，联邦政府的影响力在区域这一层级上绝非全无踪影，通过驱逐原住民、开疆拓土以及调查自然资源等种种方式，它展示着美国的力量、宣扬着美国的主权。参见：Richard White, "*It's Your Misfortune and None of My Own*" : *A History of American West* (Norman: University of Oklahoma Press, 1991)，由于上述的所有事项都处于联邦政府的管辖及控制范围之内，它们无须经过州制宪会议代表的讨论。
3. 急切的移民自己组织了地方政府，他们的统治能力极不完善，并时刻期盼着得到联邦立法的承认。举例而言，在科罗拉多于 1861 年 2 月正式成立之前，丹佛地区便有不少于三个实体宣称拥有当地的政府管辖权。参见：Dale A. Oesterle and Richard B. Collins, *The Colorado State Constitution: A Reference Guide* (Westport, CT: Greenwood Press, 2002), 3-4。
4. *Second Annual Report of the Denver Chamber of Commerce and Board of Trade, Denver, Colorado* (Denver: New Printing Company, April 15, 1885).
5. 有关这一主题的经典研究，参见：John Donald Hicks, *The Constitutions of the Northwest States* (Lincoln: University of Nebraska, 1923)。对于希克斯及艾米·布里奇在最近针对美国各州形成过程中极其重要却一直为人们所忽略的方面所做出的全面研究，本书的作者深表感谢，参见：Amy Bridges, "Managing the Periphery in the Gilded Age: Writing Constitutions for the Western States," *Studies in American Political Development* 22, no.1 (April 2008): 32-58。在联邦主义这面大旗帜下，州级别上的立宪活动得到了法律学者越来越多的关注，参见：Christian G. Fritz, "The American Constitutional Tradition Revisited: Preliminary Observations on State Constitution-Making in the Nineteenth-Century West," *Rutgers Law Journal* 25 (1994): 945-998; Marsha L. Baum and Christian G. Fritz, "American Constitution-Making: The Neglected State Constitutional Sources," *Hastings Constitutional Law Quarterly* 27 (2000): 199-242; Gordon Morris Bakken, *Rocky Mountain Constitution Making, 1850-1912* (New York: Greenwood Press, 1987); David Alan Johnson, *Founding the Far West: California, Oregon, and Nevada, 1840-1890* (Berkeley: University of California Press, 1992); G. Alan Tarr, *Understanding State Constitutions*

(Princeton, NJ: Princeton University Press, 1998); John J. Dinan, *The American State Constitutional Tradition* (Lawrence: University Press of Kansas, 2006); Emily J. Zackin, *Looking for Rights in All the Wrong Places: Why State Constitutions Contain America's Positive Rights* (Princeton, NJ: Princeton University Press, 2013)。这些围绕着宪法制定而展开的辩论，向人们揭示出了那种与发展出了为美国最高法院所青睐的“自由放任法理学”的意识形态与教义迥然相异的复杂背景。尽管本塞尔在探讨联邦政府为美国全国市场的建立而进行的司法建设时承认，一旦对各个州的立法机构放任自流，那么它们终将对一体化的全国市场在 19 世纪末期的形成造成巨大的阻碍，但他对于这些立法机构的具体作为以及它们所取得的巨大成功的挖掘，不够深入。参见：Richard Franklin Bensel, *The Political Economy of American Industrialization, 1877-1900* (Cambridge: Cambridge University Press, 2000), 321。如果想要了解相关学者对于各种可能性的深入思考（但同样对联邦机构进行了过度的强调），参见：Gerald Berk, *Alternative Tracks: The Constitution of American Industrial Order, 1865-1917* (Baltimore: Johns Hopkins University Press, 1994)。

6. 这条分析很好地验证了查尔斯·波斯特尔的深刻见解——“对于民粹主义者而言，现代化本身并不是一个问题，但它更好地向我们解释了究竟是什么原因导致了自由主义者的关注焦点在这一时期及随后的时期中脱离了自由主义正统这一主题”。
7. 在南北战争结束后，以下领地相继获得了州的身份：科罗拉多（1875 年）、蒙大拿（1888 年）、北达科他（1889 年）、南达科他（1889 年）、华盛顿（1889 年）、爱达荷（1890 年）以及怀俄明（1890 年）。
8. *Proceedings and Debates of the Constitutional Convention: Held in the City of Helena, Montana, July 4th, 1889, August 17th, 1889* (Helena, MT: State Publishing Company, 1921), 806.
9. *Journal of the Constitutional Convention for North Dakota Held at Bismarck, Thursday, July 4 to Aug. 17, 1889, Together with the Enabling Act of Congress and the Proceedings of the Joint Commission Appointed for the Equitable Territorial Property* (Bismarck, ND: Tribune, 1889), 67.

10. “在我们讨论的过程中，没有什么主题比那些与公司有关的令人心烦意乱的问题更使人焦躁、忧虑的了。”他们如此评论道。参见：*Proceedings of the Constitutional Convention Held in Denver, December 20, 1875: To Frame a Constitution for the State of Colorado, Together with the Enabling Act Passed by the Congress of the United States and Approved March 3, 1875, The Address to the People Issued by the Convention, the Constitution as Adopted and the President's Proclamation* (Denver: Smith-Brooks Press, state printers, 1907)。
11. *Journal and Debates of the Constitutional Convention of the State of Wyoming: Begun at the City of Cheyenne on September 2, 1889, and Concluded September 30, 1889* (Cheyenne, WY: Daily Sun Book and Job Printing, 1893), 668; Ichabob S. Bartlett, *History of Wyoming*, vol.3 (Chicago: The S.J. Clarke Publishing Company, 1918), 102-105.
12. *Journal and Debates of the Constitutional Convention of the State of Wyoming*, 498; Marie H. Erwin, *Wyoming Historical Blue Book: A Legal and Political History of Wyoming, 1868-1943* (Denver: Bradford-Robinson Printing Company, 1946), 642.
13. *Journal and Debates of the Constitutional Convention of the State of Wyoming*, 295.
14. *Proceedings and Debates of the Constitutional Convention: Held in the City of Helena in Montana*, 61; A. W. Bowen, *Progressive Men of the State of Montana* (Chicago: A. W. Bowen & Company, 1900), 57-58.
15. *Proceedings and Debates of the Constitutional Convention: Held in the City of Helena in Montana*, 137; *The Journal of the Washington State Constitutional Convention, 1889* (Seattle: Book Publishing Company, 1962), 203.
16. *Proceedings and Debates of the Constitutional Convention of Idaho, 1889* (Caldwell, ID: Caxton Printers, 1912), 1162. “尽管在正常的年份中，所有沿着沟渠与运河定居的人都能够得到充足的供水，可在气候干燥的年景中，我们是应该让占总数一半的农场因为某些人士在获取水资源时所享有的绝对优先权而遭到完全的摧毁，还是应该通过立法制定相应的规章制度从而确保水资源的公平分配呢？”克拉格特在解释“充足供应”原则时如此发问道。参见：ibid., 1181。

17. *Proceedings and Debates of the Constitutional Convention: Held in the City of Helena in Montana,* 896; Bowen, *Progressive Men of the State of Montana*, 440-442, 281-283. 为了使北太平洋铁路能够顺利通行，卢斯曾代表联邦政府前往蒙大拿与当地的印第安部族进行协商。
18. *Proceedings and Debates of the Constitutional Convention: Held in the City of Helena in Montana*, 498.
19. *Proceedings and Debates of the Constitutional Convention of Idaho*, 1373-1374.
20. *The Journal of the Washington State Constitutional Convention*, 297-301; *Proceedings and Debates of the Constitutional Convention of Idaho*, 1372-1395; *Proceedings and Debates of the Constitutional Convention: Held in the City of Helena in Montana*, 196-217; *Journal of the Constitutional Convention for North Dakota*, 366-371.
21. *Proceedings and Debates of the Constitutional Convention: Held in the City of Helena in Montana*, 130; Bowen, *Progressive Men of the State of Montana*, 62.
22. *Proceedings and Debates of the Constitutional Convention: Held in the City of Helena in Montana*, 129.
23. Ibid., 143.
24. *Journal and Debates of the Constitutional Convention of the State of Wyoming*, 402; Erwin, *Wyoming History Blue Book*, 172.
25. *Proceedings and Debates of the Constitutional Convention: Held in the City of Helena in Montana*, 142. 怀俄明州的制宪会议代表集体宣称，他们针对“外来警力攘掇本地权威”这一现象的取缔与禁止，是他们所取得的最为重要的成就之一。参见：*Journal and Debates of the Constitutional Convention of the State of Wyoming*, 119。
26. *Journal of the Constitutional Convention for North Dakota*, 380.
27. *Proceedings and Debates of the Constitutional Convention of Idaho*, 1708-1709.
28. *The Journal of the Washington State Constitutional Convention*, 680, 474.

29. *Proceedings and Debates of the Constitutional Convention: Held in the City of Helena in Montana*, 553.
30. *Proceedings and Debates of the Constitutional Convention of Idaho*, 1716; Dennis C. Colson, *Idaho's Constitution: The Tie That Binds* (Moscow, ID: University of Idaho Press, 1991), 10.
31. *Journal and Debates of the Constitutional Convention of the State of Wyoming*, 684. 事实上，这一时期州与州之间的相互对比更利于与之相反的结论，鼓励着各州的代表在应对公司势力之时采取更加强硬的立场。就如同梅休在爱达荷所呼吁的那样："在处理任何与公司相关的事务时，我们最好遵从其他州或正在形成之中的地方的先例，并采纳其宪法之中相应章节的条款，用以保护我们的人民免受那些机构的侵害。"参见：*Proceedings and Debates of the Constitutional Convention of Idaho*, 1068-1069。
32. *Proceedings and Debates of the Constitutional Convention: Held in the City of Helena in Montana*, 569; Bowen, *Progressive Men of the State of Montana*, 1176-1178.
33. *Proceedings and Debates of the Constitutional Convention of Idaho*, 889; Colson and Idaho, Idaho's Constitution, 9.
34. *Journal and Debates of the Constitutional Convention of the State of Wyoming*, 453, 691; A. W. Bowen, *Progressive Men of the State of Wyoming* (Chicago: A. W. Bowen & Company, 1903), 840-841.
35. *The Journal of the Washington State Constitutional Convention*, 188-189, 475.
36. *Journal and Debates of the Constitutional Convention of the State of Wyoming*, 672.
37. *Proceedings and Debates of the Constitutional Convention: Held in the City of Helena in Montana*, 127; Bowen, *Progressive Men of the State of Montana*, 137-139.
38. *Journal and Debates of the Constitutional Convention of the State of Wyoming*, 672.
39. *The Journal of the Washington State Constitutional Convention*, 188-189.
40. *Proceedings and Debates of the Constitutional Convention of Idaho*, 1743.

41. *Journal and Debates of the Constitutional Convention of the State of Wyoming*, 443; Erwin, Wyoming Historical Blue Book, 632.
42. *Proceedings and Debates of the Constitutional Convention of Idaho*, 888.
43. *Proceedings and Debates of the Constitutional Convention: Held in the City of Helena in Montana*, 675.
44. *Proceedings and Debates of the Constitutional Convention of Idaho*, 885-886.
45. *Proceedings and Debates of the Constitutional Convention: Held in the City of Helena in Montana*, 704.
46. 新闻报道早已观察到了这一趋势，在对华盛顿州的制宪会议进行评论时，《西雅图时报》便如此写道："尽管越来越多的人开始谴责或质疑对欲在本州进行投资的资本进行鼓励的必要性，但是那种似是而非的抗辩一直在强调——对公司的限制将对资本造成伤害。那些潜伏在制宪会议之中的公司利益的代理人，正是在这一幌子的掩护下努力地从事着自己的工作，依靠着向人们展示资本所能够带来的蝇头小利，他们企图挫败那些令他们的主子感到尤为不悦的法律条款。也许是由于一些代表甘愿人云亦云，这些代理人居然成功地蒙蔽了他们。"参见：*Seattle Times*, August 7, 1889. 当制宪会议的代表辜负了公司的期望之时，一些来自场外的游说活动便开始此起彼伏。在华盛顿州的代表通过投票而同意建立一个力量强大的铁路委员会之后，这个州的各种商业组织便发起了猛烈的回击。仅仅在上述决定被做出的数天之后，制宪会议收到的请愿书足以将其淹没。亚基马与埃伦斯堡的贸易委员会最先行动起来，他们宣称铁路委员会将无助于州获取最大利益，尤其是它将削弱州依靠外来资本快速开发自身自然资源的能力。而来自斯波坎福尔斯、阿伯丁、蒙特萨诺以及温哥华的贸易委员会则在晚些时候也一同加入了合唱，他们宣称自己的请愿致力于捍卫"契约自由"的精神，并呼吁应将与建立铁路委员会有关的条款同那些可能会导致当下急需的资本感到忧虑并逃离的条款一并从最终的文本中删除，且无论是在字面意思上还是在思想精神上都应如此。当同一个问题在数天之后被再次带到制宪会议进行表决时，便有数十名代表改换了自己的立场，而建设铁路委员会的提议也由此被推翻。参见：*Tacoma Morning Globe*, July 29, August 2-3, 1889。在 1889 年 8 月 3 日的投票中，相关决议赢得了39名代表的支持并获得通过，可同样的议题在当年8月6日举行的投票中，因47票对23票的结果而未获通过。参见：*Tacoma Morning Globe*, August 4, 7, 1889。

47. Bensel, *The Political Economy of American Industrialization*, 1-18.
48. *Proceedings and Debates of the Constitutional Convention: Held in the City of Helena in Montana*, 899. 在爱达荷州，梅休也同样诉诸“理性”——“公司应该受到某种程度上的限制，换句话说，我们应该把它们限定在理性的范围之内”。参见：*Proceedings and Debates of the Constitutional Convention of Idaho*, 817。令人感到反讽的是，正是这种“拥抱理性”的行为，使西部人士在亚当斯那里赢得了“不听人言”的非难。
49. 有关对“清晰性”这一概念的具体说明，参见：James C. Scott, *Seeing Like a State: How Certain Schemes to Improve the Human Condition Have Failed* (New Haven, CT: Yale University Press, 1998)。由大卫·蒙哥马利所提出的，有关在工厂车间中施行“工人管理”的理念，由此找到了自己在宏观政治层面的对应物。参见：David Montgomery, *Workers' Control in America: Studies in the History of Work, Technology, and Labor Struggles* (Cambridge: Cambridge University Press, 1979); David Montgomery, *The Fall of the House of Labor: The Workplace, The State, and American Labor Activism, 1865-1925* (Cambridge: Cambridge University Press, 1987)。
50. *Proceedings and Debates of the Constitutional Convention: Held in the City of Helena in Montana*, 899.
51. Ibid., 504. 一旦与税收有关的事务被完全置于当地评税员的监管之下，则相似的不确定性也必将接踵而至。就如同贝蒂在爱达荷州所指出的那样：“如果你告诉美国东部的资本家，他们的矿山完全处于州评税员的管控范围之中，那还会有多少来自东部地区的人士甘愿走出自己的家乡，并将自己的资金投入到如此充满不确定性的产业之中呢？”克拉格特也同样就与税收有关的财政政策在确定性方面的缺失发出了警告：“如果你把这件事情完全交给立法会议处理，那么将绝没有任何人可以提前两年预知那些最终的法条将对矿业资产产生何种冲击，而这一现象必将可怕地抑制投资行为。”参见：*Proceedings and Debates of the Constitutional*

*Convention of Idaho*, 1750-1751, 1762-1763。伊丽莎白·桑德斯一贯强调社会运动对立法权的信任在对抗由专家所控制着的州行政权的过程中所蕴含的意义。参见：Elizabeth Sanders, *Roots of Reform: Farmers, Workers, and the American State, 1877—1917* (Chicago: University of Chicago Press, 1999), 387-389。

52. David Schorr, *The Colorado Doctrine: Water Rights, Corporations, and Distributive Justice on the American Frontier* (New Haven, CT: Yale University Press, 2012), 104-138. 按照肖的论述，那种致力于在随后的几年中为水资源使用权创立出明晰的登记表的努力，在州最高法院的干预下无法实现。当贝蒂在爱达荷州谈论有关“有利使用原则”的突出特点之时，他认为这一原则所面对的最为主要的反对观点便是“该原则使得所有的利益都变得充满了不确定性”。参见：*Proceedings and Debates of the Constitutional Convention of Idaho*, 1181。
53. 这种不对等的特性，使得借贷公司极不情愿将水资源使用权当作信贷的抵押物，有时甚至是完全拒绝。参见：Schorr, *The Colorado Doctrine*, 127-128。
54. Richard White, *Railroad: The Transcontinentals and the Making of Modern America* (New York: W. W. Norton & Company, 2011), chapter 4.
55. *Proceedings and Debates of the Constitutional Convention: Held in the City of Helena in Montana*, 709-710.
56. 乔治·米勒的经典研究与伯克最近的研究都涉及了这一观点，参见：George Hall Miller, *Railroads and the Granger Laws* (Madison: University of Wisconsin Press, 1971); Berk, *Alternative Tracks*。
57. *Proceedings and Debates of the Constitutional Convention: Held in the City of Helena in Montana*, 499.
58. Ibid., 127. My emphasis.
59. *Journal and Debates of the Constitutional Convention of the State of Wyoming*, 672.
60. 参见州宪法中的如下条款：Idaho Article XI, 10, 14; Montana Article XV, 11, 15; Wyoming Article X, “railroads,” 8; Washington Article XII, 7; Colorado

Article XV, 10; North Dakota Article VII, 136, 140。

61. 那种居于主导地位的，认为相对低廉的长途运输费率是由于铁路的高昂固定成本而导致的纯粹经济现象，并因此而与政治无关的解读，要追溯到以下著作 : Arthur Twining Hadley, *Railroad Transportation, Its History and Its Laws* (New York, G. P. Putnam's Sons, 1885)。同时，上述问题在以下著作中得到了最为清晰的解释 : William Cronon, *Nature's Metropolis: Chicago and the Great West* (New York: W. W. Norton, 1991)。近期，理查德·怀特对这种观点发出了质疑，他认为固定成本所占比例的变化几乎与哈德利所指出的全然相反。按照怀特的总结，铁路公司在制定运输费率时，并不是以他们提供的服务所花费的成本作为基础的，因为他们还不能计算出该成本，所以他们试验性地按照交通运输业所能承受的极限来设置费率的。换句话说，原先那种宣称铁路系统之所以会将长途运输优先于中短途运输，是受不可改变的经济规律决定的说法，在很大程度上是言过其实了。参见：White, *Railroaded*, 331, 160. 怀特将自己的观察建立在了如下著作的基础之上 : Gerald Berk, *Louis D. Brandeis and the Making of Regulated Competition, 1900-1932* (Cambridge: Cambridge University Press, 2009), 74-78; Gregory L. Thompson, "Misused Product Costing in the American Railroad Industry: Southern Pacific Passenger Service between the Wars," *The Business History Review* 63, no.3 (October 1, 1989): 510-554。
62. Idaho Articles XIV, 6, XIII, 3, VIII, 1, XIII, 2.
63. Idaho Articles XI, 5, 6, 10, 14, VII, 2, 4, 8.
64. Idaho Articles XV, 1, 3, 4, 2.
65. Idaho Article XIII, 2; Montana Article XVIII, 2; Wyoming Article XIX, 1.
66. Colorado Article XVI, 2, 3; Wyoming Article IX, 2; Washington Article II, 35.
67. Montana Article XVIII, 3; Idaho Article XIII, 4; Wyoming Article IX, 3; Colorado Article XVI, 2; North Dakota Article XVII, 209. 怀俄明州的宪法禁止任何女性在矿井中工作，但没有包含禁止将劳工运动组织者列入黑名单、禁止使用罪犯充当劳动力或设立劳工局等条款。
68. Montana Article XV, 5; Idaho Article XI, 5; Washington Article XII, 18; North Dakota Article VII, 142. 发生在华盛顿州的抗争导致"成立一个永久性的监

管机构”的提议遭到流产，而相关条文中仅仅写道：“一个铁路与运输委员会将有可能会被建立。”参见：Washington Article XII, 18。

69. Montana Article XV, 5, 7; Idaho Article XI, 5, 6; Wyoming Articles X, 7, XII, 15; Washington Article XII, 13; Colorado Article XV, 4; North Dakota Article VII, 142.
70. Colorado Article X, 3; Wyoming Article XV, 3; Montana Article XII, 3.
71. Montana Article III, 15; Washington Article XXI, 1; North Dakota Article XVII, 210; Idaho Article XV, 1-6; Colorado Article XVI, 5-8; Wyoming Article VIII, 1-5.
72. Bensel, *The Political Economy of American Industrialization*, 321.

## 第六章　变革年代

1. 有关伊利与他那些进步税制改革者的信息，参见：Ajay K. Mehrotra, *Making the Modern American Fiscal State: Law, Politics, and the Rise of Progressive Taxation, 1877-1929* (New York: Cambridge University Press, 2013)。有关经济学新思潮更为广泛的信息，参见：Mary O. Furner, *Advocacy & Objectivity: A Crisis in the Professionalization of American Social Science, 1865-1905* (Lexington: The University of Kentucky Press, 1975); Daniel T. Rodgers, *Atlantic Crossings: Social Politics in a Progressive Age* (Cambridge, MA: Harvard University Press, 1998); Nancy Cohen, *The Reconstruction of American Liberalism, 1865-1914* (Chapel Hill: University of North Carolina Press, 2002)。
2. “只有无政府主义者才能够兼容并蓄。”伊利曾如此写道。参见：Richard Theodore Ely, *Taxation in American States and Cities* (New York: T. Y. Crowell, 1888), 13-14。有关这种观点是如何与传统意义上的自由派观点相背离的，参见：Mehrotra, *Making the Modern American Fiscal State*, 110-117。
3. Ibid., 14.
4. Ibid., 287-288, 300, 287. 有关人们是如何支持在州层级上应由专家来掌控税收的过程的（尽管专家对于向由公司所发行的股票或债券课税这一任务可以说是无能为力的），参见：Mehrotra, *Making the Modern American Fiscal*

*State*, 204-208。

5. Ely, *Taxation in American States and Cities*, 218.
6. Ibid., 217, 219.
7. Ibid., 218, 242, 220.
8. Ibid., 231, 230, 218.
9. 有关遍布整个美国的精英阶层是如何对这一领域之中的民主政治做出反应的信息，参见：Alexander Keyssar, *The Right to Vote: The Contested History of Democracy in the United States* (New York: Basic Books, 2001); Sven Beckert, "Democracy and Its Discontents: Contesting Suffrage Rights in Gilded Age New York," *Past and Present* 174, no.1 (2002): 116; Eric J. Hobsbawm, *The Age of Empire, 1875-1914* (New York: Vintage Books, 1989), 110-111。
10. Nathan Mathews, *The City Government of Boston* (Boston: Rockwell and Churchill, 1895), 181-182. 参见马修斯在埃克塞特菲利普斯学院的演讲，ibid., 182.
11. 有关"现代化林业"与"科学管理方法"的起源之间的关系，参见：James C. Scott, *Seeing Like a State: How Certain Schemes to Improve the Human Condition Have Failed* (New Haven, CT: Yale University Press, 1998)。
12. George R. Nutter, *Nathan Mathews* (Cambridge, MA: N. p., 1928); Robert A. Silverman, "Nathan Matthews: Politics of Reform in Boston, 1890-1910," *The New England Quarterly* 50, no.4 (1977): 626-643.
13. "Letter to John T. Wheelwright, 39 Court St., October 10, 1889," Nathan Matthews Political Papers, vol. 1889, Widener Library, Harvard University ( 以下缩写为 WLHU)。
14. "Letter to S. N. Aldrich, Post Office Building, October 10, 1889," Nathan Matthews Political Papers, vol. 1889, WLHU.
15. "Letter to James M. Beck, April 4, 1890," Nathan Matthews Political Papers, vol. 1890, WLHU.
16. "Letter to H. C. Wadlin Esq., Chief of the Bureau of Statistics of Labor, 20 Beacon Street, January 20, 1890," Nathan Matthews Political Papers, vol. 1890, WLHU.

17. 参见：Nathan Matthews Political Papers, vol. 1890, WLHU, 747。
18. "Democratic State Committee: Instructions," Nathan Matthews Political Papers, vol. 1890, WLHU, 851.
19. "Letter to M. J. Kiley, Esq., 7 Spring Lane, March 31, 1890," Nathan Matthews Political Papers, vol. 1890, WLHU.
20. "Letter to the Springfield Republican, November 27, 1889," Nathan Matthews Political Papers, vol. 1889, WLHU.
21. "Letter to William M. Wilson, House of Representatives, April 1, 1890," Nathan Matthews Political Papers, vol. 1890, WLHU; "Some Reasons for Reducing these Tariff Taxes," Nathan Matthews Political Papers, vol. 1890, WLHU, 795-796.
22. Silverman, "Nathan Matthews," 628. 有关在这一关键时期中，移民领袖与波士顿商业精英之间的和谐关系的信息，参见：Geoffrey Blodgett, *The Gentle Reformers: Massachusetts Democrats in the Cleveland Era* (Cambridge, MA: Harvard University Press, 1966); Geoffrey Blodgett, "Yankee Leadership in a Divided City: Boston, 1860-1910," *Journal of Urban History* 8, no.4 (1982)：371; Oscar Handling, *Boston's Immigrants 1790-1880: A Study in Acculturation* (Cambridge, MA: Harvard University Press, 1959); Silverman, "Nathan Matthews"; Thomas H. O' Connor, *The Boston Irish: A Political History* (Boston: Northeastern University Press, 1995)。举例而言，在康纳评论休·奥布莱恩的市长生涯时，他曾如此写道："就个人而言，奥布莱恩对波士顿的商业精英热情而诚恳，他对于城市的传统极为恭敬。他不但是一个好爱尔兰人、一个得到了社会认可的爱尔兰人，还是爱尔兰裔美国人所希望看到的爱尔兰裔领袖乃至整座城市的领导者。"作为波士顿的市长，奥布莱恩积极拥护限制政府开支的方针。参见：O' Connor, *The Boston Irish*, 132。
23. "Letter to David Hill Esq., Easthampton, Mass., January 4, 1890," Nathan Matthews Political Papers, vol. 1890, WLHU.
24. "Letter to Hon. Hugh O' Brien, February 25, 1890," Nathan Matthews Political Papers, vol. 1890, WLHU.

25. O’Connor, *The Boston Irish*, 150.
26. Nathan Matthews, *The Citizen and the State* (Boston: G. H. Ellis, printer, 1889), 5.
27. Ibid., 7, 8.
28. Commonwealth of Massachusetts, *Annual Report of the Board of Education* (Boston: Wright and Potter, 1889), 76.
29. Ibid., 75, 80.
30. Matthews, *The Citizen and the State*, 19.
31. Ibid., 6.
32. “How Boston Is Governed,” *Boston Herald*, February 8, 1890, 同样也可见于：Nathan Matthews Political Papers, vol. 1890, WLHU, 701。
33. Commonwealth of Massachusetts, *Annual Report of the Board of Education*, 81.
34. Matthews, *The City Government of Boston*, 174, 29.
35. Ibid., 190, 183, 180, 178.
36. Ibid., 175, 181, 14.
37. Ibid., 25-26.
38. “Record of the Joint Special Committee on Retrenchment of Municipal Expenditure, 1877,” Boston Municipal Archives, West Roxbury, Boston. 各个部门的负责人坚决抵制任何削减开支的企图。公共图书馆的负责人如此解释道：“我找不到任何办法，能够在不危及服务质量的同时，将开支削减下去。相反，我还能够找到许多理由去支持预算的增加。”而评估部门的负责人则如此解释说：“我不认为你可以在不伤害城市的情况下减少支出。尽管如果有足够数量的牧师愿意提供帮助，一个人便可以顺利地完成他的工作，但依我所见，任何开支的减少都终将会以整座城市以及由市民所享受的便利为代价。”20, 45。
39. Matthews, *The City Government of Boston*, 25.
40. Ibid., 13.
41. Ibid., 39-40.
42. 这些都是小马修斯自己计算的数据，但有鉴于他一直保持着记账的习惯，这些资料大概率是正确的。他曾如此抱怨道：“如果市政当局想要为其治下的所有市郊村镇提供校舍、消防站以及警察局，同时还要为了那些土地投机分子的利益去铺设街道与排污系统，那么过度的开支与沉重的赋税将是无法避免的。”参见：ibid., 175。

43. Ibid., 89. 由特别税赋带来的分配效应，随着背景的不同而千差万别，这也解释了为什么波士顿以外其他地方的精英会一致行动前去抵制特别税赋的施行。有关美国其他城市推行特别税赋的手段，参见：Elizabeth Blackmar, *Manhattan for Rent, 1785-1850* (Ithaca, NY: Cornell University Press, 1989); Robin L. Einhorn, *Property Rules: Political Economy in Chicago, 1833-1872* (Chicago: University of Chicago Press, 2001); Stephen Diamond, “The Death and Transfiguration of Benefit Taxation: Special Assessments in Nineteenth-Century America,” *The Journal of Legal Studies* 12, no.2 (1983): 201-240。
44. Charles Phillips Huse, *The Financial History of Boston from May 1, 1822, to January 31, 1909* (Cambridge, MA: Harvard University Press, 1916), 154-155.
45. Matthews, *The City Government of Boston*, 37.
46. Ibid., 60, 92, 90.
47. William Minot, Jonathan Abbot Lane, and George G. Crocker, *Message of the Mayor Transmitting Report of the Special Commission on Taxation* (Boston: Rockwell and Churchill,1891), 7.“为了给（我的儿子威廉）足够的时间去审视这一主题（并完成与这份税收报告有关的工作），他需要过一个星期的隔绝生活，因此我们决定在后半周动身前往莱诺克斯，并在那里的旅馆中放松自我。旅馆的房间中有暖气，提供明火，且桌子的质量上乘，这样威廉便可以与他的速记员一道不受干扰地工作了。”威廉的父亲曾如此解释说。参见：William Minot, *Private Letters* (Boston: Rockwell and Churchill, 1895), 153。
48. Minot, Lane, and Crocker, *Message of the Mayor*, 8-9.
49. Ibid.
50. Ibid., 24-25.
51. Ibid., 15, 23.
52. Huse, *The Financial History of Boston*, 377; Commonwealth of Massachusetts, *Report of the Commission Appointed to Inquire into the Expenditure of Revising*

*and Amending the Laws of the Commonwealth Relating to Taxation* (Boston: Wright and Potter, 1897), 50. 18 座被选中的城镇分别是：阿灵顿、贝尔蒙、布鲁克林、科哈塞特、伊斯顿、法尔茅斯、格罗顿、霍普代尔、兰开斯特、林肯、曼彻斯特、马特波伊西特、米尔顿、纳罕特、斯托克布里奇、斯万普斯科特、韦尔斯利以及韦斯顿。

53. “分类财产税（相对于普遍财产税而言）”承诺将削减甚至完全免除原先施加在无形资产之上的税赋，而拥护“分类财产税”也成了商业精英与专家的标准立场。参见：Charles J. Bullock, “The Taxation of Property and Income in Massachusetts,” *The Quarterly Journal of Economics* 31, no.1 (1916), and Mehrotra, *Making the Modern American Fiscal State*, 208-213。
54. Commonwealth of Massachusetts, *Report of the Commission*, 111.
55. Ibid., 83-84.
56. Ibid., 125-126.
57. Ibid., 133.
58. 有关麦克尼尔的信息，参见：Alexander Gourevitch , *From Slavery to the Cooperative Commonwealth: Labor and Republican Liberty in the Nineteenth Century* (New York: Cambridge University Press, 2015); David Montgomery, *Beyond Equality: Labor and the Radical Republicans, 1862-1872* (New York: Knopf, 1967).
59. Commonwealth of Massachusetts, *Report of the Commission*, 162, 148, 166.
60. Ibid., 159,157.
61. Ibid., 172, 138.
62. Ibid., 141.

## 结论：转型与再出发

1. Naomi R. Lamoreaux, *The Great Merger Movement in American Business, 1895-1904* (Cambridge: Cambridge University Press, 1985); William G. Roy, *Socializing Capital: The Rise of the Large Industrial Corporation in America* (Princeton, NJ: Princeton University Press, 1997), 4-5; Richard Franklin Bensel,

*The Political Economy of American Industrialization, 1877-1900* (Cambridge: Cambridge University Press, 2000), 319; Thomas R. Navin and Marian V. Sears, "The Rise of a Market for Industrial Securities, 1887-1902," *The Business History Review* 29, no.2 (1955): 105-138.

2. Roy, Socializing Capital, 250-251. 有关外来投资在总投资中所占比重逐渐下降的信息，参见：Lance Edwin Davis and Robert E. Gallman, *Evolving Financial Markets and International Capital Flows: Britain, the Americas, and Australia, 1865-1914* (Cambridge: Cambridge University Press, 2001), 9, 27。
3. Vincent P. Carosso, *Investment Banking in America: A History*, Harvard Studies in Business History 25 (Cambridge, MA: Harvard University Press, 1970), 85-97; Susie Pak, *Gentlemen Bankers: The World of J. P. Morgan* (Cambridge, MA: Harvard University Press, 2013); Julia C. Ott, *When Wall Street Met Main Street: The Quest for an Investor's Democracy* (Cambridge, MA: Harvard University Press, 2011).
4. 有关针对联系紧密的金融机构彼此之间互派董事会成员及联邦对"金融托拉斯"的调查，参见：United States, *Money Trust Investigation. Investigation of Financial and Monetary Conditions in the United States under House Resolutions nos.429 and 504, before a Subcommittee of the Committee on Banking and Currency*, eds. Arsene Paulin Pujo et al. (Washington, DC: Government Printing Office, 1913), 2003-2020。
5. Vincent P. Carosso, *More than a Century of Investment Banking: The Kidder, Peabody & Co. Story* (New York: McGraw-Hill, 1979), 30.
6. Thomas R. Navin and Marian V. Sears, "The Rise of a Market for Industrial Securities, 1887-1902," *The Business History Review* 29, no.2 (1955): 124-125; Carosso, *Investment Banking in America*, 43-44.
7. Carosso, *More than a Century of Investment Banking*, 40-41. 相形之下，芝加哥的证券公司就与此无缘了，它们在 20 世纪到来时还完全是地区性质的机构，既没有参与铁路公司的重组，也没有涉足主要产业中的合并业务。参见：Carosso, *Investment Banking in America*, 106-107。
8. Pak, *Gentlemen Bankers*, 25. J. P. 摩根亦大量地参与到了由李－希金森（在

1894 年到 1914 年规模达到了 1.2 亿美元）或基德–皮博迪（在上述的同一时期内达到了 9 000 万美元的规模）所牵头的事务之中。到了 1930 年时，波士顿证券交易所的名单上一共列出了 265 家分布在铁路、采矿、制造以及其他产业部门之中的不同公司，在这些公司的背后，共发生了 365 次不同的证券发行活动，这些发行活动所涉及证券的总面值达到了 30 亿美元之巨。参见：David Grayson Allen, *Investment Management in Boston: A History* (Amherst: University of Massachusetts Press, 2015), 53。

9. 有关这两家在行业内居于领先地位的公司的资产组合、参与的交易以及它们的合作伙伴，参见：United States, *Money Trust Investigation*, 1898-1951。

10. Gerald Taylor White, *A History of Massachusetts Hospital Life Insurance Company* (Cambridge, MA: Harvard University Press, 1955), 125-126; William Thomas David, *Professional and Industrial History of Suffolk County, Massachusetts* (Cambridge, MA: Riverside Press, 1894), 432-442. 有关该保险公司的资产在地理范围内广泛分布的信息，参见：*Thirty-Sixth Annual Report of the Insurance Commissioner of the Commonwealth of Massachusetts* (Boston: Wright and Potter, 1891), 22-31。

11. 按照钱德勒的分析，正是这一市场极其巨大的规模，让美国国内的制造业得以比世界其他任何地方都更适合探索规模经济与范围经济。参见：Alfred D. Chandler, *Scale and Scope: The Dynamics of Industrial Capitalism* (Cambridge, MA: Belknap Press, 1994), 52-53。

12. Richard White, *Railroaded: The Transcontinentals and the Making of Modern America* (New York: W. W. Norton & Company, 2011). 理查德·本塞尔提示到，相比于其他区际铁路线路，横贯大陆的铁路运力绰绰有余，参见：Bensel, *The Political Economy of American Industrialization*, 300。

13. 参见：William Leach, *Land of Desire: Merchants, Power, and the Rise of a New American Culture* (New York: Pantheon Books, 1993). 当然，这种理念所占据的主导地位，仍然是处于下风的。参见：Stefan Link, "Transnational Fordism. Ford Motor Company, Nazi Germany, and the Soviet Union in the Interwar Years" (Ph. D., Harvard University, 2013); Ott, *When Wall Street Met Main Street*; Donald Finlay Davis, *Conspicuous Production: Automobiles*

*and Elites in Detroit, 1899-1933* (Philadelphia: Temple University Press, 1988); James Livingston, *Pragmatism and the Political Economy of Cultural Revolution, 1850-1940* (Chapel Hill University of North Carolina Press, 1994), 48-49。

14. 参见：Chicago, Milwaukee, and St. Paul Railway Company v. Minnesota。有关对美国全国市场形成过程中的司法建设的细致解读，参见：Bensel, The Political Economy of American Industrialization, 321-349。
15. William J. Novak, "Law and the Social Control of American Capitalism," *Emory Law Journal* 60, no.3 (2010): 377-405; Gary Gerstle, "The Resilient Power of the States across the Long Nineteenth Century," in *The Unsustainable American State*, ed. Lawrence R. Jacobs and Desmond S. King (Oxford: Oxford University Press, 2009), 61-87.
16. Kimberley S. Johnson, *Governing the American State: Congress and the New Federalism, 1877-1929* (Princeton: Princeton University Press, 2007). Harry N. Scheiber, "Fderalism and the American Economic Order, 1789-1910," *Law & Society Review* 10, no.1 (1975): 57-118; William R. Childs, "State Regulators and Pragmatic Federalism in the United States, 1889-1945," *Business History Review* 75, no.4 (2001): 701-738.
17. Alfred D. Chandler, *The Visible Hand: The Managerial Revolution in American Business* (Cambridge, MA: Belknap Press, 1977); Bensel, *The Political Economy of American Industrialization*, 296.
18. Interstate Commerce Commission, Second Annual Report (1888), 245, quoted in D. W. Meinig, *The Shaping of America: A Geographical Perspective on 500 Years of History*, volume 3: *Transcontinental America*, 1850-1915 (New Haven, CT: Yale University Press, 2000), 247, 345-365.
19. Philip Scranton, *Endless Novelty: Specialty Production and American Industrialization*, 1865-1925 (Princeton, NJ: Princeton University Press, 1997); Walter Licht, *Industrializing America: The Nineteenth Century* (Baltimore: John Hopkins University Press, 1995); Roberd D. Lewis, *Chicago Made: Factory Networks in the Industrial Metropolis* (Chicago: University of Chicago

Press, 2008); Robert Lewis, "The Changing Fortunes of American Central-City Manufacturing, 1870-1950," *Journal of Urban History 28*, no.5 (2002): 573. 有关波士顿的情况，参见：Albert J. Kennedy and Robert A. Woods, eds., *The Zone of Emergence: Observations of the Lower Middle and Upper Working Class Communities of Boston, 1905-1914*, 2nd ed. (Cambridge, MA: MIT Press, 1969)。

20. 参见：Naomi R. Lamoreaux, Margret Levenstein, and Kenneth L. Sokoloff, "Financing Invention during the Second Industrial Revolution: Cleveland, Ohio, 1870-1920," in *Financing Innovation in the United States, 1870 to the Present*, ed. Naomi R. Lamoreaux et al. (Cambridge, MA: MIT Press, 2007), 39-84.

21. Lance E. Davis, "The Investment Market, 1870-1914: The Evolution of a National Market," *The Journal of Economic History* 25, no.3 (1965): 368; Richard Sylla, "Federal Policy, Banking Market Structure, and Capital Mobilization in the United States, 1863-1913," *The Journal of Economic History* 29, no.4 (1969): 672; Kenneth A. Snowden, "Mortgage Rates and American Capital Market Development in the Late Nineteenth Century," *The Journal of Economic History* 47, no.3 (September 1, 1987): 671-691; Kenneth A. Snowden, "The Evolution of Interregional Mortgage Lending Channels, 1870-1940: The Life Insurance-Mortgage Company Connection," in *Coordination and Information: Historical Perspectives on the Organization of Enterprise*, ed. Naomi R. Lamoreaux and Daniel M. G. Raff (Chicago: University of Chicago Press, 1995), 242.

22. Snowden, "The Evolution of Interregional Mortgage Lending Channels," 216-219. 这种现象一直延续到了 20 世纪中叶，那时联邦政府通过制定国家标准的方式介入此事，并在事实上创造出了一个美国全国性质的抵押贷款市场。参见：Louis Hyman, *Debtor Nation: The History of America in Red Ink* (Princeton, NJ: Princeton University Press, 2011)。

23. 参见：Thomas Sugrue, "All Politics is Local," in *The Democratic Experiment: New Directions in American Political History*, ed. Meg Jacobs, William J. Novak, and Julian E. Zelizer (Princeton, NJ: Princeton University Press, 2003); Tami J.

Friedman, "Exploiting the North-South Differential: Corporate Power, Southern Politics, and the Decline of Organized Labor after World War II," *The Journal of American History* 95, no.2 (2008): 323-348; Elizabeth Tandy Shermer, *Sunbelt Capitalism: Phoenix and the Transformation of American Politics* (Philadelphia: University of Pennsylvania Press, 2013); Johnson, *Governing the American State*。还可参见 Neil Brenner, *New State Spaces: Urban Governance and the Rescaling of Statehood* (Oxford: Oxford University Press, 2006)。

# 致谢

当我在2008年经济危机爆发的数年前踏上那段最终导致我撰写此书的旅程之时，观察家严肃地宣称或讨论“历史终结”这一话题是得体的。那时，众多学者与媒体人士都在预测在自由民主大力支持下的人类政治制度的进化过程即将终结，而全球化的资本主义制度又将脱颖而出。但在十年以后的当下，事情则发生了根本性的转变。人们原先对于全球化带来的无尽可能的期待，以及对于市场波动的焦虑，已经完全让位于一种对于不断加深的经济不平等的更加悲观的担忧情绪。人们曾经对于经济互联互通这一趋势的无尽乐观，在欧洲、美国以及世界其他一些地方都遭到了无情的打击。促进美国一体化市场形成这个曾几何时专属于专家与技术官僚的高深精妙的话题，早已变成了政界选举事务中备受关注的问题。虽然历史翻开了新的一页，但与资本主义有关的问题依旧继续存在。

我在探寻人们一直关心的美国一体化市场究竟是如何形成的过程中，有幸得以从许多真正鼓舞人心的师友与同事那里学习到了许多知识。而这部著作的最终完成，也赋予了我一个向他们表达我深深感激的机会。本书创作最早是从我在哈佛大学做研究时开始的，在写作过程中，我从很多专注且有献身精神的导师那里受益良多。斯温·贝克特，凭借着他对于宏大历史的无尽热情与敏锐洞察力，在本项目的一开始便提供了许多帮助。他曾经为了撰写自己的著作,遍访世界各个角落以进行调查的做法，鼓舞着我去从一种更加广阔的视角看待美国历史中的特定事件。莉兹·科恩是一位极其慷慨的导师，是她教会了我如何开展历史研究。她亲自组织了研讨会，使这本书的草稿有机会得以呈现并得到了深入的讨论。亚历克斯·凯泽则作为一位怀疑论者扮演了极为重要且有益的角色，他同时也是引领众人获取丰富多彩且正统的美国资本主义历史学术知识的关键人物。

此外，一些前辈学者也同样给予了我重要的支持。伊丽莎白·布莱克默是最初使我走上这条道路的人，她向我解释了资产不一定是某种实物，同时她还让我更多地从空间的角度思考历史。由于我至今仍在从中受益，我对于她的亏欠似乎永远无法偿还。加里·格斯尔把我作为他的门徒对待，他加深了我对于“精英统治是如何进行”一事的兴趣，并向我分享了他对于美国这个国家的观点。杰夫·斯克兰斯基在诸多重要的时刻提供了必不可少的支持，同时他严谨治学的风范为广大学人树立了榜样。保罗·克莱默从一位批评者的视角，以及我们共同参加空间历史阅读小组的经历，帮助我提炼出了核心论点。丹·沙夫斯岱因则为本书的草稿题写了标题，并因此而将连贯性赋予了这部著作。迈克尔·扎金煞费苦心地在我论文的草稿上从头到尾进行了标注，而这也是我的论文被修订为书稿的开端。

当然，在我的写作之路上，还有许许多多人也针对本书的草稿或某些章节提供了自己异常宝贵的见解与反馈，在这一点上，我尤其感谢罗伯特·约翰斯顿、克里斯汀·德桑、皮埃尔·热尔韦、保罗·格罗斯、莎拉·伊格、罗伊·科瑞特纳、帕姆·莱尔德、理查德·约翰、本·约翰逊、柯琳·邓利维、罗赞·库拉里诺、沃尔特·约翰逊、约翰·利维以及罗宾·艾因霍恩。在本项目推进的过程中，我的主要对话者则是那些后辈学者，在图书馆、档案馆、研究室、咖啡厅、午餐桌乃至酒吧凳上，我与他们面对面地展开数小时的长谈。在这些人士中，我尤其感谢安·玛丽·威尔逊、乔治·布劳斯坦、艾琳·罗伊斯顿·巴塔特、贝特西·莫尔、本杰明·沃特豪斯、安德鲁·金尼、克林顿·威廉姆斯、奥格斯·伯金、爱德华多·卡内多、瑞秋·戈登、比尔·兰金、凯瑟琳·史蒂文斯、詹米·琼斯、莎拉·卡特、凯特琳·罗森卡尔、艾利尔·罗恩、大卫·辛格曼、汉娜·法伯、瑞彻尔·塔玛·范、伊莱·库克、曼纽尔·科沃、瓦妮莎·奥格尔、埃莉·舍莫尔、路易斯·海曼、尼古拉斯·巴雷尔、马丁·吉罗多、乔安妮·沙克尔、雅艾尔·施特恩赫尔、迈克尔·基米奇以及马克·汉纳。可以说，在这所有人中，没有人能比斯蒂芬·林克更清楚本书的内在目标，并从项目的初始阶段便与我分享心得。斯蒂芬就如同我的死党一般，他是至关重要的初稿审阅者、不可或缺的批评者，同时，他还是我在进行不可能完成的西绪福斯式的攀登中，一直伴我左右的挚友。

另一方面，本书的写作需要资金与机构方面的帮扶，而在这一点上，我十分有幸地从方方面面获得资源支持。我尤其想要感谢范德比特大学历史学系、特拉维夫大学历史研究学院以及哈佛大学查尔斯·沃伦中心。而其他的一些资助则来源于哈佛大学的艺术与科学研究生院、怀廷基金会、新英格兰财团、马萨诸塞州历史协会、纽约公共图书馆、哈佛商学院以及马萨诸塞州与地方治理陶布曼中心。

在哈佛大学出版社，乔伊斯·萨尔茨很早便接受了我的投稿，并将书出版。布赖恩·迪斯泰尔博格与凯思琳·德鲁米两人耐心地引导我走完了整个流程。而出版社的外部评审专家则贡献出了鼓舞人心且十分重要的反馈，使我的终稿更完善。此外，一些出现在本书第一与第四章节中的理念,在2016年12月发表在《美国历史评论》第5卷第121页的《善待与安抚：美国东部资金与美国西部市场一体化政治》论文中已经得到了讨论。

最后我想说的是，我亏欠最多的就是我亲密的家人与朋友了：我的父亲伊莱，他对我的爱与支持从不动摇；我的弟弟埃雷兹，他不但仔细地阅读了本书的每一章节，且他自己向着政治经济领域的进军也从未停歇；而我的姐姐茜拉，则在我长期外出的过程中支撑起了整个家庭。妮莎与埃里克·诺尔曾在许久以前把我迎入了他们的生活之中，并对我日常生活中的怪癖给予了极大包容。琳达·伯恩利、洛娜·莫里兹、塔拉亚·德莱尼、耶尔·费尔德曼-马戈、斯马达·埃亚勒、奥里·阿伦森、西拉·沙米尔、伊多·卡莉尔、奥伦·阿斯卡洛夫以及多伦·基尔施泰因则在许多年间给予了我许多鼓励与陪伴。拉亚·玛格为我的生活带来了无尽的欢乐与智慧。列弗·玛格最早能够完整说下来的一段话便是："爸爸，你还在工作吗？"而至少直到不久的将来，他都更有可能会因为听到我否定的回答而感到放松。除此以外，丽贝卡·玛格在相当长的一段时间内都是本项目背后的激励与驱策力量，为了本书的创作能够顺利推进，她以不胜枚举的方式做出了贡献。她不遗余力地想要确保本书最终开花结果。在这条漫长的探索之旅上，我从她那里学到了最多。